"一带一路"文库
中国"一带一路"倡议研究丛书
亚太经济研究系列（五）

福建融入21世纪海上丝绸之路的路径与策略

The Path and Strategy of Fujian's Integration into the
Maritime Silk Road in Twenty-first Century

全　毅　王春丽 等◎著

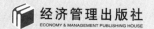

经济管理出版社
ECONOMY & MANAGEMENT PUBLISHING HOUSE

图书在版编目（CIP）数据

福建融入 21 世纪海上丝绸之路的路径与策略/全毅，王春丽等著. —北京：经济管理出版社，2017.7
ISBN 978-7-5096-5212-1

Ⅰ. ①福…　Ⅱ. ①全…②王…　Ⅲ. ①区域经济发展—国际合作—研究—福建　Ⅳ. ①F127.57

中国版本图书馆 CIP 数据核字（2017）第 155745 号

组稿编辑：丁慧敏
责任编辑：丁慧敏
责任印制：黄章平
责任校对：董杉珊

出版发行：经济管理出版社
　　　　　（北京市海淀区北蜂窝 8 号中雅大厦 A 座 11 层　　100038）
网　　址：www. E-mp. com. cn
电　　话：（010）51915602
印　　刷：北京晨旭印刷厂
经　　销：新华书店
开　　本：787mm×1092mm/16
印　　张：19.25
字　　数：355 千字
版　　次：2017 年 7 月第 1 版　　2017 年 7 月第 1 次印刷
书　　号：ISBN 978-7-5096-5212-1
定　　价：79.00 元

前　言

2013 年 9~10 月，自习近平主席提出与国际社会共建"丝绸之路经济带"和"21 世纪海上丝绸之路"倡议以来，"一带一路"倡议很快成为国家对外开放与参加全球和区域治理的重要战略，成为中国三大国家战略之一。习近平主席将"一带一路"定位为新时期中国对外开放与对外合作的总纲领。2015 年 3 月中央三部委正式推出《推动共建丝绸之路经济带和 21 世纪海上丝绸之路的愿景与行动》，完成"一带一路"顶层设计与战略规划。福建被中央政府定位为 21 世纪海上丝绸之路核心区，既是国家对福建的期望，也是国家对福建的鞭策。对福建来讲，既是机遇也是挑战。从福建在沿海地区的经济实力与对外经济关系来看，福建仅比广西和海南具有优势。如何建设海上丝绸之路核心区以及助力国家"一带一路"倡议，是福建需要认真研究和对待的现实问题。

目前，"一带一路"已经成为国内研究热点，福建对海上丝绸之路的研究比较早，主要是从海上交通与贸易史的角度进行研究，泉州被确定为海上丝绸之路的起点之一。国内对郑和下西洋的研究也比较重视，福州是郑和下西洋国内最后的驻泊点。但是，国内对漳州月港与美洲地区北太平洋航线的研究不多。"21 世纪海上丝绸之路"是借历史文化符号，推行中国对外开放与经济文化合作的重要战略。福建学术界关于如何利用国家对福建海上丝绸之路核心区的定位，来谋求国家的优惠政策与建设项目从而推动福建省区的核心区建设的研究取得丰硕的成果，政府部门已出台《福建 21 世纪海上丝绸之路核心区建设方案》。至于 21 世纪海上丝绸之路核心区定位的政策含义究竟如何理解，以及福建如何承袭历史，面向未来，发扬古丝路精神，主动融入国家"一带一路"倡议，积极拓展与海上丝绸之路沿线国家和地区的经贸关系和人文交流，促进本省经济的转型升级，为国家战略贡献力量则研究不多。目前，我国学术界和政府智库丝绸之路研究的"虚热"现象比较严重，理论研究与现实案例支持很不够。在现实工作中，"等、靠、要"的现象依然存在，主动作为，积极探索的精品太少。

我们的学术团队将聚焦于福建与海上丝绸之路经贸合作与人文交流领域，探讨福建融入 21 世纪海上丝绸之路国家倡议的政策含义与具体策略。作为海上丝绸之路起点与发祥地的福建，历史上曾经有过辉煌的海外经济文化交流，对沿线国家与中国的经济文化交流做出过巨大贡献。因此，发掘福建与海上丝绸之路的历史渊源，阐述福建与海上丝绸之路交流的历史过程，能够为现今建设海上丝绸之路提供丰富的历史启迪；改革开放以来，福建是中国改革开放的前沿省份，发展外向型经济的重点也在海上丝绸之路沿线国家，考察福建与海上丝绸之路沿线国家的经贸关系与人文交流现状，展望福建建设 21 世纪海上丝绸之路核心区前景，是本书题中之义；探讨福建如何承袭历史，发扬古丝绸之路精神，根据国家战略部署，拓展海上丝绸之路沿线国家市场、人文交流与产能合作的策略，为福建省政府和企业制定"福建融入'一带一路'国家战略的实施方案"提供智力支持。

本书以全新的视角探讨了福建 21 世纪海上丝绸之路核心区建设。海上丝绸之路见证了福建经济文化的荣辱兴衰。历史经验表明，海上丝绸之路对福建是一条财富之路、发展之路，向海而兴，背海而衰，"自海禁严而福建贫"，福建的发展离不开海洋。传承历史，福建要发扬和平友好、互利共赢、包容互鉴、共同发展的新丝路精神。发挥福建海洋文化与海外华侨网络优势，积极实施"走出去"战略，主动融入国家"海上丝绸之路"倡议，积极探索与拓展海上丝绸之路沿线国家和地区经贸合作和人文交流的新经验，促进本省经济的转型升级，为国家战略贡献力量。本书的内容框架如下：首先，阐明 21 世纪海上丝绸之路倡议的国家目标、战略意涵与推进路径。中国丝绸之路倡议信奉合作共赢的理念，遵循"共商、共建、共享"的原则，实行"走出去"和"引进来"相结合，寻求中国与丝路沿线国家的共同发展。其次，考察福建与海上丝绸之路沿线主要节点国家的经贸关系的历史与发展现状，以及 21 世纪海上丝绸之路核心区的政策含义。本书将东南亚、南亚、西亚、欧盟、东北非沿岸地区、南太平洋岛国、拉美太平洋沿岸作为海上丝绸之路的主要节点。然后考察福建与海上丝绸之路沿线主要节点区域的比较优势与营商环境，甄别经贸合作共赢的重点领域。最后，探讨福建发展与沿线国家经贸合作的策略，助力海上丝绸之路国家倡议的实施。作为海洋型省份，福建对外经贸合作交流要遵循经济规律，根据国家战略部署，制定具体的行动计划，顺势而为，以收事半功倍之效。本书只是福建落实"一带一路"国家倡议的抛砖引玉之作，我们期待更多的优秀成果问世！

本书是福建省哲学社会科学领军人才、福建社会科学院全毅研究员策划的亚太经济研究系列第五辑。首先，该书得以按时完成要感谢研究团队的共同努力及其付出的辛勤劳动。团队的具体分工是：由全毅研究员策划主题及设计提纲，第一章、

第三章和第七章由全毅撰写；第二章由陆芸撰写；第四章和第九章由郑美青撰写；第五章和第十章由王春丽撰写；第六章和第八章由刘京华撰写；最后由全毅修订定稿。其次，要感谢福建社会科学院及中共福建省委宣传部给予的支持。本书是福建社会科学院重点研究课题，也是中共福建省委宣传部"四个一批人才"支持项目。同时也要感谢在调研过程中福建省商务厅以及福州市、泉州市、厦门市、漳州市有关单位给予的便利与帮助；我的学生张庭祥为课题研究做了不少资料收集、整理工作。本书的出版得到经济管理出版社丁慧敏的支持和帮助，让本书能够列入"一带一路"文库，在此表示衷心的谢意！

全 毅

2017 年 3 月于福州寓所

目 录

第一章

21 世纪海上丝绸之路倡议的
时代内涵与建设方略

20 世纪英国思想家罗素指出："不同文明的接触，已经常常成为人类进步的里程碑"。而丝绸之路就是东西方经济文化交流的重要渠道。历史上，起始于中国的丝绸之路将亚洲、非洲和欧洲的商业贸易连接起来，促进了东西方的货物交换和文化科技交流。丝绸之路可分为陆上丝绸之路和海上丝绸之路。陆上丝绸之路以古都长安为起点，经河西走廊沿天山南北两路进入中亚地区，沿黑海南北两岸进入欧洲。海上丝绸之路主要有东海启航线和南海启航线，从朝鲜半岛和东部沿海港口进入日本，或经徐闻、广州、泉州等南部沿海口岸经东南亚、印度洋进入欧洲和非洲。2013 年习近平主席提出建立"丝绸之路经济带"和建设"21 世纪海上丝绸之路"倡议。两个倡议将中国古代与亚非欧友好通商的历史与现实经济交流结合起来，并赋予其新的时代内涵。

第一节　21 世纪海上丝绸之路倡议的时代背景与重要内涵

一、海上丝绸之路的历史回顾

丝绸之路最早是由德国地理学家冯·李希霍芬于 1877 年提出的概念。他此前在中国华北、西北进行了多次考察，回国后进行著述，认为古代中国和欧洲存在一条贸易通道，他称之为"丝绸之路"。1903 年法国学者沙苑提出历史上应该存在陆上和海上两条丝绸之路。1967 年日本学者三杉隆敏提出"海上丝绸之路"。海上丝绸之路是古代中国以丝绸、茶叶、瓷器贸易为象征，连接中外的海上贸易通道，以及由此建立起来的源远流长的中外经贸和人文交流关系。[①]

在探讨中国重返海上丝绸之路之前，有必要回顾海上丝绸之路的发展历程。在古代，以中国为起点的海上丝绸之路主要有三条：第一条是自中国东南沿海出发，以东南亚地区为中枢，经马六甲海峡进入印度洋，直抵阿拉伯及北非沿岸的海上陶瓷之路（又称香料之路）；第二条是自中国东部沿海出发，面向东北亚（朝鲜半岛、日本、琉球）的东海航线，以及 16 世纪后兴起的连接中国与墨西哥和拉美的海上贸易通道；第三条是自成都出发，经云贵、缅甸通往南亚印度洋沿岸的"茶马古道"（又称南方丝绸之路）。海上丝绸之路作为中国古代与外国进行贸易和文化交往的海上通道，其发展过程大致可以分为以下四个历史阶段。

一是形成于秦汉时期。海上丝路古代有东海航线——主要是从朝鲜半岛进入日本或从东部沿海进入日本、琉球、中国台湾诸岛，以及南海航线——南海航线始于何时有待考证，但据史书记载，中国丝绸最迟在公元前 4 世纪就已经传入印度和西方。秦末汉初南粤王赵佗墓出土的西亚式银器皿疑为波斯所产。《汉书·地理志》明确记载了汉武帝平定南粤后即派使者出使南洋和印度，抵达今天的斯里兰卡返航，当时海船运载的杂缯即为各种丝绸。广东的徐闻和广西的合浦是重要的南海航线始发港。

二是发展于唐宋时期。唐代中期陆上丝绸之路因战乱逐渐衰落，更加倚重海上丝绸之路，促进了海上丝绸之路的兴盛。宋代航海技术罗盘针的发明，使得海船航程到达西亚国家。由于江南丝绸、茶叶和瓷器的大量出口，泉州成为世界上最大的贸易港。"连天浪静长鲸息，映日帆多宝船来。"这是我国历史上海上丝绸之路港口繁忙景象的写照。泉州许多阿拉伯商人的遗迹见证了当时中国与西方的贸易主要通过阿拉伯商人中转，以致西方国家发起十字军东征，企图控制这条东西方商路，但以失败告终后激起西方世界另辟去往东方的新航路的动力。

三是兴盛于元明时期。元代的中国政府在东南沿海的宁波、泉州、广州、温州和杭州设置市舶司管理海外贸易。意大利商人马可·波罗在元代来到中国就是从泉州到达元大都。他在游记中将中国描绘成遍地黄金的国度，激起了西方对东方财富的向往，掀起一股从西方航行绕过奥斯曼帝国控制的中东地区到达东方的海上冒

---

① 蔡鸿鹏：《为构筑海上丝绸之路搭建平台：前景与挑战》，《当代世界》2014 年第 4 期。

险。明代永乐帝为宣国威于海外，派遣郑和率舰队出使西洋，郑和前后七次下西洋，历时28年（1405~1433年），最远到达非洲的肯尼亚，是世界航海史上的壮举。庞大的船队带去丝绸、茶叶、瓷器、金银器皿、五金、书籍等产品。进口的货物主要包括琉璃、珠宝、象牙、玛瑙、香料、胡椒、檀香等物品。但明代郑和下西洋未能继续扩大贸易成果，很快为"海禁"政策所代替。

四是转变于明中叶和清朝时期。郑和下西洋之后，明政府很快将造船所用的技术资料付之一炬，严禁建造可出海的大帆船。就在明朝实行"海禁"政策时，西方世界正在掀起一股发现新航路的"地理大发现"时代，1492年葡萄牙人达伽马绕过非洲南端的好望角，占领印度西南部的果阿，并迅速进入明帝国的沿海地区，窃取了中国澳门。西班牙人哥伦布越过大西洋发现美洲大陆。1521年麦哲伦船队成功横渡太平洋到达菲律宾宿务岛，并将其献给西班牙国王菲力二世。清代的中国政府也沿袭明代的海禁政策，只许广州一地对外通商。但西方殖民者几乎垄断了海上丝绸之路。

明中叶到清代西方殖民者控制下海上丝绸之路主要有两条：一条是中国澳门（广州）—果阿（印度）—里斯本（欧洲）的航线，走的是经南海下西洋即印度洋的传统丝绸之路；另一条是明代中后期开辟的漳州月港经马尼拉到墨西哥的阿卡普尔科的太平洋航线。1565年6月西班牙圣·巴布洛号大帆船从马尼拉出发，满载亚洲香料和商品运往墨西哥的阿卡普尔科，开辟了连接亚洲和美洲的马尼拉大帆船贸易时代。大帆船贸易时代于1815年结束，持续了250年。西班牙商人主要用美洲的金银（250年间从美洲运往马尼拉的白银超过4亿两，其中1/2流入中国）换取从中国漳州月港运来的生丝、丝绸、茶叶、棉布和瓷器以及一些工艺美术品等商品。这充分证明，至少在西方工业革命前，中国仍然是世界的经济与贸易中心；但同时也是中国走向衰落的转折点，因为这时中国政府奉行的"闭关锁国"政策阻碍了东西方文化交流，导致中国的闭塞和落后，也使得中国的海外贸易完全被西方殖民者控制，财富也逐渐流向西方。

千百年来，丝绸之路在把中国的哲学、文学和"四大发明"传播到欧洲的同时，也把欧洲的数学、几何学、地理学和阿拉伯地区的天文、立法、医药，以及伊斯兰教和印度佛学介绍到中国，在东西方文明交流、互鉴互学史上写下了辉煌篇章。从历史回归现实，同样是古丝绸之路沿线，中国已经成为包括日本、韩国、东盟、澳大利亚、俄罗斯、南非在内的全球120多个国家和地区的最大贸易伙伴，70多个国家的最大出口市场。随着中国经济的转型升级以及对外开放战略调整，预计未来五年，中国将从世界各国进口约10万亿美元的商品，对外投资将超过5000亿美元，① 中国将成为全球最大货物贸易国和最重要的对外投资国。事实证明，中国经济和贸易的持续发展不仅推动中国的现代化，也极大地提高中国和投资贸易伙伴的国民福利。

二、海上丝绸之路倡议的历史传承与时代内涵

2013 年 9 月 7 日，中国国家主席习近平在访问哈萨克斯坦时，首次提出了与欧亚各国共建"丝绸之路经济带"的倡议；接着在 10 月访问印度尼西亚时又提出，愿意同东盟国家共同建设"21 世纪海上丝绸之路"。这两项宏伟倡议合称"一带一路"倡议。为何习近平总书记要在此时提出一带一路倡议？有何深刻内涵？

中国此时提出"一带一路"倡议具有深刻的时代背景：其一，中国东部沿海地区开放开发造成了东西部地区发展差距的持续扩大，而中西部是少数民族居住地区，由此造成民族矛盾和区域不稳定因素增加。众所周知，中国对外开放是从东部沿海地区开始的，重点面向亚太地区的发达国家和地区，让东部沿海地区率先发展。待东部发展起来后国家投入更多力量加强西部基础设施建设和经济发展，让先发展起来的东部地区拿出更多的力量帮助内地和西部地区发展。这是中国改革开放总设计师邓小平提出的"两个大局"战略。然而实现从非均衡发展向均衡发展并非是一个自然演进过程。世纪之交，中央政府相继提出西部大开发战略和振兴东北老工业基地战略。国家加强对广大西部地区基础设施、资源开发和环境保护的建设力度，但东西部发展差距出现固化和扩大趋势。迫切需要加大西部开放开发的力度。中共十八届三中全会审议通过的《中共中央关于全面深化改革若干重大问题的决定》提出，加快沿边开放步伐，允许沿边重点口岸、边境城市、经济合作区在人员往来、加工物流、旅游等方面实行特殊方式和政策。建立开发性金融机构，加快同周边国家和区域基础设施互联互通建设，推进"丝绸之路经济带"、"海上丝绸之路"建设，形成全方位开放新格局。"一带一路"倡议与西部大开发战略相互呼应，重点是向西开放，面向西部的发展中国家。"一带一路"建设将为西部大开发提供新的历史机遇。

其二，中国经济快速崛起给周边国家带来双重影响，周边国家在享受中国经济发展带来的机遇时，对中国产生了更大的防范心理，"中国威胁论"泛滥。中国周边外交出现了经济投入成本和政治收益高度不对称的状况。中国与美国经济摩擦也

① 习近平：《共同创造亚洲和世界美好未来——在博鳌亚洲论坛 2013 年年会上的主旨演讲》，http: // news，xinhuanet.com/politics/2013-04/07/e_115296408.htm。

日益频繁。中国面向太平洋开放面临美国主导的 TPP 等经济集团的空前挤压。为破解中国发展困境和周边困局，寻求新的经贸发展空间，我国学者王辑思提出"西进"战略，即把眼光投向西部，将西部大开发战略与面向西部发展中国家开放结合起来。而中国东部地区经济发展到了转变经济发展方式和产业升级转型的关键时期，向西部地区和欠发达国家转移产能是构建以中国为核心的产业分工体系和推动经济全球化的重要政策工具。中国打开西部的大门在广袤的欧亚大陆发掘自己的发展空间，在产业转移、产能合作与产业升级过程中，带动中国西部地区和周边国家的发展，拓展市场空间，减少对美国的经济依赖度，也可避开美国的锋芒，改善中国发展的地缘经济与地缘政治环境，是中国版的"再平衡"战略。因此，"一带一路"倡议是中国对外开放和区域发展战略的重大转变。

作为新时期中国实现全方位开放新格局和东西部均衡协调发展的重大战略举措，"一带一路"倡议一陆一海、比翼齐飞，构成中国面向欧亚、亚太以及印度洋沿岸地区的全方位对外开放战略的新格局和周边外交战略的新框架。"一带一路"构想就是要以经济合作和人文交流为主线，以互联互通和贸易投资自由化与便利化为优先方向，在"共商、共建、共享"的基础上与亚欧非各国打造合作共赢的利益共同体和命运共同体。"一带一路"倡议是中国对外战略的一次重大调整，同时也赋予丝绸之路新的含义。

第一，新"海上丝绸之路"重在传递和平信息。海上丝绸之路形成于 2000 年前的秦汉时期，在明代郑和下西洋时期形成高潮，在东南亚和西亚、非洲国家留下许多遗迹，这些历史关系表明历史上的丝绸之路是一个和平的贸易通道，中国没有通过开辟贸易航线去征服这些沿线国家，这与近代西方世界的地理大发现新航路开辟后充满征服与掠夺的贸易通道形成强烈对照。站在历史的高度着眼未来，21 世纪海上丝绸之路建设同样体现这种精神，跟老丝绸之路的沿线国家继续保持和平友好的关系，展现中国"亲、诚、惠、容"的相处之道。中国将通过"一带一路"建设，为亚洲和世界提供发展机遇，和参与各国分享发展成果，构建更广阔的互利共赢关系。中国要传递的信息是，中国走向海洋，不会重复西方列强海上争夺霸权的老路，而是以和平的方式进行。中国的发展不会威胁东南亚国家及丝路沿线国家的经济、政治与安全。

第二，从经济角度看，中国与"一带一路"沿线国家开展产能合作，开创亚洲互利共赢新格局，实现百年亚洲梦。历史上亚洲国家创造过辉煌的中华文明、印度文明、波斯文明和阿拉伯文明。而丝绸之路是这些文明相互交流和融合的重要纽带。今天中国的经济影响力正在辐射亚洲、非洲和拉美。但中华文明的复兴如果不与这些古老文化一道复兴，很难独善其身。因此，构建现代丝绸之路就是要利用好中国积累的 4 万亿美元外汇储备和经济能量带动周边亚洲国家的发展，通过陆上边境地区以及海上港口的互联互通及各种经济、文化、安全合作机制等途径，将中国、中亚、东盟国家、南亚国家、海湾国家等联系起来，甚至辐射到非洲和欧洲地区，将复兴中华文明的中国梦与实现亚洲国家百年复兴的亚洲梦结合起来，增进各国利益、扩大经济合作与经济援助的范围，提供公共治理和公共产品，让丝绸之路各国搭乘中国经济的列车、分享中国经济发展的红利，树立中国良好的负责任大国形象。

第三，形成区域认同感，培育亚洲命运共同体意识。身份认同在国际关系中扮演着重要的角色。该地区区域身份认同异常复杂，既有身在域外却时刻不忘亚太的域外国家如美国，也有身处东亚却以西方自居的东亚国家如日本。丝绸之路在历史上客观存在，千百年来，"和平合作、开放包容、互学互鉴、互利共赢"的丝绸之路精神薪火相传，推进了人类文明进步，是促进沿线各国繁荣发展的重要纽带，是东西方交流合作的象征，是世界各国共同的文化遗产。"驼铃声声、舟楫相望"的历史画卷是中国与古丝绸之路沿线国家（地区）的共同历史记忆。中国重提共建丝绸之路可以唤起共同的历史记忆，是推动该地区区域身份认同的有效途径。虽然美国也提出过类似的新丝绸之路战略计划，但中国的"一带一路"提法最具有历史的文化底蕴和现实的可行性。重建丝绸之路是对延绵 2000 多年的古代丝绸之路精神的传承与发扬，促进丝路沿线国家共同发展和共同繁荣。因而容易得到沿线国家的认同和响应。

第四，新海上丝绸之路倡议有利于形成和平利用海洋资源的新国际规则。历史经验反复昭示，面海而兴、背海而衰，经略海洋是大国崛起的必要条件。海上丝绸之路是中国兴盛的标志，而实行"海禁"（郑和下西洋之后）和"闭关锁国"是中国走向衰落的根源。建设海上丝绸之路将成为中国经略海洋和建设海洋强国的重大战略。但是，西方制定的海洋规则导致的海洋资源争端和领海纠纷不断，难以保障中国以和平方式利用海洋的权益。借助海上丝绸之路这一平台，通过沿途国家平等诉求各方权益，将有助于从局部扭转这种由西方国家长期把持国际航运游戏规则的不合理现象。中国倡导合作开发与和平利用海洋资源，倡导集体安全，反对谋求海洋霸权和争夺海洋资源。中国倡导的"搁置争议、共同开发"理念相信会得到更多国家的认同和支持。

第五，新海上丝绸之路具有重大的战略意义。中国在东南亚和印度洋具有重要的战略利益，即经济利益与航路安全。2012 年中国 80% 的石油、50% 的天然气进口和 36.72% 的进出口商品要经过这条丝绸之路，是我国重要能源资源进口来源与潜力巨大的商品出口市场。当前，中国在印度洋进行的港口建设被西方冠以"珍珠链"战略，亚丁湾护航行为被说成是军事扩张。美国提出"新丝绸之路"计划以及打通印度洋与太平洋的印太战略，拉印度加入对华遏制圈，与太平洋岛链战略相结合构筑对华包围圈。中国构筑海上丝绸之路将打破这种僵局，它将欧亚地区国家普遍认同的古丝绸之路精神与中国的经济优势相结合，以经济为纽带，拓展并深化中国与沿线国家的经济利益，密切彼此的合作关系，实现共同发展和共同安全，有助于消除"中国威胁论"，形成有利于中国的地缘政治和地缘经济格局。

"一带一路"倡议具有两个显著特点：首先，它在机制安排上非常灵活，将现有制度安排与未来发展相结合，具有巨大的可塑性；其次，它尊重政治经济和社会文化差异性，沿线国家和地区无论是经济发展水平还是社会文化都存在巨大差异。这是中国与西方大国不同的地方，与美国 TPP 安排的排他性形成强烈对比。新丝路倡议反映了中国文化的包容性及其大国胸怀，得到相关国家的积极回应。迪拜国际金融中心黎巴嫩籍首席经济学家纳萨·赛迪呼吁，地处亚非中间地带的海湾国家应该"转向东方"拥抱中国，更好地发挥联通作用，投身于中国倡议的"新丝绸之路"建设。① 可以说，新丝路构想是中国从地区大国走向世界大国的路线图。

第二节 21世纪海上丝绸之路倡议的愿景与行动路线图

2015年3月28日，中国政府正式发布了《推动共建丝绸之路经济带和21世纪海上丝绸之路的愿景与行动》（以下简称《愿景与行动》），引起全世界的关注。《愿景与行动》确立了推进丝绸之路建设的基本原则、框架思路、合作重点领域、推进策略和中国的担当。实现中华民族的伟大复兴，需要稳定的国际环境，特别是周边环境。为此，全面发展同周边国家的关系，巩固睦邻友好、深化互利合作，实现共同发展是我国周边外交战略的重要支撑和保障。中国是陆海兼备的国家，丝绸之路经济带和海上丝绸之路建设，将成为我国周边经济外交的重要组成部分，形成陆海兼顾、均衡发展的对外开放格局。

---

① ［黎］纳萨·赛迪：《海湾国家应融入"新丝绸之路"》，孙西辉编译。原文载美国《赫芬顿邮报》网站。

一、21世纪海上丝绸之路构想的战略定位、发展目标与原则

根据《愿景与行动》路线图，笔者提出21世纪海上丝绸之路的战略定位应该是：承袭历史，以经略海洋、建设海洋强国为目标，从全球视角扩大我国对印度洋和亚欧非的开放，以经济外交和文化交流为手段，在广阔的亚欧非地区建立经济联系更加紧密、人文合作更加融合，沿线各国相互倚重，确保海上贸易通道安全畅通，拓展我国的地缘政治与地缘经济利益的发展空间。

21世纪海上丝绸之路的建设目标是：以海洋运输和海洋经济合作为重点，通过与海上丝绸之路沿线国家的经济外交与人文交流，构建经济合作机制，推进沿线重要节点港口互联互通和自由贸易区建设，发展临港产业、货物贸易、海洋运输、海洋信息、远洋渔业、资源能源，以及非传统安全等领域的双边和多边合作，确保海上商路畅通和安全高效，构筑21世纪海上和平之路、财富之路，打造海上繁荣之弧。[①]

《愿景与行动》提出恪守联合国的宗旨和原则：坚持开放合作；坚持和谐包容、坚持市场运作；坚持互利共赢的共建原则。21世纪海上丝绸之路建设也应遵循一些基本原则：

（1）双向互动。作为倡议需要吸引沿线国家的积极参与，沿线国家在多大程度上响应中国倡议会影响到丝绸之路建设的成效。中国已经向马来西亚、新加坡、印度、斯里兰卡等国交换意见，实现沿线国家发展战略规划与海上丝绸之路的对接。海湾国家学者提出，新世界秩序要求海湾国家"转向东方"并融入"新丝绸之路"，建议海湾国家采取与中国和东盟签订自贸协议，融入"人民币区域"，与中国建立开发可再生能源、纳米技术和清洁技术的伙伴关系，最终达成一个相互支持的安全协议等建设性步骤。[②]

（2）互利双赢。从丝绸之路的历史看，它是一条财富与文化交流之路。新丝绸之路是将各国共同利益联合起来的天然纽带。兼顾各方利益和关切，寻求共同利益是最大公约数。我国确立以技术换资源、以资本换市场是一个互利双赢的想法。但中国产业转移出去后能否履行社会责任？关系到国外民意基础的建立，关系到中国企业的成败。因此，应将民生、教育、卫生、生态建设纳入对外援助与企业社会责任范畴，实现共同利益最大化是必须坚持的原则。

---

① 全毅、汪洁：《21世纪海上丝绸之路的战略构想与建设方略》，《国际贸易》2014年第8期。
② ［黎］纳萨·赛迪：《海湾国家应融入"新丝绸之路"》，孙西辉编译。原文载美国《赫芬顿邮报》网站。

（3）统筹协调。建设海上丝绸之路涉及近 60 个国家，国内各省和中央政府各部门。范围广泛，协调困难。吸引域外力量参与，要让沿线国家认识到新丝路建设带来的重大利益，消除这些国家的疑虑。同时要充分调动国内地方的积极性，找准定位，精准发力。因此，需要协调好沿线不同区域、次区域之间的合作关系，协调好境外合作与国内各产业及省区的发展关系，协调好各部门、各产业之间的发展关系。

（4）官民结合。目前，"一带一路"倡议出现官民脱节现象，政府层面交往多、民间交流少，社会无法形成区域共识。实际上，动员民间力量落实国家战略，有时比国家直接进行更加有利。基础设施互联互通也需要大量资金，必须动员民间资本参与建设。例如，建造和经营港口及远洋渔业基地，高技术产业的跨国并购以及矿产资源的投资开发，民营企业就比国有企业更有优势。政府要做好制度安排，为民间交流合作搭建好平台，并为民间交流合作保驾护航，鼓励和引导民间执行国家政策。

（5）市场导向。我国学者提出在中国国内需要调整经济结构，投资需求旺盛的时候，担忧将资源投入国外能否保证收益？这就需要在对外合作中遵循市场经济规律，讲求经济效益，实现合理利益回报，否则对外合作没有可持续性。中国对外援助基础设施和投资开发都需要符合效率原则，不断提出合作新思路、创新合作模式，形成利益共享、风险共担的经济协作新机制。

二、21 世纪海上丝绸之路的经略范围与优先方向

"一带一路"贯穿亚欧非大陆，一头是活跃的东亚经济圈，另一头是发达的欧洲经济圈，中间广大腹地国家经济发展潜力巨大。丝绸之路经济带重点畅通中国经中亚、俄罗斯至欧洲（波罗的海）；中国经中亚、西亚至波斯湾、地中海；中国至东南亚、南亚、印度洋。21 世纪海上丝绸之路重点方向是从中国沿海港口过南海到印度洋，延伸至欧洲；从中国沿海港口过南海到南太平洋。[①] 因此，"一带一路"核心区是以欧亚大陆为主（包括北非的埃及）的 65 个国家和地区。

"一带一路"的构建将会创造一种新的国际合作理念、一个新的合作平台和一条共同发展之路。考虑到亚太地区、欧亚区域合作的复杂性和多样性，以及中日东海、钓鱼岛问题可能呈现长期化趋势，《愿景与行动》确定南海到印度洋并延伸至欧洲（西线），以及南海到南太平洋并延伸至南美（南线）为 21 世纪海上丝绸之路建

---

① 国家发改委、外交部、商务部联合发布：《推动共建丝绸之路经济带和 21 世纪海上丝绸之路的愿景与行动》，2015 年 3 月 28 日。

设的优先方向，并以经济合作机制为主或许更能实现突破。实际上，非洲东海岸以及南美洲是历史上海上丝绸之路的重要延伸，今天，作为历史的延续，拉美和非洲应该成为 21 世纪海上丝绸之路的自然延伸。

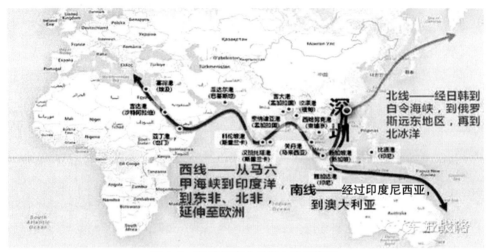

图 1-1　21 世纪海上丝绸之路示意图

21 世纪海上丝绸之路建设应与沿线重点区域和国家签署自贸协定，并利用枢纽港拓展经贸合作。应发挥双边和多边合作机制与区域合作平台的作用，做好战略布局。东南亚、南亚、西亚、东北非洲、欧盟、澳新、拉美太平洋联盟是 21 世纪海上丝绸之路沿线的七大节点区域，在七大区域构建战略支点，形成以点连线、以点带面的七大推进路径。

（一）构建中国—东盟命运共同体

中国东盟自贸区是中国最早建立的区域合作平台。东盟与中国陆海相连，历史上是中国移民下南洋，筚路蓝缕开拓的国度，是华侨华人最集中的地方，是海上丝绸之路的最重要枢纽。2012 年东盟 10 国面积约 448 万平方公里，人口约 6.08 亿人，GDP 为 2.33 万亿美元。农业矿产资源丰富、经济发展水平与我国相当、市场潜力大。

中国与东盟的贸易额已由 2002 年的 500 亿美元增加到 2014 年的 4803.9 亿美元，年均增长 23.6%，高于同期中国外贸总体增速。2015 年双边贸易略降为 4720 亿美元，双边投资达 1500 亿美元。近期要以中国东盟自贸区升级版、澜沧江—湄公河合作机制和区域全面经济伙伴关系协定谈判为推手，推进 "2+7" 合作进程，全面提升 CAFTA 质量和标准，努力打造中国东盟命运共同体。充分发挥地缘优势，推进泛亚铁路和公路等基础设施互联互通，在农业、渔业、能源、金融等基础产业领域加强对话和合作，建立和健全地区供应链、产业链与价值链，提升东盟与中国产业在全球的竞争能力。

（二）南亚区域合作联盟：重要海上驿站

南亚区域合作联盟是世界上重要的区域合作组织，2004 年确立了建立自贸区的目标。2012 年该地区总人口约 15 亿人，区域幅员近 500 万平方公里，4 亿中产阶级和经济总量超过 1.5 万亿美元的经济实体，南盟正日益成为全球一支重要的经济力量。中国与南亚的贸易从 2002 年的 63.62 亿美元增长到 2015 年的 1112.07 亿美元，年均增长 24.62%。以建设中巴经济走廊和孟中印缅经济走廊为重要节点，可以辐射南亚地区。

近期内重点提升中巴自由贸易安排水平，建设中巴经济走廊和启动孟中印缅经济走廊合作机制，建设昆明—曼德勒—皎漂港的铁路或高速公路。这两条经济走廊是中国西部开放开发及其与海上丝绸之路链接的战略通道。打通中国新疆与巴基斯坦瓜德尔港以及中国云南与缅甸皎漂港的交通线可以破解马六甲困局。但国际陆路与海运不同，经过一个主权国家要比经过国际公海困难得多，需要强有力的整合能力。斯里兰卡据印度洋航线中点，战略位置重要，斯里兰卡将其定位为海上丝绸之路的中转驿站。构建中国斯里兰卡自贸区，强化与斯里兰卡的全面战略伙伴关系，可将斯里兰卡建设成为中国在印度洋的重要贸易驿站。加强与印度香料之路和季风计划发展规划的对接，全面提升与印度经贸合作水平。

（三）构建中阿能源相互保障体系

作为古丝绸之路东西方的交汇点，阿拉伯地区在东西方经贸与文明交流中发挥过举足轻重的作用。今天，阿拉伯海湾地区已经成为中国最重要的石油和天然气供应基地，占中国从其进口的 75% 以上。同时也是我国消费品的重要出口市场。海合会是西亚最重要的区域组织，也是西亚社会最稳定的区域组织，通过海合会辐射西亚地区是理想选择。该区域能源资源丰富，是我国能源进口的主要来源地。该区域人口约 7000 万，区域面积近 400 万平方公里，2012 年经济总量近 1.5 万亿美元，进出口贸易规模为 1.2 万亿美元，人均收入超过 3.5 万美元，消费水平高、市场潜力巨大。

重点方向是推动中国海合会自由贸易协定谈判进程，尽快签署自由贸易协定，将中国与海湾国家在能源安全这个涉及自身核心利益的问题纳入同一个能源安全保障体系。中阿双方要以共建 21 世纪海上丝绸之路为契机，加快中国海合会自贸区、中国—阿联酋共同投资基金，以及阿拉伯国家参与亚洲基础设施投资银行建设，推动中国与阿拉伯国家合作由能源和矿产资源领域合作转向产业链合作，加强双方在新能源、纳米技术等新兴产业的合作；与阿联酋合作建设迪拜人民币境外交易中心，推动人民币国际化；以色列是世界技术强国，应强化科技领域的合作；伊朗与土耳其是西亚地区强国，也是丝绸之路经济带的重要节点，强化与这两国的政治经济合作对地区稳定具有重要意义。

（四）欧盟：海上丝绸之路的终点

欧盟是世界上最大区域经济组织和经济最发达和规模最大经济体，是海上丝绸之路和陆上丝绸之路的终点。该区域总人口 5.05 亿人，经济总量 16.66 万亿美元。2012 年中国对欧盟出口 3342.69 亿美元，占中国出口总额的 16.32%，自欧盟进口 2120.71 亿美元，占中国进口总额的 11.66%。欧盟已成为中国最大的出口市场、进口来源地和最重要的经济伙伴。欧盟也是中国外资的重要来源地，截至 2015 年，欧盟累计对华投资超过 1000 亿美元，中国对欧盟投资累计超过 500 亿美元，双方互为重要经济伙伴。

中国与欧洲的冰岛和瑞士签署了自由贸易协定，但都不是欧盟国家。今后，中国和欧盟合作的重点方向是推动中国欧盟投资协定谈判进程，争取尽快启动中国欧盟自贸区谈判，实施以市场为导向的自贸区战略，旨在为中欧经贸关系的可持续发展提供制度性保障。中国"一带一路"建设以及《中欧合作 2020 战略规划》要与《欧洲 2020 战略》对接，将中欧合作由贸易向投资和技术研发等重要领域转移，全面深化中欧战略经济伙伴关系。欧盟也在考虑将欧洲投资计划（即"容克计划"）与"一带一路"战略对接，共同推动世界经济发展与全球治理。

（五）东北非洲：海上丝绸之路的历史延续

埃及是海上丝绸之路东西方贸易的重要中转驿站。郑和下西洋最远到达非洲东海岸的莫桑比克，据说还在那里留下中国人的后裔。今天，中国成为非洲国家最重要的贸易伙伴和投资来源国，将非洲东北非纳入 21 世纪海上丝绸之路的经略范畴是为了延续历史。中国与东非的贸易额从 2001 年的 400 亿美元增长到 2014 年的 953.4 亿美元。南部非洲关税同盟 2012 年人口规模达到 5892 万人，经济总量为 4180.6 亿美元，中国对南部非洲关税同盟出口 151.48 亿美元，进口 101.39 亿美元，是中国在非洲最重要的贸易伙伴。埃及是北非重要国家，扼海上丝绸之路要冲，是中国拓展北非市场的重要门户。

重点方向是深化在贸易与投资领域的合作，继续推进中国在坦桑尼亚和埃及的港口及临港工业园建设，以及吉布提的综合补给基地和自贸区建设，推动中国与南部关税同盟以及肯尼亚的自由贸易谈判，并争取尽快达成中国在非洲的自贸协议。同时，以埃塞俄比亚、肯尼亚以及埃及的境外产业园推进与非洲的产能合作。争取在南非设立境外经济合作区建设，加强双边投资及矿业领域的合作。加强与坦桑尼亚、塞舌尔和毛里求斯的海洋渔业与港口基地合作，对实现印度洋战略具有重要意义。

（六）南太平洋：21世纪海上丝绸之路的新方向

南太平洋论坛包括澳新等大洋洲国家和斐济、汤加等16个南太平洋岛国，海洋渔业和矿产资源丰富。目前中国正在加强与太平洋岛国论坛的合作，2006年中国在斐济启动了"中国—太平洋岛国经济发展合作论坛"等。作为"南南合作"的范畴之一，中国持续给予岛国无附加条件的援助，并在交往的过程中不断改进援助方式，着力帮助岛国能力建设等。按照21世纪海上丝绸之路发展规划，中国沿海港口经南海出巽他海峡和龙目海峡进入南太平洋作为海上丝绸之路发展的新方向，其原因是它不是历史上海上丝绸之路所经过的地区。

2008年4月中国与新西兰签署了自贸协议，2015年12月中国与澳大利亚达成自由贸易协议。2015年习近平在访问澳大利亚时指出，南太平洋是海上丝绸之路的自然延伸，希望进一步深化与南太平国家的经贸合作。未来重点方向是拓展与斐济、汤加、所罗门群岛等岛国的远洋渔业与安全合作，以及巴新与澳大利亚的矿产资源合作。南太平洋还可以建设成为中国通往南美洲的重要贸易驿站。中国与澳新产业具有很强的互补性，强化经贸合作有利于造福双边国民福利。

（七）拉丁美洲：21世纪海上丝绸之路的自然延伸

历史上以漳州月港经马尼拉到墨西哥阿卡普尔科的太平洋大帆船贸易是连接中国与拉美的重要贸易通道，今天拉美应该成为21世纪海上丝绸之路的自然延伸。应将拉美太平洋联盟作为海上丝绸之路的重要节点，这是拉美面临太平洋国家的经济一体化组织，由墨西哥、智利、秘鲁、哥伦比亚四国2011年4月28日宣布成立。其目的是通过提高商品、服务、资本和人员的自由流动，促进成员国家的经济增长、社会发展和国际竞争力的提高，并促进拉美同亚太地区的政治、经济与商务交流。这些国家是拥有丰富的农业、渔业和矿产资源的新兴经济体。

2012年拉美太平洋联盟人口2.5亿，GDP总值20156亿美元。与中国的贸易总额达到1238.7亿美元，占中国对外贸易的3.2%，是中国在拉美的重要贸易伙伴。中国与智利、秘鲁、哥斯达黎加等太平洋沿岸国家签署了自贸协议，正在与哥伦比亚就自贸协议谈判展开可行性研究。墨西哥是北美自贸区的重要成员，通过它可以进入北美市场。在互联互通方面，2015年中国与巴西和秘鲁商谈横跨南美大陆的两洋铁路，这将缩短中国到巴西的运输距离。中国加强与太平洋联盟的合作具有重要战略意义，可以探讨建立一个中国太平洋联盟自贸区，将其作为进入拉美市场的一个门户。

第三节 我国建设海上丝绸之路的战略优势及其面临的挑战

共建 21 世纪海上丝绸之路需要发挥中国的历史文化以及经济贸易大国的市场优势，同时也需要正视中国面临的各种挑战，循序渐进，稳步推进，最终实现 21 世纪海上丝绸之路的战略目标。

一、建设海上丝绸之路的战略优势

（1）悠久的海上丝绸之路留下丰富的历史遗迹。海上丝绸之路是一条和平、财富与文化交流之路。在先秦至汉唐时期，海上丝绸之路是中国向亚欧输出丝绸，输入香料和珠宝的商路。宋元时期，海上丝绸之路是中国输出陶瓷和茶叶，输入象牙、香料的商路。明清时期的海上丝绸之路是输出中国瓷器、茶叶、五金，输入白银、香料的商路。所以海上丝路也称为陶瓷之路、香料之路，也是文化传递的路线。中国古代的"四大发明"就是通过丝绸之路由阿拉伯人传到西方，拉美的高产作物、西方的火炮、数学和天文知识等近代科学也是通过海上丝绸之路传入中国的。长期的贸易和文化交流留下了丰富的历史遗迹，如中国的泉州市留下许多阿拉伯伊斯兰文化遗存，东南亚的三宝公（郑和）庙比国内还多。东非的肯尼亚留下中国陶瓷等众多历史遗迹。

（2）丝绸之路给中国留下"崇尚和平"的精神遗产。中国与周边国家的"朝贡体系"延续了数千年，直到西方帝国主义入侵中国之后才走向衰落。朝贡体系虽然具有不平等的一面，很难为崇尚平等的西方所接收，但朝贡体系基本上是自然形成的，体现了中国"礼尚往来"的文化精神，并非中国的刻意安排。[①] 郑和七下西洋，最远抵达非洲的肯尼亚，虽然有"宣国威于海外"的意图，但中国没有在沿途攻城略地，进行殖民统治。因此，数千年的海上丝绸之路体现了中国人崇尚和平的精神。从历史中汲取营养，中国今天重返丝绸之路必须强调其和平性质。中国领导人赋予了古丝路精神新的内涵：即用"和平友好、互惠互利、包容共鉴、共同发展"的新理念建设新的丝绸之路。

① 郑永年：《"丝绸之路"与中国的"时代精神"》，新加坡《联合早报》2014 年 6 月 10 日。

（3）中国与丝绸之路沿线国家具有深厚的合作基础和无限的潜力。欧亚非地区国家能源资源丰富，与我国经济合作潜力巨大。近年来，我国与上述国家的经贸合作取得快速发展。根据统计数据，2012年我国与海上丝绸之路沿线各国贸易总额高达13927亿美元，占我国外贸总额的36%，我国已经成为东南亚国家、南亚国家、海湾国家及一些拉非国家最重要的贸易对象和外资来源地。这意味着中国与海上丝绸之路沿线各经济体共建21世纪"海上丝绸之路"具有深厚的经贸合作基础。中国与沿线国家和国家组织签署了一系列投资贸易协定，如中国与印度、斯里兰卡、孟加拉国、缅甸及韩国签署了亚太贸易协定；与海湾国家搭建了中国—海合会合作论坛；与非洲国家搭建了中国非洲合作论坛；与东盟国家搭建了中国东盟自贸区；与新西兰、智利、秘鲁等国家签署自贸区协议。各种合作论坛、经贸合作协议以及境外经济合作区等合作机制为建设海上丝绸之路奠定了重要的物质基础。

（4）东亚成熟的生产分工网络和廉价的海运优势。东亚地区公认的优势在于生产分工和日益深化的金融联系。通过海上丝绸之路运输货物已有2000多年的历史，如今这些航道仍然发挥着至关重要的作用，支撑着东亚绝无仅有的生产分工网络。强化这些联系将有助于在整个地区展开更加和谐的互动。当代海上丝绸之路的运输成本急剧降低，所以该地区无论大小和技术发达与否，都可以通过生产零部件而非完整产品的专业化和规模经济获益。这是东亚相对于世界其他地区表现出色的主要原因。随着中国劳工成本的提高，中国转移产业的需求更加迫切。东南亚和海上丝路沿线的国家必然会因为这些产业转移获得好处。海上丝绸之路建设将成为中国产业转移与构建生产分工体系的重要平台。

（5）散布在全球的华侨华人社会网络。在长期的商贸往来和文化交流过程中，中国与海上丝绸沿线国家建立重要的商缘关系，中国东南沿海的民众很早就远航南洋，特别是广东、福建的许多村落，近代以来就出洋谋生的传统。广东和福建最早来到菲律宾、马来西亚、泰国、印度尼西亚等地开垦土地和经商，成为最早的华商。还有西方殖民者在东南沿海招募华工，早期出现的猪仔贸易，这些华工远赴美国、古巴等地。茶马古道上云南等地商人很早就到缅甸、印度做贸易，使得华商网络遍布东南亚、南亚和美洲地区。他们多达2000多万人，在海外形成华人社团和唐人街。"抗战"时期，这些海外华人成为抗日救国的重要外援力量，改革开放后，这些海外华侨成为最早到中国投资兴业的境外资金来源，也是中国发展出口经济最重要的依靠力量。在重建丝绸之路的过程中，这些华人网络仍然可以发挥重要的桥梁作用。

二、面临的挑战：威胁与竞争

亚欧地区是大国博弈和竞争之地，美日印澳都提出各自的印太战略，使得这一地区所面临的安全形势异常复杂。建设海上丝绸之路，中国面临着复杂的地缘政治挑战，中国的航路安全和合作项目的可持续性受到严重威胁。中国面临的主要挑战有如下几个方面：

第一是中国南海问题。东南亚小国，甚至澳大利亚等国天生就有害怕周边大国的心理，随着中国的崛起，东南亚的一些国家尤其是和中国存在海上主权冲突的国家对中国感到巨大的不确定性，甚至把中国视为主要威胁。开始"邀请"美国甚至日本、印度介入中国南海争端，把问题复杂化，并将降低对中国的经济依赖度作为政策选项。随着美国向东亚的战略投入，南海问题越来越国际化，如何管控分歧，协商解决南海问题成为中国海上丝绸之路建设的重要议题。经济利益与安全和政治利益相比从来就微不足道。例如，滇缅通道建设毫无疑问对中缅经贸交流意义重大，但缅甸以安全为由予以拒绝。这些无疑会对中国打造中国东盟自贸区升级版以及海上丝绸之路倡议产生消极影响。

第二是印度的地缘政治。中国要通过东南亚，走向印度洋和非洲，印度是关键。印度是南亚唯一的区域性大国，始终把地缘政治利益放在首位。中国的崛起和"走出去"必然引起印度的高度关注，而且中国、印度还存在边界领土纠纷。无论中东，还是非洲，印度都是重要的角色，处理好中印关系对中国倡导的海上丝绸之路建设至关重要。印度对中巴经济走廊建设就充满狐疑，对孟中印缅经济走廊也不热心。印度有自己的地缘经济战略，印度提出季风计划和香料之路，将发展与孟加拉国、缅甸和通往东南亚的东方通道作为自己的地缘经济战略。印度始终将印度洋视为自己的势力范围。中国如何与崛起的印度民族主义打交道是一个重大挑战。

第三是美国、日本"印太战略"的竞争。随着世界经济重心的东移，中国、印度等新兴经济体的崛起，美国、日本、澳大利亚等利益攸关方对从南中国海到印度洋的印太地区给予高度重视。美国除了精心构筑太平洋岛链战略外，还高调宣布了"新丝绸之路计划"和"印太"战略，日本提出以印太地区为重点的价值观外交，其遏制和围堵中国的意图非常明显。美国、日本等国家挑拨和分化中国与该地区国家的关系。中国、日本在东南亚的竞争已经是公开的秘密。日本不参加中国主导的亚投行，却要针对性地成立 1100 亿美元的品质基础设施投资基金。中缅密松电站、中泰大米换高铁、滇缅铁路等项目的波折都有美国和日本的背影。而美国控扼的马六甲更是成为海上丝绸之路的"阿基里斯之踵"。

第四是中东非洲局部地区的地缘政治风险与教派冲突风险。中东和中亚过去是埋葬帝国的地方，现在仍然是。应当看到的是，中东很多国家不能建立一个有效政权，沦为失败国家，宗教极端主义崛起，甚至成为恐怖主义的"温床"。叙利亚、伊拉克、南苏丹因教派冲突和利益纷争陷入持久内战，阿富汗在北约撤离后也存在不确定性，此外，该地区还面临像索马里海盗、基地组织极端伊斯兰运动、恐怖活动、毒品走私这样的非传统威胁，不稳定之弧与"一带一路"高度重叠。当与这些地区的交往增加时，中国面临的关键问题在于如何减少和消除地缘政治风险，以及由此对该区域内开展经贸合作构成巨大威胁。如何维护中国在这些国家和地区工程项目可持续性和工作人员的安全，对中国是一项巨大挑战。这一地带经济发展水平和市场潜力不足也是深化合作的主要障碍。更大的风险是中国在与这些国家交往时陷入教派与敌对政治集团的冲突而无法自拔。

第五是文化差异与制度差异将成为合作共建中的无形障碍。海上丝绸之路沿线存在世界几大文明形态，如东方的儒家文明、南亚的印度教文明、西亚的伊斯兰教文明以及西方的基督教文明。亨廷顿教授指出，未来世界将充满文明的冲突，虽然显得夸张，但也有其洞察力。文化与种族增加了沟通中的困难，而建立在不同文化与宗教基础上的法律与制度规范也是跨国合作的重大障碍。这些都将增加合作共建中的风险。阿拉伯地区部落制度对我国是一个陌生的东西，但是在阿拉伯国家如果不了解阿拉伯部落，就难以经营成功。非洲国家也是存在部落制度的地区，中国企业进入这些国家就必须与这些部落打交道。部落之间以及部落与政府间的利益纠纷与冲突是中国合作方面临的最大风险。因此，我国企业进入"一带一路"，需要做深入的调研和准备。

尽管存在这些威胁和挑战，但从中国未来安全以及周边外交和营造有利的和平发展的国际环境的实际需求看，"一带一路"建设仍然将是中国周边外交战略和对外开放的重要方向之一。从国际经验看，大国崛起的对外经济外交的战略重点无不聚焦于周边地区。

第四节　21世纪海上丝绸之路的战略规划与推进策略

对于如何构建"丝绸之路经济带"，习近平提出加强政策沟通、道路联通、贸易畅通、货币流通、民心相通的"五通"举措。"五通"同样适用于21世纪"海上丝绸之路建设"。如何实现"五通",需要根据海上丝绸之路的战略构想制定具体的政策和措施,保证新丝路倡议落到实处。

一、构建三大支柱:精神纽带、经贸合作与人文交流

精神纽带:历史上海上丝路是一个波斯文化、伊斯兰文化、印度文化与中国文化相互交流融合的重要通道。21 世纪海上丝绸之路是一个和平合作、开放包容的理念和倡议。坚持用中国、印度和缅甸三国前领导人倡导的和平共处五项原则处理沿线国家之间的关系。尊重各自文化传统和社会制度差异,不将本国的价值观和社会制度强加于人。用"和平友好、包容共鉴、互惠互利、共同发展"的新理念建设新丝绸之路。在经贸合作和文化交流过程中取长补短,实现共同发展。

经贸合作:海上丝路以历史上商贸往来拓展为贸易、投资和贸易投资便利化合作方向。硬件建设要优先发展海上互联互通,软件建设要优先推动贸易投资便利化和自由化,发展双边自贸区和境外经济合作区。以此促进货物畅通和货币流通,实现产业合作和产业转移,建立健全地区供应链、产业链与价值链,形成沿线国际生产网络,提升经济合作水平,实现共同发展。

人文交流:由历史上的民间文化交流提升为政府层面和民间相结合的人文交流。以政府互动强化政策沟通,协调各国的外交、经济、文化政策,为民间交流创造条件。民间交流强化民心相通,重点做好文化、宗教、教育、医疗卫生、学术研究等领域的人文交流。鼓励高等院校校际交流和互派留学生,提升教育交流合作水平,进行人力资源开发,如厦门大学在马来西亚建立分校等。对欠发达国家进行教育和医疗卫生援助,提升其发展能力。

二、区域基础设施互联互通是基础

要达到物畅其流,需要做到以下几点:

(1)要做到基础设施互联互通。海上丝绸之路以港口建设及互联互通为重点,促进海上航道的安全与高效。中国有必要以构建 21 世纪海上丝绸之路为契机,以亚洲基础设施投资银行为平台,在现有东盟互联互通、泛亚铁路网、泛亚能源网、大湄公河次区域互联互通、孟中印缅经济走廊、中巴经济走廊的基础上,与 21 世纪海上丝绸之路沿线国家一起打通欧亚交通网、泛亚铁路网东南亚走廊和泛亚能源网,构建横贯东西、连接南北的欧亚海陆立体通道。中国已斥资 100 亿美元的海上合作基金用于东南亚和印度洋具有战略重要性沿岸国家建设港口、铁路、公路等基础设施。主要用于帮助孟加拉国和斯里兰卡的港口和道路建设,未来还要扩大非洲

国家的港口和铁路项目建设，帮助这些国家发展电子商务、改进通关制度等能力建设，推动海关、质检、电子商务等部门的协调合作，实现基础设施标准协调化以及通关制度便利化，协调沿线国家运输与安全标准，降低贸易和投资成本。

（2）要解决支持海上互联互通的技术问题。因此，需要发展海洋产业夯实合作基础。海上丝路建设以经略海洋和海洋经济为重点，需要以海洋船舶、海洋工程装备等综合性较强的配套产业为基础，发展海洋科考和海洋调查、远洋运输和远洋渔业合作；与此同时，海洋船舶、海洋工程装备需要提供原材料、配套产品、运输系统、石化产业等众多基础配套产业。我国的海洋工业生产技术设备落后，资源综合利用率低、产品质量较低、成本高，影响了海洋高新技术成果的商品化和产业化。因此，从我国海洋相关产业的发展态势看，与建设海上丝绸之路的配套要求仍有相当距离，基础设施建设和相关配套产业链需要加强。

（3）区域基础设施互联互通需要有效的融资合作。港口建设与基础设施互联互通需要巨额资金。亚洲开发银行估计，到 2020 年，亚洲在能源、电信与交通基础设施方面的投资需求将达 8 万亿美元。国际金融机构如世界银行、亚洲开发银行等机构无法满足亚洲地区基础设施建设的需求。但亚洲地区有足够的外汇储备和民间储蓄，动员这些资金投入基础设施建设，需要创新融资和利益分配机制和强化金融风险监管。中国倡议筹建亚洲基础设施投资银行，得到印度等相关国家的支持；中国设立中国东盟海上合作基金和 400 亿美元丝路基金以及推进公私伙伴关系（PPP）计划，这些举措能够利用市场机制动员更多国家参与新丝路基础设施建设；加强区域财政金融合作、降低贸易壁垒、推进货币互换和本币结算、扩大亚洲债券市场以及双边货币互换规模，促进双边金融机构合作，共同建设中国香港、新加坡、迪拜、伦敦等离岸人民币交易中心，促进丝绸之路沿线国家的货币流通。

三、构建区域合作新模式和新规则

构建 21 世纪海上丝绸之路并非从零开始，而是现有合作的延伸和升级，既要遵循现有国际规则，也要创制国际经贸新规则。构建 21 世纪海上丝绸之路要处理好与现有合作机制、合作平台的关系。亚洲区域合作格局的变化与复杂性决定了中国在积极参与贸易自由化和地区经济一体化建设的同时，还要创造性地推动其他形式的经济合作。搭建合作平台与合作机制需要政策沟通与经济外交。政策沟通与协调属于政府层面的协商事务。中国周边外交战略一直以"睦邻、安邻、富邻"为宗旨，2013 年以来，中国新一届领导集体确立以"亲、诚、惠、容"的外交理念作为处理周边事务的原则。中国"丝绸之路"倡议如果不能为其他国家所接受，不能调动其积极性，倡议就难以得到落实。探索合作机制，各国形成共识很重要。要吸引这些国家参与，就要得到沿线国家及国际组织的理解，加强同该区域国家的深度沟通和协商，切实关注沿线国家的利益诉求，在国际事务中加强沟通与磋商，加强高层互访与政治互信，商洽经济合作事宜，促进双边合作关系的健康发展。

目前，我国搭建了上海合作组织、中国—东盟合作论坛、中国非洲合作论坛、中国阿拉伯国家合作论坛、中国海合会经贸合作论坛、中国欧盟合作论坛及中国拉美合作论坛、大湄公河次区域经济合作、中亚区域经济合作机制、亚洲博鳌论坛、中国东盟博览会、中国南亚博览会、中国阿拉伯博览会、中国西部国际博览会、欧亚经济论坛等现有双边或多边非约束性合作机制，加强政策沟通，让更多相关国家参与"一带一路"建设。中国还签署了中国东盟自由贸易协定、中国巴基斯坦自由贸易协定、中国新加坡自贸协定、亚太贸易协定、中国新西兰自贸协定、中国澳大利亚自贸区协定、中国智利自贸协定、中国秘鲁自贸协定、中国哥斯达黎加自贸区协定，以及与绝大多数沿线国家签署了双边或多边投资协定等制度性合作机制。此外，中国企业还在"一带一路"沿线国家搭建了 48 个境外经济合作区等合作平台。根据商务部数据，截至 2015 年底，中国在 33 个国家设立 69 个境外产业合作园区，其中有 48 个在"一带一路"沿线国家，而经过商务部批准认可的有 19 个境外产业合作园区（见表 1-3）。例如，我国在埃塞俄比亚合资创办的东方工业园，推进埃塞俄比亚制定工业园区法，促进制度互联互通，创造可预期的投资环境。

中国应根据海上丝绸之路建设的需要与战略安排跟沿线国家搭建更多的自贸区，双边投资协定和境外经济合作区，简化出入境签证手续以及组建丝绸之路沿线港口城市联盟等合作机制，促进贸易与投资自由化，为双边和多边经济合作提供制度保障。2015 年 11 月中国与湄公河流域五国签署了《澜湄合作概念文件》，创建了澜湄合作机制。2016 年 6 月 20 日俄罗斯普京总统访问中国前提出构建大欧亚伙伴关系的设想："我们提议建立大欧亚伙伴关系，其参与者可以包括欧亚经济联盟成员国，以及中国、印度、巴基斯坦、伊朗等与俄罗斯关系密切的国家和组织。"① 前者是中国东盟自贸区框架下次区域合作新机制，后者则可能构建中国—欧亚经济联盟自贸区，形成丝绸之路经济带与欧亚经济联盟的对接机制。中国正在与相关国家探讨共同建设六大经济走廊的可能性：共同打造新欧亚大陆桥、中蒙俄、中国—中亚—西亚、中国—中南半岛、中国—巴基斯坦、孟中印缅等国际经济合作走廊。在共商与共建过程中可能创建新的经济合作模式。

---

① 《普京提议"大欧亚伙伴关系"回应 TPP 布局》，《参考消息》2016 年 6 月 21 日。

四、构筑海上丝绸之路的国内支撑体系

（1）构建内外联动与统筹协调机制。海上丝绸之路涉及的各国政府，应通过协商沟通，形成区域开放合作的基本政策，同时协调区域发展的能源、交通、通信整体布局和优势产业、主导产业群，提出区域国家间开展横向经济联合与协作的具体方案。海上丝绸之路建设还涉及国内部门与地区协调参与的问题。国内各部门和地区如何融入新海上丝绸之路倡议是一个需要研究的问题。国内各部门相互掣肘，地区之间定位趋同相互竞争。如何形成合力共同对外，分工协作是亟待解决的问题。目前国家发改委、外交部、商务部成立了丝绸之路建设协调小组，统一协调国内各部委和地区的对外协调工作。国内区域之间应有所分工，如西南诸省应面向南亚，重点拓展孟中印缅经济走廊和中南半岛地区南方丝绸之路，北部湾作为丝绸之路的重要节点是连接西南诸省的出海通道应着力发展交通运输业。而广东、福建、浙江、上海、江苏、山东等省则应根据地缘与文缘优势，重点拓展印度洋沿岸的南亚、西亚、非洲地区，以及南太平洋岛国和拉美地区。

（2）构建深化开放与创新体制机制。中国要走出国门必须建立开放型经济体制，做到内外协调。如我国的车辆和船舶要到国外，就要允许国外船舶和车辆进入我国境内，但我国公安和边防部门不答应。国内部门对外经贸很不熟悉，国内口与对外口协调困难，要打破利益集团的藩篱，就要发挥市场在资源配置中的决定性作用。因此，要利用开放倒逼改革的机制，进行国内体制机制创新，构建适应丝绸之路建设的开放型经济新体制，促进国际国内要素有序自由流动、资源高效配置、市场深度融合。我国海关、检验检疫和边防等部门之间要与周边国家相关部门建立信息共享、执法互助、安全高效的联合监管制度。

五、海上丝绸之路应妥善协调的若干重大关系问题

重返海上丝绸之路是一项涉及政治、经济、文化、安全与外交的综合性战略，必须处理好几组重大关系问题（见表1-2）。

第一，处理好传播和平理念与处理海上争端的关系。中国要想和平崛起确实不是件容易的事情，面临着无穷挑战。要实现"丝绸之路"精神，就需要分析中国周边所面临的挑战，其中最突出的就是与日本和部分东盟国家的海上争端。处理海上争端，中国需要足够的理性与耐性，不让争端升级严重影响区域合作的程度。也就是中国要尽量用和平协商的方式处理纠纷。倡导和平利用和合作开发海洋资源，用互惠互利和共同发展来消弭分歧，避免因海洋争端发生战争。

表 1-1　2012 年中国与海上丝绸之路沿线国家经济关系

中国与对象国		经济概况		双边贸易		双边投资	
		GDP（亿美元）	人口（百万）	出口（百万美元）	进口（百万美元）	对外投资（百万美元）	利用外资（百万美元）
中国—东盟	印度尼西亚	8780	246.9	29387.1	21659.5	1361.29	63.78
	马来西亚	3050	29.24	36525.0	28742.9	199.04	317.51
	新加坡	2765	5.312	39168.3	43912.1	1518.75	6305.08
	泰国	2502	66.79	31196.5	26899.6	478.6	77.72
	菲律宾	3660	96.71	7136.4	6159.1	74.9	132.21
	文莱	169.5	0.412	1252.24	355.33	0.99	151.09
	越南	1558	88.77	29035.0	12836.0	349.43	3.16
	柬埔寨	140.4	14.86	2612.2	1682.7	559.66	16.6
	缅甸	594.4	52.8	5673.3	1298.2	3.84	748.96
	老挝	94.19	6.646	937.09	791.03	808.82	2
	东盟小计	23313.49	608.44	181881.13	144336.46	5355.32	7818.11
中国—南亚区域合作联盟	印度	11036	1237	47677.4	18797.19	276.81	44.06
	巴基斯坦	2251	179.2	9276.49	3140.39	88.93	1.83
	斯里兰卡	594.2	20.33	3001.3	161.96	16.75	0.2
	孟加拉国	1164	154.7	7970.09	479.73	33.03	2.27
	马尔代夫	21.13	0.3384	76.488	0.186	0	0
	南亚小计	15066.33	1591.56	68001.768	22579.45	415.52	48.36
中国与海湾合作委员会	沙特	7110	28.29	18452.9	54861.1	153.67	49.87
	阿联酋	3838	9.21	29568.3	10851.9	105.11	129.63
	阿曼	781.1	3.31	1811.5	16974.9	3.37	0
	科威特	1832	3.25	2089.3	10467.2	−11.88	0
	巴林	303.6	1.32	1202.7	348.4	5.08	0.79
	卡塔尔	1924	2.05	1205.7	7278.1	84.46	27.06
海合会小计		15788.7	47.43	54329.8	100781.6	339.81	207.35
中国与伊朗		5524	76.42	11602.8	24864.3	702.14	4.1
中国与伊拉克		2158	32.58	4912.3	12656.4	148.4	0.93
中国与也门		319.93	23.85	837.6	2899	14.07	2.87
中国与约旦		309.37	6.99	2958.64	297.10	9.83	1.2
中国与叙利亚		—	20.0	1189.44	10.92	−6.07	0.95
中国与黎巴嫩		432.1	4.9	1691.94	20.33	—	3.71
中国与以色列		2596.14	7.91	6988.13	2922.32	11.58	12.5
中国与土耳其		7888.63	73.997	15585.7	3509.3	502.5	15.56

续表

中国与对象国		经济概况		双边贸易		双边投资	
		GDP（亿美元）	人口（百万）	出口（百万美元）	进口（百万美元）	对外投资（百万美元）	利用外资（百万美元）
中东国家合计		31679.26	254.28	87268.2	144710.6	1706.92	230.81
中国与埃及		2628	80.72	6590.7	1320.7	119.41	5.67
中国与苏丹		630.3	37.19	1222.2	191.9	−1.69	0.07
中国与埃塞俄比亚		417.2	91.73	2572.4	320.9	121.56	0
中国与厄立特里亚		30.92	6.09	53.53	1.26	1.96	0
中国与吉布提		13.536	0.8597	902.47	0.617	0	0
中国与索马里		9170	10.2	101.11	3.10	0	0
中国与肯尼亚		407.0	43.18	2788.76	52.41	78.73	2.09
中国与坦桑尼亚		282.4	47.78	1162.9	525.0	119.7	0
中国与莫桑比克		142.4	25.2	940.89	403.32	230.52	0
中国与毛里求斯		104.9	1.29	620.17	10.71	57.83	958.73
中国与塞舌尔		11.3	0.09	33.17	0.26	53.4	365.07
中国与马达加斯加		99.8	22.29	542.4	114.4	8.43	0
中国与南部非洲关税联盟		4180.6	59.82	15148.9	10139.1	−699.07	16.05
东非小计		18087.43	420.35	32626.08	13082.4	88.82	1347.68
中国与欧盟（27国）		166600	505.6	334269.5	212071.1	6119.9	2595
中国与南太平洋岛国论坛	澳大利亚	15324.08	22.72	8577.1	3823.3	2172.98	337.97
	新西兰	1714.67	4.43	6249	5555.2	94.06	118.9
	巴布亚新几内亚	156.54	7.17	574.8	302.1	25.69	0
	斐济	40.35	0.87	214.03	22.16	68.32	0
	汤加	4.72	0.105	12.6	2	0	1.59
	其他南岛国家（11）	38.337	1.2936	2253.879	415.754	52.05	1767.4
南太岛国论坛小计		17278.70	537.76	17881.41	10120.51	8627.06	2225.86
中国与拉美太平洋联盟	智利	2662.6	17.46	14432.1	18218.4	26.22	20.75
	秘鲁	1926.36	29.99	7807.5	7849	−49.37	0.16
	哥伦比亚	3703.28	47.7	9564.7	3343.1	83.51	0.03
	墨西哥	11864 6	120.85	56936.1	5720.9	100.42	14.87
太平洋联盟小计		20156.84	216	88740.4	35131.4	160.78	35.81
中国与厄瓜多尔		879.25	15.42	2614.00	938.32	311.39	0.01
中国与哥斯达黎加		453.01	4.65	901.76	5270.24	—	0
中国与危地马拉		503.88	15.37	1283.67	68.51	—	0
中国与巴拿马		399.55	3.74	15306.04	53.00	0.72	32.81

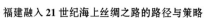
续表

中国与对象国	经济概况		双边贸易		双边投资	
	GDP（亿美元）	人口（百万）	出口（百万美元）	进口（百万美元）	对外投资（百万美元）	利用外资（百万美元）
中国与尼加拉瓜	104.39	5.88	466.79	115.85	—	—
中国与萨尔瓦多	238.14	6.07	490.53	7.37	—	0.07
拉美太平洋沿岸总计	22735.06	267.13	109803.19	41584.67	472.89	68.7
海上丝绸之路总计	294760.27	4185.42	831731.28	588485.21	23259.32	14334.52
占中国全球总额比（%）	40.56	59.4	40.59	32.36	26.49	12.83

注：2012 年世界 GDP 总值为 726800 亿美元，世界人口总数为 7043.9 百万人。

2012 年中国出口总额为 2048714 百万美元，进口总额为 1818405 百万美元；进出口总额为 3867119 百万美元。

2012 年中国利用外资总额为 111716.14 百万美元，中国对外投资总额为 87803.53 百万美元。

表 1-2　中国与海上丝绸之路沿线国家合作机制

		重要合作项目	重要合作机制
中国—东盟	印度尼西亚	中国广西·印度尼西亚沃诺吉利经贸合作区位于印度尼西亚中爪哇省沃诺吉利县县城，合作区的产业定位是以木薯为主要原料的精细化工及建材、制药等行业。2014 年 4 月，中国—印度尼西亚能源论坛签署《印尼巴厘岛塞露坎巴湾电站（380 兆瓦）股东合资协议书》、《合资公司组建协议及合作开采矿山、锰产品深加工备忘录》等协议	1994 年中国、印度尼西亚政府签署《促进和保护投资协定》，2001 年签署《避免双重征税和防止偷漏税协定》2010 年 4 月签署《中国印尼关于进一步加强贸易投资合作会谈纪要》强化基础设施投资
	马来西亚	①中国—马来西亚钦州产业园区于 2012 年 4 月开工，是中国和马来西亚两国政府合作的第一个园区。②中国与马来西亚两国政府共建的关丹产业园区也在同步建设。③石油合作：中国公司投资石油化工可享受优惠。④与马六甲港口及临港工业园合作项目	《促进和保护投资协定》、《避免双重征税和防止偷漏税协定》、《中华人民共和国和马来西亚政府关于马中关丹产业园合作的协定》、两国《海运协定》和《民用航空运输协定》
	新加坡	①中国和新加坡自由贸易区。②中新苏州工业园区。③中新天津生态城。④大连集装箱港码头。⑤中国和新加坡（重庆）战略性互联互通示范项目	《促进和保护投资协定》、《避免双重征税和防止偷漏税协定》、《经济合作和促进贸易与投资谅解备忘录》、《中华人民共和国和新加坡政府自由贸易协定》、《中新双边货币互换协议》等 10 多项合作协定
	泰国	①泰国泰中罗勇工业园是由中国华立集团与泰国安美德集团在泰国合作开发的面向中国投资者的现代化工业区。②南宁与泰国农业技术、食品加工、食品安全合作，种植生产橡胶进口。2007 年签署两国《天然气项目合作协议》	《促进和保护投资协定》、《避免双重征税和防止偷漏税协定》、《中华人民共和国和泰国就中国加入 WTO 的双边协议》，《中泰双边货币互换协议》
	菲律宾	中国—菲律宾经贸论坛	《促进和保护投资协定》、《避免双重征税和防止偷漏税协定》、《经济合作和促进贸易与投资谅解备忘录》、《关于扩大和深化双边经济贸易的框架协定》、2011 年《经贸合作五年发展规划》

续表

		重要合作项目	重要合作机制
中国—东盟	文莱	文莱政府将参与《区域全面经济关系协议(RCEP)》谈判	《促进和保护投资协定》、《避免双重征税和防止偷漏税协定》,《能源领域合作谅解备忘录》,《农业合作谅解备忘录》中国水稻种植、渔业养殖项目
	越南	龙江工业园是由浙江省前江投资管理有限责任公司在越南前江省投资的工业园项目,园区产业规划以轻工、电子、建材、化工、服装等行业为主; 深圳—海防经济贸易合作区(越南海防安阳工业区)项目; 百色—高平国际公路开通,协议两国货车可以直达指定的地方	《促进和保护投资协定》、《避免双重征税和防止偷漏税协定》、《关于扩大和深化双边经济贸易的框架协定》、2011年《中越经贸合作五年发展规划》
	柬埔寨	《6号公路二期扩建优惠贷款协议》; 《马德旺多功能水坝优惠贷款协议》; 西哈努克港经济特区是中国商务部推动的首批境外经济合作区	《促进和保护投资协定》、《中柬经济合作协定》、《中柬关于成立经济贸易合作委员会协定》、《中柬农业合作谅解备忘录》
	缅甸	中国投资数十亿美元开发位于缅甸西部兰里岛北端的皎漂港,它是中缅油气管道的起点。中缅油气管道项目;中缅木姐—皎漂铁路建设备忘录及补充协议;中国和缅甸公司镍矿合作勘探协议;中缅边境经济合作备忘录	《促进和保护投资协定》;1971年中缅签署贸易协定,双方给予最惠国待遇,《关于建设中缅原油和天然气管道的政府协议》
	老挝	老挝—中国商业投资论坛。 中国电工投资兴建南奔水电站项目的特许经营及购电合作协议。 关于修建公路的协议和航空运输协定,民航和邮电合作协议。 中老—万象赛色塔综合开发区	《促进和保护投资协定》、《避免双重征税和防止偷漏税协定》、《中国、老挝、缅甸和泰国四国澜沧江—湄公河商船通航协定》、《经济和技术合作协定》
中国—亚太贸易协定	印度	正在研究中印自贸区建设、孟中印缅经济走廊计划	2006年签署《双边投资保护协定》,1994年签署《避免双重征税协定和两国银行合作谅解备忘录》
	斯里兰卡	2011年8月,斯里兰卡与中国招商局国际有限公司签署了科伦坡港南集装箱码头项目BOT协议和南部汉班托特港建设项目,总投资超过18亿美元	1986年签署《中华人民共和国政府和斯里兰卡民主社会主义共和国政府关于相互促进和保护投资协定》,2003年签署了避免双税协定之外,还签署了互免国际航运和海运收入税收的协议
	孟加拉国	中国—孟加拉国经贸合作论坛、孟中印缅经济走廊计划	1996年签署《中华人民共和国政府和孟加拉人民共和国政府关于鼓励和相互保护投资协定》和《关于对所得避免双重征税和防止偷漏税的协定》
	韩国	①"韩中国际产业园区"是中韩最大合作项目,是中国国家商务部确定给予重点扶持的"境外经济贸易合作园区"之一。 ②2012年5月启动中韩自贸区谈判,2015年10月中韩签署自贸区协议	《双边投资保护协定》、《避免双重征税协定》、《贸易协定》、《海运协定》

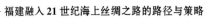
续表

		重要合作项目	重要合作机制
中国—亚太贸易协定	巴基斯坦	①巴基斯坦拉哈尔（海尔—鲁巴）经济区特区，是经商务部批准建设的首批"中国境外经贸合作区"之一。 ②2012年巴政府将境内唯一深水港瓜达尔港的控股权交给三家中国企业，分别是中国海外港口控股公司、招商局国际有限公司和中国远洋运输集团。 ③中巴经济走廊起点在喀什，终点在巴基斯坦瓜达尔港，全长3000公里，北接"丝绸之路经济带"、南连"21世纪海上丝绸之路"、是贯通南北丝绸之路关键枢纽，是一条包括公路、铁路、油气和光缆通道在内的贸易走廊，也是"一带一路"的重要组成部分	《促进和保护投资协定》、《避免双重征税和防止偷漏税协定》、《中巴自由贸易协定》、2011年《中巴经贸合作五年发展规划》
中国与海湾合作委员会	沙特阿拉伯	2004年11月，中国建材国际工程股份有限公司在沙特阿拉伯以总承包方式，在沙特阿拉伯西部马加达地区建造了一条日产5000吨水泥的现代化生产线，这是中国大型国有企业在沙特阿拉伯承建的首个大型水泥项目	《双边投资保护协定》、《避免双重征税协定》、《中华人民共和国商务部与沙特阿拉伯王国商工部关于贸易救济合作的谅解备忘录》
	阿联酋	中国凤城是中国在迪拜投资建设和运营管理的大型国际化商业项目，是中阿两国经贸合作的亮点	《双边投资保护协定》、《避免双重征税协定》、《双边劳务合作谅解备忘录》
	阿曼	①1989年12月建立经贸联委会机制，至今已举行七届会议，第七届于2011年10月在北京召开。 ②在阿曼的通信领域，华为堪称一枝独秀，在经营、营销和控制运行领域占据超过60%~70%的份额。 ③中国出口阿曼的产品主要为机电产品、钢铁及其制品、高新技术产品、纺织品等；进口主要为原油，阿曼原油的80%出口中国	《促进和保护投资协定》、《避免双重征税和防止偷漏税协定》
	科威特	①目前中国企业在科威特参与建设的项目达69个。2015年，两国新签合同额超过10亿美元，比2014年增长一倍，特别是能源、通信和建筑承包工程等领域实现大幅增长。 ②1992年，科威特对外石油勘探公司（KFPEC）通过购买其他公司的权益参与中国海洋石油有限公司、ARCO（美国阿科公司，已被英国石油公司收购）投资的海南崖城海上13-1天然气田项目，科方占股份14.7%，投资额约2亿美元。 ③27号、28号集油站项目：这是中国公司在世界上第一次以总承包方式承建的大型石油项目，合同额为3.86亿美元，由中国石油工程建设公司承建，业主是科威特石油公司。1995年12月签约，2001年3月全部竣工，该项目是中国公司在科承建的最大项目	《促进和保护投资协定》、《避免双重征税和防止偷漏税协定》、《经济、贸易和技术合作框架协议》

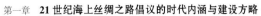

续表

		重要合作项目	重要合作机制
中国与海湾合作委员会	巴林	①由于巴农业基础薄弱制造业投资所需资金较大，主要从事贸易及餐饮服务等第三产业。②由于巴市场较狭小，在巴中小企业数量不多，总体产值不高。规模相对较大的两家企业是中国厨具，主业为厨房厨具的销售，北京建筑中心，主营瓷砖、大理石等建筑材料以及床上用品	《促进和保护投资协定》、《避免双重征税和防止偷漏税协定》、《经济、贸易和技术合作框架协议》、《互相给予最惠国待遇换文》
	卡塔尔	目前进入卡塔尔的中资企业有30余家，主要是在基础设施建设、建筑和能源等领域。中国建筑股份有限公司承建了卡塔尔多哈高层办公楼项目，中国港湾工程有限责任公司承建了卡塔尔多哈新港一期项目等。葛洲坝集团公司承建了卡塔尔默加水池工程等项目	《促进和保护投资协定》、《避免双重征税和防止偷漏税协定》、《贸易协定》、《两国政府关于规范卡塔尔雇佣中国劳务人员的协定》
中国与伊朗		能源合作：原油销售协议同意每天向中国出口40万桶石油；伊朗对中国石油工业下游产业投资以维持国际收支平衡	2014年伊朗—中国投资与商贸合作论坛
中国与伊拉克		油田开发、石油工程协议：30亿美元石油服务合同，中国石油伊拉克公司建设中东油气田合作区；机电市场合作：同意华为、中兴、杭州三泰电子技术有限公司、苏州建材工程有限公司4家中国企业作为供货经营商	中国—伊拉克经贸合作论坛；中国、伊拉克贸易和经济技术合作混合委员会会议；《中国伊拉克政府航空交通运输协定》
中国与埃及		埃及苏伊士（西北）经贸合作区是我国政府批准的国家级境外经贸合作区，由天津泰达投资控股有限公司在埃及设立的埃及泰达投资公司负责开发、建设和运营。中国石油天然气公司和埃及石油部签署《关于石油合作谅解备忘录》	《促进和保护投资协定》、《避免双重征税和防止偷漏税协定》、《海关行政互助协定》、《关于在石油领域开展合作的框架协议》
中国与吉布提		吉布提于2014年发布了"2035年愿景"，在未来20年内将自身打造成地区性的航运港口和商业中心，成为东非的迪拜、新加坡，进入中等收入国家行列。20年从最不发达国家跨越到中等收入国家。吉布提和中国再次深度合作，通过铁路、港口、供水、供油气项目，搭乘"一带一路"的顺风车，实现经济腾飞	中国与吉布提签署了3项经贸协议，内容包括在吉布提建设自贸区、将吉布提打造成中国与世界贸易的中转站、合作推进先进银行卡支付系统等。目前，相关设施的基础工程建设已经启动，该设施将主要用于中国军队执行亚丁湾和索马里海域护航、维和、人道主义救援等任务的休整补给保障
中国与埃塞俄比亚		2014年5月中国埃塞俄比亚签署16项合作协议，内容涉及经贸合作、电力建设、矿物开采、基础设施建设、工程承包项目；亚的斯亚贝巴东方工业园；亚—吉电气化铁路项目	《中国与埃塞俄比亚双边投资促进和保护协定》、《政府间科学技术合作协定》、《避免双重征税和防止偷漏税协定》
中国与坦桑尼亚		由中国公司投资建设的坦桑尼亚巴加莫约港口和临港工业区	《中国与坦桑尼亚双边投资促进和保护协定》、《中华人民共和国政府向坦桑尼亚联合国政府提供优惠贴息贷款框架协议》、《航空运输协定》

续表

	重要合作项目	重要合作机制
中国与索马里	中国自 1963 年起向索提供援助，为索援建了国家剧院、哈尔格萨供水工程、卷烟厂、火柴厂、贝纳迪尔妇产儿童医院、索马里体育场、贝莱特温至布劳公路、巴洛温农场等项目。2011 年 8 月，为帮助索应对旱灾，中国政府向索提供 1600 万美元的粮援现汇。1982 年起，中国在索开展劳务合作。2015 年双边贸易额为 3.20 亿美元，同比增长 37%，其中我国出口 3.00 亿美元，同比增长 45%，进口 0.2 亿美元，同比下降 17%。我国主要出口轻工业品、纺织品、医药、小五金和小型机械设备等，进口冻鱼等	《经济与技术合作协定》、《中国索马里贸易协定》
中国与肯尼亚	中国在肯尼亚修建的蒙巴萨—内罗毕铁路	《双边投资保护协定》
中国与毛里求斯	毛里求斯天利经贸合作区是国家商务部批准的首批境外经贸合作区之一，由山西天利实业集团投资建设	《促进和保护投资协定》、《避免双重征税和防止偷漏税协定》、《双边劳务合作协定》
中国与塞舌尔	①中国从 1977 年起开始向塞提供各种援助。为塞援建了国家游泳池、综合工艺学院、蒙弗勒利中学、标准局大楼、拉扎尔湾小学及幼儿园、议会大楼和奥玛普地区小学校等 30 余个项目。②中国对塞主要出口产品为机电产品、家具、纺织服装、塑料制品等，主要进口海产品	《促进和保护投资协定》、《避免双重征税和防止偷漏税协定》
中国与莫桑比克	①中方为莫方援建了经济住房、国家体育场、2 所农村学校、农业技术示范中心等 32 个成套项目、农业技术合作等 20 个技术合作项目。②中方向莫主要出口机电产品，钢材、服装鞋类等，从莫主要进口原木、矿砂、农产品等初级产品。自 2015 年 1 月 1 日起，莫 97% 输华产品享受免关税待遇	《中国与莫桑比克贸易协定》、《中国与莫桑比克投资保护协定》
中国与马达加斯加	中国在马达加斯加投资了三个包括甘蔗种植在内的蔗糖精炼厂，一个水泥厂，还有一个商业银行（香港商人投资），同时也在出口工业区投资纺织业	《中国与马达加斯加促进和保护投资协定》
中国与南部非洲联盟	①中国—南非农业技术示范中心项目。②中国建设银行与南非兰特银行达成战略合作谅解备忘录，扩大双方咨询、融资、投资等领域的务实合作。③中国莱索托土地利用规划技术援助项目	《中国和博茨瓦纳促进和保护投资协定》、《中国和博茨瓦纳避免双重征税和防止偷漏税协定》、《中国和纳米比亚双边投资保护协定》、《中国和南非促进和保护投资协定》、《中国和南非避免双重征税和防止偷漏税协定》、《中国南非政府海运协定》和《海关互助协定》
中国与欧盟（28 国）	①2008 年 6 月，中国远洋集团以 43 亿欧元获得了位于希腊首都雅典的比雷埃夫斯港 35 年的专属经营权。②2010 年中国大陆上港集团成为比利时泽布吕赫码头公司第二大股东	中国—欧盟合作论坛、《中国与欧盟贸易与经济合作协定》、拟议中的《中国与欧盟投资保护协定》

续表

		重要合作项目	重要合作机制
中国与南太平洋岛国论坛	澳大利亚	①2007年9月4日澳大利亚西澳铁路和Oakajee港口项目投资合作协议正式签署。②1994年12月22日，澳中集团公司与江苏省吴江市人民政府合作建立澳大利亚工业园区的协议正式签订。③2015年11月中国与澳大利亚自贸区签署协议	①1988年签署《相互鼓励和保护投资协定》；②1985年签署《避免双重征税协定》；③1999年签署《关于在信息产业领域合作谅解备忘录》；④2001年签署《中澳运输合作谅解备忘录》；⑤2003年签署《中澳贸易与经济框架协议》、《中澳关于相互承认高等教育文凭和学位证书的协议》、《中澳天然气技术伙伴关系基金管理协议》；⑥2004年签署《中澳政府民用航空运输协议》
	新西兰	①2014年北京通用航空有限公司与新西兰太平洋航空航天公司全面战略合作框架协议暨中新航空产业园成立。②正谈判中国—新西兰自由贸易区升级版协议	1986年9月关于避免双重征税和防止偷漏税协定 1988年11月两国投资保护协定 2008年中国与新西兰签署自由贸易协定
	巴布亚新几内亚	中国冶金科工集团投资开采的瑞木镍钴矿项目，是迄今为止我国在太平洋岛国地区最大的投资项目	1976年10月12日两国建交；1991年签署《双边投资保护协定》；1994年签署《避免双重征税协定》；1996年7月《中华人民共和国政府和巴布亚新几内亚独立国政府渔业合作协定》；1996年7月《中华人民共和国政府和巴布亚新几内亚独立国政府贸易协定》；1997年3月《中华人民共和国政府和巴布亚新几内亚独立国政府关于中国香港特别行政区与巴新互免签证协定》
	斐济	①2011年5月30日，第110届广交会招展工作组与斐济—中国贸易委员会在苏瓦假日酒店共同举办"第110届广交会苏瓦推介会"。②2012年9月14日竣工的南德瑞瓦图水电站位于主岛中北部Sigatoka河源头上游，建设合同总额1.24亿美元，中国开发银行提供约60%的商业贷款，其余由ANZ银行和BSP银行融资。工程由中国水利水电建设集团公司总承包建设	《中斐农业、矿业、教育合作谅解备忘录》3个文件——《中斐加强基础设施合作谅解备忘录》；《中国国际贸易促进委员会与斐济总商会机构促进经贸合作谅解备忘录》；《中国地震局与斐济群岛共和国矿产资源局地震研究合作谅解备忘录》。2011年4月18日，中国贸促会与斐济贸易投资局在苏瓦共同举办"中国—斐济贸易投资论坛"
	汤加	①中国华闻事业发展总公司和汤加国际日期变更线酒店有限公司于2001年5月正式成立了中汤间第一家合资企业——晋富国际日期变更线酒店有限公司，于10月开始试运营。②2004年9月，华为技术有限公司与汤加海岸线有限公司就更新升级汤加移动通信设备和技术进行合作。③2011年8月2日，中国援汤加主岛干线公路升级改造二期项目施工合同签字仪式在汤加交通部举行	①2005年1月19日中汤双方签署《中汤双边市场准入协定》；②2005年4月13日双方签署《中华人民共和国国家旅游局和汤加王国政府旅游观光局关于中国旅游团队赴汤加旅游实施方案的谅解备忘录》；③2010年9月21日中国银联和汤加旅游协会签署了合作备忘录；④2011年3月4日签订了关于中国向汤加提供无偿援助的经济技术合作协定

续表

		重要合作项目	重要合作机制
中国与南太平洋岛国论坛	基里巴斯		①1980 年 6 月 25 日两国建交。 ②1999 年 11 月《中华人民共和国政府和基里巴斯共和国政府经济技术合作协定》。 ③1996 年 9 月《中华人民共和国政府和基里巴斯共和国政府关于在基里巴斯建立中国航天测控站协定》。 ④1998 年 4 月《中华人民共和国政府和基里巴斯共和国政府贸易协定》
中国与太平洋联盟	智利	①2007 年 7 月 12 日上海港与智利瓦尔帕莱索港正式结成友好港口。 ②2009 年 11 月 13 日签署《中华人民共和国政府与智利共和国政府航空服务协定》。 ③2009 年 11 月签署《中华人民共和国政府和智利共和国政府关于海关合作与行政互助的协定》	①1970 年 12 月 15 日签署《中华人民共和国政府和智利共和国政府关于建立外交关系的联合公报》。 ②2005 年 11 月 18 日签署《中华人民共和国政府和智利共和国政府自由贸易协定》；2008 年 4 月 13 日签署《关于服务贸易的补充协定》；2012 年 9 月 9 日签署《关于投资的补充协定》
	秘鲁	①2014 年中国、巴西、秘鲁将共建连接大西洋和太平洋的两洋铁路。 ②已签署协议的中国—秘鲁自由贸易区	1988 年签署《中国和秘鲁政府经济技术合作基础协定》； 1994 年签署《中国和秘鲁政府关于鼓励和相互保护投资协议》； 2009 年签署《中国—秘鲁自由贸易协定》
	哥伦比亚	①2012 年 5 月 10 日上午，中国—哥伦比亚贸易和投资论坛在北京召开。 ②正在研究中国与哥伦比亚自由贸易区	1981 年 7 月建交。2004 年 4 月，中哥两国农业部签署《中华人民共和国农业部与哥伦比亚农业及农村发展部农业及相关领域合作谅解备忘录》；2005 年 5 月，中国信息产业部与哥通信部签署《中国信息产业部与哥通信部电信领域合作协议》；2005 年 5 月，中哥两国政府签署《中华人民共和国与哥伦比亚共和国动、植物检疫协定》
	墨西哥	①墨西哥中国（宁波）吉利工业经济贸易合作区； ②2008 年 7 月 11 日中华人民共和国政府和墨西哥合众国政府关于促进和相互保护投资的协定； ③2005 年 9 月 12 日中国政府和墨西哥政府关于对所得避免双重征税和防止偷漏税的协定	2013 年 6 月 4 日签署： ①《中国商务部与墨西哥经济部关于加强贸易救济合作的谅解备忘录》。 ②《中国商务部与墨西哥通信交通部关于加强基础设施建设领域合作谅解备忘录》。 ③《中国商务部与墨西哥经济部关于在高层工作组机制下设立新兴产业经贸合作工作小组的谅解备忘录》。 ④《中国商务部与墨西哥经济部矿业领域合作谅解备忘录》。 ⑤《中国进出口银行、墨西哥国民银行与墨西哥国家石油公司框架协议》。 ⑥《中国国际贸易促进委员会与墨西哥投资和贸易促进局关于中国—拉美企业家理事会合作的谅解备忘录》。 ⑦《中国进出口银行与墨西哥外贸银行合作协议》

第二，处理好中印地缘政治的竞争与合作关系问题。印度与中国存在陆上领土纠纷，颇为关注自己的地缘政治利益。中国要重返丝绸之路进入印度洋必然会引起印度的关注。中国与印度相处数千年，没有爆发过大的冲突；中国高僧玄奘到印度学习取经被传为佳话。今天中印隔着难以逾越的喜马拉雅山脉，两国不存在爆发大规模冲突的基础。中国走向印度洋如果能照顾到印度的地缘政治利益，就可以找到巨大的合作空间。如扩大进口、基础设施建设、能源合作、产业合作等，对方都是具有吸引力的巨大市场。

第三，处理好经济与文化相互支持的问题。中国的经济影响力正在辐射亚洲、非洲、中东和拉美地区。中国倡导的重建丝绸之路，首要当然是经济利益的互动。但中国需要为这些地区提供公共产品、输出软实力，就需要解决经济与文化相互支持的问题。实际上，在构建国际经济合作机制的过程中，经济的辐射力与文化传播力同样重要。应充分利用丝绸之路文化与精神，扩大我国与沿线国家和地区的人文交流，包括学术研究、文化、教育、医疗、文化创意产业的合作，提升我国的软实力，为推动经济合作奠定民意基础。

第四，处理好国内产业升级与产业转移的关系问题。有学者提出"丝绸之路经济带"所要解决的是资源魔咒问题，而海上丝绸之路则要解决产业转移和市场问题，构建以中国为核心的国际生产网络体系。像美国与东亚建立的生产与消费的关系那样，中国与周边构建生产与消费体系，我们的经济基础还很不够。可以根据比较优势原则，将中国具有比较优势或国内优势产业即将向东盟、印度及欠发达国家和非洲国家转移，为国内产业结构升级腾出空间；同时加强与欧盟、海湾国家、南非等国家和地区新能源产业和新兴产业的合作，承接这些国家先进技术与产能转移，探索与沿线国家建立生产分工体系，完善供应链、产业链和价值链，促进国内产业转型升级。

第五，处理好航道安全与境外资产保障问题。不仅航道安全是中国可持续发展的重大问题，而且中国"走出去"企业和员工的财产生命安全也需要提供安全保障。若无能力自卫，一切都是空谈，如中国在伊拉克、利比亚、苏丹等国的资产损失。中国护航及对外救援和救火需要建立综合性保障基地。过去我国搭美国的"便车"，几乎没有对这条航道安全投入力量。随着美国页岩气开发成功及能源自给，战略力量转向亚太和调整军事部署，中国需要确保不会出现威胁其战略利益和新丝绸之路安全的力量真空。当然，中国战略力量进入丝绸之路，必须与相关方进行合作，如东盟国家（如湄公河联合执法）、海湾国家（如亚丁湾护航）、印度洋国家，建立共同安全机制来保护航道安全以及中国走出去企业和人员的生命财产安全。

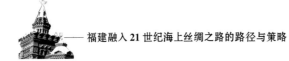

第六，处理好"一带一路"建设与西部大开发战略协同发展问题。"一带一路"倡议让西部地区从中国的边沿地带变成对外开放的前沿平台，为西部开放开发带来难得历史机遇。"一带一路"倡议为西部地区内引外联，辐射周边地区创造了软硬环境，使西部地区成为推进"一带一路"和向西开放的核心区。如果西部地区只是作为中国西进的通道，西部地区就会成为经济塌陷地带。2014 年 10 月，国家发改委公布西部大开发九大重点领域，包括：加快推进交通、水利等重点基础设施建设，启动实施新一轮退耕还林工程；推进特色绿色产业发展；发展科技文化和民生事业，不断提高群众生活条件；等等。但是，还需要加强顶层设计，推出区域化的优惠财税政策吸引东部企业、资金技术投向西部地区。东部企业要走向"一带一路"需要在西部地区建立生产基地，从西部直接出口更接近丝绸之路市场。我国东部企业在西部地区投资建立企业，构建区域生产网络和分工体系，既能促进西部开发，又能为拓展外部市场建立生产基地。我国西部地区是中国与中亚过渡地带，语言文化多元化：我国哈萨克族、维吾尔族、回族与中亚文化有着千丝万缕的联系。西部地区要利用这些优势为东部企业西进做好中介服务。

表 1–3　商务部批准设立的 19 家境外经贸合作区

	名称	投资企业	产业定位
1	赞比亚中国有色工业园	中国有色矿业集团有限公司	以铜钴开采为基础，以铜钴冶炼为核心，形成有色金属矿冶产业群
2	泰国罗勇工业区	中国华立集团	最终形成为集制造、会展、物流和商业生活区于一体的现代化综合园区
3	巴基斯坦海尔鲁巴家电工业区	海尔集团	家电企业集聚区：一期已建成投产，为海尔企业自用，二、三期园区主要面向国内企业招商
4	柬埔寨西哈努克港经济特区	红豆集团	以轻纺服装、机械电子和高新技术为主；同时，发展保税、物流等配套服务
5	尼日利亚广东经济贸易合作区	广东新广国际集团	合作区包括加工园区、工业园区和科技园区，同时成为境外原材料基地和经济技术推广基地
6	天利（毛里求斯）经济贸易合作区	山西天利实业集团	定性为自由港区，具备"境内关外"特性，所有入区企业为自由港公司，享受免关税、免增值税待遇
7	俄罗斯圣彼得堡波罗的海经济贸易合作区	上海实业集团	以房地产开发为主，建成宾馆、商贸、办公、餐饮、文化、教育和休闲等设施
8	俄罗斯乌苏里斯克经济贸易合作区	中国康吉国际投资有限公司	产业定位于鞋类、服装、家电、家居、木业、建材、皮革等，建设期为五年，计划引进 60 家中国企业
9	委内瑞拉中国科技工贸区	山东浪潮集团	主要产业定位电子、家电和农机等产业，工贸区采取滚动发展的方式，分两期开发

续表

	名称	投资企业	产业定位
10	尼日利亚莱基自由贸易区	江宁经济技术开发区和南京北亚集团联合投资	计划建设发展成为基础设施健全、企业集群、产能突出、经贸繁荣、服务周到、安全有序、辐射带动能力强的现代产业集聚区
11	越南龙江经济贸易合作区	前江投资管理有限责任公司	产业规划主要集中在轻工、电子、建材、化工、服装等行业；园区提供土地租赁、标准厂房租赁、标准厂房出售等多种入园方式
12	老挝万象赛色塔综合开发区	云南海投与老挝万象市政府联合投资	形成以生产制造业为主导、以房地产开发和综合服务业为支撑的多功能发展的万象新城区、东南亚现代化国际综合服务区
13	墨西哥中国（宁波）吉利工业经济贸易合作区	浙江吉利美日汽车有限公司	项目以吉利美日汽车公司投资为主，一期项目以汽车整车生产和汽车零部件生产为主
14	埃塞俄比亚东方工业园	江苏永钢集团有限公司	产业定位主要为冶金、建材、机械，五年内拟引进80个工业项目
15	埃及苏伊士经贸合作区	天津泰达投资控股有限公司	位于埃及东北部，地处苏伊士运河南端；已有一批中资企业入驻，取得了良好的经济效益
16	阿尔及利亚中国江铃经济贸易合作区	中鼎国际、江铃汽车集团	规划引进汽车、建筑材料及其相关企业100家，预计总体投资额为38亿元
17	韩中工业园区	中国东泰华安国际投资有限公司	位于韩国务安企业城市内，集科技、文化和旅游等多功能为一体的特色高科技产业园
18	中国印度尼西亚经贸合作区	广西农垦集团有限责任公司	家用电器、精细化工、生物制药、农产品精深加工、机械制造及新材料相关产业
19	中俄托木斯克木材工贸合作区	中航林业有限公司	林地抚育采伐业、木材加工业、商贸物流业

第二章

福建与 21 世纪海上丝绸之路的
历史渊源

　　福建位于中国东南沿海，有着众多的岛屿和港湾，大陆海岸线长 3752 公里，海岛岸线 2804 公里，在中国的对外贸易和文化交流中发挥了极其重要的作用，福建先后涌现了福州、泉州、漳州月港、厦门等重要港口。福州据《后汉书·郑弘传》记载："旧交趾七郡贡献转运，皆从东冶汛海而至。"东冶就是今天的福州，交趾七郡包括粤、桂、滇及越南，当时广东、广西、云南、越南的货物从福州转运到浙江、江苏、山东等省。经过三国、东西晋、南北朝时期的发展，到唐宋时期，福州已成为"百货随潮船入市，万家沽酒户垂帘"的繁华国际贸易港口。明代，福州对外贸易进入鼎盛时期。著名航海家郑和七下西洋大都在福州太平港增加给养后扬帆出海。清代自康熙之后开禁设关，福州的对外贸易又趋繁荣。泉州在南北朝时期已成为对外交通的港口，唐代是我国四大外贸港口之一，"云山百越路，市井十洲人"，反映了当时泉州有众多的外国商人、使者。在宋元时期，泉州与埃及亚历山大港齐名，被誉为东方第一大港。著名的外国旅行家马可·波罗和伊本·白图泰都曾赞誉过泉州。明代洪武七年（1374 年）九月罢泉州市舶司，标志着泉州失去了世界大港的地位。漳州月港原先只是一个民间贸易港口，明代中叶以后，由于实行"海禁"政策，官方的海外交通贸易活动渐趋停滞，而私人对外海上贸易活动却渐趋活跃，出现了漳州月港、浙江定海双屿岛、广东潮州南澳岛等新的港口。1567 年明朝统治者同意在福建漳州月港部分解除海禁，月港成为我国东南沿海的外贸中心。清初实行"禁海"、"迁界"政策后，漳州月港迅速衰落。到康熙中叶，解除海禁，海外交通贸易逐渐恢复，当时在上海、宁波、厦门、广州等地设立海关，以管理海外贸易，厦门港正式取代了漳州月港，成为福建对外贸易的最重要口岸。

第一节　福建对海洋的开拓与海神的传说

福建是闽越人主要的居住地，闽越人的航海历史悠久，"习于水斗，便于用舟"，"以船为车，以楫为马"等都形容了闽越人善于航海的特点。1973 年在福建连江出土了一艘汉代独木舟，[①] 是闽越人早期造船技术的见证。据《史记》记载："至元鼎五年，南越反，东越王余善上书，请以卒八千从楼船将军击吕嘉等。"[②] 楼船是汉代最著名的船型，常用于水战，它船高首宽，形状似楼。故名楼船。楼船将军是指挥楼船作战的军事指挥官。元鼎五年（公元前 112 年），南越权臣吕嘉谋叛，汉武帝派遣大军平定。东越王余善上书，请求率军 8000 人，随楼船将军杨仆征讨吕嘉。余善表面上征讨南越，暗中却派人与南越联络。汉军在公元前 112 年平定南越后，次年平定东越。东越的属地在浙江省东南部、福建省北部一带。

据考古发现及文献记载，闽越人所造的船只式样有独木舟、了鹝船、戈船、楼船、方舟等。在武夷山的崖洞、峭壁间保存了许多船棺，这些船棺基本为原木刳制而成，中间阔，两头尖，呈梭形，有棹有楫，反映了闽越先民的生活环境影响到了他们的丧葬习俗。

魏晋南北朝时期，由于中原战乱频繁，北方汉人相继南下，带来了先进的生产技术和文化，促进了福建经济、文化的发展。到唐宋时期，福州、泉州已成为中国重要的港口。一些福建人走出国门，他们有的是僧人，有的是商人。唐代鉴真前后六次东渡，第六次成功到达日本，传播佛教。他的弟子有泉州僧人昙静，跟随他渡海来到了日本，在日本担任传戒师。另一位泉州僧人释智宣学习著名僧人义净的壮举，远赴外国学习佛法，垂垂老矣才归国。[③] 泉州人王元懋原是僧人，后随海船到占城（今越南），国王将女儿嫁给他，他在越南经商 10 年，积累了巨大的财富，后

① 卢茂村：《连江发现汉代独木舟》，《文物》1979 年第 2 期。
②《史记》卷 114，《东越列传第五十四》，中华书局 1973 年版。
③（宋）释赞宁：《宋高僧传》卷 30，转印自泉州市地方志编纂委员会编：《外国人在泉州与泉州人在海外》，海风出版社 2007 年版，第 128 页。

又从事海洋贸易。① 根据《高丽史》记载，从大中祥符八年（1015 年）至元祐五年（1090 年），到高丽贸易的宋代海商船队有 27 批，其中泉州商人 16 批、明州商人 3 批、台州商人 3 批、广州商人 3 批、福州商人 2 批。当时运往高丽的货物主要有绫绢、锦罗、礼服、瓷器、药材、茶、书籍等，带回中国的货物有金、银、人参、茯苓、皮毛、黄漆、硫磺等，尤其是高丽的白松扇，在中国很受欢迎。元代是中国历史上疆域最辽阔的朝代，它横跨欧亚大陆，使盛于汉唐，衰于两宋的陆上丝绸之路得以恢复与发展，同时海上交通贸易也出现了繁荣景象，汪大渊在《岛夷志略》中记载，泉州的吴宅人到古里地闷（帝汶岛）贸易。② 值得注意的是，在元代一些泉州人作为朝廷的使者被派遣到外国，如蒲寿庚的儿子蒲师文，被任命为海外诸蕃宣慰使，与孙胜夫、尤永贤等出使海外，抚宣诸国，蒲师文、孙胜夫、尤永贤都是泉州人。

洪武五年（1372 年），明太祖派杨载到琉球宣告明朝的建立，琉球中山王遣其弟泰期随杨载入明。洪武二十五年（1392 年）明太祖赐给琉球"闽人三十六姓善操舟者"，③ 这些闽人来到琉球后，居住的地方叫"唐营"，俗称"久米村"。他们带去了福建先进的航海技术和中华文化，对发展琉球经济发挥了重要的作用，这些闽人的后裔担任了琉球的各种官职，如大夫官、长史官、通事官等，从而进一步对琉球社会产生了影响。郑和率领船队下西洋时（1405~1433 年），先后拜访了东南亚、南亚、西亚 30 多个国家，郑和的随员马欢曾在《瀛涯胜览》中描述爪哇（今印度尼西亚爪哇岛）"一等唐人，皆广东、漳、泉等处人窜居此地"；旧港（今印度尼西亚苏门答腊岛巨港）"国人多广东、漳、泉人逃居此地也"。④ 郑和船队中有一些船员是福建人，他们有的留在了国外，如本头公白丕显。本头公白丕显随郑和船队来到了菲律宾，他后来与当地摩罗族妇女结婚而留在了苏禄，最后死在苏禄。随着 15 世纪末 16 世纪初新航路的开辟，葡萄牙人、西班牙人、荷兰人陆续来到亚洲。1571 年，西班牙殖民者占领了菲律宾的马尼拉，吸引中国商船前来贸易，当时菲律宾有大量的福建商人。顾炎武在《天下郡国利病书》中说道："漳泉民贩吕宋者，或折阅破产，及犯压冬禁不得归，流寓夷土，筑庐舍，操佣贾杂作为生活，或娶妇长子孙者

---

① （宋）洪迈：《夷坚三志已》，《王元懋巨恶》，"泉州人王元懋，少时祗役僧寺，其师教以南番诸国书，尽能晓习。尝碎海舶诣占城，国王嘉其兼通蕃汉书，延为馆客，乃嫁以女……"转引自李金明、廖大珂：《中国古代海外贸易史》，第 88 页，广西人民出版社 1995 年版。

② （元）汪大渊原著，苏继庼校释：《岛夷志略校释》，中华书局 1981 年版。

③ （明）李东阳等撰，（明）申时行等重修：《大明会典》卷之一百五，广陵出版社 2007 年版。

④ （明）马欢原著，万明校注：明钞本《瀛涯胜览》校注，海洋出版社 2005 年版。

有之，人口以数万计。"① 可见，明代福建人在琉球、印度尼西亚、菲律宾等国都留下了自己的足迹。

清代，更多福建人出洋谋生。清初抗清起义失败后，一些福建起义者逃亡南洋。乾隆年间（1723~1795 年），许多人被迫去国外讨生活。"海者。闽人之田也"准确概括了福建人与海洋的关系，海洋是福建沿海居民谋生的手段。鸦片战争后，清政府被迫开放五口通商，这些口岸是当时中国向外移民的窗口。1846 年英国商人德滴（Tait）在厦门开设了德记洋行，它专门从事中国劳工贩卖的生意，被中国人称为"大德记"卖人行，1860 年《北京条约》签订后，香港、广州、汕头、厦门等地纷纷建立招工场所，大批契约华工被贩卖到世界各地。

福建人飘洋出国后，与当地人民共同劳动，使当地经济得到了巨大的发展。15世纪菲律宾吕宋的农业还处于刀耕火种的状态，福建人带去了农具和种子，把先进的水稻生产技术传播给当地人民。福建人把陶瓷制造技术、造纸技术等传入东南亚国家，极大地改变了当地的生活。例如，福建晋江磁灶工匠在西班牙占领菲律宾以前，将陶瓷生产技术传播到菲律宾的南怡罗戈省。福建的佛教文化比较发达，明清时期去日本弘法的福建僧人中最有名的是隐元禅师（1591~1673 年），1654 年隐元率领 30 位僧人乘船到日本传播佛教，他在日本开创了日本黄檗宗。此外，福建的民间信仰也随着海员、商人、海外移民而传入海外，典型的就是妈祖信仰。

沿海居民在讨海生活中经常会遭遇风浪的考验，充满了不确定性。人们在与大海的搏斗中，觉得海洋有股神秘的力量，他们往往会祈求神灵的保佑。因此，产生了关于海神的信仰。中国沿海地区有过许多海神，最初的海神是大海本身，后来鲲、鹏、蛟龙等动物成为海神，四海龙王是中国最早由官方承认并册封的海神。唐代"以东海为广德王，南海为广利王，西海为广润王，北海为广泽王。"② 后来，观音成为海上保护神。宋代，妈祖信仰开始出现。妈祖信仰诞生于福建莆田县的湄洲岛沿海一带。妈祖本名林默，又称林默娘，生于宋建隆元年（960 年）农历三月二十三日，宋太宗雍熙四年（987 年）九月初九逝世。她八岁从塾师启蒙读书，长大后，她专心研究医理，为人治病，教人防疫消灾。世人遇到困难，也愿意跟她商量，请她帮助。她还通晓天文气象，熟习水性。湄洲岛与大陆之间的海域有不少礁石，在这海域里遇难的渔舟、商船，常得到林默的救助。相传在林默羽化升天的这一天，湄洲岛上的群众看见她乘长风、驾祥云，翱翔于苍天皎日间。以后，在海上

---

① （清）顾炎武：《天下郡国利病书》第 293 页，《续修四库全书》，上海古籍出版社 2002 年版。
② （唐）杜佑：《通典》卷四十六，"礼六·沿革六·吉礼五"第二册，中华书局 2003 年版。

航行的渔民、水手、商人等在遇到困难时，会看见妈祖身着红装飞翔在海上，前来救助他们。妈祖的事迹被越来越多的人口耳相传，海船上逐渐供奉妈祖神像，以祈求航行平安顺利。

妈祖之所以能后来居上，成为中国最主要的海神，除了官方力量的持续推动外，民间社会的信仰热情长久不衰也是主要的原因。我们不仅可以在中国许多港口见到天妃宫、天后宫，各地以每年祭祀妈祖活动为依托，结合了各种民间文艺形式，如秧歌、高跷、旱船、中幡等，从而形成隆重的天妃庙会，而且在世界其他地区，妈祖信仰也得到了广泛的传播，例如，在日本、菲律宾、越南、泰国、马来西亚、新加坡等国都能见到妈祖的祭祀场所。笔者认为，妈祖信仰的对外传播与海上丝绸之路的关系十分密切。

妈祖信仰从民间信仰上升为官方钦定的海神，始于宋宣和五年（1123 年）。宣和壬寅（1122 年）给事路允迪奉命出使高丽，乘船途中，遭遇飓风，八艘船只覆灭，独路允迪乘坐的船只幸免于难。路允迪认为是向妈祖祈祷的结果，向朝廷奏报，第二年"赐庙额曰顺济"。[①] 以后妈祖屡次受到宋廷的褒奖，宋人丁伯桂在《艮山顺济圣妃庙记》里有着比较详细的介绍。丁伯桂（1171~1237 年）是南宋兴化军莆田县（今福建省莆田市）人，他在宁宗嘉泰二年（1202 年）中进士，先后担任过永春尉、宁德丞、秘书少监、起居舍人等官职。丁伯桂在守钱塘时，写了《艮山顺济圣妃庙记》。《艮山顺济圣妃庙记》先介绍了妈祖的生平，然后描述了妈祖不同封号的由来，丁伯桂提到当时"神之祠不独盛于莆，闽、广、江、浙，淮甸皆祠也"。[②] 由此可见，13 世纪初叶妈祖信仰已不局限于福建，广东、浙江、江苏等地，妈祖信仰以福建为中心，已初步形成了朝北、朝南两条传播路线。

妈祖信仰在元代得到了迅速的传播，祭祀妈祖已成为国家祭典之一。[③] 除航海原因外，与元代漕运由运河改为海运有关。天津在元代是漕运中转站，海运漕船从大沽口进入海河，粮食等货物在这里改装河船，经白河和通惠河转运到元大都北京。天津小直沽天妃庙始建于元泰定元年（1324 年），此庙在明永乐元年（1403年）、正统十年（1445 年）重修，清康熙二十三年（1684 年）改称为天后宫。在天津，妈祖被称为"娘娘"，"先有娘娘宫，再有天津卫"的说法，反映了天津是由漕

①② （宋）丁伯桂：《顺济圣妃庙记》，引自 http://www.chinamazu.cn/ind，2012 年 8 月 28 日。
③ （明）宋濂撰《元史》卷七十六，志第二十七，祭祀五，《名山大川忠臣义士之祠》："凡名山大川、忠臣义士在祀典者，所在有司主之。惟南海女神灵惠夫人，至元中，以护海运有奇应，加封天妃神号，积至十字，庙曰灵慈，直沽、平江、周泾、泉、福、兴化等处，皆有庙。皇庆以来，岁遣使斋香遍祭，金幡一合，银一铤，付平江官漕司及本府官，用柔毛酒醴，便服行事。祝文曰：'维年月日，皇帝特遣某官等，致祭于护国庇民广济福惠明著天妃'。"中华书局 1976 年版。

运而发展起来的城市，元代天津还有大直沽天妃庙。元代张翥写了《代祀天妃角次直沽作》，他向我们描述了当时祭祀天后的盛况："晓日三汊口，连樯集万艘，普天均雨露，大海静波涛。入庙灵风肃，焚香瑞气高。使臣三奠毕，喜色满宫袍。"

根据闫化川在《妈祖信仰的起源及其在山东地区传播史研究》中论述："妈祖信仰是在元代传入山东的，漕运航线甚至可以视为妈祖信仰的直接传播路线。妈祖信仰在山东的传播，基本是通过海运与河运……妈祖庙在山东东部（东线传播）和西部（西线传播）的空间分布规律，受山东境内当时海运与河运兴衰情况的影响很大。元代海运发达，妈祖信仰在东线得到迅速发展。明代废除海运，河运崛起，致使妈祖信仰在东线传播受到局限，在西线传播得到推动。总体而言，东线妈祖庙的分布密度要大于西线。"① 综上所述，妈祖信仰是在元代传播到山东各地、天津的。河北、辽宁的天后宫大都始建于明清时期，建造时间晚于山东，所以笔者认为，妈祖信仰在中国境内朝北传播的路线先是沿海岸而行，后有向河岸蔓延的趋势，越往北，妈祖庙建造的时间越往后。

上文提到妈祖信仰在宋代已经传入广东，当时在东莞县官厅头、雷州府郡东潮村有妈祖的祭祀场所，到了元明时期，广东的天妃庙、天后宫就更多了。妈祖信仰向中国台湾的传播是从明代开始的，澎湖天后宫是中国台湾历史最悠久的妈祖庙，它始建于明万历年间。中国台湾的鹿港天后宫、台南市的大天后宫、北港的朝天宫都始建于清代。中国香港、中国澳门也有一些妈祖庙，妈祖信仰在中国境内朝南传播的路线与北线相似，先是沿着海岸线，后来传入内地，在贵州黔东南苗族侗族自治州镇远、云南乌蒙山腹地会泽也建有妈祖庙。

妈祖在国外的传播过程中，以日本为最早，所建的妈祖庙也最多。琉球（今冲绳）是日本最早信奉妈祖的地区，当地原有三座天妃宫，现仅存姑米山天后宫。姑米山天后宫是清代册封使全魁、周煌等在乾隆二十一年（1750 年）始建，此宫的妈祖神像来自福建。琉球的另一座天妃宫在久米村，现已不存。它是明嘉靖四十年（1561 年）中州使郭汝霖所建。久米村是"闽人三十六姓善操舟者"到琉球后居住的地方。这些闽人主要来自福建长乐、福清、泉州、漳州等地，他们不仅带去了先进的造船、航海技术，也将他们的信仰带到了琉球。如片浦的林姓将妈祖信仰带到了琉球，据说林姓迁到片浦后，曾带去妈祖神像七尊，安置于野间岳西宫。② 日本

① 闫化川：《妈祖信仰的起源及其在山东地区传播史研究》，2006 年山东大学博士学位论文（中文摘要），未刊。

② 李露露：《妈祖信仰》，学苑出版社 1994 年版。

的长崎、神户等地也有妈祖的祭祀场所。

妈祖还是伴随郑和船队航行的海神。郑和每次出发前都要祭祀妈祖，归国后也祭祀天妃，修庙宇。公元 1404 年郑和第一次出使西洋，船只在广州大星洋遇到狂风大浪，几乎覆灭时，郑和带领船员们一起向妈祖祈祷，一会儿看见妈祖飘飘而来，立于船桅，风平浪静，船只转危为安。[①] 郑和船队远航归来后，于永乐五年（公元 1407 年）在南京龙江重修天妃宫，在郑和下西洋的过程中，有一些士兵、船员留在了异国，他们信仰的宗教之一——妈祖也随之传播到了上述地区。明代中叶以后，具有工商业性质的会馆大量出现，会馆制度开始从单纯的同乡组织向工商业组织发展。清代出现了会馆与天后宫融为一体的现象，宁波甬东天后宫不仅是祭祀天后妈祖的殿堂，也是行业聚会的场所，马来西亚的福建会馆就设在以妈祖为主神的天福宫内。越南会安是越南最早的华埠，华人会馆非常多，据调查，其中中华会馆、广肇会馆、潮州会馆、福建会馆等均供有妈祖。妈祖与会馆的密切联系更加促进了妈祖走向世界。肖一平曾总结说："但凡华人所在世界上各国所在地，如果设有了会馆，会馆中必供奉妈祖。"[②] 妈祖信仰随着华商、华侨的步伐传播到更多的国家和地区，目前，世界各地建造的妈祖庙宇有 5000 多座，妈祖信众有 2 亿多人，2009 年 10 月，妈祖信仰入选联合国教科文组织人类物质文化遗产代表名单。

第二节　泉州与海上丝绸之路的繁荣与兴盛

魏晋南北朝时期，由于中原战乱频繁，北方汉人相继南迁，将先进的农耕技术传入泉州，泉州的丝织业、陶瓷业等也得到了发展，从而加速了泉州社会经济的发展。唐代，泉州港成为中国对外贸易的重要港口。阿拉伯人伊本·胡尔达兹比赫（Ibn khordadzbeh）在《道里邦国志》（写于 844~848 年）中介绍了"从巴士拉出发，沿波斯海岸航行到东方的道路"，提到了中国四个著名的港口。

"从栏府至中国的第一个港口鲁金（Luqin），陆路、海路皆为 100 法尔萨赫。在鲁金，有中国石头、中国丝绸、中国的优质陶瓷，那里出产稻米。自鲁金至汉府

---

① （清）林清标编撰：《敕封天后志》下，转引自李露露：《妈祖信仰》，学苑出版社 1994 年版。
② 肖一平：《海神天后与华侨南进》，http://big5.xinhuanet.com/gate/big5/www.fj.xinhuanet.com/mazu/，2005 年 4 月 24 日。

（Khanfu），海路为 4 日程，陆路为 20 日程。汉府是中国最大的港口。汉府有各种水果，并有蔬菜、小麦、大麦、稻米、甘蔗。从汉府至汉久（Khanju）为 8 日程，汉久的物产与汉府同，从汉久至刚突（Qantu）为 20 日程，刚突的物产与汉府、汉久同。中国的这几个港口，各临一条大河，海船能在这大河中航行……"①

现在我们一般认为"栓府"是占婆，"鲁金"是今天越南的河内，"汉府"是广州，"汉久"是泉州或福州，"刚突"是扬州。五代时期，先后统治泉州的王延彬、留从效、陈洪进采取了发展海外贸易的政策，当时在泉州设立了榷利院来管理海外贸易。到南宋时，泉州已发展成为中国最大的港口，海外交通十分发达，与世界各国的交往增多，这可从赵汝适的《诸蕃志》得到证实。

赵汝适（1170~1231 年）是宋太宗赵炅八世孙，南宋地理学家，他曾任福建路市舶提举，管理泉州市舶。他利用职务便利，在闲暇时阅读相关的资料，向外国商人询问有关的情况，于 1225 年撰成《诸蕃志》2 卷。上卷记载东自日本，西至非洲共 58 个国家的概况；下卷记载物产，有脑子、乳香、没药、沉香等 47 种，此书是研究宋代海上交通、对外贸易以及与各国友好交往的重要文献。值得指出的是，《诸蕃志》记载东南亚、南亚、西亚等国家时，多以泉州为出发点，例如占城国"自泉州至本国顺风舟行二十余程"；真腊国"自泉州舟行顺风月余日可到"；大食"在泉之西北，去泉州最远。番舶艰於直达，自泉发船四十余日，至蓝里博易住冬，次年再发，顺风六十余日方至其国"。这从侧面反映了当时泉州海外交通的繁荣，当时从泉州出口的商品主要有丝织品、瓷器、金、银、金银器皿、铜钱、赤铜、铝、锡、铁鼎、铁针、漆器等，以丝、瓷器为大宗。

为了适应海外贸易的发展，泉州在宋代修建了许多桥梁和航标塔。据乾隆《泉州府志》记载，泉州历代造桥总数是 260 座，其中唐五代 5 座，宋代 105 座，元代 13 座，明代 16 座，清代 21 座，年代不详的有 100 座。1131~1162 年建造的桥梁有安平桥、东洋桥、玉澜桥、苏埭桥、古陵桥、龙津桥、建隆桥、梅溪桥、适南桥、瓷市桥、永安桥、北平桥、通淮桥、镇南桥、花桥等。宋代泉州所造的桥梁普遍采用了石材，所以迄今我们还能见到它们的雄姿。安平桥是中国现存古代最长的石桥，它坐落在泉州市晋江安海镇和泉州市南安水头镇之间的海湾上，始建于南宋绍兴八年（1138 年），历时 14 年告成。洛阳桥的历史比安平桥更悠久，它从皇祐五年（1053 年）开始修建，到嘉祐四年（1059 年）完成，是一座跨江接海的大石桥。它是中国现存最早的跨海石桥，其"筏型基础"、"种蛎固基法"是中国乃至世界造桥

---

① ［阿拉伯］伊本·胡尔达兹比赫著：《道里邦国志》，宋岘译注，中华书局 1991 年版。

史上的技术创举，充分显示了泉州人民的非凡智慧。泉州姑嫂塔建于南宋绍兴年间，它背靠泉州湾，面临台湾海峡，有关锁水口、镇守东南的气势，所以又叫作"关锁塔"。姑嫂塔是泉州港船舶出入的航标。安平桥旁边的安海白塔也是座宋代航标塔，是建成安平桥后，用剩余的资金建造而成，安海白塔的不远处就是入海口。

宋代在泉州设立了提举市舶司，其职责是"掌蕃货海舶征榷贸易之事，以来远人，通远物。"[1] 具体来说，市舶司对出入港的船只进行管理；对货物实行抽解、禁榷、博买；招徕外国商人来泉贸易。

一、出入港船只的管理

宋代经营海外贸易的船只，必须在指定的港口出发，如违反规定，船和货物都要没收入官。海商出海前要向市舶司领取"公凭"。船只出港前市舶司官员同转运司官员一起上船检查，对"公凭"开列的货物品种、数量进行核对，验明没有夹带违禁品，才准启航。回航必须回原来发舶的港口，到达市舶亭下，由巡检司派兵监视，防止货物未经征税而自行交易，等待市舶司官员和转运司官员上船验货。

二、征榷

征榷包括抽解、禁榷、博买。抽解就是征收关税，因为是征收实物，以十分率进行抽解，所以又叫抽分。各个时期抽解的数量不同。禁榷是由国家实行专买专卖，宋太宗太平兴国初年（976 年）京师设立了榷易院，确立了禁榷制度，当时所有舶货都属禁榷之列，不准自由买卖。后来宋廷的政策有所放宽，太平兴国七年（982 年）将珠贝、玳瑁、牙犀、镔铁、鼍皮、珊瑚、玛瑙、乳香列为禁榷物，后又增加了紫矿和瑜石为禁榷物。到了南宋，牛皮、筋角也列为禁榷物。博买又叫和买，除政府禁榷物外，对一些获利较大的商品，先由朝廷收购，剩下的部分准许舶商买卖。北宋初年，从海外贩来的所有货物都由市舶司收购，不许舶商私自买卖。到淳化二年（991 年）规定："除禁榷货外，他货择良者，止市其半，如时价给之，麤恶者恣其卖，勿禁。"[2]

三、招徕、接待

宋朝政府十分重视海外贸易，鼓励外商来华贸易。宋太宗雍熙四年（987 年）

---

① （元）脱脱等撰：《宋史》卷 167，《职官七》，中华书局 1977 年版。
② （清）徐松：《宋会要辑稿》职官四四之二，中华书局 1997 年版。

五月"遣内侍八人，赍敕书、金帛、分四纲，各往海南诸蕃国勾招进奉，博买香药、犀、牙、真珠、龙脑。每纲赍空名诏书三道，于所至处赐之。"① 政和五年（1115 年），福建市舶司"出给公据，付刘著等收执，前去罗斛、占城国说谕招纳，许令将宝货前来投进。"② "海南诸蕃国"又称作"南海诸国"，是宋代以前就有的一种习惯性泛称，其地理范围很广，包括东南亚、南亚、西亚、非洲等国家。"罗斛"是今天泰国南部的罗富里；"占城"在今天的越南。

宋政和五年（1115 年）泉州设立了来远驿，用来招待外来使者。在"每年于遣发蕃舶之际，宴设诸国蕃商，以示朝廷招徕远人之意。"③ 泉州郡守和市舶司官员等在外商启航时，在泉州九日山举行祈风仪式，祈祷外商一路平安，顺利抵达目的地。

宋代对积极招徕外商的官员、商人有奖励。"绍兴六年，知泉州连南夫奏请，诸市舶纲首能招诱舶舟，抽解物货，累价及五万贯十万贯者，补官有差。大食蕃客啰辛贩乳香直三十万缗，纲首蔡景芳招诱舶货，收息钱九十八万缗，各补承信郎。闽、广舶务监官抽买乳香每及一百万两，转一官；又招商人入蕃兴贩，舟还在罢任后，亦依此推赏，然海商入蕃，以兴贩为招诱，侥幸者甚众。"④ 纲首是负责纲运的商人首脑。宋代朱彧在《萍州可谈》中记载道："海舶大者数百人，小者百余人，以巨商为纲首、副纲首、杂事。"⑤ 所以能担任纲首的都是财力雄厚的大商人。纲首蔡景芳因为招徕外商有功，和大食蕃客啰辛一起被封为承信郎，徽宗政和（1111~1117）中，定武臣官阶 53 阶，第 52 阶为承信郎。积极招徕外商的官员也可以升官。

元代，泉州成为世界性的贸易大港。马可·波罗（1254~1324 年）、伊本·白图泰（1304~1377 年）都赞誉过它。马可·波罗在其游记中写道：刺桐是世界最大的港口之一，大批商人云集于此，货物堆积如山，买卖的盛况令人难以想象。此处的每个商人必须付出自己投资总数的 10% 作为税款，所以大汗从这里获得了巨大的收入……德化就位于该支流和主流的交汇处。这里除了烧制瓷杯或瓷碗碟外，别无可述之处。⑥

伊本·白图泰描述道：刺桐城极扼要，出产绸缎，较汉沙及汉八里二城所产者为优。刺桐为世界上各大港之一，由余观之，即谓为世界上最大之港，亦不虚也。

① （清）徐松：《宋会要辑稿》职官四四之二，中华书局 1997 年版。
② （清）徐松：《宋会要辑稿》职官四四之九，中华书局 1997 年版。
③ （清）徐松：《宋会要辑稿》职官四四之二四，中华书局 1997 年版。
④ （元）脱脱等撰《宋史》卷 185《食货志·香》，中华书局 1977 年版。
⑤ （宋）朱彧：《萍州可谈》，王云五主编：《四库全书珍本别辑》。
⑥ （意）马可·波罗著，梁生智译：《马可·波罗游记》，中国文史出版社 1998 年版。

余见港中，有大船百余，小船则不可胜数矣。此乃天然之良港……①

　　繁荣的海外贸易带动了泉州地区经济的发展，纺织业、陶瓷业、冶炼业、造船业等的发展。伊本·白图泰在其游记中提到，公元1324年中国皇帝遣使到印度，赠与摩哈美德国王的礼品中有锦绸500匹，其中百匹是刺桐城制造的，百匹是京师城制造的。马可·波罗叙述了德化陶瓷的生产过程，除德化外，泉州的晋江、南安、安溪、永春等也生产陶瓷，这些陶瓷产品销往日本、菲律宾等国。宋元时期，泉州的造船业也很发达，宋人谢履在《泉南歌》中写道："州南有海浩无穷，每岁造舟通异域。"当时泉州的造船业除官营外，民间造船也很频繁。现保存在泉州开元寺的"泉州湾古船陈列馆"内的南宋古船具体展现了泉州先进的造船技术，此船采用了水密舱技术，12道舱壁将船分成13舱；船底用二重板叠合，舷侧用三重板叠合，使船只更经得起风浪，利于长时间的远洋航行。经过复原后的长度可达38米（残长24.2米），宽11米（残宽9.15米），载重量可达200吨。船上出土遗物十分丰富，有香料，药物，铜、铁器，陶器、皮革制品，果核，贝壳，动物骨骼等，计有14类69项，其中香料占第一位，数量最大。

　　此艘南宋海船出土的香料有降真香、檀香、沉香、乳香、龙涎香等。檀香大量产自印度、马来西亚、澳大利亚、印度尼西亚等国，我国广东、台湾也有少量分布。乳香产自也门、埃塞俄比亚、索马里、苏丹、土耳其等地。宋代周去非写的《岭外代答》（成书于1178年）卷三《外国门下》，有"大食诸国"的记载，里面提到麻离拔国产乳香、龙涎、木香、没药、苏合油、蔷薇水等。其后赵汝适在《诸蕃志》中记载了降真香、檀香、沉香、乳香、胡椒、龙涎的产地，根据他的记载，这些香料大都来自东南亚和大食各国。这些香料的引入对中国社会生活产生了一定的影响，它们可用作熏香，也可入药。我们可以见到宗教仪式和祭祀仪式中大量使用香料的记载，将香料与其他原料混合制作成美容化妆品，也是当时社会的一大时尚。此外，一些香料本身是药物，如沉香丸、乳香没药丸、檀香汤等。

　　除商品外，外来宗教文化随着外来使者、商人、僧侣等传入泉州。泉州目前保存着佛教、基督教、伊斯兰教、印度教、摩尼教等文化遗存。佛教在西晋时期传入泉州，建于太康九年（288年）的延福寺是泉州最早的佛教寺庙。保留至今的泉州艾苏哈卜清真寺、灵山圣墓和众多的穆斯林墓碑石是宋元时期伊斯兰教徒留下的遗迹。泉州现存基督教石刻上的文字除中文外，还有叙利亚文、回鹘文、拉丁文、八思巴文，这从侧面反映了泉州基督教的不同派别以及泉州基督教徒的不同来源。晋

---

① 张星烺编注，朱杰勤校订：《中西交通史料汇编》第二册，中华书局1977年版。

江草庵是我国仅存的摩尼教寺庙。这些宗教遗存反映了泉州与其他国家、地区的友好往来，是文化交流的历史见证，也是泉州开放包容精神的体现。

明代实行严厉的"海禁"政策，规定"禁濒海民私通海外诸国"[①]"申严交通外番之禁。"[②] 对违反规定者，"必真以重法。"[③] 朝贡贸易成为明代前期唯一合法的海外贸易形式。虽然明初（1374 年）在泉州设立了市舶司，但规定只限通琉球。有其他国家假借琉球之名来泉州从事贸易活动，但名不正，言不顺，假借的名义限制了泉州海外贸易的发展。明成化八年（1472 年）市舶司迁往福州，标志着泉州失去了世界性大港的地位。但明代的海禁不能阻止泉州人下海谋生，私港安平港在明代中后期兴起，安平商人到吕宋（今菲律宾吕宋岛）、占城、琉球、日本等从事海外贸易，在明代李光缙的《景璧集》和何乔远的《镜山全集》中曾详细记载了安平商人的经商情况。清代收复台湾后，泉州开设海关，榷征闽海关税务，但因为福建其他港口的竞争，泉州已不复见宋元时期繁荣的海外贸易景象。

第三节　福州与郑和下西洋的海上航行壮举

福州的历史悠久，新石器文化时代晚期的昙石山文化曾出土石锛、石斧、石刀等石器，还有兽骨和大量海生介壳，反映了闽族先民们从事渔猎、采集，或从事原始农耕。公元前 220 年，秦朝设闽中郡。公元前 202 年，无诸被正式封为闽越国国王，东汉时期，福州就与东南亚国家有贸易往来。据《后汉书·郑弘传》记载："旧交趾七郡贡献转运，皆从东冶汛海而至。"东冶就是今天的福州，交趾七郡包括粤、桂、滇及越南，当时广东、广西、云南、越南的货物从福州转运到浙江、江苏、山东等省。公元 269 年，吴国在侯官县（今福建闽侯）设立典船校尉，还在闽江口至浙江瓯江一带的沿海地区建立了造船基地——温麻船屯。

隋唐时期，福州是中国的对外贸易港口，当时出口的商品有绫、绢、陶瓷、漆器等。鉴真和尚曾"派人将轻货往福州买船，具办粮用。"[④] 可见，当时福州的造船业已经比较出名。从唐代中期开始，闽人北航高丽，南达交趾，大都从福州、泉州

① 《明实录·明太祖实录》卷 139，影印台湾"中央研究院"历史语言研究所校勘本，上海书店 1982 年版。
② 《明实录·明太祖实录》卷 205，影印台湾"中央研究院"历史语言研究所校勘本，上海书店 1982 年版。
③ 《明实录·明太祖实录》卷 231，影印台湾"中央研究院"历史语言研究所校勘本，上海书店 1982 年版。
④ ［日］真人元开：《唐大和上东征传》，中华书局 2000 年版。

出发。宋元时期，由于泉州港成为世界性的大港，福州港的地位有所削弱。明代，著名航海家郑和七下西洋大都在长乐太平港增加给养后扬帆出海，从而促进了福州与东南亚、南亚、西亚的联系。费信在《星槎胜览》中记载道："永乐七年己丑，上命正使太监郑和、王景弘等统领官兵二万七千余人，驾驶海舶四十八号，往诸蕃国。开读赏赐，是岁秋九月自太仓刘家港开船，十月到福建长乐太平港停泊。十二月於福建五虎门开洋，张十二帆，顺风十昼夜到占城国。"①

《天妃灵应之记》碑现保存在长乐市郑和公园内的郑和史迹陈列馆内，它又称为《天妃之神灵应记》碑，是明宣德六年（1431 年），郑和率领的船队在第七次出使西洋前夕，寄泊福建长乐时刻立的。碑文详细描述了明永乐三年至宣德六年（1405～1431 年），郑和奉命统领船队百余艘，船员、士兵数万人七次下西洋的经历，其中提到船队屡次驻扎长乐，为了等候季风开洋。②

天妃之神灵应记

皇明混一海宇，超三代而轶汉唐，际天极地，罔不臣妾。其西域之西，迤北之北，固远矣，而程途可计，若海外诸番，实为遐壤，皆捧珍执贽，重译来朝。皇上嘉其忠诚，命和等统率官校旗军数万人，乘巨舶百余艘，赍币往赉之，所以宣德化而柔远人也。自永乐三年奉使西洋，迨今七次，所历番国，由占城国、爪哇国、三佛齐国、暹罗国，直踰南天竺、锡兰山国、古里国、柯枝国，抵于西域忽鲁谟斯国、阿丹国、木骨都束国，大小凡三十余国，涉沧溟十万余里。观夫海洋洪涛接天，巨浪如山，视诸夷域，迥隔于烟雾缥缈之间。而我之云帆高张，昼夜星驰，涉彼狂澜，若履通衢者，诚荷朝廷威福之致，尤赖天妃之神护佑之德也。神之灵固尝尝著于昔时，而盛显于当代。溟渤之间，或遇风涛，既有神灯烛于帆樯，灵光一临，则变险为夷，虽在颠连，亦保无虞。及临外邦，番王之不恭者生擒之，蛮寇之侵略者剿灭之。由是海道清宁，番人仰赖者，皆神之赐也。

神之感应未易殚举。昔尝奏请于朝，纪德太常，建宫于南京龙江之上，永传祀典。钦蒙御制纪文以彰灵贶，褒美至矣。然神之灵无往不在，若长乐南山之行宫，余由舟师屡驻于斯，伺风开洋。乃于永乐十年奏建以为官军祈报之所，既严且整，右有南山塔寺，历岁久深，荒凉颓圮，每就修葺，数载之间，殿堂禅室，弘胜旧

---

① （明）费信原著，冯承钧校注：《星槎胜览校注》，台湾商务印书馆 1938 年版。
② （明）巩珍著，向达校注：《西洋番国志》附录二，中华书局 2000 年版。

规。今年春仍往诸番，蚁舟兹港，复修佛宇神宫，益加华美。而又发心施财，鼎建三清宝殿一所于宫之左，雕妆圣像，粲然一新，钟鼓供仪，靡不具备，佥谓如是，庶足以尽恭事天地神明之心。众愿如斯，咸乐趋事，殿庑宏丽，不日成之，画栋连云，如翚如翼，且有青松翠竹掩映左右，神安人悦，诚胜境也。斯土斯民，岂不咸臻福利哉！人能竭忠以事君，则事无不立，尽诚以事神，则祷无不应。和等上荷圣君宠命之隆，下致远夷敬信之厚，统舟师之众，掌钱帛之多，夙夜拳拳，惟恐弗逮，无不竭忠于国事，尽诚于神明乎！师旅之安宁，往回之康济者，乌可不知所自乎？是用著神之德于石，并记诸番往回之岁月，以贻永久焉。

——永乐三年（1405 年）统领舟师至古里等国。时海寇陈祖义聚众三佛齐国，劫掠番商，亦来犯我舟师，即有神兵阴助，一鼓而殄灭之，至五年回。

——永乐五年（1409 年）统领舟师往爪哇、古里、柯枝、暹罗等国，番王各以珍宝珍禽异兽贡献，至七年回还。

——永乐七年（1413 年）统领舟师往前各国，道经锡兰山国，其主亚烈苦奈儿负固不恭，谋害舟师，赖神显应知觉，遂生擒其王，至九年归献，寻蒙恩宥，俾归本国。

——永乐十一年（1417）统领舟师往忽鲁谟斯等国，其苏门答腊国有伪王苏斡剌寇侵本国，其王宰奴里阿比丁遣使赴阙陈诉，就率官兵剿捕。赖神默助，生擒伪王，至十三年归献。是年，满剌加国王亲率妻子朝贡。

——永乐十五年（1421 年）统领舟师往西域。其忽鲁谟斯国进狮子、金钱豹、大西马；阿丹国进麒麟，番名祖剌法，并长角马哈兽。木骨都束国进花福鹿并狮子。卜剌哇国进千里骆驼并驼鸡。爪哇、古里国进縻里羔兽。若乃藏山隐海之灵物，沉沙栖陆之伟宝，莫不争先呈献，或遣王男，或遣王叔王弟，赍捧金叶表文朝贡。

——永乐十九年（1425 年）统领舟师，遣忽鲁谟斯等国使臣久侍京都者悉还本国。其各国王益修职贡，视前有加。

——宣德六年（1431 年）仍统舟师往诸番国，开读赏赐，驻泊兹港，等候朔风开洋。思昔数次皆仗神明助佑之功，如是勒记于石。

宣德六年岁次辛亥仲冬吉日正使太监郑和、王景弘，副使太监李兴、朱良、周满、洪保、杨真、张达、吴忠，都指挥朱真、王衡等立。正一住持杨一初稽首请立石。

这段碑文提到了郑和率领船队下西洋的目的，"宣德化而柔远人"。描述了航行的艰难，提到了天妃（妈祖）的保佑。根据《天妃显圣录》的记载，第一次郑和率领船队下西洋时，天妃妈祖曾帮助明朝官兵歼灭旧港（今印度尼西亚巨港）的海盗陈祖义。"蛮寇之侵略者剿灭之"指的就是这次事件。第三次下西洋时，郑和船队返国途经锡兰（今斯里兰卡），遭到锡兰国王亚烈苦奈儿的劫掠，形势危急时，也是天妃显灵，帮助明朝官兵反败为胜，即"番王之不恭者生擒之"。第四次下西洋，船队中的钦差内使张源在前往榜葛刺国（今孟加拉）途中，遭遇大风，十分危险，是妈祖保佑了船只和船员平安。所以郑和上奏朝廷关于天妃的事迹，在南京龙江建立了天妃宫，在长乐南山创建了天妃行宫。在第七次下西洋船队经过长乐候风时，郑和等一些官员到长乐天妃行宫祭拜，写下了这篇《天妃之神灵应记》。

《天妃之神灵应记》碑文对前四次下西洋的往返时间有着详细的记载，第一次是1405~1407年，第二次是1407~1409年，第三次是1409~1411年，第四次是1413~1415年，第五次、第六次、第七次只记载了出发的时间，分别为1417年、1421年、1431年。郑和率领的船队曾到达过爪哇、古里、柯枝、暹罗、锡兰、苏门答腊、忽鲁谟斯、阿丹、木骨都束等30多个国家和地区。此碑文提到第五次下西洋时，一些外国进贡了动物。阿丹国在今天阿拉伯半岛的也门亚丁一带，进贡了麒麟和马哈兽，麒麟即长颈鹿，据张箭教授考证，马哈兽是阿拉伯的剑羚。[①] 木骨都束国在今天索马里的首都摩加迪沙一带。进贡了花福鹿和狮子，花福鹿是斑马。卜剌哇国一般以为在今天索马里的布腊瓦（Brava）一带，进贡了骆驼和驼鸡，驼鸡即鸵鸟。爪哇、古里国（印度的卡利卡特Calicut）进贡的麇里羔兽是印度蓝牛。[②]

碑文还提到第四次下西洋时，"满剌加国王亲率妻子朝贡"。满剌加国是15、16世纪东南亚的一个重要王国，永乐九年（1411年）满剌加国王拜里迷苏拉率领妻子及陪臣540多人来华。明朝赐给拜里迷苏拉玉带、仪仗、鞍马，赐给王妃冠服，临行前，再赐玉带、仪仗、鞍马、黄金、锦绮纱罗等。永乐十三年来到中国的是拜里迷苏拉的儿子母干撒于的儿沙，他向明朝报告父亲的死讯。他在永乐十七年（1419年）率团再次来华。以后满剌加国王西麻剌哈者在1424年，1433年也两次来华。满剌加国的历代国王还多次遣使来华。

满剌加国的港口马六甲是中国船队在东南亚的重要基地，"中国下西洋舡以此为外府，立摆栅墙垣，设四门更鼓楼。内又立重城，盖造库藏完备。大舟宗宝舡已往占城、爪哇等国，并先舟宗暹罗等国回还舡只，俱于此国海滨驻泊，一应钱粮皆

---

①② 张箭：《下西洋所见所引进之异兽考》，《社会科学研究》2005年第1期。

入库内存贮。各舡并聚，又分舟宗次前往诸番买卖以后，忽鲁谟斯等各国事毕回时，其小邦去而回者，先后迟早不过五七日俱各到齐。将各国诸色钱粮通行打点，装封仓舟者，停候五月中风信已顺，结舟宗回还。"① 所以，马六甲是郑和船队下西洋的中转站，船队在马六甲分散、集中。1405～1433 年，满剌加王国通过与明朝的密切关系，迅速崛起，马六甲发展成为一个重要的贸易中心。"人们曾经描述马六甲说，它不是普通意义上的商业城市，而是在贸易季节中中国和远东的产品与西亚和欧洲的产品进行交换的一个大集市。"②

今天，当我们登上长乐的三峰寺塔，遥想当年旌旗飘动，百船并发的景象，不禁心潮澎湃。三峰寺塔是当时郑和船队进出长乐太平港的航标，还是郑和登高俯视船队的瞭望塔。1992 年长乐显应宫出土了许多尊大小不一、栩栩如生的泥塑神像，原中国社会科学院历史研究所明史研究室主任万明研究员认为前殿右侧的一组"巡海大臣（神）"之为首者是郑和的塑像。③

明成化八年（1472 年），市舶司由泉州迁往福州后，福州与琉球的往来更加密切。早在福建市舶司迁往福州之前，就有琉球船只驶往福州，这不仅因为琉球到福州的海上距离更近，而且从福州出发，到明朝帝都（先南京后北京）也更方便些。我在《指南正法》中就发现了"福州往琉球针"、"琉球回福州针"的记载。根据《明实录》的记载，从明成化到嘉靖末年（1456～1566 年），琉球入贡明朝达 78 次，带来了苏木、胡椒、香料、玛瑙、象牙等，明朝赐给的物品有丝绸、瓷器、漆器等。对琉球入贡的物品进行分析，可以发现许多物品并不是产自琉球，而是来自东南亚、南亚，例如胡椒主要产自印度尼西亚、马来西亚等国。苏木原产于印度、缅甸、越南、斯里兰卡等国。所以琉球在明代朝贡贸易体制中发挥了贸易中转的作用，从某种程度上说，福州通过琉球与东亚、东南亚、南亚展开了贸易往来。

明代中叶以后，私人对外海上贸易活动渐趋活跃，出现了漳州月港、浙江定海双屿岛、广东潮州南澳岛等新的港口。1567 年明朝统治者同意在福建漳州月港部分解除海禁，月港成为我国东南沿海的外贸中心。福州的海外贸易受到了一定的影响。

清初，为了打击郑成功的海上力量，在东南沿海实行了迁界禁海政策，严重影响了福州的航运贸易。清政府统一台湾后，在康熙二十三年（1684 年）设立了粤海

① （明）巩珍著，向达校注：《西洋番国志》，中华书局 2000 年版。
② ［英］D.G.E 霍尔著：《东南亚史》（上册），中山大学东南亚历史研究所译，商务印书馆 1982 年版。
③ 万明：《明代郑和的塑像——福建长乐显应宫出土彩塑再探》，《故宫博物院院刊》2005 年第 3 期。

关、闽海关、浙海关和江海关，管理国内对外贸易。闽海关除了厦门总口外，还有福、宁、泉、漳四府及福宁一州共 32 口。福州的对外贸易又趋繁荣，其主要贸易对象就是琉球和日本。鸦片战争后，福州被辟为"五口通商"口岸之一。

第四节　漳州与大帆船时代的海上丝绸之路

漳州月港在明初只是一个小港口，它"外通海潮，内接淡水，其形如月，故名。"① 由于"僻处海隅，俗如化外"② 而不为明朝官员注意。在明成化、弘治年间就是走私贸易商人集中的地方。月港猖獗的走私活动引起了明朝统治者的注意，采取了一些措施禁止走私活动，但收效不大。明政府后来改变了策略，在隆庆元年（1567 年）宣布在月港部分开禁，准许私人申请文引，缴纳税饷出海贸易。明政府之所以选择月港，是因为月港离省城福州较远，不是市舶司所在地，海外贡船一般不从这里驶入中国。

月港部分开禁后，私人海外贸易迅速发展起来。在明万历十七年（1589 年）前，从月港出发的海外贸易船仅限船数而未定航行地点，万历十七年（1589 年）福建巡抚周采规定每年限船 88 艘，东西洋各限 44 艘。1593 年福建巡抚许孚远将出海船数扩大到每年 100 艘，1597 年新的福建巡抚金学曾又把船数增至每年 137 艘。后来，月港出海的船数增加到 200 多艘，尽管如此，仍满足不了海商的需要。有些商船未申请到船引，仍然出海。明代以婆罗洲北岸的文莱为界，文莱以西称西洋，文莱以东称东洋。明代张燮撰写的《东西洋考》将交阯、占城、暹罗、下港、柬埔寨、大泥、旧港、马六甲、哑齐、彭亨、柔佛等国列为西洋，将吕宋、苏禄、猫里务、沙瑶、呐哔啴、美洛居、文莱等列为东洋。东洋贸易相比西洋贸易，路途稍近，利润更加丰厚，所以实际上每年到东洋贸易的船只数目超过了到西洋的船只数目。

东洋中的吕宋（今天菲律宾的吕宋岛）吸引了许多月港海外贸易船只，有些按照规定不是驶往吕宋的船只也偷偷地驶往吕宋。这与葡萄牙人、西班牙人相继来到亚洲有着密切的联系。1487 年，葡萄牙人迪亚士的探险队到达非洲南端，发现好望角，并进入印度洋；1497 年，以达·伽马为首的船队沿迪亚士开辟的航线继续向前，

---

① （明）罗青霄：《漳州府志》（下册），厦门大学出版社 2010 年版。
② 《明经世文编》第 4 册，卷 283，中华书局影印 1987 年版。

于 1498 年到达印度西南部的卡利卡特，开辟了从大西洋绕非洲南端到达印度的航线。此后，葡萄牙人在 1510 年占领印度果阿，1511 年占领马六甲后，中国对马来半岛以西的贸易受到了很大的影响，到马六甲贸易的中国船只数目明显减少。1557年，葡萄牙人在中国澳门立足后，逐渐建立了三条海上贸易航路，即中国澳门—果阿—里斯本、中国澳门—马尼拉—墨西哥、中国澳门—长崎，将中国大量的生丝、绸缎、茶叶、陶瓷等源源不断地运往世界各地。在中国澳门—果阿—里斯本航线中，马六甲的地位比较重要，它是葡萄牙人进行贸易活动的中转站，马六甲在明初就与中国往来频繁，郑和率领的船队曾在此建立基地。1581 年，西班牙通过欧洲王室继承权的游戏规则，得到葡萄牙国王的桂冠。为了获得葡萄牙贵族阶层的支持，西班牙和葡萄牙贵族们签订了"八项和平条款"，原葡萄牙属地可以自由地与西班牙各属地贸易，西班牙各属地则不拥有对等权利。葡萄牙人经营的中国澳门—马尼拉—墨西哥航线是"八项和平条款"的主要受益者，中国澳门到马尼拉的船只装载的货物以中国货为主，生丝、丝织品、棉布等为大宗，日本货、印度货次之；从马尼拉返回中国澳门时运载的大多数是来自美洲的白银。

继葡萄牙人之后来到亚洲的是西班牙人。1565 年 4 月，西班牙入侵菲律宾，同年 6 月，"圣·巴布洛"号大帆船满载亚洲的香料运往墨西哥南海岸的阿卡普尔科，开辟了连接亚洲和美洲的太平洋航线。1572 年初，一些被西班牙人从民都洛海滩营救出来的中国人，带着大量珍贵商品乘船来到了菲律宾。1573 年有 2 艘马尼拉大帆船驶往墨西哥；1574 年有 6 艘大帆船从墨西哥出发到达马尼拉，翌年有 12~15 艘。到 1576 年，菲律宾马尼拉—墨西哥阿卡普尔科之间的贸易关系已经牢固地建立起来。为了保护西班牙的利益，1593 年西班牙国王飞利浦二世规定，每年到墨西哥的大帆船不得超过 2 艘，每艘载重不得超过 300 吨。但事实上此项规定并未被严格遵守，商船的船数和载重量都有超过。1815 年，大帆船贸易被停止。

由于大帆船驶往美洲装载的货物大都来自中国，所以马尼拉的首任总督米盖尔·洛佩斯·德·利雅实比（Migue Lopez de Legazpi）和继任者拉末沙礼士（Guido de Lavezares）都积极鼓励中国商船到马尼拉贸易。当时正值明政府在月港部分解除海禁，所以来自月港的中国商船纷纷驶往马尼拉。根据日本学者箭内建次的估计，16世纪 80 年代，来自中国的船只每年平均 20 艘，90 年代增至每年 30 余艘，到 17 世纪初，达到每年平均四五十艘。[①]一些中国船员、商人因为货物没有卖出，或为组

---

　　①［日］箭内建次：《菲岛华人之地方发展》，《南方民族》，七卷第一、二号。转引自罗荣渠：《中国与拉丁美洲的历史文化联系》，《中外文化交流史》，河南人民出版社 1987 年版。

织返航货源，或为等候风汛而无法及时返回国内而留在了菲律宾。顾炎武在《天下郡国利病书》中说道："漳泉民贩吕宋者，或折阅破产，及犯压冬禁不得归，流寓夷土，筑庐舍，操佣贾杂作为生活，或娶妇长子孙者有之，人口以数万计。"① 可见，当时漳州、泉州等地的商人逗留在菲律宾的人数众多。如此众多在菲华人引起西班牙人的恐惧。1582 年，西班牙总督强迫华人集中居住在马尼拉东北部巴石河畔。万历三十年（1602 年）因明神宗误信阎应隆、张嶷的妄言，派人到吕宋"勘金"，引发了在菲律宾的西班牙人更大的恐惧，1603 年马尼拉发生屠杀当地华人的恶劣事件，据估计有 4000 名华人遭到屠杀或被投入监狱。1639 年马尼拉的华人因反抗科丘拉（H.de Cornera）总督的命令而遭到屠杀。

历时 250 余年的大帆船贸易促进了中国与菲律宾，乃至与美洲国家的经济、文化交流。一些先进的生产技术如牛耕、冶炼、麻织、陶瓷制作、采矿、酿酒、制糖等，生产工具如铁犁、水车等随着华人传播到了菲律宾。最先将印刷术介绍到菲律宾的是名叫龚容（Keng Yong）的中国人，其教名为胡安·德·维拉（Juan de Vera），他印刷了菲律宾的第一部书，即《基督教教义》，他还和西班牙神父弗兰西斯科·布兰卡斯·德·圣·何塞（Trancisco Blancas de San Jose）一起制作了菲律宾第一部活版印刷机。② 此外，在菲律宾语言中，特别是他加禄语，有许多来自汉语，主要是闽南方言的借词。例如，sangley（华人）、tinghoy（灯火）、tsa（茶）、bihun（米粉）、lumpia（嫩饼 春饼）、diko（二哥）、sangko（三哥）、kuya（姑爷）等。菲律宾大学的语言学专家埃·阿尔森尼奥·曼努埃尔指出，他加禄语有 2% 的词汇可能来自汉语，他列出了 381 个汉语借词，其中有些汉语借词与食物和烹饪有关，有些汉语借词与农业、商业、娱乐相关。③

当时中国的生丝、丝绸、瓷器等产品通过马尼拉源源不断地进入墨西哥、危地马拉、厄瓜多尔等美洲国家。来自中国的丝绸影响了美洲的装饰风格和衣着，不仅西班牙殖民者身穿华丽的丝绸衣服，连印第安人也喜欢丝绸衣服；西班牙神父用丝绸来装饰教堂，印第安人的教堂也用丝绸装潢。墨西哥的西班牙贵族以拥有多少中国瓷器作为衡量其财富和文明教养的标志之一，中国输出的瓷器还对墨西哥本地的陶瓷产业产生了影响，墨西哥生产的陶瓷从造型到釉彩都可见到中国瓷器的痕迹。

① （清）顾炎武：《天下郡国利病书》，《续修四库全书》，上海古籍出版社 2002 年版。
② Pablo Fernandez：History of the Church in the Philippines（1521–1898），Manila，1979.
③ E. Arsenio manuel，Chinese Elements in the Tangalog Language，Manila，1948，E. Arsenio manuel An outline of the Origingand Development of Philippine Languages and their Relations with Chinese Language，转引自周南京：《中国和菲律宾文化交流的历史》，《中外文化交流史》，河南人民出版社 1987 年版。

农作物的引进和输出也是中国与美洲交流的重要组成部分。中国的茶树、柑橘、樱桃等传入美洲。以茶树为例，1808 年初葡萄牙王室为了躲避战乱迁往巴西，摄政王若昂六世拟在巴西发展种茶业，在 1810 年和 1812 年从中国引进茶树，同时从中国澳门招了一批中国技工去里约热内卢郊区的植物园传授茶叶种植技术。傅云龙（1840~1901 年）在《游历巴西图经》中记载："即如种茶一事，自嘉庆十七年中国湖北人至彼创植以来，已寖旺。"巴西是美洲第一个引进中国茶树种植的国家。

原产美洲的玉蜀黍、烟草、花生、西红柿等作物传入中国。相传番薯最早由印第安人培育，后来传入菲律宾。何乔远在《闽书》记载道："番薯，万历中，闽人得之外国……闽人多贾吕宋岛焉。其国有朱薯……然吝而不与中国人。中国人截取其蔓呎许，挟小盖中以来。於是，入吾闽十余年矣。"① 有的资料更明确指出，万历二十二年（1594 年）福建长乐华侨陈振龙从吕宋引进福建。试种成功后，福建巡抚金学曾大力推广番薯种植。今福州乌山有一座"先薯祠"，以纪念陈振龙和金学曾的功劳。顺便提一下，广东人陈益将番薯从安南引入广东种植。

福建由于耕地少，随着人口的增长，生产的粮食不能满足人们需要。番薯的引进有效地缓解了福建缺粮的状况。今天我们知道，番薯含有丰富的淀粉、膳食纤维、胡萝卜素、维生素 A、维生素 B、维生素 C、维生素 E 以及钾、铁、铜、硒、钙等 10 余种微量元素和亚油酸等，营养价值很高。明代李时珍在《本草纲目》记载：番薯能"补虚乏，益气力，健脾胃，强肾阴"。②

烟草大约在 16 世纪末从拉丁美洲传入菲律宾，于明万历年间从吕宋传入福建。据明代姚旅在《露书》中的记载："吕宋国出一草曰淡巴菰，一名曰醺……有人携漳州种之，今反多于吕宋，载入其国售之。"③ 烟草最初只是一种药物，但吸烟很快变成了嗜好，明代张岱在《陶庵梦记》曾说道："余少时不识烟草为何物。十年之内，老壮童稚，妇人女子，无不吃烟；大街小巷，尽摆烟桌，此草妖也。"明代崇祯年间曾禁止吃烟，但没能禁止住，到清初，上至"今世公卿大夫，下逮舆隶妇女，无不嗜烟草者。"④ 随着越来越多的中国人喜欢吸烟，各种烟具的制作成为一种时尚。

白银是美洲向中国输出的最大商品。开始每年约 100 万比索，后来达 200 万~300 万比索，有时甚至超过了 400 万比索。有人估计 1571~1821 年，自西属美洲运抵

---

① （明）何乔远：《闽书》第五册，卷之一百五十，福建人民出版社 1995 年版。
② （明）李时珍：《图解本草纲目》，陕西师范大学出版社 2009 年版。
③ （明）姚旅：《露书》卷十，转引自谢国桢编：《明代社会经济史料选编》上册，福建人民出版社 1980 年版。
④ （清）王士祯：《香祖笔记》卷三，转引自谢国桢编：《明代社会经济史料选编》上册，福建人民出版社 1980 年版。

马尼拉的白银共计约四亿比索，其中的 1/2 或 1/4 流入中国。白银的大量流入，使银本位制度得以在中国确立，从而加快了中国从传统农业社会向近代社会的转变。

15~16 世纪随着新航路的开辟和新大陆的发现，各国人民对中国丝绸、瓷器、茶叶的需求持续旺盛，直接刺激了中国东南沿海地区经济的发展。明代漳州月港因缘际会，在 1567 年成为中国的海外贸易港，中间明朝政府在月港实行过短暂的海禁，清代月港被地理位置更优越的厦门港取代。大约 100 多年的繁荣促进了漳州地区，乃至更大范围内的商品的生产和流通，当时漳州纺织业的迅猛发展。"丝则取诸浙西"，"苎则取之江右，棉则取之上海"，加工成漳绒、漳纱、漳绢和土潞绸出口海外，其生产方式也突破家庭副业的格局，漳州出现了作坊和工场。

第五节　海上丝绸之路的历史启迪

历史上海上丝绸之路的发展和繁荣，促进了福建造船业、丝织业、陶瓷业、茶叶业的发展。早在公元 269 年，吴国在侯官县（今福建闽侯）设立典船校尉，还在闽江口至浙江瓯江一带的沿海地区建立了造船基地——温麻船屯。到了唐代，福州和泉州是中国南方的主要造船基地。1974 年在泉州后渚港出土一艘南宋末年海船，此船现保存在泉州开元寺的"泉州湾古船陈列馆"内，这艘海船采用了水密隔舱、多层船板等先进的设计、建造技术。英国著名的科学史专家李·约瑟博士称它"是中国自然科学最重要的发现之一"。明代福建的"福船"更是盛名远播，郑和船队使用的船只就是以"福船"和其改进型为主。福建的丝织业在宋元时期比较著名，福州南宋黄升墓曾出土了素罗大袖、山茶花罗上衣、印花罗褶襕裙等 354 件丝织品，品种有罗、绢、绫、缎等七种，颜色有黄褐、褐色、烟色等。福州另一座"端平二年"的南宋墓中也出土过百件丝织品。宋人苏颂（1020~1101 年）曾赞颂泉州的丝绸，"弦诵多于邹鲁俗，绮罗不减蜀吴春"，他认为宋代泉州生产的丝绸可与生产丝绸历史更悠久的四川、江浙相媲美。元代著名的旅行家伊本·白图泰曾赞扬刺桐城（泉州）出产的绸缎比汉沙（杭州）、汗八里（北京）所产着为优。伊本·白图泰提到，公元 1324 年中国皇帝遣使到印度，赠与摩哈美德国王的礼品中有锦绸五百匹，其中百匹是刺桐城制造的，百匹是京师城制造的。[1] 伊本·白图泰还提到刺桐

---

① 张星烺编注，朱杰勤校订，《中西交通史料汇编》第二册，中华书局 1977 年版。

的瓷业兴盛，比他早半个世纪来到中国的马可·波罗在其游记中，详细描述了德化的陶瓷生产过程。到了明清时期，德化白瓷在欧洲享有盛誉，"中国白"、"鹅绒白"等形象地描绘了德化白瓷乳白如凝脂，光洁晶莹的特点。福建陶瓷业的一大特点是古窑址众多，全省 25 个市、县都有古窑址的发现，共 200 余处。另一大特点是福建陶瓷从仿制青瓷、青花瓷开始，后逐渐形成自己的特色。为适应外销的需要，福建的古窑址有的生产规模比较大。福建产茶的历史悠久，茶圣陆羽（733~804 年）曾称赞过福建的茶叶。宋代的建茶曾得到宋徽宗皇帝赵佶的赞扬，他在《大观茶论》中写道："至若茶之为物，擅瓯闽之秀气，钟山川之灵禀，祛襟涤滞，致清导和……本朝之兴，岁修建溪之贡，龙团凤饼，名冠天下。"元代武夷茶兴，明代福建茶叶产区进一步扩大，万历三十五年（1607 年），荷兰东印度公司开始从澳门收购武夷茶，经爪哇输往欧洲试销。武夷茶后来成为中国茶叶在欧洲的代表。

所以，海上丝绸之路对于福建来说，是对外开放之路，是经济发展之路。在《推动共建丝绸之路经济带和 21 世纪海上丝绸之路的愿景与行动》中，福建被定位为 21 世纪海上丝绸之路核心区。笔者认为这一定位，不仅反映了福建在中国海上丝绸之路发展史上的重要地位，而且体现了中央政府希望福建先行先试，为构建全方位对外开放新格局发挥引领、带头作用。21 世纪海上丝绸之路建设给福建提供了科学跨越发展的重大机遇。福建需要以开放促进改革，以开放加速发展，通过国内、国际两个市场培育新的增长点，依靠创新驱动产业升级，谋划在海洋产业和绿色产业的布局，从而实现在"新常态"下福建经济的可持续发展。2015 年 11 月福建省政府公布的《福建省 21 世纪海上丝绸之路核心区建设方案》进一步指出要"充分发挥福建比较优势，实行更加主动的开放战略，在互联互通、经贸合作、体制创新、人文交流等领域不断深化核心区的引领、示范、聚集、辐射作用"。

如果以全球视野来审视这一时期海上丝绸之路的发展，可以发现海上丝绸之路航线从亚洲延伸到了美洲，太平洋环球贸易网的形成和发展对世界市场的最终形成产生了积极的作用。世界各国或主动或被动地参与到世界贸易体系的建设中，可以通过贸易来谋求本国经济的发展，提高本国的经济实力和政治地位。今天，中国提出 21 世纪海上丝绸之路建设，是扩大开放的重大战略举措和经济外交的顶层设计。改革开放以来，中国东部沿海地区就全面参与到经济全球化的产业体系分工中。21 世纪海上丝绸之路将进一步提升中国的对外开放水平，是中国构建复合型对外经济的新机遇，它在产业转型升级、产业结构调整，以及适应国际经贸合作及其机制转型方面都提供了一个重要的平台。

对于海上丝绸之路众多沿线国家来说，21 世纪海上丝绸之路是发展的重大机遇。东盟国家由于地处海上丝绸之路的十字路口和必经之地，是 21 世纪海上丝绸之路建设的重点区域和首要发展目标。东盟目前存在着联通不畅的问题。除了马来西亚和新加坡之间有跨境铁路，泰国、缅甸、老挝、柬埔寨、越南之间几乎没有铁路连接。"一带一路"可以和《东盟互联互通总体规划》对接。促进东盟各国经济、贸易、金融的进一步融合。中国参与的雅加达—万隆高铁项目、磨丁—万象工程等是中国助力东盟互联互通的具体表现，将进一步推进中国—东盟的经济合作水平。印度尼西亚作为东盟面积最大的国家，将自己的"全球海洋支点"与中国的"21 世纪海上丝绸之路"全面对接，目的是打造共同发展、共享繁荣的"海洋发展伙伴。"①

中东国家拥有重要的战略地位，其中有些国家是陆上丝绸之路和海上丝绸之路的交汇点。它们的情况虽有不同，但普遍希望建立健全的工业体系，促进产业结构多元化。中国与中东国家在"一带一路"框架下的合作，不仅要着眼于双方的经济互补性，而且要立足长远，培育在高薪技术领域的发力点，从而强化双方的国际竞争力。沙特阿拉伯的石油储量和产量均居世界首位。《中华人民共和国政府与沙特阿拉伯王国政府关于共同推进丝绸之路经济带和 21 世纪海上丝绸之路以及开展产能合作的谅解备忘录》中提出以产能合作为突破口，两国加强在基础设施、投资、航天、核能、可再生能源领域的合作。伊朗拥有西亚最大的机械工业，相比其他中东国家，工业基础相对比较好，但因为刚解除了核制裁，百废待兴，许多设备、工艺都急需改造、提升。中国将在高铁、卫星、通信、核电等高新技术产业与伊朗展开合作，以"高标准、高技术、高价值"推动中伊共建"一带一路"。②埃及的地理位置得天独厚，苏伊士运河连接了地中海和红海，苏伊士经贸合作区是中埃共建"一带一路"的典范。埃及有着众多的名胜古迹，旅游业可以作为中埃共建"一带一路"的突破口。

"一带一路"连接欧洲经济圈与东亚经济圈，欧洲是"一带一路"连接的终点。中国"一带一路"倡议需要欧洲的协调和合作，共同推动两大经济圈的互联互通，让欧亚经贸文化交流更加通畅，必将成为造福欧亚大陆的世纪工程。历史上欧洲国家从海上探险走出通向东方的地理大发现，今天高铁技术将是连接欧亚大陆的快捷通道，它将为欧亚大陆地缘经济与地缘政治开启新的旅程。

21 世纪海上丝绸之路是一项宏大的系统工程，涉及的国家多，国家之间的差异

---

① 《中华人民共和国和印度尼西亚共和国关于加强两国全面战略伙伴关系的联合声明》，新华网，2015 年 3 月 26 日。

② 赵明昊、张志文：《描绘中伊共同繁荣的画卷》，《人民日报》2016 年 1 月 21 日。

比较大，利益诉求不一致，出于拓展自己影响力和国家利益的考虑，沿线的某些国家会有自己的考量和计划。例如印度政府推出的"季风计划：跨印度洋海上航路和文化景观"以及"香料之路"计划等。此项计划旨在振兴古航道并恢复与印度洋周围国家的文化联系，涉及的国家从东非、阿拉伯半岛、南亚一直延伸到东南亚。印度政府的这项计划无疑会和 21 世纪海上丝绸之路有重叠的地方，在地缘政治上存在竞争，如何妥善处理类似的问题，不仅需要政治智慧，还需要足够的耐心，我们需要认真聆听对方的需求，仔细研究对方的规划，务实的合作不仅能消除对方的疑虑，而且能给双方带来实实在在的好处。

第三章

福建融入 21 世纪海上丝绸之路国家倡议探讨

福建地处中国东南沿海,由于北部山脉的阻隔,与中原的联系历来薄弱。但背山靠海的地理环境孕育出福建的海洋文化,中国的妈祖信仰就诞生于福建闽南一带。与中国北部的龙王信仰不同,南方海神具有保佑海上讨海生活渔民的慈母形象。福建先民很早就开始到中国沿海和海外讨生活,与海外的贸易成为福建人发家致富的重要途径。在长期的海外贸易中形成了多条贸易航线:其中,从福州到日本和韩国的东海航线,承担着海上丝绸之路东线对东洋的贸易通路。从泉州经东南亚到中东阿拉伯世界的西线承载着东西方贸易的通路。从漳州月港经马尼拉到拉美的太平洋航线承载着与美洲的贸易通道。因此,根据国家"一带一路"战略规划,福建被确立为海上丝绸之路核心区。本章要讨论的是福建如何融入海上丝绸国家战略。

第一节 福建与海上丝绸之路沿线国家经贸合作现状

根据《21 世纪海上丝绸之路倡议》,海上丝绸之路重点建设三条航线:一是传统的郑和下西洋航线,即从福建经东南亚到南亚、西亚最后到达非洲东海岸和欧洲的西线;二是经南海过巽他海峡到达澳大利亚和南太平洋和南美洲的南线;三是从东海经俄罗斯远东地区和白令海峡,穿过北冰洋抵达欧洲和北美的北线。福建地缘上接近南太平洋和东南亚，因此，福建重点拓展的海上丝绸之路也是南太平洋和南部亚洲与非洲和欧洲的海上丝绸之路贸易。

这两条航路有一些重要的节点区域：如西线可以分为东南亚、南亚和西亚、东北非洲和欧洲等节点，南线可以分为澳新等南太平洋岛国和拉美太平洋沿岸国家。东南亚主要包括东盟 10 国和东帝汶；南亚国家包括印度、孟加拉国、斯里兰卡、巴基斯坦、马尔代夫印度洋沿岸 5 国；西亚中东主要包括海合会六国和伊朗、伊拉克、以色列、约旦、叙利亚、黎巴嫩、土耳其等 13 个国家；东北非国家包括地中海沿岸的北非国家埃及、利比亚、突尼斯、摩洛哥和阿尔及利亚，以及东非的厄立特里亚、吉布提、苏丹、索马里、肯尼亚、坦桑尼亚、莫桑比克、南非及毛里求斯、塞舌尔、马达加斯加等印度洋沿岸国家；南线包括澳大利亚、新西兰及南太平洋岛国，以及拉美太平洋沿岸的智利、秘鲁、哥伦比亚、厄瓜多尔、巴拿马、危地马拉、萨尔瓦多、哥斯达黎加、尼加拉瓜、墨西哥等太平洋沿岸 10 国；欧洲包括希腊、罗马尼亚等欧盟 28 个国家。我们将重点考察福建 2000 年以来与这些区域的贸易经济关系。

一、福建与海上丝绸之路主要节点贸易特点

东南亚是海上丝绸之路的第一站，也是 21 世纪海上丝绸之路的重要枢纽。福建与东南亚地区的经贸关系与人文交流历来十分密切，利用海外华人网络，东南亚是福建海外经贸交流最频繁的地区。2000 年福建与东盟双边贸易为 16.88 亿美元，2015 年达到 247.16 亿美元，15 年增长了 14.6 倍，年均增长率为 19.59%。其中出口从 9.44 亿美元增长到 169.9 亿美元，增长了 18 倍，年均增长 21.25%；进口从 7.44 亿美元增长到 77.17 亿美元，增长了 10 倍多，年均增长 16.88%。贸易顺差从 2 亿美元增长到 92.7 亿美元。总之，福建与东南亚地区的贸易发展迅速，存在巨大贸易顺差。贸易数据表明，福建与东盟经济结构存在较强的互补性。福建出口东南亚国家商品主要以纺织品和服装、电机音像设备、车辆与运输工具为主，而进口以电机音像设备、矿产品、塑料及其制品为主。近年来，东盟逐渐成为福建优质农产品、蔬菜、食用菌、水果的重要出口市场，2014 年对东盟农产品出口金额占全部农产品出口的 28.2%。

南亚和印度是海上丝绸之路的重要节点，2000 年福建与南亚丝路沿线五个国家进出口总额为 2.28 亿美元，2015 年增长到 46.2 亿美元，15 年增长 20 倍，年均增长 22.2%；其中出口从 1.55 亿美元增加到 34.7 亿美元，进口从 7273 万美元增长到 11.4893 亿美元，年均分别增长 23.03% 和 20.2%；福建与南亚五国贸易存在大量顺差，贸易顺差从 8290 万美元增长到 23.2272 亿美元。印度是福建在南亚的主要贸易

伙伴，2015 年福建对印度贸易 29 亿美元，占福建对南亚贸易的 62.8%。数据表明，福建对南亚国家产业具有强大竞争力和互补性。福建向南亚和印度出口的主要商品为：机电产品、化工产品、纺织原料及制品、贱金属及制品、鞋类等。进口产品主要有：矿产品、棉花、贱金属及制品、化工产品等。

福建与西亚地区贸易发展迅速，2000 年福建与西亚地区进出口总额为 5.45 亿美元，到 2015 年增长到 149.4 亿美元，15 年增长 27 倍多，年均增长 24.7%；其中出口从 4.2 亿美元增长到 91.668 亿美元，年均增长 22.8%，进口从 1.24 亿美元增长到 57.7 亿美元，年均增长 29.2%；贸易顺差从 2.96 亿美元扩大到 33.96 亿美元。福建对西亚出口主要商品为纺织服装、箱包、鞋帽、石材、钢材和家具等商品。其中纺织品及其制品约占福建出口总量的 45%。福建从西亚进口的产品主要为石油与天然气、花岗石、矿砂、塑料及橡胶制品、化工产品等。其中石油和天然气比重达到 70%。福建与西亚市场具有较强的经济互补性。

福建与非洲海丝沿线国家（东北非）贸易快速发展，进出口总额从 2000 年的 2.84 亿美元增长到 2015 年的 57.81 亿美元，增长了 20 倍多，年均增长 22.35%；其中出口从 2.3966 亿美元增长到 37.035 亿美元，年均增长 20.0%；进口从 0.43 亿美元增长到 20.80 亿美元，年均增长 29.6%。贸易顺差从 1.97 亿美元增长到 16.24 亿美元。福建出口以传统劳动密集型产品和机电产品为主，目前，福建的传统制造业产品，如服装、鞋类、纺织品、陶瓷制品等，符合非洲现阶段发展的市场需求，对非洲出口保持较快增长，这四项产品约占福建对非洲出口的 50% 以上。机械设备和机电产品是我省对非洲出口的第二大类商品。电子电器和车辆运输工具出口潜力较大。同时，非洲大陆作为全球最新的待开垦能源与原材料产地，蕴藏有丰富的原油、金属矿砂（铁、锆矿砂）、钻石、原木以及鱼类等自然资源。近年来，福建对非洲的资源性产品需求持续高涨。

欧盟是福建最大的贸易伙伴，福建对欧盟进出口总额从 2000 年的 30.26 亿美元增长到 2015 年的 234.32 亿美元，增长 7.8 倍，年均增长 14.68%。其中，出口从 23.42 亿美元增长到 193.34 亿美元，年均增长 15.1%；进口从 6.61 亿美元增长到 41.29 亿美元，年均增长 12.99%。福建对欧盟出口保持了相当顺差，贸易顺差从 2000 年的 16.80 亿美元增长到 2015 年的 151.75 亿美元，主要原因是两地经济结构存在较大差异。福建出口商品主要是纺织品、服装鞋类、皮革制品与箱包以及家电等生活必需品，而进口产品以能源资源等生产资源为主，福建市场比较狭小，进口存在诸多限制。

大洋洲是福建的传统市场，福建对大洋洲进出口总额从 2000 年的 3.46 亿美元增长到 2015 年的 52.42 亿美元，15 年增长了 15.4 倍，年均增长 19.87%。其中出口从 2.22 亿美元增长到 21.68 亿美元，进口从 1.23 亿美元增长到 30.73 亿美元，年均分别增长 16.40% 和 23.90%。福建对大洋洲贸易 2010 年以前每年都有 2 亿~3 亿美元的贸易顺差，从 2011 年开始从顺差变为逆差，2015 年福建贸易逆差达到 9.52 亿美元。福建出口商品主要以机电、音像设备及其零件、纺织原料及纺织制品、鞋帽伞等轻工类产品为主。进口产品以矿产品、牛羊肉、葡萄酒、水果、鱼类为主。

拉美作为新兴市场，在福建对外贸易中的地位越来越重要。福建与拉美的贸易具有以下特点：一是增长速度快。2000 年福建与拉美太平洋沿岸 10 国进出口总额为 3.56 亿美元，到 2015 年增长到 60.72 亿美元，15 年增长了 17 倍，年均增长 20.8%。二是福建对拉美贸易顺差不断扩大。贸易顺差从 2000 年的 2.45 亿美元增长到 2015 年的 35.91 亿美元。三是贸易结构互补性强。福建对拉美出口产品主要以机电、音像设备，纺织原料及制品，光学、医疗等仪器，鞋帽伞，羽绒及皮革制品、箱包五类商品；从拉美进口以矿产品、音像设备、饮料和葡萄酒等初级产品（见表 3-1）。

表 3-1　福建与海上丝绸之路重要节点国家贸易总额

单位：万美元

国别与地区	2000 年			2010 年			2015 年		
	进出口	出口	进口	进出口	出口	进口	进出口	出口	进口
东南亚	168861	94437	74422	1319479	830808	488671	2471677	1699912	771765
南亚五国	22837	15563	7273	260941	183637	77289	462058	347165	114893
西亚国家	54454	42044	12410	564946	442374	122572	1493820	916680	577139
东北非	28214	23966	4250	268863	219221	49642	578146	370355	207992
欧盟	300262	234153	66108	1833491	1473650	359841	2343234	1930343	412891
大洋洲	34571	22229	12342	241542	133964	107578	524175	216826	307349
拉美 P10	35636	28041	7594	474431	354977	119451	607204	483172	124033
海上丝绸之路沿线总额（A）	644835	460433	184399	4963693	3638651	1325044	8480323	5964453	2516062
世界总额（B）	2122369	1290875	831494	10880927	75151065	3729862	17064276	11402869	5661407
A/B（%）	30.4	35.6	22.1	45.6	4.84	35.5	49.7	52.3	44.4

资料来源：根据福建省海关统计资料整理。

二、福建与海上丝绸之路主要节点投资合作特点

（1）福建与海上丝绸之路沿线国家投资合作平稳发展。从福建利用外资的角度

分析，2011~2015 年福建利用外资投资项目 5528 家，合同投资总额 498.00 亿美元，实际到资 340.16 亿美元。其中，海上丝绸之路沿线国家对福建投资企业 750 家，合同金额 52.57 亿美元，福建实际利用这些国家资金 39.48 亿美元，分别占福建利用世界外商投资的 13.56%、10.56% 和 11.6%。2016 年 1~7 月"一带一路"沿线 64 个国家对福建投资企业数、合同外资和实际利用外资分别为 80 家、1.45 亿美元和 4.49 亿美元，占同期利用外商投资的比重分别为 7.66%、1.50% 和 8.59%。海上丝绸之路沿线国家对福建的投资规模有所扩大，比重和地位有所提高。

（2）海上丝绸之路沿线国家对福建投资发展很不平衡。海上丝绸之路沿线国家对福建投资最多的是东南亚国家。2015 年其企业数、实际利用外资金额分别占海上丝绸之路沿线国家的 36.7%、37.2%。其次是欧盟国家其投资企业和实际投资金额分别占海上丝绸之路沿线国家和地区的 26.5% 和 30.9%。再次是大洋洲国家，分别占海上丝绸之路沿线国家和地区投资企业和实际投资金额的 23.4% 和 23.2%。最后是南亚国家、中东国家、拉美国家和非洲国家对福建投资比重较小。海上丝绸之路沿线国家对福建投资情况，不仅反映了经济发展水平，也反映了福建的地缘经济特征（见表 3-2）。

从福建对外投资角度看，福建加快实施"走出去"，稳步融入 21 世纪海上丝绸之路国家战略取得快速发展。2001 年福建对海上丝绸之路沿线国家和地区投资额 349.19 万美元，2010 年投资额达到 11163.98 万美元，2015 年达到 161965.4 万美元，2016 年 1~9 月福建对海上丝绸之路沿线国家投资达到 392291.2 万美元。截至 2016 年 9 月，福建对海上丝绸之路沿线国家和地区投资设立企业和机构 641 家，投资总额达到 718781.3 万美元。其中，在东南亚国家设立企业机构 260 家，投资金额 359793 万美元，居福建对外投资首位；在欧盟设立企业和机构 155 家，投资金额 141396.9 万美元，居第二位；东北非沿岸国家设立企业和机构 74 家，投资金额 96965.36 万美元，居第三位；大洋洲设立企业和机构 69 家，投资金额 95062.66 万美元，居第四位；南亚设立企业和机构 28 家，投资金额为 11915.25 万美元，居第五位；西亚设立机构 42 家，投资金额 3267.9 万美元；福建在拉美太平洋沿岸国家设立企业和机构 10 家，投资金额为 866.5 万美元。福建对外投资以拓展市场和开发本省经济发展所需资源为主，但呈现区域性特点。

福建对东南亚投资企业以福建优势产业农产品加工、电机制造、服装和鞋类制造为主，资源开发以当地的橡胶、矿产、渔业资源为主。2001 年至 2016 年 9 月福建对东南亚国家投资第一大行业是矿业开发，达到 37 家，投资金额超过 10 亿美元；其次是渔业资源开发，进行水产养殖、捕捞和加工企业 28 家，投资金额为

表 3-2　福建利用海上丝绸之路沿线国家外商投资分析

单位：万美元

国别与地区	2011 年			2012 年			2013 年			2014 年			2015 年			2016 年 1~7 月		
	企业数	合同利用外资	实际利用外资	企业数	合同利用外资	实际利用外资	企业数	合同利用外资	实际利用外资	企业数	合同利用外资	实际利用外资	企业数	合同利用外资	实际利用外资	企业数	合同利用外资	实际利用外资
东南亚	61	26025	29719	57	28433	27082	23	56312	34653	46	24027	58840	72	37470	34368	34	12027	15568
南亚国家	3	69	59	5	5603	18	0	7	6	3	64	0	10	437	10	13	421	34
西亚中东	10	517	112	4	2029	366	6	4826	4579	18	1212	2504	11	1154	5885	11	617	98
欧洲国家	31	30677	4262	32	7128	30185	19	4584	11141	26	5373	3158	56	50232	28868	22	1476	29221
非洲国家	18	22426	6134	9	4403	11680	16	3571	2618	18	5172	6993	14	8923	2117	—	—	—
拉美国家	0	-152	49	1	166	150	0	-151	0	2	23	0	2	147	0	—	—	—
大洋洲	35	21202	22423	44	28869	17861	32	38156	26122	20	9483	11408	46	97302	21399	—	—	—
海上丝绸之路沿线国家总计	158	100764	62767	152	76631	87342	96	107305	79119	133	45354	82903	211	195665	82647	80	14541	44921
世界总计	1039	921880	620111	916	929083	633744	840	833644	667896	1044	849078	711499	1689	1446277	768339	1404	972084	522735
占比 (%)	15.2	10.93	10.12	16.6	8.24	13.78	11.4	12.87	11.85	12.74	5.34	11.65	12.49	13.53	10.76	7.66	1.50	8.59

注：2016 年 1~7 月统计总数为 "一带一路" 64 国数据。

资料来源：根据福建省商务部门资料整理。

5.78 亿美元；居第三位的行业是农产品生产与加工行业，投资企业为 25 家，投资金额为 4.34 亿美元；制造业是福建对东盟投资合作的重要领域，金属加工投资项目 7 家，投资金额达到 3.22 亿美元；玻璃制造企业 1 家投资额为 2 亿美元；房地产开发与建筑工程企业 16 家，投资金额超过 1.9 亿美元；水泥、木竹制品、电机与机械制造、纺织服装、信息技术开发与计算机服务等制造业也是福建与东盟重要的产能合作领域。值得注意的是，福建在东盟设立贸易企业 69 家，投资金额超过 4.27 亿美元，显示福建对东盟经贸合作是产能合作与市场开拓并重。东盟成为福建企业走出去和开展国际化经营的优先选择。

福建对欧盟投资以研发和生产为主，投资研发生产项目 30 家，投资金额超过 9.9 亿美元。次之为矿业开发 4 家，投资金额为 3.46 亿美元；显示福建利用欧盟技术发达的优势。欧盟也是福建最重要的海外市场，福建在欧盟设立贸易仓储和运输类企业 97 家，包括电子商务企业 2 家，投资金额超过 6827 万美元；反映福建对欧盟的投资是市场开拓型和技术获取型。但福建投资主要集中于德国和英国，其中对德国投资 9.35 亿美元，对英国投资 2.5 亿美元，分别占福建对欧盟投资的 66% 和 17.68%。对其他欧盟国家的投资仍处于规模小、层次低、不平衡状态。

福建对非洲投资显示出以市场开拓为主、产能合作为辅的特征：2001 年至 2016 年 9 月，福建在非洲东北部沿岸地区设立贸易企业 10 家，投资金额超过 2.27 亿美元，居首位。其次是房地产开发和建筑工程企业 6 家，投资金额为 1.99 亿美元；资源开发型的海洋渔业和矿业开发 7 家，投资金额为 1.97 亿美元；而鞋类加工和服装加工 12 家，投资金额为 8195 万美元；电机加工企业 5 家，投资金额为 955 万美元。显示福建对非洲投资以市场拓展型和资源开发型投资为主，优势产能还没有展开对非洲的大规模投资。

福建与大洋洲地缘相近，投资以资源开发为主，福建对大洋洲最大的投资项目是巴布亚新几内亚的海洋渔业开发，投资金额超过 3.53 亿美元。其次是澳大利亚，投资总额为 3.46 亿美元，以农业资源和房地产开发为主；新西兰投资项目则以林业开发和牛肉加工与贸易为主，投资金额为 6766 万美元。澳大利亚、新西兰是两个发达的农业国家，在资源上与福建的互补性很强。因此，福建对澳新的投资以农业资源开发为主，房地产开发主要为中国移民和旅游服务。

福建对南亚的投资较少，且主要集中在斯里兰卡和孟加拉国，对孟加拉国投资以服装和电机加工为主，对斯里兰卡投资以通信技术设施和医疗服务为主。对这两国的投资金额分别超过 5000 万美元。对印度和巴基斯坦的投资较少，在 1000 万美元以下。对巴基斯坦的投资最少，总投资只有 350 万美元，主要是开发玉石和基础设施建设。印度是南亚经济发展最快和最具潜力的市场，但印度对中国货有抵制心理，如何通过投资进入印度市场是福建企业需要考虑的问题。

福建对中东西亚地区的投资合作规模很小，总投资只有 3267.9 万美元。福建对西亚的投资以石材加工和贸易为主，这两项投资达到 2741 万美元，占福建对西亚投资的 82.6%。西亚海湾国家是富裕的消费国，资源以石油和海洋资源为主，由于福建的石油工业以央企为主，所以，福建对海湾国家的能源需求无法反映在投资合作当中。历史上，福建与阿拉伯国家交流频繁，留下许多中阿交流的历史遗存。如何传承历史，延续与阿拉伯国家的经贸交流是值得研究的课题。

福建对拉美投资主要集中在维尔京群岛和开曼群岛等自由经济体，以资本运作为主。2001~2016 年福建对拉美国家投资总额达到 18.90 亿美元，对维尔京群岛和开曼群岛的投资金额达到 13.55 亿美元，占福建对拉美地区投资总额的 71.68%，而对拉美太平洋沿岸国家投资只有 866.5 万美元，仅占对拉美投资总额的 0.35%。对拉美太平洋沿岸国家的投资集中在智利、秘鲁和哥伦比亚三国，主要以采矿、纺织品与鞋类加工为主。拉美国家多数进入中等收入国家行列，是重要的新兴市场，福建与拉美的产能合作潜力巨大。

三、海上丝绸之路在福建对外经济关系的地位

福建与海上丝绸之路沿线国家和地区经贸关系源远流长。历史上泉州、福州、漳州月港都是丝绸之路的重要贸易口岸，留下了许多历史文化遗迹，对福建茶叶、陶瓷和丝绸业的发展产生深远影响。同时，福建人对海外的开拓也沿着这条贸易通道不断延伸。改革开放以来，福建对外经贸关系的发展具有承先启后的特征。最先到福建投资的外商，就是福建在南洋的华侨。东盟也成为福建对外出口增长最快的市场之一。而且随着时间的推移，福建与海上丝绸之路沿线国家的贸易关系在福建对外贸易中的地位越来越重要，其占福建对外贸易中的比重从 2000 年的 30.4% 上升到 2015 年的 49.7%，接近 50%。其中出口占福建出口总额比重从 35.5% 上升为 52.3%，进口占福建进口总额比重从 22.1% 上升到 44.5%；海上丝绸之路沿线国家对福建的投资占福建利用外资的比重约为 12%；福建对海上丝绸之路沿线国家和地区的投资占福建对外投资的 32.4%。如果将拉美和非洲作为整体计算，则福建对海上丝绸之路沿线国家和地区投资接近 50%。

如果从区域分析，东南亚国家是福建对外贸易发展最为迅速的地区。福建对东盟的进出口比重从 2000 年的 7.96% 上升为 14.48%，15 年增长了 7 个百分点。西亚阿拉伯国家也是福建对外贸易的主要增长点，其占福建外贸比重从 2005 年的

2.57% 上升为 8.75%。南亚、大洋洲和拉美在福建对外贸易中的地位也有不同程度的上升。而北美、日本等传统市场的比重和依赖程度则有所降低，同期福建对美国贸易比重从 18.8% 下降为 17.7%，对美出口依存度从 24.7% 下降为 19.8%；对日本贸易依存度从 17.3% 下降为 5%，对欧盟传统市场的贸易依存度也从 14.15% 略降为 13.73%。反映福建外贸发展多元化取得积极进展（见表 3-3）。

表 3-3　福建与海上丝绸之路沿线国家贸易占福建贸易比重

单位：%

国别与地区	2000 年			2010 年			2015 年		
	贸易占比	出口占比	进口占比	贸易占比	出口占比	进口占比	贸易占比	出口占比	进口占比
东盟 10 国	7.96	7.32	8.95	12.13	1.11	13.10	14.48	14.91	13.63
南亚 5 国	1.08	1.21	0.87	2.40	0.24	2.07	2.71	3.04	2.03
西亚国家	2.57	3.26	1.49	5.19	0.59	3.29	8.75	8.04	10.19
非洲	1.84	2.66	0.58	3.98	2.85	1.66	4.99	5.29	4.40
东北非	1.33	1.86	0.51	2.17	0.29	1.33	3.39	3.25	3.67
欧盟	14.15	18.14	7.95	16.85	1.96	9.65	13.73	16.93	7.29
大洋洲	1.63	1.72	1.48	2.22	0.18	2.88	3.07	1.90	5.43
南美洲	2.99	3.82	1.70	7.25	0.74	6.29	6.54	6.53	6.54
拉美 P10	1.68	2.17	0.91	4.36	0.47	3.20	3.56	4.24	2.19
美国	18.8	24.7	9.61	17.12	19.8	10.07	17.65	19.8	13.3
日本	17.3	18.3	15.8	8.32	7.57	9.75	5.04	5.14	4.84
海上丝绸之路沿线国家总额占比	30.4	35.49	22.12	45.6	4.83	35.6	49.7	52.3	44.4
世界总额	100	100	100	100	100	100	100	100	100

注：拉美 P10 是拉美太平洋沿岸 10 国。
资料来源：根据福建省海关统计资料计算。

福建对东盟的投资占福建对海上丝绸之路沿线国家投资的 50.05%，占全球投资的 16.23%，福建与东盟经贸关系反映了福建与东盟的地缘、人缘与商缘关系最为密切，也是中国东盟自贸区协议为两地经贸合作创造了良好的营商环境所致。次之是对欧盟的投资，占海上丝绸之路沿线国家投资的比重为 19.67%，占对外投资总额的比重为 6.38%；对东北非沿海地区的投资占福建海上丝绸之路沿线国家投资的 13.49%，占全球投资的比重为 4.37%；非洲经济发展水平比福建经济发展程度低，劳动力和资源价格低廉，符合产业梯度转移规律，福建对非洲的投资反映了福建资源开发与产业转移的投资需求。对大洋洲投资的比重为 13.23%，占全球投资的比重为 4.0%。福建对大洋洲投资符合两地比较优势与资源互补的特征，福建与大洋洲地缘接近，中国新西兰与澳大利亚自贸区安排为福建企业投资营造了良好的营商环境。而南亚、西亚在福建对外投资地位较低，其原因可能与这些地区的营商环境欠佳和投资风险较高有关。

综上所述，历史上作为海上丝绸之路发祥地的福建，承袭历史，在建设 21 世纪海上丝绸之路的过程中，与海上丝绸之路的经贸合作日益紧密，在福建对外经贸与人文交流中的地位不断提升。福建对海上丝绸之路沿线国家贸易与投资在福建对外投资中的地位如表 3-4 所示。

表 3-4　2001~2016 年福建对海上丝绸之路沿线国家投资及其比重

单位：万美元，%

国别与地区	福建投资金额	占海上丝绸之路沿线国家比重	占世界投资比重
东南亚国家	359793.06	50.05	16.23
南亚国家	11915.09	1.65	0.54
西亚国家	12781.89	1.78	0.58
非洲国家	219786.8	—	9.9
非洲东北岸国家	96965.36	13.49	4.37
欧盟国家	141396.86	19.67	6.38
大洋洲国家	95062.66	13.23	4.42
南美洲国家	188977	—	8.52
拉美太平洋沿岸国家	866.5	0.12	0.04
海上丝绸之路沿线国家总额	718781.42	100	32.4
世界总额	2216318.4	—	—

资料来源：根据福建省商务部门资料整理。

第二节　海上丝绸之路核心区及其与沿海地区的优势分析

一、福建省国民生产总值与沿海省市的比较

福建经济自改革开放以来取得巨大成就。进入 21 世纪，福建经济实力在全国的地位有起有落，从 2000 年居全国第 10 位下降为 2005 年第 13 位，2015 年又回升

为第 11 位。但在我国沿海地区福建经济总量一直保持在第 7 位，仅排在天津、广西和海南之前。

表 3-5　沿海各省市 GDP 总值及年均增长水平比较

单位：亿元

地区	2000 年		2005 年		2010 年		2015 年		年均增长（%）
	GDP	排名	GDP	排名	GDP	排名	GDP	排名	
辽宁	4669.06	8	8047.26	8	18457.27	7	28700	10	12.87
天津	1701.88	23	3905.64	20	9224.46	20	16538.19	19	16.37
河北	5043.96	6	10012.11	6	20394.26	6	29550.19	7	12.51
山东	8337.47	3	18366.87	3	39169.92	3	63002.3	3	14.43
江苏	8553.69	2	18598.69	2	41425.48	2	70116.4	2	15.06
上海	4771.17	7	9247.66	7	17165.98	9	24964.99	12	11.66
浙江	6141.03	4	13417.68	4	27722.31	4	42886	4	13.83
福建	3764.54	10	6554.69	13	14737.12	12	25979.82	11	13.74
广东	10741.25	1	22557.37	1	46013.06	1	72812.55	1	13.61
广西	2080.04	16	3984.1	18	9569.85	18	16803.12	17	14.94
海南	526.82	28	918.75	28	2064.5	28	3702.8	28	13.88

资料来源：中华人民共和国统计局。

　　福建经济实力在沿海处于中等偏下水平，主要是制造业比先进省市落后。从三次产业结构看，2015 年福建在沿海省市制造业中所占比重最高，超过 50%，服务业所占比重较低，勉强超过 40%，为 41%，仅高于河北（40.2%）和广西（38.9%），而天津、上海和广东都超过 50%。经济结构落后主要体现在制造业不强，服务业落后。福建制造业以劳动密集型的纺织品、服装鞋类为主，重化工业比重虽然超过轻纺工业，但国际竞争能力较弱，21 世纪以来，福建出口的大宗商品始终为服装、鞋类、纺织品、石材制品、水产品、家具、杂项制品、电机设备、办公用自动化设备等低技术产品。技术含量较高的高科技产品较少，产业结构升级转型缓慢。2000~2015 年福建出口前十大类商品如表 3-6 所示。

二、福建对外经贸在沿海各省市中的地位

　　改革开放以来，中央赋予广东和福建"特殊政策和灵活措施"，在全国改革开放中先行一步。1979 年厦门经济特区成立，到 1988 年先后开放沿海城市福州以及厦漳泉闽南金三角地区。福建成为全国开放最早，开放程度最高的地区。福建利用

表 3-6　福建出口前十位的产品

单位：万美元

2000 年		2005 年		2010 年		2015 年	
商品名称	金额	商品	金额	商品	金额	商品	金额
鞋靴	175371	办公机械及数据处理设备	568691	服装及附件	869783	服装及附件	1639912
杂项制品	163024	服装及附件	371114	电信及音像设备	744159	鞋靴	1194311
服装	127411	鞋靴	352100	鞋靴	724771	杂项制品	886172
电机、器具及零件	102085	杂项制品	314104	杂项制品	524770	电信及音像设备	838371
办公机械及数据处理设备	95351	电机、器具及其零件	228975	电机、器具及零件	467608	非金属矿物制品	727443
非金属矿物制品	81070	电信及音像设备	211596	非金属矿物制品	401494	纺织物及其制品	645430
鱼及动物制品	62416	非金属矿物制品	183750	科学仪器和装置	338551	电机、器具及其零件	596648
电信及音像设备	54881	摄影、光学及钟表仪器	104350	纺织物及制成品	282851	鱼、动物及其制品	548672
蔬菜及水果	48112	家具及零组件	102544	家具及零组件	268221	科学及控制用仪器和装置	451185
摄影、光学及钟表仪器	45023	纺织物及其制品	90688	鱼及动物制品	264914	家具及零组件	370742

资料来源：根据福建省各统计年鉴整理。

国家赋予的对外开放政策，吸引外资和发展对外贸易，促进福建经济快速发展，福建从经济弱省发展成为经济大省，外贸强省。

（一）福建外向型经济的发展

福建货物进出口贸易总额从 2000 年的 1756.86 亿元增长到 2015 年的 10478.38 亿元，年均增长 12.64%。按美元计，从 2000 年的 212.23 亿美元增长到 2015 年的 1699.45 万美元，年均增长 14.8%。福建对外贸易中实现大量顺差，贸易顺差从 2000 年的 45.93 亿美元增加到 2015 年的 565.14 亿美元。主要原因是福建处于重化工业阶段，产业以出口加工模式为主。截至 2015 年底，福建吸收外商注册企业为 25895 家，注册资本金额为 1109.01 亿美元，吸收投资总额为 1967.12 亿美元。

（二）福建在海上丝绸之路中的地位变迁

福建历史上曾经长期处于海上丝绸之路的核心地位，特别是在宋元时期，泉州刺桐港处于与地中海亚历山大港齐名的东方大港地位，远比当时的广州、明州和登

表 3-7 2000 年以来福建对外经济发展基本情况

项目	2000 年	2005 年	2010 年	2014 年	2015 年
货物进出口总额（万元）	17568664	44572105	73638807	108973325	104783887
出口总额	10685474	28541480	48397273	69689226	69917645
进口总额	6883190	16030625	25241534	39284099	34866242
进出口差额	3802284	12510855	23155739	30405127	35051403
货物进出口总额（万美元）	2122332	5441130	10878027	17740784	16994593
出口总额	1290828	3484195	7149313	11345229	11268011
初级产品	—	215205	529791	918602	912125
工业制品	—	3268990	6619522	10426627	10355886
进口总额	831504	1956935	3728715	6395555	5616582
初级产品	—	333239	10241352	2900036	2280514
工业制品	—	1623696	2704521	3495518	3335955
进出口差额	459324	1527260	3420598	4949674	5651429
外商直接投资	—	—	—	—	—
新签合同数（个）	—	1988	1133	1044	1689
合同投资金额	—	595715	737557	849079	1446277
实际利用外资	—	260775	580279	711499	768339
外商投资企业注册					
年末注册数（个）	16013	17854	17886	24322	25895
投资总额（万美元）	4708446	7533131	12483059	17324503	19671281
注册资本（万美元）	2758492	4307474	6935845	9448456	11090110
对外承包工程（万美元）	—	—	—	—	—
合同金额	12486	24713	8607	35842	57701
完成营业额	10373	19537	23531	71559	92656
对外劳务合作（万美元）	—	—	—	—	—
劳务人员合同工资总额	29562	32539	20580	113856	67482
劳务人员实际收入总额	34479	31014	23209	65235	62364

注：①劳务人员合同工资总额、劳务人员实际收入总额，2012 年以前分别为对外劳务合同金额、对外劳务合同完成营业额。

②外商投资企业年末注册数、投资总额、注册资本 2013 年以前不含其他外商投资企业和外商投资企业分支机构。

州著名。今天福建在海上丝绸之路中沿海地区略高于其总体经济地位。2015 年福建对外贸易总额居全国第 7 位，进口居第 8 位，出口第 6 位，而 GDP 位居 11 位，进出口地位比 GDP 排名高出 4 名，与 2014 年持平，可谓全国外贸大省。但福建利用外资在全国位次有所下降，2015 年福建利用外资金额居全国第 16 位，在沿海地区居第 7 位，落后于广东、江苏、天津、上海、浙江、山东等省市（见表 3-8）。

表 3-8　福建对外经贸与沿海省市的比较（2015 年）

单位：万美元

地区	GDP（亿元）（排名）	进出口总额（排名）	出口总额（排名）	进口总额（排名）	实际利用外资总额（排名）	对外投资总额（排名）
辽宁	28700（10）	1071.2（9）	511.2（9）	560（9）	51.9（19）	21.22（9）
河北	298（7）	802（13）	476.6（13）	325.3（13）	73.69（17）	30.6（6）
天津	16538.19（19）	1190.6（8）	483.8（10）	706.8（7）	211.34（3）	25.27（8）
山东	63002.30（3）	2795.4（6）	1485.3（5）	1310.1（4）	163（6）	71.1（5）
江苏	70116.38（2）	5810.4（2）	3488.6（2）	2321.7（3）	242.75（2）	72.5（3）
上海	24964.99（12）	4230（3）	1787.1（4）	2442.9（2）	184.59（4）	398.97（1）
浙江	42886.50（4）	3595.7（5）	2832.3（3）	763.4（6）	170（5）	71.8（4）
福建	25979.82（11）	1479.2（7）	939.7（6）	539.5（8）	76.84（16）	27.57（7）
广东	72812.55（1）	11658.6（1）	7308.2（1）	4350.5（1）	268.75（1）	122.63（2）
广西	16803.12（17）	464（17）	141.4（19）	322.6（16）	17.22（26）	—
海南	3702.8（28）	155.1（25）	42.7（27）	112.4（20）	24.7（25）	—
全国总额	103856.6	39569	22749.5	16819.5	1262.7	1456.7

资料来源：根据国家统计局，商务部网站，各省统计年鉴整理。

　　福建基础设施建设在沿海地区有所改善，沿海高速铁路贯通南北，从沿海港口城市厦门、福州、泉州和莆田等通往内地的多条高速铁路、高速公路相继建成，福建对外通道顺畅。但从港口建设和吞吐能力分析，福建沿海港口在全国排 15 位之后（见表 3-9），说明福建沿海港口对内地的服务能力与功能有待提升，福建经济与内地缺乏关联度，缺乏经济腹地，同时也表明福建港口的服务功能有限。由于福建受珠三角与长三角南北两大经济板块的挤压，福建应强化与唯一可为经济腹地的江西省紧密合作，实现经济一体化发展，以提升福建在沿海地区海上丝绸之路的地位和作用。总体上看，福建在海上丝绸之路中的地位落后于广东、江苏、浙江、山东、辽宁、上海等省市居第 7 位。

表 3-9　福建省港口建设与其他沿海省市港口建设比较（2015 年）

	货物吞吐量（亿吨）	集装箱年吞吐量（万 TEU）	功能定位	按货物吞吐量排名
辽宁总量	—	—	—	—
大连港	4.15	944.86	区域性枢纽港口	7
营口港	3.38	592.25	地区性重要港口	8
锦州港*	0.952	88	一般性港口	—
葫芦岛港*	0.1842	0	一般性港口	—
丹东港	1.50	182.90	地区性重要港口	17
河北总量	—	100.27	—	—
唐山港	4.93	15.22	地区性重要港口	6
秦皇岛	2.53	50.08	地区性重要港口	11
黄骅港	1.67	50.06	一般性港口	16
天津总量	5.41	1411.10	区域性枢纽港口	3
山东总量	13.42	2402.29	—	—
青岛港	4.97	1743.56	区域性枢纽港口	5
烟台港	3.30	245.22	地区性重要港口	10
威海港	0.71*	69.5	一般性港口	—
日照港	3.37	281.14	地区性重要港口	9
江苏总量	23.3	1600	—	—
连云港	2.11	500.92	地区性重要港口	14
南通港*	2.16	55	一般性港口	—
苏州港*	4.78	445	地区性重要港口	—
南京港	2.20	260	地区性重要港口	—
镇江港*	1.41	38	一般性港口	—
上海总量	7.17	3653.70	—	—
上海港*	7.55	3529	国际性枢纽港口	2
浙江总量	13.81	2294	—	—
宁波—舟山港	8.89	2062.90	区域性枢纽港口	1
温州港*	0.79	60	一般性港口	—
福建总量	4.13	—	—	—
福州港	1.40	242.82	地区性重要港口	18
泉州港	1.22	201.51	一般性	19
湄洲港*	0.30	1	一般性	—
厦门港	2.10	918.28	区域性枢纽港口	15

续表

	货物吞吐量（亿吨）	集装箱年吞吐量（万 TEU）	功能定位	按货物吞吐量排名
广东总量	—	—	—	—
汕头港*	0.52	130	一般性港口	—
深圳港	2.17	2420.46	区域性枢纽港口	13
广州港	5.01	1739.66	区域性枢纽港口	4
珠海港	1.12	133.77	地区性重要港口	20
湛江港	2.20	60.12	地区性重要港口	12
广西总量	3.14	204.49	—	—
钦州港*	0.6413	70	一般性港口	—
防城港*	1.1501	32	地区性重要港口	—
北海港*	0.2276	10	一般性港口	—
海南总量	—	—	—	—
海口港*	0.89	135	地区性重要港口	—
三亚港*	0.0225	0	一般性港口	—
杨浦港*	0.35	27	一般性港口	—

注：* 为 2014 年数据。

资料来源：根据中国海事服务网、中港网资料整理。

三、福建融入 21 世纪海上丝绸之路战略优势与机遇

无论是福建经济在沿海地区的总量，还是福建对外经济关系在沿海地区的比重，以及福建港口等基础设施在沿海地区的基础，福建都与沿海发达省市存在较大差距，而且这种差距短期内难以改变。但《愿景与行动》将福建定位为 21 世纪海上丝绸之路核心区，应该说是一种期许。目前，福建在沿海地区海外经贸合作中所发挥的功能还远谈不上核心区。但是泉州和漳州在历史上是海上丝绸之路重镇，是因为造船业、瓷器业、制茶业和丝绸业相对发达。福建与 21 世纪海上丝绸之路所涉各省市相比，战略优势在于：

（1）历史文化资源。利用泉州、漳州的历史文化积淀，讲好中国故事。悠久的海上丝绸之路历史，为福建留下丰厚的海丝文化遗迹。福州、泉州、莆田、漳州、厦门等地，都是以丰富的历史文化遗存而成为世界著名的海丝之城。福州甘棠港、长乐太平港、泉州后渚港、漳州月港等，都曾在中国不同历史时期的海上丝绸之路扮演重要角色，在对外经贸文化交流史上发挥过重要作用。历史上大部分时期在海上丝绸之路中地位较高，福建官方和民间都有恢复或提高这一地位的信念和信心。

（2）海外华侨华人优势。福建华侨众多，福建华侨数量众多，可借助这一优势

较容易地获得海外投资。福建历史上华侨移民以东南亚为主，现在有 800 多万福建华侨，而且闽籍商人具有较强的经济与社会影响力。改革开放以来，福建商人发扬冒险精神，到南美、中东欧、非洲经商，足迹遍及全球。这些都是福建发展与海上丝绸之路沿线国家经贸关系的重要桥梁。不断加强与海上丝绸之路沿线国家闽籍华侨的联系与交流，如与东南亚、西亚、非洲各国同乡会、联谊会、商会合作，激发华侨参与 21 世纪新海上丝绸之路的共同构建战略中，使之担当起"独特桥梁"和"海外社会资源"的重要角色。

（3）拥有良好的港口资源与产业基础。福州港、厦门港、漳州港、泉州港和莆田港等诸多优良港口，能够为发展临海工业和对外贸易提供良好的港口资源。目前这些港口地区已经成为福建外向型经济发展最重要的依托。围绕港口资源，进行产业布局，轻纺产业、食品加工、机械电子、船舶制造、港口工程、建筑陶瓷等临港优势产业发展规模较大、产业配套完整、品牌效应突出、对外投资比较活跃，比较适合与海丝沿线国家产能合作。出省通道建设使得这些港口成为连接内地的重要口岸资源，福建经济腹地日益广阔。

（4）福建作为古代海上丝绸之路的重要起点，现在福建被定位为 21 世纪海上丝绸之路的核心区，为福建发展与海上丝绸之路沿线国家的经贸关系提供了重要机遇。福建在 21 世纪海上丝绸之路面临着难得的历史机遇："21 世纪海上丝绸之路"战略的实施使包括福建在内的诸多省市遇到了难得的发展机遇，国家政策的倾斜（包括确立福建 21 世纪海上丝绸之路核心区地位，赋予福建自贸实验区和平潭综合实验区等建设）使福建具备了诸多省市难以具备的发展条件；陆台关系缓和降低了台海危机阻滞福建经济发展的可能性，为福建的发展创造了较好的外部环境且进一步提升了台商在福建进行投资的可能性；福建省经济、科技和文化等领域的快速发展为福建的发展创造了良好的内部环境，为福建在 21 世纪海上丝绸之路中地位的提升创造了有利条件。

四、福建企业拓展丝绸之路经贸合作遇到的问题与困难

"一带一路"作为引领我国新时期对外开放与对外合作的总方针，国家战略投入也在展开，亚洲基础设施投资银行、丝路基金、国家开发银行等承担了主要的金融服务功能。但是，我国企业（包括福建）在拓展"一带一路"经贸合作的过程中仍然面临许多实际困难。

（一）开拓"一带一路"市场面临融资难的问题

由于"一带一路"沿线国家都是欠发达国家，我国在这些国家和地区开设的金

融服务机构很少。能够在亚非拉地区为福建企业提供融资支持和资金汇兑及汇回服务的金融机构非常少，福建企业在当地开展业务的收入，直接汇兑成人民币汇回国内很不方便；要落实现在实行的援外新方式也有一定的难度。企业在广大亚非拉欠发达地区的海外扩张中，由于国内金融机构对于当地经营情况不了解，对于海外投资的风险过于担忧，往往不太敢于也不太积极为企业在这些地区的海外投资提供足额融资支持。有相当一部分福建企业由于带资承包缺少资金支持，外加向当地金融机构进行融资的难度极高，只好放弃诸多好项目。福建企业落实"一带一路"战略尤其要注意融资的难题，切实解决企业海外扩张中所碰到的资金难题。

（二）企业"走出去"的配套保障服务机制尚不健全

国家战略与实施政策之间还有断层，金融、财税等方面的创新还显不足。当前"一带一路"等战略布局已经铺开，企业对其期待颇高，但国家层面的配套政策、管理办法和实施细则尚未到位。金融财税体制改革滞后于行业发展需求，优惠政策和机制创新迫在眉睫。

福建在鼓励企业对"一带一路"市场投资方面也缺乏相关的支持政策，对于企业海外扩张的扶持政策仅有"海洋经济"专项经费以及国家层面的丝路基金，在"一带一路"战略落实方面尚未出台相关的支持政策，也缺乏相应的配套资金支持。

（三）福建企业在海外大型工程承包方面较难获得市场准入许可

我国外经贸企业在海外的经营秩序亟须得到调整和规范化。在我国一大批工程承包领域企业走出国门的同时，一些企业为了打入国际市场、获得一定的市场份额，采用恶性低价竞争等手段，由此引发的工程和商品质量问题亟须解决。这不但严重影响了我国国家和行业的整体利益，在商品贸易领域还容易和对方国家产生贸易摩擦。为保护本国产品和劳务在国际市场上的合理价格，减少国际贸易中的摩擦，我国设立了中国对外承包工程商会，通过该商会协调本行业价格、最低限价等，同时又对各会员企业的市场发展重心做了规划。但是随之而来的问题是，中国对外承包工程商会的会员大多为大型中央企业，而且该类中央企业在前几年的海外扩张中，已经完成了跑马圈地的工作。以中国武夷为代表的福建工程承包企业在西亚的发展受制于准入门槛的设置，多数局限于一两个国家开展业务，甚至部分未获得商会认可的企业根本无法参加海外项目的招投标，这就极大地限制了福建工程承包企业在海外的发展。

（四）企业境外风险管控能力不足与国际政经形势日益复杂的矛盾表现突出

福建对外投资经营企业民企占 70% 以上。民营企业不仅存在融资困难，还存在国际化经营人才缺乏和合规经营能力不足。民营企业有冒险精神，对外投资经营主要依靠华侨华人熟人网络，缺乏对投资地营商环境和市场潜力的前期调研，所以我国企业无论国企还是民企的境外投资失败比例是世界上最高的。同时，福建企业"走出去"面临的传统安全因素和非传统安全因素相互交织，特别是营商环境中有关投资的政策法规变化、政局动荡、宗教与部族冲突、行为方式、语言与沟通障碍等问题突出。虽然企业境外风险意识日益提高，但缺乏相应的商情咨询机构，前期投资环境与市场调研不足，系统的风险管控机制尚不健全，防范和应对风险的能力还有待提升。

第三节 福建融入 21 世纪海上丝绸之路的路径与策略

"一带一路"倡议是我国对外战略的重大转变和调整，是中国稳定周边环境、实现和平崛起以及重塑国际经济新秩序的战略部署，是一项长期战略。其目标是打造中国版的亚洲利益共同体和命运共同体。"一带一路"是两只翅膀，一陆一海，比翼齐飞。根据国家战略部署，新疆被定位为丝绸之路经济带的核心区，福建被定位为 21 世纪海上丝绸之路核心区。新疆的核心区定位好理解，就是"发挥新疆独特的区位优势和向西开放的重要窗口作用，形成丝绸之路经济带上重要的交通枢纽、商贸物流和文化科教中心"。至于福建既不是沿海经济与外贸强省，也不是中国内地通往海外的枢纽门户，却被定位为 21 世纪海上丝绸之路核心区，如何理解其政策含义？福建怎样落实"一带一路"国家战略？

一、正确理解 21 世纪海上丝绸之路核心区的政策含义

如果将福建打造为 21 世纪海上丝绸之路核心区理解为争取国家优惠政策和建设项目的机遇，那就会抱着"等、靠、要"的态度。在经济全球化与全方位开放的背景下，中央政府不可能仅给予福建海外通商的优惠政策。我们认为，福建应该按照国家的战略部署，发挥自身海上丝绸之路深厚的文化底蕴与海外华侨华商网络资源，在对外开放与对外合作中先行先试，探索与海丝沿线国家的互联互通、产能合作、人文交流方面形成新体制、创造新模式、积累新经验，在构建开放型经济新体制方面发挥引领作用。

因此，福建应围绕国家海上丝绸之路核心区的定位，传承历史，发挥优势，强

化与海上丝绸之路沿线国家的经贸合作与人文交流，在走出去和引进来的过程中，以建设海洋经济强省为目标，促进产能转移与合作努力探索新经验，更好地利用两种资源、两个市场，实现资源与生产要素在全球的优化配置，促进福建经济全面转型升级，培育国际竞争新优势。福建需要在互联互通建设方面先行先试，对外产能合作方面探索新模式，人文交流方面要有新作为，体制机制创新摸索新经验。

二、突出互联互通，构建开放型经济体制

2014 年 11 月 8 日，习近平总书记在北京主持召开加强互联互通伙伴关系对话会时指出："共同建设丝绸之路经济带和 21 世纪海上丝绸之路与互联互通相融相近、相辅相成。如果将'一带一路'比喻为亚洲腾飞的两只翅膀，那么互联互通就是两只翅膀的血脉经络"。[①] 互联互通的含义不仅包括基础设施的联通，还扩展到制度规章、人员交流的联通。

（1）加快港口设施建设与互联互通。21 世纪海上丝绸之路建设以沿线国家的重要港口为节点，实现互联互通和海上贸易通道的安全高效，促进对外贸易的稳定发展。福建要主动与亚非拉国家在太平洋和印度洋岛国和沿岸国家合作建设港口，船舶修造，加工仓储设备及综合补给基地。港口设施及疏港道路建设是互联互通的重要物理构件。福建要开发亚非拉国家的矿产资源，必须解决运输问题，帮助这些国家建设港口既有利于增强其解决开发能力，也为我们拓展贸易提供便利，互利双赢。推进与海上丝绸之路沿线节点国家港口通过跨境光缆等通信设施的建设，搭建面向海上丝绸之路沿线节点港口的电子商务及物流信息共享平台。

（2）制度互联互通的关键是通商制度与投资制度的协调与一致性。协调通关政策，完善口岸通关制度，促进福建与海上丝绸之路沿线节点港口信息互联互通、货物通关和人员往来便利化，有效提高通关效率与降低贸易成本。主要涉及四个领域，即海关程序、标准和一致化（落实单一窗口制度）、电子商务（推动无纸贸易）和商务人员流动（商务旅行）的政策协调与合作。深化对外投资管理体制改革，放宽对外投资限制，确立企业及个人对外投资的主体地位。允许企业和个人发挥自身优势到境外开展投资合作，允许自担风险到各国各地区自由承揽工程和劳务合作项目。政府要在投资审批、外汇管理、金融服务、人员出入境方面简政放权，消除对外投资的各种障碍。

---

① 习近平：《联通引领发展　伙伴聚焦合作——主持召开加强互联互通伙伴关系对话会上的演讲》，《人民日报》2014 年 11 月 9 日。

（3）发挥自贸试验区功能，加快构架开放型经济新体制。适应经济全球化发展趋势和国际经贸形势的变化，以及我国对外开放战略调整的新需要，以福建自贸试验区建设为契机，转变政府职能，积极探索外商投资准入前国民待遇加负面清单管理模式，深化行政管理体制改革。福建自贸试验区要对标国际高标准贸易投资规则，加快探索构建开放型经济新体制机制，促进商品、资本、要素、服务跨境自由流动。按照"成熟一批、推广一批"的原则，抓紧在全省复制推广自贸试验区改革试点经验，逐步推进外商投资由行政审批制向备案制改革，全面提升我省外商投资便利化水平。加强事中事后的监管，提高行政管理的透明度，支持外商投资企业享受与内资企业同等的国家和我省各项鼓励和扶持政策，营造福建国际化、市场化、法制化的营商环境。

三、把握比较优势演变趋势，推进产能合作

根据经济学原理，按照比较优势和要素禀赋配置资源会提供全球的经济效率与居民福利水平。与海丝沿线国家进行产能合作，必须根据福建产业发展特点与比较优势的演化趋势，选择优势产业，进行重点培育。

（一）根据比较优势选择合作产业

按照 SITC 两位数代码分类的出口产品贸易竞争力指数（TC 指数）分析，2015年福建具备较强贸易竞争优势的产品主要为手提包及箱包等旅行用品（TC 指数=1）、服装及衣着附件（TC 指数=1）、制成废料（TC 指数=0.99）、活动房屋、卫生洁具、供热及照明装置（TC 指数=0.99）、鞋靴（TC 指数=0.99）、家具及其零件（TC 指数=0.96）、非金属矿物制品（TC 指数=0.89）、金属制品（TC 指数=0.82）、鱼和甲壳及软体类动物（TC 指数=0.89）。由此可见，福建具备竞争优势的产品主要集中在纺织鞋服、家具、食品加工、建材、杂项制品轻工产品以及食用菌、海洋渔业。这些产业集群规模较大，产业配套完整、品牌效益突出、对外投资比较活跃，而这些广大亚非拉发展中国家发展所必需的基本生产和生活资料，比较适合对外输出与这些国家进行产能合作；与此同时，福建动力机械及设备（TC 指数=0.25）、电力机械（TC 指数=0.12）、科学及控制仪器和装置（TC 指数=0.02）、运输设备（TC 指数=-0.11）、精工机械（TC 指数=-0.12）、有机化学、化学原料及高级染料（TC 指数=-0.61）高端制造国际竞争力比较弱，石油矿产资源更是缺乏，需要依靠国际产能合作，通过引进技术和设备保持这些产能的稳定发展，促进福建产业结构升级换代。

（二）根据发展阶段和区域优势选择合作对象国

从海上丝绸之路沿线国家的经济发展水平分析，欧盟、新加坡、以色列、澳新、智利、海合会属于发达国家和高收入经济体。这些国家科技发达，技术研发能力强，这些国家在石油化工、机械装备、生物制药、智能制造、能源矿产等领域掌握先进技术，引进其跨国企业的资金、技术，承接其高端制造业产业转移是主要合作方向。其他东南亚国家、南亚国家、非洲国家和拉美的多数国家属于发展中国家和中低收入经济体。这些国家正在努力进行工业化，福建劳动密集型服装加工、农产品加工产业以及一些中低端电子产业比较适合这些国家的发展需求，进行产能输出。选择一些基础条件好、政治社会比较稳定的发展中国家拓展粮食、食用菌等具有比较优势的现代农业合作，纺织鞋服等劳动密集型优势产能合作，促进双边贸易与经济发展。像海洋运输与仓储物流等服务业适合双向投资合作。

（三）突出海洋特色，强化海洋经济合作

海上丝绸之路是我国重要的海上通道，同时海洋渔业等资源丰富，是亟待开发的富矿。福建是海洋大省，拥有 568 艘远洋渔船，海产捕捞与养殖技术、综合渔港建设和近海船舶制造能力强，合作开发海洋经济的基础良好。

（1）重点发展远洋渔业。福建近海渔业资源几乎枯竭，发展远洋渔业是必然选择。近几年福建与东盟国家的水产养殖和捕捞、水产深加工合作成效显著，建立了马尾海产品交易市场等海洋经济合作平台，可以延伸至印度洋与南太平洋。印度洋和南太平洋是未开发的海洋资源宝库。

（2）建设远洋渔业资源开发综合基地。福建可选择东南亚、西亚和非洲的近海进行生产活动。合作开发建设包括渔港、码头、捕捞船队、冷链物流中心、鱼产品深加工、渔船专业化维修基地、海水养殖基地、产业功能和海员培训中心、渔船远洋综合补给基地等，配套建设商贸、旅游、文化和休闲等城市综合体，实现增加就业、发展经济等。

（3）合作发展海洋装备、海洋生物技术、临港工业和海洋勘探等海洋科技创新与产业发展。海上丝绸之路沿线国家海洋经济是整个国民经济的最重要组成部分，依托便捷的海洋运输通道，加强合作是福建向海经济发展的唯一途径。

表 3-10 列出了福建省部分产能合作的产业选择与合作方向。

（四）创新合作模式，降低投资风险

海丝沿线的西亚、非洲地区，政局与社会动荡，极端组织活动频繁。降低风险是外投资企业和个人面临的重要课题。创新合作模式，实现共商共建可有效降低我方企业和个人经营风险。

表 3-10 福建产能合作的产业选择与对外合作具体方向

产业	具体子行业	合作方向	合作国家（地区）
电子产业	显示器制造	承接产业专业	欧盟、日本、美国
	通信设备	向海外投资	巴基斯坦、东盟
石化产业	炼化一体伯	承接产业转移	沙特阿拉伯、新加坡
	化纤	向海外投资	东盟、印度
	塑料	向海外投资	东盟、南亚、非洲
机械产业	工程机械	向海外投资	印度、印度尼西亚、埃及
	其他乘用车	向海外投资	泰国、埃及、马来西亚
	船舶	向海外投资	印度、印度尼西亚、非洲
	数控机床、汽车	承接产业转移	欧盟、日本
	智能制造	承接产业转移	欧盟、日本、美国
冶金产业	钢铁	向海外投资	非洲、东盟
	有色金属	向海外投资	东盟、非洲、拉美
建材产业	石材	向海外投资	西亚、欧洲、东盟、南亚
	水泥	向海外投资	东盟、非洲
	玻璃	向海外投资	欧洲、东盟、西亚
	建陶水暖	向海外投资	印度、越南、印度尼西亚、肯尼亚
纺织鞋服产业	纺织服装	向海外投资	东盟、南亚、非洲
	制鞋业	向海外投资	南亚、东盟、非洲
食品产业	休闲食品	向海外投资	澳洲、东盟
	乳制品	向海外投资	澳新、智利
农林产业	家具	向海外投资	东盟、非洲
	造纸	向海外投资	东南亚、非洲
	粮食	向海外投资	东盟、澳洲
	生物制药	承接产业转移	新加坡、欧盟
海洋产业	远洋渔业	向海外投资	东盟、南亚、非洲、大洋洲
	养殖渔业	向海外投资	东盟
	港口工程	向海外投资	东盟、南亚、西亚和非洲
	海洋运输、仓储物流	转移与承接双向互动	东盟、南亚、西亚、非洲、欧盟、澳大利亚

（1）境外工业合作园。展开集群式对外投资，抱团发展、能有效降低风险。在东南亚、南亚、非洲选择政局稳定、投资环境较好的国家与当地政府合作建设境外加工贸易、资源开发、农业合作和商贸物流"四大基地"。如福建企业在印度尼西亚建设冶金工业园，福隆盛（中柬）工业园，以及拟在东非国家建设"中国福建智造城"等，搭建福建企业与境外经贸合作园对接平台，实现企业在园区集中投资、

合力开拓市场，既有利于做好对境外企业的领事保护、融资支持等配套服务，又能够培育上下游完整产业链。

（2）境外生产基地。福建优势农渔业企业可以赴营商环境稳定的马来西亚、印度尼西亚、柬埔寨、巴新、斐济、坦桑尼亚、塞舌尔等太平洋岛国和印度洋沿岸国家建设渔业养殖与加工基地和现代绿色农业示范基地。例如，福州宏龙海洋水产有限公司在印度尼西亚收购的金马安的综合渔业基地；福建华农投资有限公司和漳州柏森农业发展公司在柬埔寨的粮食蔬菜水果现代产业基地项目，推动双边在果蔬冷藏、加工、生产配套等方面的合作。

（3）跨国并购相互持股模式。相互持股的合作方式与绿地投资相比不仅能实现双方优势互补，更快适应市场需求，更重要的是这种利益捆绑有利于让投资低的政府和企业共担风险，保护我方利益。

（4）探索基础设施建营一体化。以往我国企业参与国外基础设施建设的主要业务是施工总承包或 EPC 总承包，不仅没有满足国际市场需求，也使自居于基础设施和产能合作价值链的低端，利润微薄。要将基础设施与产能合作结合起来，引导园区施工企业开展售后运营维护管理，探索投资、建设、运营相结合的建营一体化合作方式。

四、搭建合作机制与平台，为海上丝绸之路建设保驾护航

开展国际经济合作，机制是保障。福建可以利用国家搭建的合作机制与自身建构相配合，为企业和个人走出去参与"一带一路"贸易投资提供更多机会和保障。

（1）积极利用国家搭建的经贸合作平台。2013 年第 17 届"9·8"投洽会首次举办"东盟馆"及"中国（福建）—东盟中小企业合作论坛"，这是一个良好的开端。2014 年第 18 届"9·8"投洽会还致力于构建"一带一路"发展战略交会平台，举办"新丝绸之路发展交流会"，实现海丝与陆丝的交汇，重点邀请一些"一带一路"沿线国家和地区的客商交流对接。2015 年 2 月在泉州举办"21 世纪海上丝绸之路"国家研讨会，邀请海上丝绸之路沿线国家智库专家建言献策。

（2）福建省政府与沿海上丝绸之路城市应主动与海上丝绸之路沿线国家的地方政府与港口城市加强交流合作，缔结友好省区和友好港城。海上丝绸之路沿线的重要港口有新加坡港、马尼拉港、雅加达港、巴生港、西哈鲁克港、吉大港、加尔各答、孟买、科伦坡、卡拉奇、瓜德尔、马斯科特、迪拜、巴士拉、特拉维夫、伊斯坦布尔、比雷埃夫斯港、塞得港、亚历山大港、苏丹港、巴加莫约港、达累斯萨拉姆、德班等 95 个重要港口。南线主要有达尔文港、墨尔本港、惠灵顿港、瓦尔伯

莱索港、圣地亚哥港、利马港、阿卡普尔科港等。政府要加强政策沟通、投资环境推介与商贸信息交流，促进友好港口城市的互联互通和城际合作，增加海上物流航运与空港物流合作，构建商贸物流基地。

（3）政府和行业协会要努力为企业搭建信息平台。目前，无论是商务部还是各种行业协会，驻外商务人才严重短缺，对外提供的信息服务都严重滞后和不足。我国各类网站的数据与政策信息更新慢，商贸信息更是欠缺。要加强对"一带一路"沿线国家的政治、经济、社会（家族、部族与教派）、文化及营商环境进行深入调查研究，提出加强产能合作、资源开发与人文交流的具体策略。建议我国商务部和外交部等驻外机构，增加驻外商务人才，增强信息收集与集散能力。加强对亚非拉海上丝绸之路沿线国家的商情信息研究与传播咨询应该作为"一带一路"建设的重要内容。

（4）积极发展跨境电子商务等新兴业态。信息与通信技术（ICT）改变了服务业发展的技术路径和原有商业盈利模式。建设并维护好福建商品网络贸易平台，不断提升其知名度和美誉度，选取电子商务发展较好的欧盟、东南亚、西亚、非洲国家作为目标市场，通过线上和线下互动同步的方式，积极发展福建省各类跨境电商等新兴贸易方式。跨境电商的发展要求配套的海关监管、检验检疫、退税、跨境支付、物流等支撑系统。这些都对我国海关监管、检验检疫、出口退税、跨境支付、跨境物流提出新要求，需要这些部门进行改革，适应新兴商业模式的发展。

五、加强人文交流与人力资源开发，促进民心相通

福建长期以来注重开放发达国家，忽视对亚非拉国家及太平洋岛国的经贸文化交流合作。阿拉伯、南岛民族与非洲国家少数语种人才奇缺。在对西亚非洲经贸合作与文化交流中最大的障碍是文化与语言的障碍。因此，要加强人文交流和人力资源开发，培养更多从事西亚、非洲经贸合作的人力资源。

（1）突出人文交流，福建应成为中国的阿拉伯通和非洲通。福建对泉州的伊斯兰文化遗存和历史故事要善加发掘和利用，吸引阿拉伯国家投资发展以丝绸之路及中阿交流为主题的文化事业，展开合作研究。例如，继续办好"21世纪海上丝绸之路国际研讨会"，为我国海上丝绸之路建设集思广益。与阿拉伯国家合作兴办教学与研究并举的阿拉伯学院（可选择华侨大学），成为培养中国—阿拉伯双边交流的语言、文化、宗教与商务，乃至政治人才的摇篮（即中国—阿拉伯通）。同时，也吸引阿拉伯国家青年到中国留学，成为中阿交流桥梁。福建要学习浙江师大创立中国非洲学的雄心创办南岛学院（可选择福建师大），作为国内与南岛民族人文交流

的中心，为海上丝绸之路建设培养各类专业人才。

（2）强化对东南亚、南亚和非洲的医疗援助，促进民心相通。这些地区的经济和卫生条件落后，各种疾病盛行，特别是疟疾、艾滋病和埃博拉疫情是东南亚、非洲和世界的心头之患。加强医疗援助，提高东南亚、南亚和非洲国家的健康水平，可以拉近民心距离。福建省医疗系统组织多次援非医疗服务，成效显著。福建医科大学已经开始招收非洲医学留学生和从事非洲义务人员培训。建议加强对这些地区疫病防治体系建设的援助。福建医学研究机构和实验室要加强对非洲疟疾、艾滋病、埃博拉病毒的诊治研究，开发病毒疫苗。加强医疗援助，提高非洲国家的健康生活水平，可以拉近民心，缩小距离。

（3）合作举办海上丝绸之路历史文物展，合作打造海上丝绸之路精品旅游路线，发展旅游贸易。泉州、漳州有良好的历史遗存，刺桐港、月港、古代陶瓷制作作坊，以及阿拉伯文化遗存都是绝佳的旅游资源。可以将阿拉伯旅行家伊本·白图泰和中国旅行家汪大渊的旅游路线和风物志作为旅游线路，以泉州古沉船和郑和下西洋的帆船为模型建造郑和号和汪大渊号帆船，沿着古人的足迹扬帆远航，组织海上丝绸之路旅游，增进各国对中国人海洋文化与海洋意识的认识。发掘历史文化资源做好影视文化产业，例如泉州打造丝路梦寻、丝路箫音等歌舞剧，福建海神妈祖文化等都是对外交流的文化品牌。

（4）发挥福建对外经贸干部培训中心作用。福建对外经贸干部培训中心被商务部授予国家对外人力资源培训基地和商务部国际商务官员研修基地的作用。每年多达几十和百次研修班，大部分都是发展中国家的商务官员和创新创业青年人才。许多官员来自亚非拉国家，我省商务部门要与这些官员和创业人才建立长期联系，充分发掘和利用其人脉关系，推介项目对接与合作等。例如，福建新龙马汽车企业利用项目推介，将微型汽车销售到海外市场。

六、妥善解决福建企业海外市场发展的融资困难问题

目前，福建没有设立拓展丝绸之路市场的专项资金。兴业银行、海峡银行等金融机构尚不具备国际化经营的能力。因此，福建民间企业对外投资主要靠民间集资等融资方法，虽然取得显著成效，但也存在风险和困难。如何创新金融服务政策与措施，解决福建企业融资困难问题，需要研究以下内容：

（1）借鉴兄弟省份的做法，设立扶持专项发展资金及专项扶持资金。福建对外投资合作的专项资金每年只有 1000 万元。而广东、浙江等省为 2 亿元。因此，福建应该增加拓展"一带一路"经贸合作的投资合作专项基金，用于扶持本省企业对

"海上丝路"沿线国家和地区的工程承包和境外工业园区建设。

（2）推进福建省内金融机构对于企业开拓"一带一路"市场的融资支持，对于福建具有优势的传统产业和兼具援助性质的项目，鼓励金融机构给予优惠贷款扶持，财政予以一定的贴息，对于其发行债券的申请优先受理，并鼓励其在股票市场融资。完善出口信用保险制度和对企业的支持政策，前期可以对于企业拓展"一带一路"沿线国家的出口信用保险保费给予一定程度的财政补贴，鼓励福建企业走出去，前往西亚、非洲等地投资兴业。

（3）充分利用自贸实验区金融市场化的融资便利政策。自贸园区作为金融自由化改革的实验区，政府将在投资审批、外汇管理、金融服务简政放权，消除对外投资的各种障碍。①确立企业和个人对外投资主体地位，支持企业在境外设立股权投资企业和专业从事境外股权投资的项目公司，支持设立从事境外投资的股权投资母基金。②鼓励自贸区福建企业对外发行多币种债券，充分利用境内外资源、市场，实现跨境融资便利化。③允许企业和自然人在自贸区设立自由贸易账户，建立资金池，利用自贸区资本账户开放和资金自由进出的开放金融体制与融资便利，开展对外直接投资，自由承揽项目。④国家将福建自贸区作为中长期国际商业贷款管理体制改革试点，福建企业应用好用足国家优惠政策，扩大对外融资规模。

七、做好核心区建设，促进福建经济转型升级

加强厦门、平潭、福州等自由港港口城市建设、制度建设，成为"引进来"和"走出去"的战略支点；自贸区是我国开放型经济新体制的实验区，将承担起国内外生产要素、商品自由双向流动，市场深度融合发展的重任。在自贸区实现贸易投资负面列表管理体制和货币自由汇兑，以吸引跨国企业区域运营中心，发展总部经济为主。沿海港口城市应抓住机遇强化船舶修造、远洋运输、远洋渔业、港口工程等海洋临港产业建设，实现产业结构高级化，提升其国际生产价值链中的地位。福建传统产业也需要加快转型升级的步伐，逐渐由生产制造向研发、设计、品牌、营销等高端环节升级。陶瓷业是福建丝绸之路的名牌，但福建陶瓷业还停留在传统的日用品和工艺类发展水平，建议福建将陶瓷工业作为高技术产业加以培育，建立国际陶瓷研究所，延揽世界杰出人才开发现代高科技新的陶瓷材料，让这一古老的特色产业焕发生机。

福建应强化闽台与闽赣区域对接与一体化发展措施。福建自贸实验区和福州新区的角色定位主要是对台经贸合作重要承载区，被国家赋予"更高起点、更广范围、更宽领域上推进两岸交流合作"的特殊使命。福建要做好闽台经贸交流合作平

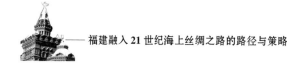

台建设，充分发挥福建自贸区改革创新作用；继续扩大产业开放，拓展中国台湾发展的空间和经济腹地；改革投资管理体制，建设与中国台湾接轨的规则体系与营商环境；创新中国台湾青年创业政策，拓展中国台湾专业人士发展空间；创新对台合作体制机制保障各项对台优惠政策落到实处，切实推动闽台经贸深度融合发展。

江西处于福建腹地，随着闽赣两省通道建设等基础设施的互联互通取得重大突破，两地交流合作的物理障碍正在消除。但福建与江西两省的经贸合作机制还有待加强。福建沿海口岸要将服务范围扩大到江西省的主要城市和工业区，积极为江西外向型经济发展提供高效和优质服务。两省应强化省长联席会议、部门工作联系机制，城市合作机制，全面强化两省经济发展规划的对接，实现两地经济协调与一体化发展。闽赣可联手打造福州—武夷山—上饶—鹰潭—景德镇经济走廊、福州—三明—抚州—南昌和厦门—龙岩—赣州—南昌—九江经济走廊。扩大福建的经济腹地是提升福建海上丝绸地位的战略举措，在构建区域合作机制，产能合作和物流一体化合作取得成效。

第四章

东南亚：21 世纪海上丝绸之路的重要枢纽

东南亚是我国海上丝绸之路的第一站，是 21 世纪海上丝绸之路的重要枢纽。福建与东南亚有着源远流长的历史渊源，据史料记载，自五代以来，福建就有先民往来东南亚。明中叶以后西方殖民者为加强对东南亚的殖民掠夺，开始从福建招徕移民进行垦殖，形成东南亚的闽侨社会，密切了福建与东南亚的经贸文化关系。改革开放以来，福建与东盟国家的经贸合作也走在前列，双边贸易额从 1985 年的 5588 万美元增长至 2015 年的 247 亿美元，增幅约 442 倍。1979~1998 年福建实际利用东盟国家的外商直接投资额累计为 17.07 亿美元，这一数字在 2015 年增长至 93.84 亿美元。① 目前，东盟已成为福建第三大贸易伙伴、第四大外资来源地和福建企业"走出去"的重要地区。作为福建对外合作的传统区域，依托双方深厚的历史渊源、密切的人文关系、便捷的交通网络、扎实的合作基础等，东南亚无疑是福建推进 21 世纪海上丝绸之路建设的重要枢纽。

① 数据来源：根据福建统计年鉴数据整理。

第一节 下南洋：福建与东南亚的历史渊源

南洋是明清时期对东南亚一带的称呼，主要包括马来群岛、印度尼西亚群岛、菲律宾群岛等。历史上，"下南洋"与"闯关东"、"走西口"一样，充满着无奈却又夹杂着复杂浓厚的感情色彩。从五代至今，福建人的脚步从未停止过对南洋的踏足，闽侨对东南亚社会的影响也随着滚滚向前的历史车轮不断前进，成为推动东南亚经济社会发展的中流砥柱。

一、东南亚闽侨社会形成的雏形：五代至宋元

福建的农业和手工业在五代至宋元时期已发展到一定程度，生产经营者不仅能够自给自足，还有剩余可供对外贸易。这一时期，福建对外贸易的发展呈现与日俱增的趋势。北宋时期，泉州港是国内第二大商港，仅次于广州。到了 1087 年，福建路市舶司正式成立，南宋时，广州港被泉州港取代，泉州港成为国内第一大商港，享有"东方大港"的称号，以"Zaitun"在亚洲各国广为人知。

这一时期，闽人华侨身份的形成可分为两个阶段。第一阶段是五代至元代。这一阶段出海贸易者大多有一定的资本，贸易活动结束后一般会返回国内，出海谋生并流居国外不是最终目的，但仍有部分随船出海贸易的商人、水手，由于各种原因，留在当地，并娶妻生子，这些群体便在东南亚形成了最初的闽侨社会。随着时间的推移，东南亚的华人不断增加，主要集中在今日的越南中部、柬埔寨、马来半岛西部、苏门答腊南部等地。第二阶段为元代。元代时，一方面，由于国内战火纷飞，耕地稀少；另一方面，实践表明，赴东南亚各国贸易于己于人均为有利，所以出国谋生在元代已发展成为一种趋势。据汪大渊《岛夷志略》记载，泉州与印度尼西亚东帝汶（古里地闷）商贸往来在元代时极为频繁。"发舶稍众，百有余人，到彼贸易"，仅泉州一个村庄，便有百余人到东帝汶贸易。在菲律宾群岛的麻逸、苏禄、三屿诸岛，也常有泉州商船穿梭其中。而闽人选择安身立命的地点，则取决于当地的生活条件。如"米粮易求、妇女易得、屋室易办、器用易足、买卖易为"的真腊（柬埔寨境内）。总之，五代至宋元，通商贸易、出国谋生是推动东南亚各国闽侨社会初步形成的主要因素。

二、闽侨社会在东南亚的形成与发展

明代至鸦片战争前，闽人出海的热度有进无退。这一阶段，西方殖民主义在东南亚各国甚嚣尘上，明清两朝对航海通商贸易忽冷忽热、时禁时开，中国与国外互通有无的需求日益凸显，种种因素并行，推动福建人在东南亚安身立命，闽侨社会在东南亚得以进一步形成和发展。

鸦片战争至新中国成立前，中国已在西方列强的铁蹄和刀枪中逐步沦为半殖民地半封建社会，生灵涂炭，民不聊生。与此同时，除泰国外的东南亚各国也进一步被西班牙、法国、英国、荷兰占领，西方殖民者更加疯狂地在当地开采开发，因此对劳动力的需求也与日俱增。这一时期，特别是 19 世纪 70 年代后，闽人出国的人数达到历史最高点，成为东南亚闽侨社会形成的重要时期。

（一）殖民主义时代，福建人"下南洋"

明朝至鸦片战争前，西方殖民者的魔爪已经伸向东南亚，1571 年西班牙占领菲律宾马尼拉，1619 年荷兰占领巴达维亚（今印尼雅加达），1786 年和 1819 年英国先后占领马来西亚槟榔屿和新加坡，在无法与当局直接通商的情况下，殖民统治者大量招徕中国贸易帆船和劳工，以满足他们抢夺当地资源和开展国际贸易的需要。菲律宾、新加坡、马来西亚、印度尼西亚等东南亚国家的闽人社会以五代至宋元时期不可比拟的速度发展。

明代后期，西班牙占领菲律宾后，实行鼓励中国帆船开到马尼拉开展通商贸易和鼓励中国劳动者赴马尼拉定居的政策。首先，当时菲律宾经济社会的发展无法满足西班牙人的生活需要。其次，西班牙人在马尼拉的开发建设和工农业生产需要有一定技能的劳动者，而当时菲律宾人在这方面的技艺相对缺乏。最后，西班牙人希望能够将中国的丝货和土特产转卖到墨西哥和秘鲁，以赚取差价，但却无法和中国直接通商。[①] 得益于西班牙的殖民开放政策，大量的中国失地农民、小商人、手工业者随船远赴菲律宾，17 世纪初，菲律宾华侨已从 1571 年的不到 150 人增至 3 万人左右。根据史料记载，在 1606 年西班牙人对菲律宾的华侨大屠杀中有"（海）澄人十之八"，[②] 说明当时漳州人是菲律宾华侨的主要群体。荷兰人对印度尼西亚、雅加达的殖民也发生于明后期，为了将雅加达建成"整个东印度最大的商业城市"，荷兰人采取的措施与西班牙人异曲同工，包括诱迁和劫持，包括福建沿海在内的中

---

① 温广益：《福建华侨出国的历史和原因分析》，《中国社会经济史研究》1984 年第 2 期。
② （清）陈锳等修，邓来祚等纂《海澄县志》，成文出版社据清乾隆 27 年刊本影印出版。

国人至雅加达、招徕中国贸易帆船、将中国丝绸等产品销往欧洲市场以从中牟利等。17 世纪 20~30 年代，平均每年有 1000 人随船从漳州和泉州出发，随货被运至雅加达，返回者不到 1/3。福建的新移民使得雅加达的华侨从 1619 年的 400 人增至 1627 年的 3500 人。同样，英国人占领马来西亚槟榔屿和新加坡后，也是大力招徕华工以满足开发当地资源和推行自由贸易政策的需要，19 世纪后，福建人的足迹开始更多地踏入新马地区。据《瀛环志略》记载，息力（新加坡）有"闽广流寓万余人"，槟榔屿"居民五万四千，闽广人居五分之一"。

（二）18 世纪至 19 世纪 50 年代，闽侨以"猪仔出洋"为主要标志

鸦片战争失败后，随着中国逐渐沦为半殖民地半封建社会。福建开放的通商口岸成为西方殖民者进行劳动力掠夺的据点。闽人前往东南亚以"猪仔出洋"为主要标志，原因有如下几点。首先，西方殖民者秘密掠夺和买卖中国劳工。早在 17 世纪 20 年代，荷兰殖民者便以通商以借口，到漳州沿海地区掠夺百姓至巴达维亚出售为奴。随着殖民主义在东南亚各国的扩张和厦门等沿海地区陆续开放，外国商人纷纷加入拐卖中国人口的行当，直至清朝末年，每年从中国香港、厦门、汕头、海口等地被掠运至新加坡的"猪仔"有 7 万余人[1] 数量之多、地域之广远高于前两个阶段。其次，部分闽人因反抗清廷的腐败与无能失败后逃至东南亚，较为典型的有闽南小刀会起义、红线会起义、安溪陈圣响应太平军起义、德化反抗盐税事件等。这些反抗起义无一不遭到残酷的血腥镇压，多数成员选择逃往新加坡和印度尼西亚群岛。最后，也有闽人为使同胞摆脱"猪仔"厄运，集体结伙赴东南亚开辟农场和渔场。最为典型的当属闽清人黄乃裳开荒垦殖在马来西亚沙捞越州诗巫省。20 世纪初，在维新运动失败后，耳闻目睹"猪仔"同胞的悲惨命运，愁于报国无门的黄乃裳召集了闽清、古田、屏南等地的贫苦农民，披荆斩棘，战胜种种惊涛骇浪，先后组织三批共 1118 人到诗巫开辟新天地。如今，诗巫省的人口中约 80% 是福州籍华侨。

（三）19 世纪 70 年代至民国时期，闽人出洋以"自由移民"为主

清末至 1912 年前，福建人赴东南亚的人数每年逾 5 万人，以"自由移民"最为显著。首先，19 世纪 70 年代后，东南亚各国的工、商、农等各行各业在西方殖民者的锐意经营下，都得到了明显的飞跃，对劳动者的需求更是有增无减，因此从未对中国人口的移入加以严格管制。其次，一个非常重要的因素是，清廷改变以往对私自偷渡者"不准回籍"的严厉政策，改为"除华侨海禁，自今商民在外洋，无

---

[1] 温广益：《福建华侨出国的历史和原因分析》，《中国社会经济史研究》，1984 年第 2 期。

问久暂，概许回国治生置业，其经商出洋亦听之"，①也就是说，国人出国与回国合法化，将不再需要躲藏，这极大促进了沿海百姓出国谋生、出海通商、出洋探亲。再次，随着时代的发展，轮船逐步取代帆船，交通工具的进步使国人出国更加方便。最后，经过长期的积累，闽人在东南亚已打下深厚的生产经营基础。投亲靠友，出国谋生之路已不似从前那般布满荆棘。这一时期，闽人在东南亚的足迹以新加坡、马来西亚、菲律宾、印度尼西亚、缅甸等为主。南安人黄奕柱、厦门人陈嘉庚、闽清人黄乃裳、南安人李光前等这些现今广为人知的华侨都是在这一时期远渡南洋的。民国成立后，福建人继续以空前的规模前往东南亚，泉漳百姓以厦门为会集地，以每年超10万人的规模赴南洋和台湾各地经商。

历史上浩浩荡荡的闽人"下南洋"，使闽侨社会成为东南亚国家重要的社群，目前东南亚的闽籍华侨华人近1000万人，几乎占东南亚华侨华人的近一半。特别是在新加坡、马来西亚和菲律宾，占据重要的人口比重。如今闽籍华侨在东南亚国家的经济和政治中有着举足轻重的地位，是当地经济政治舞台中不可或缺的关键力量，成为东南亚侨商的主体。历年来入围世界华商500强的东南亚闽籍侨商超过100人，其中重要侨商有45家，财富总额1518亿美元。创办郭氏兄弟集团、嘉里集团的马来西亚首富郭鹤年、掌控中国香港信和集团、新加坡远东机构的黄志祥、黄志达家族，掌控印度尼西亚金光集团的黄奕聪都名列前茅。从福布斯富豪榜名单来看，马来西亚、印度尼西亚和菲律宾排名前10的富豪中祖籍地在福建的均占60%，马来西亚前总理马哈蒂尔曾公开承认，以闽籍华侨华人为代表的东南亚华族人数虽少，但却控制了东南亚的经济命脉。政治上，许多闽籍华人成为执政者和政要，如印度尼西亚前总统瓦希德、缅甸前总统吴奈温、泰国前总理川·立派等。随着经济实力的增强和参政意识的进一步觉醒，闽籍侨胞介入住在国政治的层次更深、内容更丰富，不少知名闽籍侨商、侨领与住在国政治高层人物交情深厚、关系密切。另外，这些实力雄厚的闽籍华侨对祖籍地的经济也产生了较大影响。改革开放以来，东南亚的闽籍侨商通过回乡探亲、经贸往来、信息交流、经济支援、公益事业等方式投入到祖籍地的经济建设中，成为福建发展与东南亚经贸合作与人文交流的重要桥梁与纽带。

---

① 赵尔巽等撰：《清史稿》卷二三，中华书局1977年版。

第二节 再下南洋：福建与东南亚经贸合作的发展

新中国成立后，除了东南亚不时掀起的反华排华浪潮中返回国内的归侨外，福建沿海居民暂时中断了移民东南亚的历史。直到改革开放后才恢复与东南亚的传统联系。但这一时期，福建与东南亚经贸关系与人员往来出现了新的特征。

一、福建与东盟双边贸易发展迅速，结构不断优化

中国对福建和广东两省实行特殊政策和灵活措施，从 1979 年设立厦门经济特区到开放福州和闽南厦漳泉三角地区，实行沿海外向型经济发展战略。以引进外资，发展出口贸易为重点。福建对外贸易发展过程中，遍布东南亚的华商网络发挥了重要的桥梁作用。

实行对外开放政策以来，福建与东南亚的经贸关系得到迅速恢复和发展。双边贸易额从 1985 年的 5588 万美元增长到 2000 年的 16.886 亿美元，15 年增长了约 30 倍。21 世纪以来，福建与东南亚国家[①] 的双边贸易整体呈逐年递增态势，除 2015 年同比略有下降外，其余年份的贸易额均呈增长趋势。从贸易平衡看，福建与东南亚国家的贸易始终处于顺差状态，且差额在逐年递增，从 2000 年的 2 亿美元逐年递增至 2015 年的 92.8 亿美元，15 年增长了约 45.37 倍，年均增长 29.2%，如表 4-1 所示。从国别看，2015 年，与福建贸易总额超过 30 亿美元的国家依次是菲律宾、泰国、马来西亚、印度尼西亚、越南等国。其中，马来西亚与福建的贸易总额多年来均保持在 30 亿美元以上的水平，菲律宾与福建的贸易额从 2010 年的 20.63 亿美元增长到 2015 年的 56.39 亿美元，增幅明显。

表 4-1　福建与东南亚 11 国双边贸易情况

单位：万美元

	2000 年			2010 年			2015 年		
	出口额	进口额	累计进出口额	出口额	进口额	累计进出口额	出口额	进口额	累计进出口额
世界总额	1290875	831494	2122369	7151065	3729862	10880927	11402869	5661407	17064276
东南亚	94437	74422	168861	830808	488671	1319479	1699912	771765	2471677

---

① 本书所指东南亚区域指东盟十个成员国加东帝汶，分析以东盟十国为主。

	2000 年			2010 年			2015 年		
	出口额	进口额	累计进出口额	出口额	进口额	累计进出口额	出口额	进口额	累计进出口额
文莱	77	0	77	1624	356	1981	7328	642	7970
缅甸	473	480	953	6710	291	7001	28954	6259	35212
柬埔寨	304	155	459	7159	45	7204	22309	2907	25216
印度尼西亚	17766	13172	30938	132359	127169	259527	171357	215835	387192
老挝	0	1	2	292	201	493	313	4870	5183
马来西亚	17160	28086	45246	194220	121198	315418	288380	146054	434434
菲律宾	13669	3934	17604	167714	38591	206305	491875	72055	563930
新加坡	33555	13641	47196	112419	50452	162871	173575	85558	259132
泰国	9247	14143	23391	93311	122731	216042	295742	157515	453258
越南	2186	810	2996	115000	27637	142637	220080	80071	300152
东帝汶	—	—	—	183	0	183	536	0	536

资料来源：根据福州市海关资料整理。

从双边贸易结构看，2015 年福建出口到东南亚国家的产品以 HS 全商品类别中的第 11 类纺织原料及制品、第 16 类机电音像设备及其零件，第 17 类车辆航空器等为主，分别占福建对东南亚国家贸易的 24.5%、18.3%和 4.1%；福建主要从东南亚国家进口第 16 类机电音像设备及其零件、第 5 类矿产品、第 7 类塑料及其制品等产品，分别占福建进口产品的 33.3%、29.1%和 11.2%。如表 4-2 所示。福建与东南亚 11国的贸易总额在福建与海上丝绸之路沿线区域贸易总额中约占 30%，与欧盟 28 国（含英国）不相上下，成为福建与海上丝绸之路沿线贸易往来最密切的区域。

表 4-2 近年来福建与东盟国家 HS 全类别商品贸易情况

单位：万美元

	2000 年		2005 年		2010 年		2015 年		2016 年	
	出口	进口	出口	进口	出口	进口	出口	进口	出口	进口
HS01	972	761	4642	1285	47684	3405	161596	14853	172505	22662
HS02	3936	289	9875	2085	51484	15208	66038	37176	67315	22289
HS03	9	1547	8	6010	197	25136	403	17561	326	11364
HS04	3657	303	15049	1135	23730	4397	50106	12010	53037	13561
HS05	1279	4635	5177	22927	9226	138568	7183	224812	56844	239685
HS06	8087	8713	15848	17077	36048	39758	50669	35874	51976	36508
HS07	3799	9365	8214	26652	17871	83106	38830	86586	46535	76476

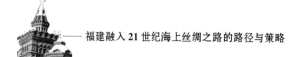

续表

	2000 年		2005 年		2010 年		2015 年		2016 年	
	出口	进口	出口	进口	出口	进口	出口	进口	出口	进口
HS08	683	943	1633	2032	5758	2101	17330	11184	15475	7915
HS09	236	3169	1124	2913	5472	4343	11218	6289	10730	5413
HS10	1113	1319	2792	2240	6888	2876	15507	6758	21562	11692
HS11	11335	2140	29576	2374	153560	3019	415718	16153	489744	17569
HS12	5913	41	11719	167	69412	535	140858	1435	114691	1369
HS13	2395	3848	7502	4853	32971	1823	109437	1427	117324	621
HS14	55	504	3420	8	1464	5	2496	7162	2220	1011
HS15	5686	2828	16044	2131	67114	3208	106878	4509	120230	9902
HS16	34465	33490	77987	124819	156935	152728	310629	257280	281840	252152
HS17	7333	32	24026	71	70927	153	68929	981	58666	1549
HS18	1434	392	4216	960	40468	7188	56946	29055	52866	35468
HS19	0	0	—	—	3	0	3	0	7	0
HS20	2046	105	4134	189	32960	135	69039	659	59903	715
HS21	5	0	14	0	1	0	98	1	43	0
HS22	—	—	44	2777	635	978	—	—	3	26

资料来源：根据福州海关数据库整理。

二、福建与东盟的双边投资与产能合作成效显著

福建与东南亚地区的投资合作经历了从引进侨外资金发展出口产业，到实施"走出去"战略，发展对外投资的转变。

（一）东南亚对福建的投资发展

闽商历来有报效桑梓的情怀，从陈嘉庚倾资兴办集美学村和厦门大学，到改革开放以来，印度尼西亚三林集团林绍良回家乡投资元洪开发区等都传为佳话。截至 2015 年，东南亚国家在福建省投资的项目共 3927 家，合同投资额约 126.11 亿美元，实际到资约 93.84 亿美元。东南亚国家对福建的投资以侨资为主，侨资约占东盟对福建投资的 70%。[①] 其中，2011~2015 年东南亚国家对福建投资企业 294 家，投资金额 17.2 亿美元，实际到资 17.9 亿美元。新加坡、马来西亚、菲律宾、印度尼西亚是福建吸引东南亚资金的主要来源国，分别占东盟对福建实际投

---

① 黄茂兴、季鹏：《福建积极融入 21 世纪海上丝绸之路建设的现实基础与战略方向》，《福建论坛》2015 年第 7 期。

资的 75.4%、11.1%、6.5%、5.0%。2016 年 1~7 月，共有 34 家东盟企业赴闽投资，同比增长 3.03%，合同外资金额 12027 万美元，同比下降 56.33%，实际到资金额 15568 万美元，同比下降 41.74%。其他经济较为落后的东南亚国家，如老挝、越南、缅甸、柬埔寨等则鲜有资金流入福建。目前，东盟是福建的第四大外资来源地。

表 4-3　2011~2015 年福建利用东南亚外资情况

单位：万美元

	2011 年		2012 年		2013 年		2014 年		2015 年	
	合同外资	实际利用外资	合同外资	实际利用外资	合同外资	实际利用外资	合同外资	实际利用外资	合同外资	实际利用外资
越南	0	0	0	0	0	0	5	0	164	0
菲律宾	3317	5630	1690	3507	-985	0	1909	0	-421	2518
马来西亚	9919	3381	2780	9345	-545	4950	1750	679	6675	1443
新加坡	15262	18695	22210	12491	53792	22991	21212	51836	27949	28795
印度尼西亚	-443	551	2084	991	2908	2756	-539	3213	462	1396
缅甸	0	200	0	0	0	0	0	0	0	0
泰国	-11	254	-192	158	1998	467	-320	123	53	166
柬埔寨	0	0	0	72	8	0	0	2	47	0
老挝	0	0	0	0	0	0	0	0	0	0
文莱	-2029	1008	-139	518	-864	392	10	286	2541	50
总计	26015	29719	28433	27082	56312	31556	24027	56139	37470	34368

资料来源：根据福建省商务部门资料整理。

（二）福建对东盟的投资发展

福建在积极引进外资的同时，也开展对外投资。近年来福建加大对"走出去"企业政策扶持力度。如对从事境外投资和对外承包工程的企业给予贷款贴息；向对外投资的企业在投资前期费用、外派劳务人员适应性等方面给予补贴等，促进了福建对外投资的步伐。2001 年至 2016 年 9 月，福建经核准的在东南亚 11 国投资的企业累计 260 家，投资总额 45.727 亿美元，我方投资额 35.979 亿美元，占福建对外投资总额的 16.24%，占福建对海上丝绸之路沿线国家和地区投资的 50.05%。从投资企业数来看，排名前三的依次是印度尼西亚、新加坡、越南；从投资规模看，印度尼西亚、新加坡、马来西亚是主要投资对象国，如表 4-4 所示。目前，东盟是福建第二大外资投资目的地。

表 4-4　2001 年至 2016 年 9 月福建核准在东南亚设立的境外企业（机构）数与投资金额情况（按国别）

国家	企业（机构）数（家）	总投资额（万美元）	我方投资额（万美元）	占对东南亚投资比重（%）
越南	45	28506.21	27279.55	7.6
菲律宾	20	3293.20	2210.98	0.6
马来西亚	33	58407.96	54445.03	15.1
新加坡	48	78596.55	66230.12	18.4
印度尼西亚	67	218472.4	156215.7	43.4
缅甸	11	13944.95	8764.20	2.4
泰国	11	4381	3417.05	0.9
柬埔寨	17	38282.22	32784	9.1
老挝	9	9640.2	6216.41	1.7
文莱	2	250	250	0.1
东帝汶	2	3500	1980	0.6
东南亚小计	260	457274.7	359793.1	100

资料来源：根据福建省商务部门资料整理。

福建企业对东盟国家的投资领域涉及广泛，呈现多元化特征。首先是居第一位的矿业勘探与采选，设立企业 37 家，投资金额 100111.41 万美元，占福建对东盟投资的 27.98%，其中石材加工企业 7 家，投资金额 845 万美元。因此，资源开发类投资是福建对东盟投资的首选。福建泛华矿业股份公司在印度尼西亚的镍矿企业是我国镍矿进口的龙头企业。为因应印度尼西亚政府 2012 年限制原矿出口，泛华矿业调整投资策略，采取合资经营和当地建厂冶炼，计划投资 10 亿美元在印度尼西亚西塞兰县兴建集镍铁、焦炭和发电于一体的"印度尼西亚—中国冶金工业园"。其次是水产养殖、渔业捕捞和加工，设立企业 28 家，投资金额 57812.88 万美元，占福建对东盟投资的 16.16%；在印度尼西亚、缅甸等国家合作建设了一批远洋渔业基地和渔业养殖基地及中国—东盟海产品交易所等渔产品交易平台。目前，福州宏龙海洋水产公司在印度尼西亚建设金马安渔业综合基地和阿芬那渔业综合基地两个渔业基地，解决当地 4000 多人的就业问题。最后是农产品生产、食品加工业，设立境外企业 25 家，投资金额 43424.34 万美元，占福建对东盟投资的 12.13%；在东盟国家兴建一批农业生产与加工基地：厦门原能投资有限公司在柬埔寨租地 45 万亩，与央企合作建设"柬埔寨原能生态农业开发区"。福清市嘉叶现代农业开发有限公司与马来西亚丰凯国际私人有限公司合作，建立粮食蔬菜现代化产业基地。

制造业转移投资近年来成为福建对东盟投资的重要选择。福建对东盟投资金属加工企业 7 家，投资金额 32243.36 万美元；玻璃制造企业 1 家，投资 2 亿美元；建材生产企业 10 家，投资金额 7802.67 万美元；木竹制品与林业开发 14 家，投资金额 5936 万美元；电机加工与机械制造 11 家，投资金额 4848.47 万美元；信息技术开发与计算机服务 9 家，投资金额 3143.05 万美元；服装及辅料 12 家，投资金额 2343.5 万美元。制造业投资总额 7.6 亿美元，占福建对东盟投资总额的比重达到 21.33%。福建中柬投资有限公司与柬埔寨泰文隆集团合作在柬埔寨贡布合作建立占地 600 公顷的福隆盛（中柬）工业园区，中方占股 65%，柬方占股 35%，布局以重工业、建筑材料、汽车生产为主。区内拥有丰富的石灰岩矿山储备，储藏量达 1.4 亿吨，可供开采 40 年。目前，园区水泥厂已投产并开始销售，年产水泥 60 万吨，2020 年达产后将达到年产 500 万吨的规模，可解决柬埔寨水泥市场需求总量的 60%。①

此外，福建在东南亚国家设立贸易与进出口企业 69 家，投资金额 42778.21 万美元，占福建对东南亚投资的 11.96%。因此，福建对东盟市场拓展性投资也占据重要地位。福建在东南亚投资设立房地产企业 6 家，投资金额 17000 万美元；建筑工程企业 10 家，投资金额 2089.17 万美元。

从福建设区市对东南亚国家的投资看，福州企业投资 14.55 亿美元，占 40.4%，居第一位；厦门企业投资 11.15 亿美元，占 31%，居第二位；漳州企业投资 5.6 亿美元，占 15.6%，居第三位；泉州企业投资 2.23 亿美元，占 6.2%。其他设区市投资合计仅占福建对东南亚投资的 6.8%。

三、福建与东南亚国家社会人文交流与合作方兴未艾

福建与东南亚的民间合作与人文交流日益密切，菲律宾、新加坡和泰国都在厦门设立总领事馆，管理两地民间交流事务。近年来，东南亚国家到福建旅游的人数不断增加，成为福建国际游客的重要来源地。1990 年东盟五国（印度尼西亚、马来西亚、菲律宾、新加坡和泰国）来闽游客约 5.7 万人次，2000 年增至 27.8 万人次，2015 年超过 71 万人次。同时，新马泰也成为福建公民出境旅游的目的地。从 2014 年起，福建在东南亚国家举办"中国福建周"活动，成为推介福建省情与经贸合作的重要平台。在教育合作方面，正在筹建的厦门大学马来西亚分校：中国—东盟海洋学院是我国首个大陆公立大学在海外设立的分校，项目总投资 18 亿美元，计划于 2021 年全面完成。届时，将拥有专任教师 80~100 人，由 1/3 当地学生、1/3 中

---

① 资料来源：福建省商务厅。

国学生、1/3 其他国家和地区学生组成的各类在校学生 1200~1500 人，并具备每年 1000~2000 人的培训规模。在培训交流方面，福建持续推进省内高校举办对东盟华人的华文教师培训、中小学校长培训、管理人才培训三大培训项目，推动菲律宾、印度尼西亚等的孔子学院建设。官员交流方面，加大福建与东盟国家官员的交流力度，先后举办了多期"福建省东盟政府官员研修班"，共吸引了包括柬埔寨、印度尼西亚、缅甸等九个国家的 40 多名政府官员前来参加，有力地推进了双边政府交流，为双边关系的发展添砖铺路。文化活动方面，2016 年 4 月，以"传承友谊、共谋发展"为主题的第五届南洋文化节在厦门成功举办，旨在搭建中国—东盟之间的友谊桥梁，促进双方合作共赢。

迅速发展的福建与东南亚经贸关系与人文交流为 21 世纪海上丝绸之路建设奠定了坚实的现实基础。

第三节　福建与东南亚经济比较优势及合作重点领域

福建与东盟地缘相近、人缘相亲、商缘广布。根据现有合作基础与相互经济优势，东南亚无疑是福建布局"海上丝绸之路"经济的重点区域。福建应根据各自的比较优势，确立对东盟的经贸合作重点领域。

一、东南亚的经济发展概况

东南亚国家在第二次世界大战后相继取得民族独立，开始发展民族经济，在战后普遍风行进口替代政策工业化战略的情况下，东南亚的经济经历曲折发展过程。20 世纪 70 年代，印度尼西亚、马来西亚、菲律宾和泰国经济先后经历高速增长，如印度尼西亚在 20 世纪 70 年代年均增长 7.85%。进入 20 世纪 80 年代，随着经济全球化加速，东南亚国家借鉴亚洲"四小龙"经验，改变进口替代的保护主义政策，开始实行出口替代工业化政策，实行经济开放与贸易投资自由化政策，迎来了经济增长的黄金时期。80 年代日本和亚洲"四小龙"经济迎来转型升级时期，奉行雁型发展模式的日本，将失去比较优势的产业按照价值链配置到亚洲"四小龙"和东南亚地区。在日本和"四小龙"产业转移与外来投资的带动下，东南亚经济出现高速增长，工业化进程明显加快。进入 20 世纪 90 年代东盟的马来西亚、泰国、印度尼西亚、菲律宾相继进入中等收入阶段，被称为亚洲"四小虎"。直到 1997 年亚洲金融危机，他们的发展进程被打断，此后经历了 6 年的衰退和恢复时期。

2004 年以后，东南亚国家经济恢复到亚洲金融危机前水平，成为世界上经济增长速度较高的新兴经济体。2008 年世界金融危机给东盟经济造成的冲击虽然有所放缓，但由于经受了亚洲金融的洗礼，东盟经济肌体较为健康。2009 年之后东南亚地区的经济增长成为低迷的世界经济增长中的亮点。2009 年东南亚平均增长 2.5%，2010 年达到 7.5%，2011 年为 5.0%，2012 年为 6.1%，2013 年 5.2%，2014 年和 2015 年均为 4.7%。东盟 4 个新成员越南、老挝、柬埔寨和缅甸的经济表现更佳，2009~2015 年的年均经济增长速度均在 5% 以上。[1] 2014 年东盟 10 国的人均 GDP 超过 4017.55 美元（2015 年略微下降为 3868.58 美元），整体进入中等收入阶段。其中新加坡和文莱进入世界高收入经济体，而马来西亚人均收入已经超过 10000 美元，即将跨越中等收入陷阱，跻身高收入经济体行列。

表 4-5　2015 年东盟国家经济主要指标

国家	领土面积（万平方公里）	人口（万）	语言与宗教	GDP（亿美元）	人均 GDP（美元）	出口（亿美元）	进口（亿美元）
越南	33.1	9170	越南语	1936	2111	1621	1661
老挝	23.7	680	老挝语，佛教	123	1812	23	39
缅甸	67.7	5390	缅族语，佛教	649	1203	60	159
泰国	51.3	6796	泰语，佛教	3953	5816	2144	2027
柬埔寨	18.1	1558	高棉语，佛教	181	1159	120	144
马来西亚	33.1	3033	马来语、华语、英语，伊斯兰教	2962	9766	1999	1760
新加坡	0.1	554	英语、华语、马来语、印度教	2927	52889	3505	2967
印度尼西亚	191.1	25756	印尼语，伊斯兰教	8619	3346	1503	1427
菲律宾	30	10070	菲律宾语、英语，天主教	2920	2899	586	699
文莱	0.6	42	马来语、英语、华语，伊斯兰教	155	36608	66	26
东帝汶	1.5	124.5	德顿语，拜物教和天主教	14	1134	—	—
总计	450.3	63173.5	—	24439	3868.58	11627	10909

资料来源：UNcomtrade（2016），《中国统计年鉴（2016）》。

在经济发展取得长足进步的同时，东南亚区域经济一体化和区域市场建设也得到深化。1992 年《东盟第四次首脑会议》上提出建立自由贸易区目标，力争通过推

---

[1] 曹云华：《东南亚地区经济政治形势分析》，《东南亚研究》2017 年第 2 期。

进贸易自由化提高区域合作水平和经济一体化建设，增强东盟的整体实力。随着经济合作的不断深化，特别是经历了 1997~1998 年的亚洲金融危机，东盟国家普遍认识到，只有在政治、经济、安全、社会与文化等领域加强合作，建立区域自觉应对外部冲击的多种机制，建立一个类似于欧盟的"东盟共同体"才能保证区域的安全、稳定与发展。2007 年 11 月，"第 13 届东盟首脑会议"通过了《东盟宪章》，明确将建立东盟共同体的战略目标写入宪章。会议还通过了《东盟经济共同体蓝图》，重申在 2015 年之前建成东盟经济共同体。截至 2015 年底，东盟 10 国总面积约 443 万平方公里，人口约 6.25 亿，GDP 总值 2.57 万亿美元，进出口总值超过 2.5 万亿美元的东盟经济共同体建成，是世界人口第三大的国家和地区，世界第七大经济体，世界第四大进出口新兴区域市场。

二、福建与东南亚经济的比较优势及合作重点领域

（一）福建与东盟国家产业优势互补明显

经济结构的差异与互补是经济合作的重要基础。东盟国家拥有资源优势：东盟国家的锡、钨、铜、铁、镍、铝、锑等金属资源，煤、石油、天然气等能源资源以及木材等热带植物资源丰富，是福建资源型产品的重要进口来源地。东盟在海洋生物、优质水稻、棕榈油、橡胶和热带水果等农产品生产加工方面具有优势，福建则在水海产品、蔬菜以及柑橘的生产与加工等方面具有互补优势；福建产业基础完备、产品性价比高，建材、船舶、汽车配件、纺织服装、鞋类等产品出口优势明显，东盟是福建纺织品的最大出口市场。新加坡、马来西亚电子信息等高技术产业初具规模，是福建高科技零部件的重要来源地。福建在建筑、海运服务方面的竞争力较强，东盟则在航空运输、金融、酒店会展、旅游服务等领域独具特色。

出口产品相似性指数（Export Product Similarity Index，EPSI），是一种用以衡量两个国家或地区出口到世界市场商品相似程度的指标，其值可以反映两国或地区贸易的互补性和竞争性。该值为 0~1，其越接近于 1，表明两国或地区出口到世界市场的产品越相似，贸易互补性弱，竞争性明显；越接近于 0，表明两国或地区出口到世界市场的产品差异越大，贸易互补性明显，竞争性弱。出口产品相似度指数的计算公式为：

$$\text{ESI}(ij,\ n) = \left[\sum_{K} \text{Min}\left(\frac{X_{in}^{k}}{X_{in}},\ \frac{X_{jn}^{k}}{X_{jn}} \right) \right] \qquad \text{式（4-1）}$$

式（4-1）中，ESI(ij，n) 表示 i 国或地区和 j 国或地区出口到 n 市场（第三国或世界市场）的产品相似度指数，X_{in}^{k}/X_{in} 代表 i 国或地区出口到 n 市场中第 k 种商

品所占的份额，X_{jn}^{k}/X_{in} 代表 j 国或地区出口到 n 市场中的第 k 种商品所占的份额。随着时间的推移，如果该值上升，表明双边出口结构趋于收敛，双边产品在国际贸易市场中的竞争也趋于激烈；反之，如果该值随着时间的推移而下降，则表明两国或地区在世界市场上的分工趋于专业化，两国产品在国际贸易市场中的互补性越来越明显，竞争也越来越弱。本处根据 HS 两位数编码商品分类，计算 2006~2015 年福建与东盟国家的出口产品相似度指数，结果如表 4-6 所示。

表 4-6　2006~2015 年福建与东盟国家的出口产品相似度指数

国家	2006 年	2007 年	2008 年	2009 年	2010 年	2011 年	2012 年	2013 年	2014 年	2015 年
文莱	0.52	NA	NA	NA	NA	NA	0.43	0.14	0.15	0.16
柬埔寨	0.13	0.15	0.35	0.33	0.33	0.34	0.32	0.33	na	0.32
印度尼西亚	0.38	0.39	0.45	0.42	0.42	0.42	0.41	0.38	0.41	0.40
马来西亚	0.52	0.55	0.53	0.49	0.49	0.47	0.45	0.45	0.45	0.48
缅甸	NA	NA	NA	NA	0.34	NA	NA	NA	NA	NA
菲律宾	0.42	0.49	0.51	0.45	0.44	0.42	0.42	0.41	0.42	0.43
新加坡	0.48	0.50	0.49	0.46	0.43	0.42	0.40	0.40	0.41	0.42
泰国	0.51	0.52	0.49	0.47	0.49	0.47	0.47	0.44	0.46	0.45
越南	0.49	0.46	0.46	0.45	0.44	0.46	0.46	0.47	0.46	0.48

数据来源：根据 UNcomtrade 数据库数据、福州海关数据库数据整理计算而得。NA 表示数据无法获得，因 UNcomtrade 数据库中没有老挝的数据，因此，福建与老挝的出口产品相似度指数无法计算。

从计算结果看，福建与东盟主要国家的出口产品相似度指数常年维持在 0.5 以下，且有部分年份文莱、柬埔寨的指数值低于 0.2，说明福建与东盟国家的出口产品相似度较低，贸易互补性大于竞争性，双边经贸关系具有较大的发展空间。

（二）福建与东盟经贸合作的重点领域

1. 突出互联互通，加强基础设施领域合作

互联互通是建设 21 世纪海上丝绸之路的重要内容，而交通网络与通信设施的互联互通对海上丝绸之路沿线国家其他方面的合作具有溢出效应，是 21 世纪海上丝绸之路建设的基本条件和物质基础。促进福建与东盟互联互通规划的对接是互联互通建设的重要内容：福建沿海港口、航线与东盟主要港口建设与合作经营是重中之重。加强与东盟国家在港口码头、物流园区、集散基地和配送中心等建设管理方面的合作，加快建设厦门东南国际航运中心，集中力量推进重点港区建设、着力打造集装箱干线、区域性游轮母港。

加快空港建设和航线合作。福建目前拥有厦门高崎国际机场和福州长乐国际机

场两个国际空港，是连接东北亚和东南亚的重要航空港。这两个机场已经开通与东南亚的马尼拉市、胡志明市、雅加达市、曼谷市、金边市、吉隆坡、槟城和新加坡等城市空港的互联互通，与新加坡、泰国、菲律宾、马来西亚、印度尼西亚、柬埔寨、越南开通定期航班和旅游包机航班，共开通 14 条航线，每周航线上百班。福建航空运输线路已覆盖整个东南亚地区。要加快推进厦门新机场和福州空港的扩建工程，增开至东南亚的国际航线，构筑更加便捷高效的航空网络。加快重点出省铁路与公路的建设，鼓励铁海联营和空地联营，进一步畅通与长三角和珠三角以及湘赣等地的互联互通。推进与东盟国家跨境光缆等通信设施的建设，搭建面向东盟国家的电子商务及物流信息共享平台，完善口岸通关机制，促进福建与东盟区域信息互联互通、货物通关和人员往来便利化。

2. 把握比较优势，促进产能合作与融合发展

根据福建与东盟产业发展特点与比较优势选择具有代表性的优势产业展开双向投资合作，提升福建与东南亚产业发展的关联性与构建合理的区域产业分工体系。东南亚国家的产业发展状况可以分为四个层次。第一层次是新加坡和文莱，其第三产业比重最大，超过 70%，服务业具有优势，成为其国家的经济支柱。新加坡并不只是和中国香港一样的金融和贸易中心，事实上新加坡在科技和工业上比中国香港要强得多。新加坡科技实力居世界第 19 位，南洋理工大学是世界排名前 30 的大学。新加坡制造业有四大支柱产业：石化、电子业、机械制造、生物医药。新加坡是全球最大的自升式石油钻井平台制造国，世界第三大炼油中心和石化中心。从谋篇布局的角度看，新加坡比中国香港的眼光高远太多。第二层次是马来西亚，第二产业比重超过 50%，具有自然资源、技术和资本密集型产业优势，比如电子电气设备和自动化设备。第三层次是泰国、菲律宾和印度尼西亚，第二产业比重最大，第三产业比重低于 50%，具有自然资源和劳动技术密集型产业优势，处于产业转型升级的关键时期。第四层次是越南、柬埔寨、老挝和缅甸，第一产业仍然超过 20%，农业经济的地位重要，具有自然资源和劳动密集型产业优势。福建第三产业低于 50%，产业层次大约处于东盟第三发展层次，传统劳动密集型产业正在失去比较优势，电子信息、机械制造、石化产业处于快速扩张时期。根据产业梯度转移理论，福建与东盟国家的产业合作将有利于双方产业结构优化，实现共同发展。在未来产能合作中，福建应根据自身情况，与东盟国家选择"引进来"和"走出去"不同合作方式和差异化的产业政策，实现优势互补。

3. 突出华侨优势，推动人文深度融合

充分利用福建与东盟的地缘相近、人缘相亲优势，进一步加强福建与东南亚国

家政府间及民间人文交流，在促进民心相通方面做出贡献。推进政府间交流合作，推动建设福建与东南亚国家友好城市与港口联盟，构建国际文化交流基地、中国投洽会东盟馆、政府间常态化的交流机制。充分挖掘丝路丰富的历史文化内涵，举办各类文化交流研讨活动，组织大型舞剧"丝海箫音"等文化精品创作和对外展演，加大福建海上丝绸之路宣传推介，提升海上丝绸之路品牌影响力和福建形象。自唐宋始，闽南语便随着闽南移民一起，渗透东南亚各国的语言。如印尼语中有大量的闽南方言借词。在印尼语和马来语①的词典中，可以找出闽南方言借词456个，占比89.2%。②在精神信仰上，随着早期福建人的"下南洋"，福建的民间信仰文化也随之渐渐融入东南亚。以海上女神"妈祖"文化为例，东南亚作为闽籍华人华侨最为密集的区域，"妈祖"文化在东南亚得到广泛认同。在东南亚国家随处可见规格不一的妈祖或相关神灵庙宇，妈祖祭祀已成为东南亚华人华侨寻求身份认同和祈求平安不可或缺的重要活动。诸如大伯公、城隍、广泽尊王等福建地方神灵也在东南亚有着不同程度的影响。③因此，要拓展与东南亚国家的教育文卫全方位交流合作，深化青年、高校、智库等非政府组织和东南亚闽籍华侨华人社团的友好交流，进一步凝聚侨心、侨力、侨智。拓展民俗、宗教、宗亲、旅游等民间交流往来，推动社会人文深度融合。强化医疗卫生领域的合作，青蒿素的发现是中越抗击疟疾的研究成果。福建应强化与东南亚的医疗合作，增加对东南亚落后国家的医疗服务。

第四节　福建拓展与东南亚经贸合作的策略

东南亚作为中国21世纪海上丝绸之路倡议的第一站，自古就是海上丝绸之路的枢纽。2015年我国正式推出的"一带一路"战略规划，提出政策沟通、贸易畅通、设施联通、资金融通、民心相通的建设框架，将福建定位为建设21世纪海上丝绸之路核心区，为福建发展提供了难得的机遇。福建与东南亚地缘相近、人缘相亲，在实施21世纪海上丝绸之路战略时，应把东南亚作为福建落实21世纪海上

---

① 国际学术界将印度尼西亚语、马来西亚语以及文莱、新加坡的现代马来语统称为马来语。
② 杜晓萍：《闽南方言与海上丝绸之路——以构建21世纪海上丝绸之路核心区为视角》，《福建论坛·人文社会科学版》2015年第6期。
③ 杨宏云：《密切福建与东盟文化交流》，《福建理论学习》，2014年8月。

绸之路国家战略的主攻方向和重点地区。①

一、中国东盟自贸区建设为福建发展东盟经贸合作提供制度保障

中国和东盟对话始于 1991 年，中国 1996 年成为东盟的全面对话伙伴国。2002 年 11 月，中国与东盟签署《中国—东盟全面经济合作框架协议》，决定在 2010 年建成中国—东盟自贸区，并正式启动自贸区建设进程。2010 年 1 月，中国—东盟自贸区如期全面建成。自贸区建立后，双方对超过 90% 的产品实行零关税。中国对东盟平均关税从 9.8% 降到 0.1%，东盟六个老成员国对中国的平均关税从 12.8% 降到 0.6%。2015 年 11 月，中国与东盟签署自贸区升级版议定书，将充分利用东盟更广阔的市场、更便利的贸易条件和更优质的投资环境，有力地推动双方经贸合作再上新台阶，为双方经济发展提供新的助力，推动实现到 2020 年中国与东盟贸易额达到 1 万亿美元、新增双向投资 1500 亿美元的目标。2015 年 11 月，澜湄合作首次外长会议发表《澜湄合作概念文件》和《联合新闻公报》，宣布启动澜湄合作进程。各方就澜湄合作方向和机制架构等达成广泛共识，确立"3+5"合作框架：加强政治安全、经济和可持续发展、社会人文三大重点领域合作，现阶段重点在互联互通、产能、跨境经济、水资源、农业和减贫五个优先方向开展合作。2016 年 3 月，三亚中国—湄公河流域国家领导人会议正式启动澜湄合作机制。

在资金融通方面，2011 年中国出资设立了中国—东盟海上合作基金。近年来，中国牵头成立了亚洲基础设施投资银行、丝绸之路基金等为中国东盟基础设施和产能合作提供融资支持。此外，中国东盟还就双边货币互换以及海产品交易达成人民币结算协议：《中国—东盟海产品跨境交易人民币结算管理规定》、《中国—东盟海产品交易所现货海产品跨境交易人民币结算服务方案》及《中国—东盟海产品交易所外汇管理试点规定》，为海产品跨境人民币结算业务提供政策支持。② 在金融监管合作方面，福建省积极争取国家支持，在海关、检验、检疫、认证、标准计量、信息统计方面与海上丝绸之路国家开展合作，如简化东盟货物进口原产地证书提交程序。完善风险应对和危机处置制度安排，形成应对跨境风险和危机处置的交流合作机制，加强征信管理部门、征信机构和评级机构之间的跨境交流与合作。

---

① 王勤：《"一带一路"框架下福建与东盟的经贸合作》，《东南学术》2016 年第 3 期。
② 吴国培：《金融支持福建建设 21 世纪海上丝绸之路核心区之战略思考》，《福建金融》2016 年第 1 期。

二、福建深化与东南亚的关系所面临的挑战与风险

（一）周边省市的竞争激烈，福建优势难以凸显

作为沿海省份，相较于广西、云南等与东盟国家合作具有明显区位优势的省份而言，福建与东盟国家的经贸合作尚属紧密，但与沿海发达省份广东、浙江相比，经贸合作明显不足。2014 年，广东、浙江、福建与东盟国家的双边贸易额分别为 1122.86 亿美元、332 亿美元、251.07 亿美元，分别占全国与东盟双边贸易额的 23.4%、6.9%、5.2%，而广东仅投资马来西亚的皇京港就达 430 亿元，建成后将取代新加坡成为东南亚最大港口。福建拓展与东盟国家经贸合作的经济实力明显不足。依托中国—东盟升级版自贸协定的优惠政策，以自贸试验区和"一带一路"建设为契机，福建与东盟国家的合作仍存在较大的待拓展空间。

（二）生产要素成本上升快，招商引资难度较大

近年来，福建的土地和人力成本不断上升，市场也逐渐趋于饱和，招商引资难度不断增强。在人力成本方面，据中国长丝织造协会的调查报告，2013 年，我国长丝织造行业工人平均工资为 4000 元/月（8 小时工作制），而缅甸纺织工人的工资折合人民币仅有 600 元/月（12 小时工作制）。调查显示，目前，我国纺织行业用工平均成本是东南亚国家的 1~3 倍，用棉成本约高出 30%。福建作为纺织大省，许多企业都转战东南亚国家，以降低国内日益增加人工成本的意愿。土地方面，企业落地征地难是困扰企业落户福建的普遍问题，外资项目的落地大多因为土地问题而一拖再拖，从而极大降低了企业的投资积极性，无形中将外商投资拒之门外。

（三）南海争端与营商环境问题产生的系统风险

随着中国的崛起以及南海岛礁维权行动的升级，"中国威胁论"逐渐流行。2016 年菲律宾杜特尔特新政府改变与中国对抗的政策，使南海问题有所降温，但是东南亚国家与中国南海纠纷并没有彻底解决。虽然印度尼西亚、马来西亚和新加坡等对中国"一带一路"倡议做出正面表态，但各国仍持观望态度。目前，东盟处在战略枢纽地带、民族冲突地带和宗教重叠地带，更是域外大国角逐、博弈的热点地区，因而在该地区推行"一带一路"战略仍然面临系列风险。比如，一些国家政局动荡和政府更迭频繁、国内调整矿业政策和渔业政策，一些国家对涉及国计民生和国家安全的合作项目持保留态度，一些国家劳务政策比较严格等，这些矿业、木材等资源开发型投资风险较大。从东盟的营商环境看，新加坡营商环境全球最佳，但经营成本较高；印度尼西亚发展潜力巨大，但投资环境欠佳；泰国、缅甸、菲律宾政局走势仍不明朗，对中长期投资项目的影响较大。福建企业在实施"走出去"战

略时，务必把握各国具体国情和营商环境，做好和做足可行性研究，重视系统风险管控。

三、"五通"框架下福建拓展东南亚经贸合作的对策

（一）把握区域生产网络调整期，强化产能合作

跨国公司主导的区域生产网络与国际分工体系一直是东亚地区贸易扩张与经济增长的重要引擎。中国和东盟都是东亚地区全球供应链和价值链的重要环节，各国的中间产品贸易比重趋于上升，中国与东盟的双边贸易中中间产品贸易占贸易总额的比重将近60%。福建要扩大与东盟的双边贸易，就必须参与国际生产分工和构建区域生产网络。实际上，福建目前和马来西亚、泰国、菲律宾、印度尼西亚一样处于中等收入阶段，面临着产业结构转型升级的巨大压力。根据福建与东盟国家产业发展特点和比较优势，强化区域内产业对接与产能合作，着力构建机械制造、家电、化工、纺织、海洋产业等的生产网络或产业链，实现共同发展。关键是根据各自发展需要做好产业选择、创新合作模式、促进双向投资。

一是做好产业选择。根据福建产业转型升级的需要，福建需要承接发达国家产业转移的领域主要是显示器制造、炼化一体化、数控机床、汽车制造、智能制造等先进制造业，而金融、海洋运输与仓储物流则需要承接与转移双向互动。而新加坡在石化、电子、精密机械、生物医药以及金融服务、港口与物流服务等领域技术先进、实力雄厚，引进、承接新加坡资金、先进技术、设备、产品，有利于带动福建上述产业获得更高质量的发展。而福建最具优势的产业包括纺织鞋服、食品加工、建材、电子信息、工程机械、水产养殖等产业适合对外投资，对东盟国家进行产能输出。缅甸、柬埔寨等东盟新成员的人力成本较为低廉，福建应当积极推动有实力的劳动密集型企业赴东南亚国家投资设厂，使企业降低成本，增加利润，获得生机。近年来，泉州服装生产企业福建峰亿轻纺有限公司在柬埔寨投资办厂，通过国内原料出口东南亚（出口退税）——东南亚加工生产（低价生产要素）——从东南亚出口欧美（免税或低关税）——获利回国投资（转型升级）的生产经营模式获得良好效益。

二是创新合作模式。产业链与价值链的构建需要依托载体平台，需要以重要节点港口和安全高效的运输通道，实现互联互通的无缝对接。跨境经济合作的主要模式有四种。①境外工业合作园，依托港口及其临港工业园区进行产业合作是实现资源优化配置和经济效益的最佳合作模式。福建企业在柬埔寨建设的中柬工业园和印度尼西亚建设的中国冶金工业园具有良好的示范效应。②境外生产基地，福建优势

农渔业企业可以赴营商环境稳定的马来西亚、印度尼西亚、泰国等东南亚国家建设渔业养殖与加工基地和现代绿色农业示范基地。比如，福州宏龙海洋水产有限公司在印度尼西亚收购的金马安的综合渔业基地；福建华农投资有限公司和漳州柏森农业发展公司在柬埔寨的粮食蔬菜水果现代产业基地项目，推动双边在果蔬冷藏、加工、生产配套等方面的合作。③采用并购相互持股模式，1998年和2002年福州港务局分别与新加坡港务集团合资营建福州青州集装箱码头、江阴港集装箱码头。2013年福州港务集团与新加坡国际港务集团签署加强福州港集装箱渗水码头深度合作协议。2015年5~6月，厦门港、福州港管理局分别与马来西亚最大港口巴生港签订友好港合作协议，将在港口建设、运营、信息技术、招商引资等方面进行合作。④跨境经济合作区模式，在两国边境接壤地区设立跨越国境线的经济合作区。福建与东盟国家没有建设跨境经济合作区的条件。但是，可以加强福建自贸试验区与东盟国家港口经济特区的跨境经济合作。中国（福建）自由贸易试验区与东南亚国家的海洋合作持续深化，在海产品交易平台建设、金融支持、远洋运输等方面均有所突破。

三是促进双向投资。对外投资方面，要引导企业有序"走出去"，集群式对外投资，避免盲目跟风，造成遍地开花、境外恶性竞争的尴尬局面。深化对外投资管理体制改革，放宽对外投资限制，确立企业及个人对外投资的主体地位。允许企业和个人发挥自身优势到境外开展投资合作，允许自担风险到各国各地区自由承揽工程和劳务合作项目。政府要在投资审批、外汇管理、金融服务、人员出入境等方面简政放权，消除对外投资的各种障碍。加强企业的风险防控意识，政府部门应加强信息服务和咨询，向企业提供当地法律法规变更信息，引导企业改变投资策略。引进外资方面，要创新招商方式。学习和借鉴境内外招商先进理念，积极探索适应我省的招商方式。①产业链招商。重点围绕汽车、石化、电子信息、船舶、纺织等产业的产业链关键缺失环节，精准开展对外招商，引进外资项目，促进产业链进一步完善，产业做大做强。②委托招商。积极对接联系境内外有实力的社会招商机构和境外跨国公司，利用其丰富投资客户网络资源优势，开展针对性强的招商项目推介。③联合招商。加强省、市、县商务部门的三级联动，积极拓展联合招商；加强与省直行业管理部门分工协作，积极开展部门联合招商。

（二）加快基础设施建设的互联互通，促进贸易畅通

互联互通伴随着"一带一路"构想的提出，被广泛应用到中国与海上丝绸之路沿线国家特别是亚洲国家之间的战略规划当中，其内容包括基础设施的互联互通、规章制度的互联互通和人员交流的互联互通。其中，福建与东盟港口之间的互联互通是最重要内容。

一是加强与东盟国家的港口航运合作。近年来，新加坡、印度尼西亚等东南亚国家的企业以各种投资形式参与福建港口的建设和管理，截至目前已经有 41 个泊位投入运营。加快港口转型升级，拓展服务功能，建立和完善与东盟国家市场对接的港口物流服务体系，拓展与东盟国家在港口码头、物流园区、集散基地和配送中心等方面的合作，吸引东盟国家有实力的企业来投资港口及临港产业，支持港口、物流企业到东盟国家参与港口投资和经营；鼓励与东盟国家共同开辟新航线，拓展东南亚往来海上新通道；发挥厦门集装箱干线港的优势，加强与各国港口城市的合作，开通或加密货运航线；着力打造区域性邮轮母港，推动厦门至东盟国家的国际邮轮航线开通，培育本土邮轮企业。

二是大力发展港口之间的联运业务。目前，厦门已开通 17 条覆盖东盟十国的外贸集装箱班轮航线，每月超过 200 个航班靠港作业。福州港自 2001 年成立以来，外贸集装箱已经开通国际中转运输业务，开展"一对一"、"一对多"和"多对一"等多种中转业务。要积极展开与东盟国家港口的协作，积极发展以港口为枢纽的联运业务。充分发挥港口衔接各种运输方式的优势，积极发展铁水联运、江海联运、水水中转、甩挂运输，加快推进集装箱多式联运，着力构建设施高效衔接、枢纽快速转运、信息互联共享、装备标准专业、服务一体对接的多式联运组织体系，不断提升港口对区域经济的辐射带动作用。

三是推进福建东盟通关与供应链合作。协调福建港口与东盟国家港口的通关程序、物流政策。贸易便利化的基本原则是增加政策透明度、合理化通关程序，防止腐败和减少交易成本，主要涉及四个领域，即海关程序、标准和一致化、电子商务（推动无纸贸易）和商务人员流动（商务旅行）的政策协调与合作。实现供应链的互联互通将改善贸易环境，增加贸易机会，有利于商家缩短交易时间和节约交易成本。福建与东盟相关部门要协调采取以下措施：推动物流和运输便利化；增进规制合作和规制一致性；推广单一窗口系统；推进边境、海关及贸易部门的现代化建设；促进跨境金融合作，以及通信技术和电子商务的应用。

（三）突出海洋特色，推动福建与东盟海洋优势向经济优势转化

海上合作是中国与东盟合作的优先领域，6 年前中国就设立了中国东盟海上合作基金，专项支持中国与东盟之间的海洋合作。在 21 世纪海上丝绸之路建设的框架下，福建与东南亚国家率先开展海洋合作具有得天独厚的条件，可以进一步扩大海洋合作的规模与领域。

一是积极发展远洋渔业捕捞和渔业养殖。积极开发太平洋和印度洋公海渔业资源，以现有远洋渔业基地和渔业养殖基地为中心，发挥其辐射作用，建立与东南亚国家长期稳定的渔业捕捞的渔业养殖合作关系。引导、支持企业在沿线国家和地区加快境外远洋渔业生产基地、水产养殖基地、冷藏加工基地和服务保障平台建设，注重双边在海洋产业的互补发展，着力推进海洋优势向产业优势和经济优势转化。

二是强化海洋科技和生态环境保护合作。推动设立中国东盟海洋合作中心，加强与东盟等国家在海洋生态环境保护与修复、海洋濒危动物保护、海洋生态系统服务等领域的交流合作。以厦门国际海洋周为契机，依托"中国—东盟海洋经济合作论坛"，与东盟国家探讨在海洋科学勘探、综合管理、防灾减灾、资源环境保护等方面的交流与合作，争取制定各领域的海洋共同行动计划。支持科研机构、高等院校与东盟国家科研机构开展海洋科学考察等合作。

三是要最大限度发挥中国—东盟海产品交易所的平台作用，为福建发展"蓝色经济"做出贡献。①推动在东盟印度尼西亚、泰国等国设立分中心，通过大数据共享平台，将中国东盟海交所建成国际性经贸平台。②借助海交所第三方电子交易平台，建立海产品市场价格体系，推动形成能够整合海洋产业链中产、运、销、需各方资源的统一标准。③推动建设中国—东盟海产品期货交易市场。[①]

（四）突出重点，采取差异化的国别合作策略

依托现有合作基础，结合东南亚各国的特色和优势，确定与东南亚各国的重点经贸合作领域，制定差异化的合作政策，做到有的放矢。

新加坡是亚洲最重要的金融服务和航运物流中心，与新加坡加强自贸试验区及港口建设、运营和金融业等现代服务业合作是重要方向。2016年4月尤权访问新加坡时要求"学习借鉴新加坡自贸区、自由港建设经验，共同推进福建自贸试验区、21世纪海上丝绸之路核心区建设"。新加坡在石化、电子、精密机械、生物医药等领域技术先进、实力雄厚，这些也是福建有较强配套能力、同时面临升级的优势产业，引进、承接新加坡资金、先进技术、设备、产品，有利于带动福建上述产业获得更高质量的发展。

对与马来西亚、印度尼西亚、泰国合作应重点拓展跨境电商、基础设施建设、矿产能源、果蔬渔业、工程建设和共建产业园区等产能合作，推动福建装备制造设备的出口。对与柬埔寨、老挝、缅甸和越南等东盟新成员的产业合作，要以输出资金、技术和设备为主，创建境外工业园在当地设厂，加快释放过剩产能，促进产业

---

① 福建省人民政府发展研究中心课题组：《福建建设21世纪海上丝绸之路核心区的研究报告》，《发展研究》2015年第6期。

转型升级。印度尼西亚是东盟区内经济规模最大、最具潜力的国家，正在推进"海洋强国"战略，福建发展海洋经济强省可以实现对接，海洋经济领域应成为未来合作的重点领域。

（五）创新人文交流政策，促进民心相通

为促进人文交流的互联互通，福建要充分利用与东南亚的地缘与人缘关系，展开与东南亚的文化交流与合作。建议福建政府成立专门机构和专项基金，或支持成立福建华文教育自愿者协会等民间组织推动福建与东南亚闽籍华侨的联络与交流工作，既要利用现代通信科技网络与互联网构建对东南亚华人的文化传播平台，也要利用姓氏宗亲和民俗等草根性文化交流，注重加强对东南亚华侨子弟的华文教育，强化东南亚华侨对祖籍地的文化认同，做中国与居住国家的交流合作，增进理解的桥梁与纽带。

福建与东盟国家的政府需要协调推进跨境教育、科学技术、创新和服务方面的合作，促进游客、商界人士、专家学者、工人、妇女和青年人员往来的便利化。福建拥有厦门大学和华侨大学两所面向海外华侨子弟的重点大学。这两所大学近年来加强与东南亚国家的合作，走进东南亚开展合作办学。这些教育机构不仅要招收华侨子女，更要面向东南亚民族青年，增加其留学生名额和奖学金，培养更多的友好使者。同时，福建也将海洋科技作为未来技术发展的重要方向，需要加强与东盟国家海洋科技研发的合作。福建应推动中国中央政府与东盟国家改善出入境签证服务，实现落地签和互勉签证。

福建省侨务与商务部门应加强与海外华人社团的联系，邀请其骨干回国参加培训、参加各种展会，联络感情，鼓励他们为家乡、为福建做出去企业牵线搭桥，对做出突出贡献者给予奖励。借鉴汕头经济特区利用华侨资源的发展经验，选择华侨资源比较丰富的特定区域向国务院申请设立华侨经济文化合作试验区，在华侨试验区搭建海外华侨华人文化交流平台，鼓励海外华侨回乡兴业。注重"引进来"和"走出去"双重功能的结合。

第五章

南亚与印度：21世纪海上丝绸之路的重要驿站

在21世纪海上丝绸之路沿线，南亚地理区位特殊，它不仅与中国西南部相邻，还与中亚、印度洋相连接，是21世纪海上丝绸之路发展路径上的一个重要节点。南亚国家（包括印度、巴基斯坦、孟加拉国、斯里兰卡和马尔代夫海上丝绸之路沿线国家以及内陆国家阿富汗、尼泊尔、不丹八国，本章分析以海上丝绸之路沿线国家为主）资源丰富、人口众多，虽在一定范围内还存在安全问题和政治风险，但市场整体潜力和投资机遇巨大。福建与南亚国家经贸关系不如与东南亚国家密切，但经由海上丝绸之路福建与锡兰（斯里兰卡的旧称）和印度的交流源远流长。早在五代，中国僧人法显就从海路进入锡兰，传播中国的文化与技术。宋代，中国商人开始通过海道与南亚人打交道，泉州港即为当时中国与南亚开展海上交通贸易的重要港口之一，吸引了不少中国与南亚的商人在此港口经商往来。明代，郑和七下西洋到过南亚的斯里兰卡、印度、马尔代夫、孟加拉国等国。1459年，受泉州港港督郑远的邀请，锡兰朝贡王子和公主来到中国后，就在泉州长期驻留，最后定居泉州，并繁衍后代。棉花及棉纺织技术原产地是印度，明代时传入中国，经海南传入福建。改革开放以来，福建对外经贸关系不断拓展，南亚也成为福建拓展最快的市场之一。因此，研究该地区的经济发展潜力和风险，探索福建与该地区的经贸合作重点，对于福建加快"走出去"助力21世纪海上丝绸之路建设具有重要的现实意义。

111

第一节　福建与南亚地区日益密切的经济关系

进入 21 世纪，福建与南亚的经贸关系保持了稳定的发展势头，但相比其他地区经贸关系发展迟缓，规模偏小，潜力巨大。

一、双边贸易稳步增长，出口长期大于进口

福建与南亚的贸易处于持续发展的趋势，贸易增长势头较强，贸易顺差优势明显。一是双边贸易稳步增长，除了 2009 年受全球金融危机冲击呈现小幅下跌外，其余年份都保持着较快增长的势头。福建与南亚海上丝绸之路沿线五国进出口总额从 2000 年的 2.28 亿美元增长到 2015 年的 46.2 亿美元，15 年增长 20 倍，年均增长22.2%；其中出口从 1.55 亿美元增加到 34.7 亿美元，进口从 7273 万美元增长到11.4893 万美元，年均增长 23.03% 和 20.2%。二是出口长期大于进口，贸易顺差增长态势明显。福建与南亚五国贸易存在大量顺差，贸易顺差从 8290 万美元增长到23.2272 亿美元，15 年增长了近 28 倍，年均增速为 24.88%。福建对南亚长期保持了贸易顺差，说明福建产品对南亚国家具有较强的竞争优势。

印度是福建在南亚的最大贸易伙伴。2000 年福建对印度进出口总额为 1.59 亿美元，2006 年福建对印度进出口总额增长到 9.03 亿美元，2015 年达到 27.96 亿美元，15 年增长近 17.58 倍，年均增长率为 21.06%。值得注意的是，福建与印度的贸易情况一直存在一定程度的波动。一是受 2009 年全球性金融危机的影响，福建对印度的出口额与进出口总额均有所下滑，分别从 2008 年的 9.16 亿美元和 14.38亿美元下滑至 8.03 亿美元和 13.94 亿美元。二是 2012 年福建对印度的进口额与进出口总额分别从 2011 年的 8.47 亿美元和 25.31 亿美元，下滑至 8.11 亿美元和24.42 亿美元。三是 2013 年福建对印度的出口额从 2012 年的 16.3 亿美元下滑至15.77 亿美元。四是 2015 年福建对印度的出口额、进口额和进出口总额分别从 2014年的 18.85 亿美元、10.56 亿美元和 29.41 亿美元，下滑至 18.2 亿美元、9.76 亿美元和 27.96 亿美元（见表 5-1）。

巴基斯坦是福建在南亚的第二大贸易伙伴。福建对巴基斯坦贸易总额从 2000年的 2968 万美元增长到 2006 年的 1.079 亿美元，2015 年达到 10.07 亿美元，15 年增长了近 34 倍，年均增长率为 26.48%。巴基斯坦占福建对南亚贸易比重从 13% 上

表 5-1 福建与南亚海上丝绸之路沿线五国的贸易情况

单位：万美元

	2000 年			2010 年			2015 年		
	出口额	进口额	进出口额	出口额	进口额	进出口额	出口额	进口额	进出口额
国别地区总额	1290875	831494	2122369	7151065	3729862	10880927	11402869	5661407	17064276
孟加拉国	1967	51	2019	22396	319	22715	44242	1308	45550
印度	9031	6905	15936	133406	72731	206137	181989	97584	279573
马尔代夫	17	0	17	322	0	322	1096	0	1096
巴基斯坦	2703	265	2968	20080	3333	23412	86051	14658	100709
斯里兰卡	1845	52	1897	7449	906	8355	33787	1343	35130
南亚总计	15563	7273	22837	183653	77289	260941	347165	114893	462058

资料来源：根据福建省海关统计资料整理。

升到 22%。其中福建对巴基斯坦出口从 2000 年的 0.27 亿美元增加到 2015 年的 8.6 亿美元，15 年增长了近 32 倍，年均增长率为 25.95%；进口从 265 万美元增加到 2015 年的 1.46 亿美元，15 年增长 55 倍，年均增长率为 30.64%。福建对巴基斯坦的贸易总体表现为出口大于进口，贸易顺差与贸易总额表现为相对一致的增长步伐。

接着是孟加拉国和斯里兰卡，孟加拉国和斯里兰卡是福建在南亚的重要贸易伙伴。2000 年福建与孟加拉国贸易总额为 2019 万美元，2006 年增长到 7315 万美元，2015 年福建对孟加拉国增加到 4.555 亿美元，15 年增长 22.56 倍。其中出口从 1967 万美元增加到 4.42 亿美元，进口从 51 万美元增加到 0.13 亿美元，贸易顺差从 1968 万美元增长到 4.29 亿美元。福建与斯里兰卡贸易总额从 2000 年的 1897 万美元增加到 2015 年的 3.51 亿美元，15 年增长了近 18.5 倍。其中出口从 1845 万美元增加到 3.38 亿美元，进口从 52 万美元增长到 1343 万美元，贸易顺差从 1793 万美元增长到 3.24 亿美元。

与上述国家相比较，福建与马尔代夫、阿富汗、不丹、尼泊尔等国家的贸易交往量较少，2000~2015 年，无论是出口、进口还是进出口总额基本都未达到 1000 万美元（目前来看，仅有 2014 年、2015 年，福建与马尔代夫的出口额、进出口总额略微超过 1000 万美元）。

二、投资起步较晚，分布相对集中

总体而言，2001 年至 2016 年 9 月，福建核准在南亚设立的境外企业（机构）数合计有 29 家，投资总额为 13938.97 万美元，占福建对外投资总额的 0.52%；我方投资额为 11915.09 万美元，占福建对外我方投资总额的 0.54%。从国别分布来看，福建对南亚投资主要集中在印度、巴基斯坦、斯里兰卡和孟加拉国。其中，2001 年至 2016 年 9 月，福建核准在印度设立境外企业（机构）16 家，总投资额 1290.5 万美元，我方投资额 911.75 万美元，占福建对南亚投资的 7.23%。主要从事鞋加工、纸质品加工贸易、纺织品销售、蓄电池销售、卫生用品设备制造、发电、环保设备销售等业务；在巴基斯坦设立境外企业（机构）2 家，总投资额 440 万美元，我方投资额 350 万美元，占福建对南亚投资的 2.77%。主要从事地产等基础设施建设项目投资、运营管理和玉石、大理石等的探测、销售等业务；在斯里兰卡设立境外企业（机构）5 家，总投资额 6146.03 万美元，我方投资额 5536.51 万美元，主要从事通信网络管理测试产品的开发与销售、酒店经营、出入境旅游、会议及展览、专科医院、水处理设备和机电设备的制造与组装等业务；在孟加拉国设立境外企业（机构）7 家，总投资额 6062.44 万美元，我方投资额 5116.83 万美元，主要从事电机加工与销售、成衣制造及进出口、钢材制品的制造和销售等业务。

表 5-2   2001 年至 2016 年 9 月福建省核准在南亚设立的境外企业（机构）数与投资金额情况（按国别）

国家	企业个数	总投资额（万美元）	我方投资额（万美元）	占比（%）
印度	15	1290.5	911.75	7.23
巴基斯坦	2	440	350	2.77
斯里兰卡	5	6146.03	5536.5	48.7
孟加拉国	7	6062.44	5116.83	40.6
总计	29	13938.97	12609.86	100

资料来源：根据福建省商务部门资料整理。

从时间分布来看，2005~2008 年福建对南亚投资每年仅 1 家，投资额不到 100 万美元。福建对南亚投资主要集中在近十年，特别是 2014 年和 2016 年，这两年是福建对南亚投资增长较快的两年，其中，2014 年投资企业个数达到 7 家，投资总额为 4493.5 万美元，占近十年投资总额的 32.24%；2016 年投资企业个数为 6 家，投资总额为 8022.87 万美元，占近十年投资总额的 57.56%。其余年份的投资企业个数和投资总额都相对较小，如 2009 年、2011 年和 2012 年，福建对南亚投资企业个数均有 3 家，投资总额仅分别为 15 万美元、245 万美元和 430 万美元。

从地区分布来看，福建对南亚投资主要集中在福州、厦门、泉州、龙岩、宁德和南平等。其中，福州对南亚投资的企业个数（10 家）和投资总额（7345.71 万美元）都最高，分别占福建对南亚投资企业个数和投资总额的 34.48% 和 52.70%；次之一是厦门，投资企业个数为 9 家，投资总额为 5650.16 万美元，分别占福建对南亚投资企业个数和投资总额的 31.03% 和 40.54%；接下来依次为泉州、龙岩、南平和宁德。虽然宁德对南亚投资企业数有 3 家，但投资总额仅有 47.6 万美元，占比0.34%。值得一提的是，2001 年至 2016 年 9 月，福建对南亚投资并无省属企业，而漳州、莆田、三明等地也没有企业对南亚进行投资。

三、福建与南亚经贸合作特点

（一）贸易规模在世界与亚洲的比重有所上升

如表 5-3 所示，对比 2010 年、2015 年福建与南亚贸易额占世界或者亚洲的比重情况，福建与南亚贸易在世界以及亚洲的重要性均表现为小幅提升。

首先，进出口总额方面。2010 年，福建与南亚贸易总额占福建与亚洲贸易总额的 4.88%，占福建与世界贸易总额的 2.41%。2015 年，福建与南亚贸易总额占福建与亚洲贸易总额的比重为 5.54%，占福建与世界贸易总额的比重为 2.71%，分别提高了 0.66% 和 0.3%。

其次，出口额方面。2010 年，福建与南亚出口额占福建与亚洲出口额的6.37%，占福建与世界出口额的 2.59%。2015 年，福建与南亚出口额占福建与亚洲贸易总额的比重为 6.55%，占福建与世界出口额的比重为 3.05%，分别提高了0.18% 和 0.46%。

最后，进口额方面。2010 年，福建与南亚进口额占福建与亚洲进口额的3.13%。2015 年，福建与南亚进口额占福建与亚洲贸易总额的比重为 3.77%，提高了 0.64%。与福建与南亚进口额在亚洲的重要性情况相反，2015 年，福建与南亚进口额占福建与世界进口额的比重仅为 2.03%，比 2010 年福建与南亚进口额占福建

表 5-3　2010 年、2015 年福建与南亚贸易额占比情况（世界、亚洲）

单位：万美元

类别	年份	南亚	亚洲	占亚洲的比重（%）	世界	占世界的比重（%）
出口额	2010	184877	2900431	6.37	7151065	2.59
	2015	348071	5314333	6.55	11402869	3.05
进口额	2010	77288	2466398	3.13	3729862	2.07
	2015	115079	3049375	3.77	5661407	2.03
进出口额	2010	262166	5366829	4.88	10880927	2.41
	2015	463151	8363708	5.54	17064276	2.71

资料来源：根据福建省商务部门资料整理。

与世界进口额的比重 2.07%还略微下降了 0.04%。

（二）贸易结构互补性较强，产品类别分布集中

从贸易结构来看，福建与南亚国家贸易产品结构互补性较强，表现为以产业间贸易为主。其中，2010~2015 年，福建向南亚国家出口的商品主要集中在工业制品中的纺织原料及纺织制品，机电、音像设备，鞋帽伞、羽毛品，化学工业及其相关工业的产品，贱金属及其制品五类商品；而福建从南亚国家进口的商品主要是初级产品中的矿产品（盐、硫磺、高岭土及石料、矿砂、矿渣及矿灰）。值得注意的是，近年来福建从南亚国家进口的纺织原料及纺织制品有所提升，表现出一定的产业内贸易特点。

具体到个别国家，如福建对印度出口的主要商品为机电产品、化工产品、纺织原料及制品、贱金属及制品、鞋类等，进口的主要商品为矿产品（盐、硫磺、高岭土及石料、矿砂、矿渣及矿灰）、棉花、贱金属及制品、化工产品等。福建对巴基斯坦出口的商品是大米、棉花、纺织品、皮革制品和地毯等，主要进口石油及石油制品、机械和交通设备、钢铁产品、化肥和电器产品等。

表 5-4　2010~2015 年福建与南亚总体 HS 全商品进出口情况

单位：万美元（差额=出口-进口）

	2010 年			2015 年		
	出口	进口	差额	出口	进口	差额
HS 全商品	184878	77289	107589	348071	115079	232992
第一类　活动物；动物产品	130	398	-268	9589	440	9149
第二类　植物产品	1144	187	957	808	944	-136
第三类　动、植物油、脂、蜡及其分解产品	0	348	-348	206	1288	-1082
第四类　食品；饮料、酒及醋；烟	1221	1412	-191	7848	100	7748
第五类　矿产品	243	61651	-61408	345	64689	-64344
第六类　化学工业及其相关工业品	23423	1623	21800	33529	3562	29967
第七类　塑料及其制品；橡胶及其制品	8298	1427	6871	8480	1825	6655
第八类　革、毛皮及制品；箱包	1445	1882	-437	4194	3658	536
第九类　木及制品；木炭；软木	161	29	132	1080	1009	71
第十类　木浆等；废纸；纸、纸板	2186	1	2185	4245	7	4238
第十一类　纺织原料及纺织制品	24463	4287	20176	83755	28466	55289
第十二类　鞋帽伞等；羽毛品	15669	3	15666	33733	1165	32568
第十三类　矿物材料制品；陶瓷品	4705	10	4695	14560	86	14474
第十四类　珠宝、贵金属及制品	220	77	143	146	1308	-1162
第十五类　贱金属及其制品	16550	2629	13921	30892	5246	25646

续表

	2010 年			2015 年		
	出口	进口	差额	出口	进口	差额
第十六类 机电、音像设备及其零件	63352	1216	62136	77706	947	76759
第十七类 车辆、航空器、船舶等	7520	5	7515	5475	8	5467
第十八类 光学、医疗等仪器；钟表	5144	43	5101	8300	274	8026
第十九类 武器、弹药及其零件	0	0	0	11	0	11
第二十类 杂项制品	8995	60	8935	23150	56	23094
第二十一类 艺术品、收藏品及古玩	0	0	0	19	0	19
第二十二类 特殊交易品及未分类商品	9	0	9	0	0	0

资料来源：根据福州海关统计资料整理。

（三）投资规模总体较小，项目结构相对单一

福建对南亚总体投资规模较小，核准设立的 29 家境外企业（机构），投资总额仅为 1.39 亿美元。其中，投资超过千万美元的企业（机构）仅有四家，分别是孟加拉海德伦陶瓷有限公司、福建和兴旺孟加拉实业有限公司、斯里兰卡 MSSI 公司、斯里兰卡国际眼库，投资额各为 3739.84 万美元、2000 万美元、1000 万美元和 4700.16 万美元。投资额小于 100 万美元的企业（机构）有 14 家，占投资企业总数的 48.28%。

（四）经贸合作的国别差异较为显著

首先，贸易合作方面，仅以 2015 年为例，福建与南亚各国的贸易情况就存在着较为明显的差异性。2015 年福建对南亚的贸易主要集中在印度（60.5%）、巴基斯坦（21.8%）、孟加拉国（9.86%）和斯里兰卡（7.6%），而对阿富汗、不丹、马尔代夫及尼泊尔的贸易几乎可以忽略。

其次，福建与南亚各国的投资合作情况也存在着较为明显的差异。其中，福建对印度投资的企业个数最多，占福建对南亚投资总企业数的 51.72%。截至 2015 年底，印度在福建投资的项目 20 家，合同利用资金 1435 万美元，实际到资 1241 万美元。2016 年 1~6 月，印度在福建投资项目 6 家，合同外资 196 万美元。接着依次为孟加拉国、斯里兰卡和巴基斯坦；而福建对斯里兰卡投资的金额最多，占福建对南亚投资总额的 44.09%。接下来依次为孟加拉国、印度和巴基斯坦。与福建与南亚的贸易合作情况类似，福建与阿富汗、不丹、马尔代夫和尼泊尔等国几乎没有投资合作。

第二节　孕育中的南亚区域市场：潜力及风险

一、南亚区域的市场概况

南亚是亚洲的一个亚区，东濒孟加拉湾，西滨阿拉伯海，南北和东西距离各约3100公里，主要包括亚洲南部的喜马拉雅山脉中、西段以南及印度洋之间的广大地区，领土面积约 482.67 万平方公里，约占世界总面积的 4%。南亚共有八个国家，分别是印度、巴基斯坦、孟加拉国、尼泊尔、阿富汗、不丹、斯里兰卡、马尔代夫，目前与中国建交的国家有七个，仅有不丹尚未与中国建交。

（一）独特的地理区位

南亚地理区位特殊，北部与中国相邻、东南部邻接东南亚、西北部相邻西亚，是中国倡议的"丝绸之路经济带"和"海上丝绸之路"的海陆交汇之处。南亚是一个内陆国、临海国和岛国混合分布的区域，其中：内陆国有 3 个，分别是阿富汗、不丹和尼泊尔；临海国也有 3 个，分别是巴基斯坦、孟加拉国和印度；岛国有 2个，分别是斯里兰卡和马尔代夫。具体到各个国家，如印度，位于亚洲南部，是南亚次大陆最大的国家，东北部同中国、尼泊尔、不丹接壤，孟加拉国夹在东北国土之间，东部与缅甸为邻，东南部与斯里兰卡隔海相望，西北部与巴基斯坦交界。东临孟加拉湾，西濒阿拉伯海，海岸线长 5560 公里。巴基斯坦，位于南亚次大陆西北部，东接印度，东北与中国毗邻，西北与阿富汗交界，西邻伊朗，南濒阿拉伯海，海岸线长 980 公里。孟加拉国，位于南亚次大陆东北部的恒河和布拉马普特拉河冲积而成的三角洲上，东、西、北三面与印度毗邻，东南与缅甸接壤，南濒临孟加拉湾，海岸线长 550 公里。

（二）多元的种族文化

南亚国家大多属于多民族、多宗教、多语言国家。目前主要民族有印度斯坦族、马拉提族、孟加拉族、比哈尔族、泰固族、泰米尔族、旁遮普族、信德族、帕坦族、俾路支族、僧伽罗族、摩尔族、马尔代夫族、不丹族、尼泊尔族、普什图族、塔吉克族、卡斯族、尼瓦尔族、夏尔巴族等；主要宗教有印度教、伊斯兰教、佛教、天主教和基督教等；主要官方语言有印地语、英语、乌尔都语、孟加拉语、僧伽罗语、泰米尔语、迪维希语、尼泊尔语、不丹语"宗卡"、普什图语、达里语等，其他语言还有旁遮普语、信德语、普什图语、俾路支语、乌兹别克语、土耳其语等。

（三）密集的地区人口

截至 2015 年，南亚地区约有人口总数 17.33 亿，人口密度为 359.50 人/平方公里，远高于世界平均人口密度（约 47 人/平方公里）。根据世界人口密度分级的通用标准，人口密度高于 100 人/平方公里，即可视为人口密集区，故而，南亚是比较明显的人口密集地区。其中，人口最为密集的国家是马尔代夫和孟加拉国，人口密度均高于 1000 人/平方公里，分别为 1166.67 人/平方公里和 1074.64 人/平方公里。接下来依次为印度 434.56 人/平方公里，斯里兰卡 314.63 人/平方公里，巴基斯坦 247.49 人/平方公里，尼泊尔 193.88 人/平方公里。上述这些国家的人口密度均超过了 100 人/平方公里的人口密集区标准。比较特殊的是，阿富汗和不丹的人口密度相对较低，分别为 50.50 人/平方公里和 20.26 人/平方公里，表现出较为明显的人口分布上的国别差异（见表 5-5）。

表 5-5 2015 年南亚国家国土面积与人口分布情况

	人口（万人）	面积（万平方公里）	人口密度（人/平方公里）	种族	语言与宗教
印度	129500	298	434.56	印度斯坦族、马拉提族、孟加拉族、比哈尔族、泰固族、泰米尔族等	印地语、英语。印度教、伊斯兰教
巴基斯坦	19700	79.6	247.49	旁遮普族、信德族、帕坦族、俾路支族	乌尔都语、英语。伊斯兰教
孟加拉国	15851	14.75	1074.64	孟加拉族	孟加拉语、英语。伊斯兰教
斯里兰卡	2064	6.56	314.63	僧伽罗族、泰米尔族、摩尔族	僧伽罗语、泰米尔语、英语。佛教、印度教、伊斯兰教、天主教和基督教
马尔代夫	35	0.03	1166.67	马尔代夫族	迪维希语、英语。伊斯兰教
尼泊尔	2850	14.7	193.88	卡斯族、尼瓦尔族、夏尔巴族等	尼泊尔语、英语。印度教、佛教、伊斯兰教
不丹	77	3.8	20.26	不丹族、尼泊尔族	不丹语"宗卡"。藏传佛教、印度教
阿富汗	3270	64.75	50.50	普什图族、塔吉克族	普什图语、达里语。伊斯兰教
总计	173347	482.19	359.50	旁遮普族、信德族、帕坦族、俾路支族	印地语、英语。印度教、佛教、伊斯兰教

资料来源：中华人民共和国外交部官网。

（四）较低的发展水平

南亚国家整体发展水平比较低，均属不发达国家或发展中国家。目前，阿富汗、不丹、孟加拉国等国仍为世界上最不发达国家。南亚国家大多数工业基础薄弱，部分国家还以农牧业为主，技术落后、资源利用率较低。就城镇化水平来看，南亚国家城镇化率均低于世界平均水平 53%，其中，斯里兰卡、尼泊尔和阿富汗的城镇化率还远低于一般低收入国家水平 30%。总体看来，南亚地区人均 GDP 水平较低，仅就 2015 年数据而言，南亚地区各个国家的人均 GDP 都远低于世界平均人均 GDP 的 10138 美元。根据"IMF2015 年世界人均 GDP 排名情况"来看，南亚地区整体排名靠后，其中，阿富汗 176 名、尼泊尔 168 名、孟加拉国 154 名、巴基斯坦 146 名、印度 144 名、不丹 129 名、斯里兰卡 115 名、马尔代夫 71 名。就人类发展指数来看，南亚地区的经济社会发展水平也整体偏低。根据联合国发布的 2013 年人类发展指数报告，南亚地区除了斯里兰卡（世界排名 92 位）和马尔代夫（世界排名 104 位）的人类发展指数略高一些，印度、巴基斯坦、孟加拉国、尼泊尔、不丹、阿富汗等国的人类发展指数都很低，在世界排名分别为 136 位、146 位、146 位、157 位、140 位、175 位（见表 5-6）。

表 5-6　2015 年南亚国家发展水平

国别	城镇化率 (%)	国内生产总值 （亿美元）	人均 GDP （美元）	人类发展指数 （2013 年）
印度	33	17300.0	1335.9	0.554
巴基斯坦	39	2709.7	1427.1	0.515
孟加拉国	34	1951.6	1316.0	0.515
斯里兰卡	18	822.9	3925.0	0.715
马尔代夫	46	30.3	8713.7	0.688
尼泊尔	19	213.6	749.3	0.463
不丹	39	22.1	2868.8	0.538
阿富汗	27	210.0	672.0	0.374

资料来源：根据 The World Bank、中华人民共和国外交部官网等数据整理获得。

二、南亚区域市场蕴涵的潜力

随着中国"一带一路"倡议的实施，海上丝绸之路沿线的环印度洋地区逐步成为中国经济合作的重要地区，而环印度洋地区的南亚板块既有优越的地理区位，又有丰富的劳动力资源和自然资源，经济增长处于上升趋势，市场潜力较大。

（一）人口基数庞大，市场潜力巨大

从发展经济学的角度来看，一个国家或地区的市场潜力与该地区的人口基数有一定的相关性，特别是在"刘易斯拐点"到来之前，劳动年龄人口所构成的人口红利对经济发展的推进会更为直接地影响当地的市场潜力。当然，一个国家或地区的经济发展与市场潜力还受当地资本、技术水平等的影响，但伴随着这些国家或地区人均国民收入水平的逐步上涨，市场需求会日益受到激化，同步呈现出巨大的市场潜力。截至2015年，南亚地区约有人口总数17.33亿，约占世界总人口数的23%。其中，印度人口12.95亿，巴基斯坦1.97亿，孟加拉国1.59亿，斯里兰卡2064万，马尔代夫35万，尼泊尔2850万，不丹77万，阿富汗3270万。虽然目前南亚国家的人均国民收入水平均较低，但南亚国家的人均国民收入水平正在稳步增长，稳步增长的人均国民收入与庞大的人口基数相匹配，必然使南亚区域市场蕴涵巨大的市场潜力。

（二）经济活力较强，发展潜力巨大

虽然南亚地区整体发展水平不高，但是经济活力较强。2015年，南亚地区整体实现了国内生产总值7.2%的增长率，高于世界GDP增长率2.5%的平均水平，经济发展潜力巨大。其中，GDP增长率超过世界平均水平的国家有印度（7.6%）、孟加拉国（6.6%）、巴基斯坦（5.5%）、斯里兰卡（4.8%）、尼泊尔（3.4%）、不丹（3.3%）。2010年以来，全球经济受金融危机的影响，GDP增长率持续下降，南亚地区也不例外，但值得关注的有以下两点。①南亚地区的GDP增长率要高于世界平均水平，提前复苏并保持稳步增长势头。如世界GDP增长率于2014年才小幅复苏，2015年又呈现微降；而南亚地区GDP增长率于2013年复苏以来，就呈现持续增长态势。②在整体GDP增长率下滑的态势下，南亚仍有国家经济保持持续增长，如巴基斯坦和孟加拉国。2010年，巴基斯坦的GDP增长率仅为1.6%，到2015年已增长为5.5%。2010年，孟加拉国的GDP增长率为5.6%，到2015年已增长为6.6%（见表5-7）。

表5-7　2010~2015年南亚8国GDP增长率

单位：%

国别	2010年	2011年	2012年	2013年	2014年	2015年
阿富汗	8.4	6.1	14.4	2.0	1.3	1.5
孟加拉国	5.6	6.5	6.5	6.0	6.1	6.6
不丹	11.7	7.9	5.1	2.1	5.5	3.3
印度	10.3	6.6	5.6	6.6	7.2	7.6

续表

国别	2010 年	2011 年	2012 年	2013 年	2014 年	2015 年
马尔代夫	6.0	8.7	2.5	4.7	6.5	1.5
尼泊尔	4.8	3.4	4.8	4.1	5.4	3.4
巴基斯坦	1.6	2.7	3.5	4.4	4.7	5.5
斯里兰卡	8.0	8.4	9.1	3.4	4.9	4.8
南亚	9.1	6.3	5.7	6.3	6.9	7.2
世界	4.4	3.1	2.5	2.4	2.6	2.5

资料来源：世界银行。

（三）产业结构持续优化，增长潜力巨大

产业结构是否合理，直接影响到一个国家或地区的产业增长潜力。从目前情况来看，南亚地区国家的三次产业结构不够均衡，2015 年，除了不丹之外（缺 2015 年马尔代夫的数据），其余各国的服务业占比都超过了经济总量的一半，服务业占比远远大于工业占比，工业发展缺乏长期动力，尤其是尼泊尔和巴基斯坦，2015 年国内的工业占比分别仅为 14.9% 和 19%，服务业和农业是其主要的经济部门，占比高达 80% 以上（见图 5-1）。

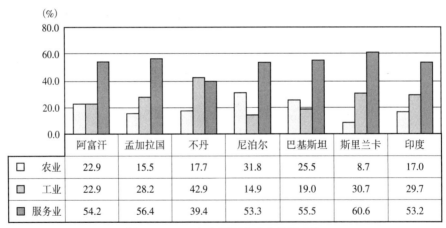

	阿富汗	孟加拉国	不丹	尼泊尔	巴基斯坦	斯里兰卡	印度
农业	22.9	15.5	17.7	31.8	25.5	8.7	17.0
工业	22.9	28.2	42.9	14.9	19.0	30.7	29.7
服务业	54.2	56.4	39.4	53.3	55.5	60.6	53.2

图 5-1　2015 年南亚国家产业结构占比

资料来源：亚洲开发银行官网。

值得注意的是，南亚国家的产业结构正在持续优化，部分国家的工业增长速度远高于服务业和农业的增长速度。就工业增长率来看，2015 年，马尔代夫、孟加拉国、印度和阿富汗的工业增长速度都比较高，均超过了 4% 的增长率（见图 5-2）。此外，各国服务业增长势头也比较乐观，如印度、不丹、孟加拉国、斯里兰卡和巴基斯卡的

服务业增长率都超过了4%。农业增长率方面，除了阿富汗和马尔代夫有所下滑，其余各国都保持着一定的增长趋势。由此可见，既然目前南亚国家产业布局不尽合理，工业推力较弱，但是该地区的产业增长潜力是比较可观的，服务业成为GDP的主要贡献力量，另外，农业与工业的增长没有停滞，将会带动该地区的进一步发展。[①]

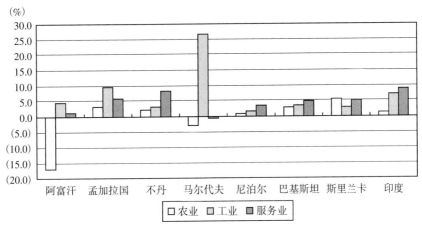

图 5-2　2015 年南亚国家三次产业增长率

资料来源：亚洲开发银行官网。

（四）对外开放水平提高，合作潜力巨大

伴随着国际经济形势的变化，南亚国家也日益开始调整国家战略，改善投资环境，对外开放水平逐步提高。一是南亚区域内合作和对外开放步伐加快。南亚区域合作联盟（简称"南盟"）呈现出新的发展势头，规模和影响不断扩大。南亚区域经济合作有所发展，"南亚增长四角"、"孟印缅斯泰经济合作组织"同年成立，印度、孟加拉国加入"环印度洋地区合作联盟"等。[②]二是南亚各国对区域外国家合作和开放水平逐步提高，特别是与中国的合作关系，正在迈向新台阶。自 2005 年中国正式成为南盟观察员国以来，中国与南亚国家先后签署《中巴自由贸易协定》、《中尼贸易和支付协定》、《中孟互免签证、贸易协定》。2014 年，中国与印度双方签署了《经贸合作五年发展规划》、《铁路合作备忘录和行动计划》等文件。三是南亚国家积极改善投资环境，加大吸引外资力度。如印度自实行经济改革以来，就不断放宽投资领域，简化投资审批环节，创造多种途径吸引投资；孟加拉国在投资鼓励和进出口政策方面，对国内外投资一视同仁；巴基斯坦对外商投资实行鼓励和优惠

---

① 任佳、马文霞：《环印度洋南亚地区经济发展潜力分析》，《南亚研究》2015 年第 4 期。
② 何朝荣：《南亚概论》，世界图书出版社 2015 年版。

政策，而且外国投资者与国内投资者享有同等的待遇。①

三、南亚区域市场暗藏风险

尽管南亚市场潜力巨大，但该地区总体上还属于政治、安全风险相对集中的区域，这使得福建在"一带一路"战略引导下推进与南亚合作面临着客观的挑战，特别是对于那些有"走出去"意愿的福建企业来说，如何正确判断南亚区域市场暗藏的各种风险，并有效防范和规避这些风险成为其不得不关注的核心问题。

（一）政治风险

近年来，南亚政治局势总体趋稳、但局部动荡，转型带来的政治冲突持续存在，给外商投资带来了极大的政治风险。其中，阿富汗属于政局不确定因素较大的国家，2014 年 5 月阿富汗选举产生新政府，但时至今日，新政府的过渡仍未完成，特别是日前阿民族团结政府"分权协议"两年期已满，未来，阿政府如何理顺派系关系，建立有效的国家治理机制，成为该国较为严峻的政治风险。巴基斯坦自 2013 年谢里夫大选获胜以来，政治危机不断，反对党示威抗议活动频发，与过去借助司法、行政及军方角力不同，近年来，该国的政治冲突直接表现为反对党与政府之间的矛盾。孟加拉国 2014 年在反对党抵制参加的情况下完成了大选，选举结果引起国内及国际社会的质疑，反对党不断举行示威游行，国内政党政治斗争进入新常态。②

（二）安全挑战

南亚地区的安全挑战持续存在，重建工作任重道远，安全局势有所变数，焦点主要集中在阿富汗、印度、巴基斯坦等国。阿富汗的安全问题一直是投资者最为关注的问题之一，特别是 2014 年以后，阿富汗境内地区的安全责任转由阿国家安全部队负责，这使得阿富汗境内的安全挑战日益严峻，就有关媒体报道，2015 年阿富汗平民死伤人数创下了新高。③ 印度的安全问题也是困扰印度投资环境的主要问题，特别是印度国内长期存在的各种民族宗教矛盾及恐怖主义威胁，自 2014 年莫迪上台以来，印度政府积极推动政治和经济改革，与周边国家的关系也得以持续发展，但在国内，反政府武装袭击和强奸女性等社会问题仍然突出。巴基斯坦是反恐前线国家，安全问题持续存在，特别是这几年国内政治冲突

① 任佳：《南亚国家经贸指南》，云南人民出版社 2010 年版。
② 任佳：《南亚国家经贸指南》，云南人民出版社 2010 年版。
③《阿富汗平民死伤人数 2015 年创新高》，人民网（国际频道），http：//news.sohu.com/20160215/n437380726.shtml。

和社会情况趋于复杂化，安全形势再次跌入低谷，各种暴力事件造成的死亡人数呈上升趋势。

（三）经济风险

近年来，南亚国家都在不同程度地推动着经济改革，使得南亚经济总体保持相对稳定的增长态势，持续提升了其在全球经济中扮演的地位和角色。但不容忽视的是，伴随着南亚整体的局势波动，影响南亚经济的政策波动和改革挑战会长期存在，南亚经济发展依然存在许多潜在的风险。例如，印度财政改革方面的挑战，财政赤字和经常项目的双赤字问题目前还难以改善；巴基斯坦投资的波动性，国内储蓄和投资能力较弱，难以支撑该国经济的高速增长；阿富汗对外依赖性较强，随着外军的大规模撤离和外来援助的缩水，传统的经济增长将难以为继。

第三节　福建与南亚经济的比较优势及合作重点领域

一、福建与南亚经济的比较优势

（一）南亚的资源优势①

南亚地区的主要经济作物有茶叶、黄麻、棉花、天然橡胶和椰子等。其中，茶叶主要分布在印度、斯里兰卡，主要品种有阿萨姆红茶、大吉岭茶和锡兰高地红茶等；黄麻主要分布在印度和孟加拉国等国，其中孟加拉国是世界上最大的黄麻出口国，享有"黄麻之国"的美誉；棉花主要分布在印度和巴基斯坦等国，主要品种有长绒棉、细绒棉、亚洲棉和草棉等；天然橡胶主要分布在印度和斯里兰卡等国，大部分品种为三叶橡胶；椰子主要分布在印度和斯里兰卡，其中印度椰子产量居世界第三位，斯里兰卡椰干出口居世界第二位。②

南亚地区矿产资源丰富，主要涵盖能源矿产、金属矿产和非金属矿产三大类。其中，能源矿产包括石油、天然气和煤，主要分布在阿富汗、巴基斯坦、印度和孟加拉国等国。如阿富汗煤炭储量大约超过 4 亿吨，天然气 1.18 万亿~19.15 万亿立

---

① 中华人民共和国外交部官网，http：//www.fmprc.gov.cn/web/gjhdq_676201/gj_676203/yz_676205/。
② 何朝荣：《南亚概论》，世界图书出版社 2015 年版。

方米，石油 3.91 亿~35.6 亿桶，凝析油气 1.26 亿~13.3 亿桶；巴基斯坦主要储备天然气 4920 亿立方米，石油 1.84 亿桶，煤 1850 亿吨，煤炭资源储量位居全球第四；印度煤产量居世界第三（可采储量估计为 2533.01 亿吨），石油 7.56 亿吨，天然气 10750 亿立方米；孟加拉国天然气已公布的储量为 3113.9 亿立方米，煤储量 7.5 亿吨。金属矿产主要有铁、铜、金、铝、锰等，主要分布在阿富汗、巴基斯坦、印度、尼泊尔等国，如阿富汗铁矿储量约为 100 亿吨，铜金钼矿 3000 万吨，铜 2000 万吨；巴基斯坦主要储备铁 4.3 亿吨，铝土 7400 万吨；印度铁矿石可采估量为 134.6 亿吨，铝土 24.62 亿吨，铬铁矿 9700 万吨，锰矿石 1.67 亿吨，锌 970 万吨，铜 529.7 万吨，铅 238.1 万吨；尼泊尔有铜、铁、铝等。非金属矿产主要有各种宝玉石、云母石、重晶石、石英石、石灰石、大理石等，主要分布在阿富汗、巴基斯坦、不丹、尼泊尔、斯里兰卡、印度等国，如阿富汗大理石 300 亿立方米；巴基斯坦有大量的大理石和宝石；不丹有白云石、石灰石、大理石、石墨、石膏等；尼泊尔有石英、云母、大理石、石灰石等；斯里兰卡主要有石墨、宝石、云母等；印度云母产量世界第一，重晶石产量居世界第三，此外，还有石灰石 756.79 亿吨等。

南亚地区水资源也十分丰富，恒河、印度河和布拉马普特拉河是其中最为重要的河流，不仅依靠灌溉养育了众多的南亚人口，还蕴藏着巨大的水能资源，可以使南亚部分国家受益，以尼泊尔和不丹两国为主要代表。其中，尼泊尔是全球水电资源最为丰富的国家之一，水电蕴藏量为 8300 万千瓦，约占世界水电蕴藏量的 2.3%，其中 2700 万千瓦可发展水力发电，但已开发的水电资源不足 1%。不丹水电资源蕴藏量约为 3 万兆瓦，目前仅约 1.5% 得到开发利用。

南亚地区的旅游资源和渔业资源也比较突出。旅游资源方面，依托南亚地区悠久的历史宗教文化和漫长的海岸线、海岛风光，形成了极具吸引力的旅游热点区域。其中，历史宗教文化方面具有代表性的旅游景点有印度的阿格拉、德里、斋浦尔、昌迪加尔、那烂陀、迈索尔、果阿、海德拉巴、特里凡特琅等，巴基斯坦的卡拉奇、拉合尔、拉瓦尔品第、伊斯兰堡、费萨拉巴德和北部地区，阿富汗的巴米扬大佛，尼泊尔的加德满都王宫广场和帕舒帕底纳特神庙等；自然景观方面具有代表性的旅游景点有珊瑚岛国马尔代夫、印度洋上的明珠斯里兰卡、喜马拉雅山脉中最美丽国家不丹等。渔业资源方面，以马尔代夫为主要代表，其中马尔代夫盛产金枪鱼、鲣鱼、鲛鱼、龙虾、海参、石斑鱼、鲨鱼、海龟和玳瑁等，主要出口中国、日本、斯里兰卡、新加坡等地。

（二）印度的产业优势

印度作为南亚地区经济增长较快的国家，其产业优势相较于其他南亚国家更为明显，主要集中在软件出口和服务外包业、纺织业、汽车零配件、医药、钢铁、化工等产业。

（1）印度的软件出口和服务外包行业在全球占有领先地位，印度软件外包公司在国际外包市场具有很强竞争力。印度央行公布的数据显示，2014~2015 财年，印度 IT 出口总额中，信息技术和服务外包出口 820 亿美元，同比增长了 14.8%。近年来，伴随着软件服务业的发展，印度已经形成了班加罗尔、金奈、海德拉巴、孟买、普纳和德里等一批著名的软件服务业基地城市，而 TaTa（塔塔咨询）、Wipro（威普罗公司）、Infosys（印孚瑟斯公司）等也已经成为全球著名的软件服务外包企业。

（2）纺织业也是印度具有相对优势的特色产业，主要产品有棉纺品、人造纤维、毛制品、丝织品、黄麻制品、手织品、地毯、手工艺品及成衣等，主要企业包括 NTC（印度国家纺织公司）、NJMC（印度国家黄麻生产公司）和 CCI（印度棉花公司）等。2015~2016 财年，印度纺织品出口额为 400 亿美元，虽然略低于 2014~2015 财年的 414 亿美元，但相对于其他行业，在出口方面的表现还是比较突出的。

（3）除了软件外包和纺织业之外，汽车制造业也是印度的关键行业。印度汽车制造业开始于 20 世纪 40 年代，于 21 世纪初有了较大起色，根据盖世汽车研究院的数据排名，2015 年，印度在全球汽车生产量的排名为第六，在全球汽车销售量的排名为第五，而中国在这两个排名中都位列第一。受印度物流和地理区位的影响，目前全球所有的汽车巨头都在印度投资，印度汽车市场预计会有大幅增长。

（4）印度的制药业在世界市场上也具有领先水平，是全球第三大制药国，亚洲第二大市场。目前全球 20 家公司约有 18 家在印度设立了子公司。此外，印度还拥有设备先进、水平一流的外科体系，眼科、心脏外科等均已是世界领先水平。据估算，印度癌症治疗费用是中国的 1/3，而且服务非常好。

（三）福建的产业优势

与南亚国家相比较，福建在传统制造业领域具有一定优势，特别是在轻纺加工、机械电子、食品、工程建筑等行业及家电、服装、电机、鞋帽等产业领域，一些企业已具备相当的技术水平、资金实力、人才优势和经营能力，这些行业、产业的相关企业都有可能在南亚发展海外经营业务。2015 年，福建省完成地区生产总值 25979.82 亿元，其中制造业完成了 9859.8 亿元，占全部地区生产总值的 38%。而就制造业而言，传统制造业的优势又相对明显，一直以来，晋江、南安、长乐等都是福建传统制造业的重镇，这些地区所生产的纺织原料及纺织制品、机电、音像设备及其零件等传统制造业在福建出口商品中又占据优势。具体分析，纺织行业一直是福建传统优势产业，海关统计数据显示，2015 年，福建省累计出口纺织品 1419.5 亿元，比 2014 年（下同）增长 1%；其中，出口纺织纱线、织物及制品 402.1 亿元，增长 12.2%；出口服装及衣着附件 1017.4 亿元，下降 2.8%。① 机电产品也一直是福建出口的主要产品，仅 2015 年机电产品出口 400.4 亿美元，占外贸出口 35.53%。从发展进程来看，2005~2015 年，福建机电产品出口总额已经从 1572365 万美元增长到 4003707 万美元，增长了 154.6%；从发展趋势来看，机电产品仍然会成为未来福建对外出口的主要产品之一。

建筑业也是福建发展相对较快的产业，比较优势相对明显。2015 年，福建建筑业产值 7717.2 亿元，占总产出比重的 10.1%；完成地区生产总值 2268.86 亿元，占全部地区生产总值的 8.7%。总体来看，福建建筑业外向度高，位居全国前列，吸纳从业人员量大，在增加就业尤其是转移农村富余劳动力、增加农民收入等方面发挥了不可替代的作用。2013 年，福建省政府出台了《关于进一步支持建筑业发展壮大十条措施》，其中就具体提到"支持有拓展境外市场意向的企业申报对外经济合作相关经营权，鼓励龙头企业带动设计、咨询、施工、监理等关联企业共同拓展境外市场"。这为提升福建建筑业在对外经济合作中的地位具有一定的指导性作用。

此外，近年来福建借力蓝色经济发展，海洋渔业优势也逐渐显现。仅以 2015 年为例，福建现代渔业建设取得明显成效，渔业生产保持了稳定增长的良好态势。2015 年福建海洋捕捞产量 232.2 万吨，同比增长 3.6%；海水养殖产量 404.1 万吨，同比增长 6.5%，增速超 2014 年同期水平；远洋渔业实现跨越发展，福建远洋渔业企业综合经济实力位居全国首位，全年新增外派投产渔船 35 艘，远洋渔业产量超 31 万吨，同比增加 16% 以上，总产值 31.2 亿元。②

二、福建与南亚的需求分析

（一）南亚对福建的贸易、投资需求

（1）对传统商品、机电产品需求。南亚地区对福建的传统商品、机电产品需求相对明显。仅就 2015 年而言，福建对南亚出口 HS 全部商品 348071 万美元，出口额排名前三的商品类别分别有纺织原料及纺织制品，机电、音像设备及其零件，鞋

---

① 《2015 年福建省纺织品出口运行情况分析》，中商情报网，http：//www.askci.com/news/chanye/2016/01/28/102434m67c.shtml，2016 年 1 月 28 日。

② 《2015 年渔业生产情况解读》，福建省海洋与渔业厅官网，http：//www.fjof.gov.cn/xxgk/tjxx/201609/t20160927_71260.htm。

帽伞、羽毛制品等；其中，纺织原料及纺织制品 83755 万美元，占 HS 全部商品出口的 24.1%；机电、音像设备及其零件 77706 万美元，占 HS 全部商品出口的 22.3%；鞋帽伞、羽毛制品等 33733 万美元，占 HS 全部商品出口的 9.7%；这三类商品合计占出口商品总额的 56.1%。

（2）对基础设施建设的需求。南亚地区的基础设施落后，城市、交通、通信、水利、港口等基础设施所需要的投资需求巨大。[1] 2015 年，中国企业在南亚国家新签工程承包合同额 212.8 亿美元，同比增长 82.1%，主要涉及电站、通信、公路建设等领域。2016 年第一季度，中国企业在南亚新签工程承包合同额约 51 亿美元，同比增长 2 倍。[2] 在具体项目层面，中国与印度已经同意加快实施清迈到班加罗尔高速铁路项目，并且正在积极推动新德里至清迈高铁项目，孟加拉建议与中国金融机构在政府基础网络、地表水处理、公路铁路等方面展开合作。[3]

（3）对劳动力密集型制造业的投资需求。南亚国家劳动力资源丰富，但由于大多数国家工业化程度不高，对劳动力资源的吸纳能力不足，为了转变目前经济发展相对落后的局面，南亚国家就必然需要实现产业结构调整，从以传统农业为主向以制造业（特别是劳动力密集型制造业）为主转变，以此来吸纳大量劳动力，提高劳动者的收入水平。鉴于此，南亚国家对福建省劳动力密集型产业的转移投资有潜在的需求。

（二）福建对南亚的生产要素需求

福建矿产资源总量较小、分布不均，重要矿种资源短缺，紧缺矿种对外依存度高。根据福建从南亚进口的产品结构来看，福建对南亚地区的矿产品需求量较大。仅 2015 年福建就从南亚地区进口了大量矿产品。2015 年，福建从南亚进口的 HS 全部商品 115079 万美元，其中进口矿产品 64689 万美元，占全部进口总额的 56.2%。从趋势来看，随着福建国民经济持续快速增长，人均资源消费水平的不断提高，城市基础设施建设的不断扩大，能源、建材、冶金、化工等行业发展对矿产资源需求的增长，决定了今后一段时期对矿产品的需求将处于一个强劲增长的阶段，特别是煤、铁、铜、钨等矿产资源。

---

① 任佳、马文霞：《环印度洋南亚地区经济发展潜力分析》，《南亚研究》2015 年第 4 期。
②《中国与南亚合作呈现五大亮点》，《人民日报（海外版）》2016 年 5 月 6 日第 2 版。
③《"一带一路"的南亚机遇日趋明朗》，《昆明日报》2015 年 6 月 14 日第 T03 版。

三、福建与南亚经济合作重点领域

（一）货物贸易领域

从福建与南亚国家的比较优势来看，在货物贸易方面，福建应加强与南亚国家在矿产品、纺织、机电、鞋帽、化工产品、贱金属等产品方面的贸易合作。其中，福建的传统优势商品（如纺织、鞋帽等）、机电产品等仍将为福建与南亚贸易合作的重点领域。福建传统优势商品、机电产品等产业链齐全，配套能力强，拥有较强的生产能力，在国际市场竞争力明显，而南亚国家对中国商品也较认可，人们趋向于购买物美价廉的中国消费品。因此，福建对南亚出口商品中，传统商品、机电产品一直呈稳定增长态势。

南亚的矿产品等也将成为福建与南亚贸易合作的重点领域。南亚地区富含丰富的矿产资源，像阿富汗、巴基斯坦、印度、尼泊尔等都是金属矿产分布较为集中的国家。而福建是资源较为匮乏的省份，人均超大型矿床和矿石品都在世界平均线以下，经济发展与资源短缺的矛盾十分突出。随着经济的迅速发展，福建对南亚的资源性产品（主要是矿产品）的需求越来越大，这势必会加大福建对南亚矿产品的进口采购活动。为此，福建要加大与南亚在矿产资源领域的贸易合作。

（二）产能合作领域

从福建与南亚地区的比较优势和需求来看，水泥、钢铁、轻工、纺织、机电、矿业等将是福建在南亚国家进行投资合作的重点领域。积极推进这些行业的企业到南亚国家进行投资合作，既可使福建企业在更广阔的空间里进行资源的优化配置，实现产品本地化，更好地开拓国际市场；还可以为南亚国家引入大量的资金、管理、技术和人才，提升南亚国家的工业化程度，改变南亚地区普遍存在的发展落后局面。

此外，从南亚的发展现状来看，基础设施建设领域也将是福建与南亚国家进行产能合作的重点领域。经过多年的城市化发展，福建企业在基础设施建设方面，特别是在城市建设、路桥修建、水利工程建设等方面，已经凝聚了"走出去"所需的资金、技术、人才等优势，加快福建与南亚国家在这些领域的合作，不仅可以为福建在 21 世纪海上丝绸之路建设中集聚人气，同时还可以带动福建其他行业的相关企业"走出去"。

从优势互补性来看，旅游业合作也是福建与南亚双方经贸合作的重点领域之一。南亚国家的旅游资源相对丰富，福建旅游业起步较早、发展较快，福州天朗进出口有限公司早在 2012 年就在斯里兰卡投资从事酒店经营业务，福建中国旅行社也于 2014 年开始进入南亚区域市场（目前还要在斯里兰卡）从事旅游相关业务。加快福建与南亚国家在旅游业方面的合作，既可以发挥南亚国家的旅游资源优势，又可以利用福建旅游业的发展优势，实现该领域的互利共赢。

第四节　福建拓展南亚地区市场的策略

为了有效拓展南亚地区市场，福建应发挥自身优势，助力南亚搭上中国经济快速发展与"一带一路"战略向前推进的顺风车，应该鼓励信誉好、有拳头产品、行业社会效益高的企业赴南亚各国投资，如基础设施建设、矿业开采、电力开发等，充分利用双方产品的互补性，以关税和边贸为杠杆，带动双边经济贸易关系的发展。重点发展跨境经贸合作，发挥好福州、厦门、莆田、泉州、漳州等港口城市优势，利用好中巴经济走廊建设、中斯自贸区谈判等区域合作效果，加强福建与南亚国家在海洋、经贸、基础设施建设、旅游等领域合作。当然，非常重要的一点是将南盟作为一个整体，加强区域互联互通建设，推进福建与南盟地区形成一个相互补充、彼此协调的一体化市场与生产基地，充分统筹并利用这一辽阔区域的所有资源，促进福建与南盟的共同发展和繁荣。

一、紧跟"一带一路"战略，加快融入中国南亚区域合作

"一带一路"战略开始实施以来，中国全面推进与南亚区域建设合作关系。其中，2014 年 12 月，中国与马尔代夫签署《中华人民共和国商务部和马尔代夫共和国经济发展部关于中马经贸联委会框架下共同推进"21 世纪海上丝绸之路"建设的谅解备忘录》，推动中马自贸区建设，并将通过经贸联委会进一步加强对华互利合作，增加鱼类等产品对华贸易。在此之后，中马在"21 世纪海上丝绸之路"相关方面的建设合作取得较快进展，主要涵盖能源、基础设施、旅游和海洋产业等。2014 年12 月，中国与尼泊尔签署《中华人民共和国商务部和尼泊尔政府财政部关于在中尼经贸联委会框架下共同推进"丝绸之路经济带"建设的谅解备忘录》，宣布正式启动双边自贸协定联合可行性研究，双方同意成立工作组，尽快就共同关注的领域开展全面研究。2014 年，中国和巴基斯坦两国决定共建中巴经济走廊，这是"一带一路"的旗舰项目。2015 年 4 月，中巴两国发表《中华人民共和国和巴基斯坦伊斯兰共和国关于建立全天候战略合作伙伴关系的联合声明》，双方同意以中巴经济走廊

为引领，以瓜达尔港、能源、交通基础设施和产业合作为重点，形成"1+4"经济合作布局。在此联合声明的引导下，2015 年，中国和巴基斯坦积极共同谋划建设南起瓜达尔港、北至新疆喀什的中巴经济走廊，2016 年中巴经济走廊交通基础设施领域成果显著，两大项目正式启动建设，目前已有不少中资企业进驻瓜达尔港自由区。2015 年，在印度总理莫迪访华期间，中印企业签署了 20 多项合作协议，总金额高达 220 亿美元，合作内容涉及能源、贸易、金融与工业园区等领域。目前，中印双方还在就产能合作协议进行沟通，协议涵盖了基础设施、能源、制造业等领域。在此期间，中国还积极推动与孟加拉国、斯里兰卡等共建 21 世纪海上丝绸之路，推进大项目建设和产业合作，主要合作领域包括经贸、基础设施建设、卫生、农业、科技、旅游等。此外，中国与一些南亚国家还在稳步推进自贸区建设，如中巴自贸区已经建成，中尼自贸协定联合可行性研究已经启动，中斯自贸区、中马自贸区正在谈判中。

鉴于此，福建作为"21 世纪海上丝绸之路"核心区，应紧跟国家战略，积极主动融入中国南亚区域合作。具体而言，福建要拓展与南亚国家的经贸关系，就需要跟上国家节奏，通过强化政府间交流机制来拓展经贸合作空间。一是充分利用福建自贸区体制机制创新优势，建立福建与南亚国家之间的常态交流机制，加深南亚国家对福建的了解和认识。邀请相关国家驻华使节、政府官员来闽交流和商谈合作事宜，加强福建省直有关部门、设区市与相关国家政府部门之间的双向交流往来，推动务实合作，力争在重大议题、重点领域等方面率先达成共识、取得突破。二是完善与南亚主要城市的政府间交流机制，包括高层互访、高层会议、国际研讨会等多种形式，积极推动与南亚国家有关省（邦、州）的结好事宜。当前福建在亚洲建立的国际友好城市有 19 个，其中没有一个是南亚国家，如若福建要拓展与南亚的经贸合作关系，就要以建立友好城市为前提，打造合作的重要节点城市，并以点带面形成区域合作格局。

二、以打造跨境合作平台为重点，加快推进福建与南亚产能合作

（1）以航运平台建设为重点加快推进福建与南亚互联互通。南亚地区海域广阔，港口众多，主要港口有 19 个，主要分布在印度、巴基斯坦、斯里兰卡、孟加拉国、马尔代夫等国。其中印度有港口 12 个，分别在布莱尔、杜蒂戈林、恩诺尔、根德拉、加尔各答、维沙卡帕特南、马德拉斯、蒙德拉、孟买、尼赫鲁港、皮帕瓦夫、饮奈；巴基斯坦有港口 3 个，分别为瓜达尔、卡拉奇、卡西姆；斯里兰卡有港口 2 个，分别为汉班托特、科伦坡；孟加拉国有主要港口 1 个，为吉大港；马尔代

夫主要港口为马累。在世界航运理事会统计的世界前 50 大集装箱港口中，南亚港口的体量并不庞大，只有科伦坡港和印度的尼赫鲁港位列其中，分别位列第 30 和第 32，未来兴建港口几乎是南亚诸国的主要需求。① 为此，福建港口城市可以探讨与南亚港口城市建立点对点、城对城的小区域合作模式，以打造航运物流合作平台为重点，促进福建与南亚区域合作。其中，航运物流合作平台可参考粤港澳大湾区物流枢纽的做法，加快构建海上丝绸之路沿线港口国际联盟，以投资合作、业务拓展、互相参股、园区共建等多种方式，将福建沿海港口与海上丝绸之路沿线国家重要港口串联起来。同时，为了确保陆海空联运，可以采取财政补贴等形式，鼓励国内外海运企业、航空公司新开和增开福建与海丝沿线国家主要港口、主要城市的海空航线。②

（2）打造跨境产业合作平台，推进福建与南亚产能合作。根据国际经验来看，产业合作园区是产业合作的重要载体平台。福建要有力推进与南亚国家的产能合作，就必须以打造跨境产业合作平台为重点，创新产业合作模式，实现福建与南亚产能合作的集聚能力。其中，跨境产业合作平台的建设对象主要聚焦冶金、机械、纺织、服装、制鞋等多个方面；建设内容主要涵盖产品制造、物流配套以及信息互享等多个层面；建设方式包括政府合作、企业合作、政府与企业合作等多种形式；建设资金可通过申请境外项目人民币贷款，通过股权或债券融资、内保外贷等手段，合理利用国家开发银行、进出口银行的政策性金融资金作用。跨境产业合作园要以有效对接福建企业"走出去"进行国际投资和跨境并购重组为目标，要成功打造一批有国际影响力的规模企业和国际知名品牌，为福建拓展与南亚产能合作提供有力支撑与持续动力。此外，值得注意的是，跨境产业合作园区建设要以合作双方的利益共享为出发点，依托合作双方政府、企业之间的对话与协商，提前规避可能出现的传统问题，及时解决可能出现的临时问题。

三、提升环境应对能力，拓展福建与南亚经贸合作空间

从"一带一路"的战略目标来看，就是要通过各国合作、共同发展，构建人类命运共同体。南亚作为"一带一路"战略的重要节点，中国必将以构建命运共同体为目标，整合中国和南亚区域市场的资源，发挥各自的比较优势，实现共赢共享、

---

① 《南亚港口：已在"风口"好多年（附图）》，《航运交易公报》2016 年 11 月 2 日。

② 李鸿阶、林心淦、林在明：《相关省市建设 21 世纪海上丝绸之路的经验做法及对福建的借鉴作用》，《福建论坛·人文社会科学版》2016 年第 4 期。

共同繁荣。考虑到南亚区域市场的投资风险，特别是潜在的民族、宗教和文化冲突，福建拓展南亚区域市场，就应该与南亚国家增进互信和了解，提升公共外交能力，加强在政策、文化、安全、情感等领域的互联互通，化解"一带一路"的投资风险和非市场风险。

（1）正确面对投资风险，有序开拓南亚市场。尽管南亚市场潜力大，但该地区总体上还属于政治、安全风险相对集中的区域。首先，近年来南亚政治局势总体趋稳、但局部动荡，转型带来的政治冲突问题持续存在，给外商投资带来了极大的政治风险。其次，南亚地区的安全挑战持续存在，重建工作任重道远，安全局势有变数，焦点主要集中在阿富汗、印度、巴基斯坦等国。[①] 考虑到上述投资风险会在一段时期内长期存在，且福建与南亚经贸合作水平整体较低的现实情况，在接下来的阶段，福建与南亚的经贸合作仍然会呈现产业单一、区域集中的局面，多层次、多领域、多范围的合作还有待时间的变革。为此，福建拓展南亚经贸关系要做好前期准备工作，正确面对投资风险，合理判断投入产出比，理性估计南亚区域基础设施建设周期，有序开拓南亚市场。[②] 特别是对于那些有"走出去"到南亚投资意愿的福建企业来说，更需要提前研究南亚各国投资环境，率先进入那些政局相对稳定、经济改革力度较大的国家进行投资，如印度、斯里兰卡、巴基斯坦、孟加拉国等国；待形势较为明朗之后，再考虑进入那些之前较少进行投资合作的阿富汗、不丹、马尔代夫及尼泊尔。

（2）加强政策沟通，营造公开透明的政策环境。伴随着南亚国家的对外开放，各国陆续推进投资促进政策，包括行业投资政策和优惠措施，这些政策直接影响着南亚区域市场对中国企业的投资吸引力。此外，南亚国家的经济法律法规、技术标准、知识产权等也影响福建企业对投资南亚区域市场信心。鉴于此，福建应加强与南亚国家在这些领域的协调与合作，通过建设信息共享平台与建立多层次、多领域的协调机制，为福建企业拓展南亚区域市场提供可沟通、可对话、可协调的政策环境。此外，人文交流与合作是加深国与国之间了解与互信的重要渠道，对强化双边乃至多边经贸关系具有重要意义。南亚国家的民族、宗教与文化比较多元化，要想加深与南亚人民的情感，减少他们对中国"一带一路"建设的负面情绪，极其重要的一点就是要加强民众之间的人文交流，把建设"一带一路"打造命运共同体理念

---

① 任佳：《南亚国家经贸指南》，云南人民出版社 2010 年版。
② 王欢欢、李忠林：《"一带一路"视野下的中国—南亚区域合作：进展及挑战》，《实事求是》2016 年第 2 期。

融入南亚国家的传统文化，使南亚国家广大民众真正了解中国"一带一路"倡议，减轻南亚百姓对中国参与南亚地区投资建设的疑虑和抵触情绪。针对那些对"一带一路"战略持有对抗性思维的国家，例如印度等，要着力做好宣传解释工作，通过增信释疑，减少合作中可能出现的安全问题。①

四、充分发挥福建经济优势，积极对接南亚国家经济发展计划

近年来，伴随着全球经济的缓慢复苏，南亚国家也在积极推动经济改革，并提出各项经济发展计划，其中最引人注目的就是印度。2014 年，莫迪上任后，推出一系列经济振兴计划，所涉及的领域包括基础设施、城市化和制造业等多个方面。在基础设施方面，印度实施了铁路系统改革计划，预计未来几年，印度在基础设施建设方面的项目价值就高达 5 万亿卢比，其中铁路占了一半，项目价值达 25700 亿卢比。此外，印度还在全面启动道路公路交通、港口运输、电力、民航等多个基础设施建设项目；在城市化方面，印度启动了打造"智能城市"计划，该计划提出到 2020 年，印度在全国建造 100 个智能城市，配备高科技通信能力，并新建 5000 万套住房；在制造业方面，印度启动了"印度制造"计划，该计划主要针对印度制造业相对落后的现状，旨在通过多项投资政策，吸引国内外企业在印度投资，推进印度制造业发展，目前该计划主要涉及的领域包括汽车制造、化工、制药、医疗设备制造、纺织服装、食品加工、IT 硬件和电子、通信设备、太阳能技术等产业。除了印度之外，近年来孟加拉国也致力于发展经济。为了改善国内投资环境，孟加拉国在"2010~2021 年远景规划"中，提出提高基础设施（包括铁路、公路和水上交通等）的综合运输能力。2015 年，孟加拉国政府在其制订的第七个五年计划（2015/2016 财年~2019/2020 财年）中，提出支持国内制造业发展，重点集中在成衣制造业、信息产业等方面。2015 年 11 月，斯里兰卡新政府提出中期经济发展规划，在旅游业、教育等方面提出了新的要求，对此，福建应立足本省产业优势，积极对接南亚国家的经济发展计划，结合南亚国家的发展需求，推动福建与南亚国家产能和制造业合作，特别是在福建具有比较优势或投资需求的产业领域，如纺织业、基础设施建设、卫生医疗、农业、旅游等领域加强与南亚区域的合作建设。

---

① 王欢欢、李忠林：《"一带一路"视野下的中国—南亚区域合作：进展及挑战》，《实事求是》2016 年第 2 期。

西亚：21 世纪海上丝绸之路的重要节点

西亚地区是古代陆上丝绸之路与海上丝绸之路的交汇点，阿拉伯商人曾经是古代中国与西方世界经济、政治、文化交流的重要纽带。2014 年 1 月 17 日，习近平主席在会见来华出席中阿合作委员会第三轮战略对话的海合会代表团时，表示"中方愿同海湾合作委员会共同努力，推动丝绸之路经济带和 21 世纪海上丝绸之路建设"。福建是古代海上丝绸之路的重要发祥地，宋元时期泉州与阿拉伯伊斯兰世界贸易、文化交流密切，留下许多历史文化遗存。今天，福建省被赋予 21 世纪海上丝绸之路核心区的重要角色，这是福建经济发展和腾飞的第二次机遇。在我国经济发展进入新常态，拓展国际市场空间压力日益加大的情况下，福建实施"走出去"战略，拓展阿拉伯国家的市场潜力巨大。福建拓展与西亚地区各国之间的经贸合作也是福建省落实"一带一路"国家战略的重要步骤和举措。研究福建与阿拉伯的传统贸易关系以及拓展与西亚地区各国之间的经贸合作具有重要的现实意义。

第一节　历史上福建与阿拉伯世界的海上贸易

福建与阿拉伯世界的友好往来源远流长，福建是古海上丝绸之路的重要起点和发祥地，泉州是被联合国教科文组织确认的海上丝绸之路起点之一。福建与阿拉伯世界的往来中，不得不提的就是阿拉伯人为主的海洋贸易对当地经济所产生的拉动作用。从有历史可循的发展历程来看，以泉州港为代表的福建与阿拉伯世界的海上贸易始于隋唐五代；兴盛于宋元时期，当时形成了以阿拉伯人为主体贸易体系；后由于明朝"海禁"政策和国际经济环境的转变等因素的影响，福建市舶司由泉州迁到了福州，泉州港在明代逐渐衰落。

一、唐代以前，福建与阿拉伯世界的往来

在唐代以前，中国与西方的商贸往来多通过陆上丝绸之路开展，鲜有阿拉伯人到达福建经商或者生活。进入唐代以来，东西方文明的交融进一步深化，唐代时期政府开放了交州、广州、泉州、明州（今宁波）、杨州、楚州（今江苏淮安）诸港开展对外贸易。唐朝也采取了奖励和保护外商的政策，就有部分大食商人[①]来到中国的长安、洛阳、扬州、广州、泉州等地定居，他们被称为"往唐"，唐朝时期，泉州就出现了大食商人定居地，史书上称为"蕃坊"。

唐朝中叶，由于与阿拉伯帝国在怛罗斯战役[②]的失利与此后安史之乱、藩镇割据等内讧和战乱的爆发，黄河流域生灵涂炭，唐朝与阿拉伯联军在中亚地区的战争又使得陆上丝绸之路难以为继。此时，中国的经济文化重心由黄河中上游开始向东南地区转移，海上丝绸之路的重要性日益凸显。地处东南沿海的福建因其独特的地理位置，逐渐走入中原文化的视野。唐朝，中央政府在行政管理上采用的市舶司制度为农业大国植入了海洋经济的因素。这对于强化自古以来的福建经济文化的区域性特色有十分重要的意义，以福建为中心的中国东南沿海成为构建中古世界海洋经贸交通与文化交往的重要枢纽。

我国历史上的海外贸易多是在封建王朝严格控制下进行的，中央政府的态度决定了海外贸易的兴衰。唐朝认识到海外贸易所带来的诸多益处，也采取了一些有利于发展海外互市的措施，使得中国东南沿海的海外贸易进一步发展。唐文宗大和八年（834 年）曾下令保护广东、福建、扬州等地的外商，规定："除进奉外，任其来往通流，自为贸易，不得重加率税。"地处福建的泉州港发展海外贸易的自然条件和地理条件十分优越，唐朝予以特别关注，并在泉州设立"参军事"，专门接待海

---

① 大食（tazi 或 taziks，dàyi），或译"大石""大寔"。原为伊朗对阿拉伯一部族之称，后为中国唐宋时期对阿拉伯人、阿拉伯帝国的专称和对阿拉伯、伊朗穆斯林的泛称。按其民族服装颜色分白衣大食、黑衣大食、绿衣大食三种。

② 怛罗斯之战（Battle of Talas）是唐玄宗时大唐的势力与来自阿拉伯帝国的势力在中亚诸国相遇而导致的战役，阿拉伯帝国以其优势兵力获胜。战役的发生时间在 751 年 7~8 月（唐玄宗天宝十年）。经此役之后，阿拉伯帝国得以控制中亚地区。

外来往使节和管理海外贸易事务，从此泉州港便日渐兴盛。[①]

二、宋元时期，福建与阿拉伯世界的往来

（一）泉州港的兴起带来福建与阿拉伯世界的密切往来

福建与阿拉伯世界的经贸往来到了宋元时期得到了进一步的发展，其中福建表现最为突出的是泉州港的对外贸易。福建泉州港的兴起既有其自然地理位置优越的原因，也受当时历史背景的深刻影响。从自然地理位置来看，泉州港地处亚热带，海湾曲折，适合商船停靠。古代的远洋航行全靠季风的推动，泉州港濒临台湾海峡，冬季盛行东北风，夏季盛行东南风，这让从泉州出发的海船不论去东北亚，还是去东南亚以及印度洋沿岸的阿拉伯国家都十分便利。比较而言，广东港口在东北季风时只适合向南航行，西南季风时船只回到广东后就很难再次出港，宁波、乍浦这一类港口最适宜前往东北亚地区的贸易，其与东南亚和印度洋沿岸阿拉伯国家贸易的船只经常要到泉州港口候风，以船商大多选择风向便利的港口出航，由于古代贸易船只逆风航行非常困难，所以与其他港口相比，泉州港具有优越的自然地理条件。

从历史背景来看，宋朝在北方与辽国、西夏及金国等发生多次战争，后来不得已将都城由汴梁（今河南开封）迁往南方的临安（今浙江杭州）。靖康之变后，南宋高宗绍兴八年（公元1138年）定都临安，由于当时宋金对峙，两浙路各港口的海外贸易受到严重影响，于是从东海航路来中国的商人常到泉州停泊。所以泉州港良好的季风因素和政治环境，成为很多船商理想的起始港，这也让"水陆据七闽之会，梯航通九驿之重"的泉州成了舶货消费的中心。宋人赵汝适著的《诸蕃志》记载"下南洋，西去大食的中外船只均从泉州起航，自泉州至本国（占城）顺风航行二十余程，赴真腊国舟行顺风月余日可到，至三佛齐冬月顺风月余可达"。元朝著名的航海家汪大渊两次出海也是从泉州港出发。[②] 宋元时期泉州成为"海上丝绸之路"的主港，因当时泉州遍地种植刺桐，故以"刺桐港"之名蜚声寰宇，成为与埃及亚历山大港相媲美的"东方第一大港"。

宋元时期的泉州港能发展为与亚历山大港齐名的"东方第一大港"，离不开泉州的阿拉伯商人，从当时的国际环境看，操纵东西方海上贸易的是阿拉伯、波斯商

① 麻健敏：《略述南宋对泉州蕃客的政策——兼论阿拉伯商人对繁荣泉州所起的历史作用》，《中央民族学院学报》1990年第6期。

② 李大伟：《11世纪到14世纪泉州与印度洋的贸易和泉州区域社会的形成》，《首都师范大学学报》2011年第2期。

人，形成了以阿拉伯人为主导的国际贸易格局。元朝蒲蕃海商操纵泉州港近一个世纪，为刺桐港政治经济声势显赫的特殊阶层，在他们的着力招诱下来港的蕃商络绎不绝。元朝中叶以后，泉州巨商几乎皆是新来的色目人。如前有合只铁即剌、马合马丹等，后有赛甫丁、阿里迷丁、那兀纳等。元代刺桐港的海外贸易很大程度上为蕃商所垄断。长期寓居泉州的阿拉伯人和当地居民互相通婚，血统相融合。几百年来，他们的子孙后代已成为中华民族大家庭中的一员。据族谱记载，现在泉州一带的丁、金、夏、马、郭、葛、蒲等姓氏，他们的祖先很多和阿拉伯人有血缘关系。如泉州原南教场附近的蒲姓住户，就是阿拉伯人蒲姓的后裔。泉州后诸港对岸的惠安县百崎村，多数姓郭，其先祖也与阿拉伯人有血缘关系。① 以泉州晋江陈埭镇丁氏为例，据丁氏族谱记载，其宗族是元代阿拉伯人赛典赤瞻思丁的后裔，因躲避战乱而迁居晋江，为隐姓埋名，取祖先名字末字"丁"为姓氏。虽已历经几百年的汉化融合，丁氏族人还是保留了部分阿拉伯文化。② 泉州阿拉伯商人的后裔至今约有 5 万人仍然生活于此，阿拉伯国家对泉州有一种亲缘般的认同。③ 这些阿拉伯后裔中不乏善于经商者，比如安踏体育董事长丁世忠、361°董事长丁辉煌以及特步国际董事长丁水波等。

（二）泉州市舶司促进福建与阿拉伯世界的贸易

泉州港到北宋前期对外贸易已相当可观。北宋哲宗元祐二年（1087 年），在泉州设置市舶司（泉州市舶司持续到明朝成化八年即 1472 年，此后市舶司迁往福州），"掌蕃贺、海舶、征榷、贸易之事，以来远人通远物"。泉州市舶司的设置确立了泉州作为重要贸易港的地位。此后，泉州市舶司就与两浙路市舶司及广南市舶司并称为三路市舶司。后至南宋初，由于宋金战争常年兵乱和战火的威胁，原地处浙江地区的"三司"中杭州和明州（现在的宁波）的海外贸易受此影响甚大，海外商贾因畏惧战乱多不敢前来经商。此后，宋高宗建炎三年九月至建炎四年四月，金兵从北方长驱直入攻进江浙一带，所到之处皆饱受战火摧残，更使杭州和明州两港遭到严重破坏，自此一蹶不振，以至于宋孝宗乾道元年（1165 年）取消了这两处的市舶机构。④ 与杭明两港的情况相反，地处福建的泉州港因远离宋金战争战场成为南

① 童家洲、王洪涛：《宋元时期泉州与亚非国家的友好往来和经济文化交流》，《福建师范大学学报（哲学社会科学版）》1978 年第 1 期。

② 黄鹏飞：《晋江丁氏——跨越千年的阿拉伯情缘》，《人民日报（海外版）》2016 年 1 月 29 日第 3 版，http://paper.people.com.cn/rmrbhwb/html/2016-01/29/content_1651247.htm。

③ 尤权：《打造 21 世纪海上丝绸之路重要枢纽》，《求是》2014 年第 17 期。

④ 麻健敏：《略述南宋对泉州蕃客的政策——兼论阿拉伯商人对繁荣泉州所起的历史作用》，《中央民族大学学报（哲学社会科学版）》1990 年第 6 期。

宋小朝廷的一个重要海上门户，其经济地位得到了极大提升，成为与当时广州同等重要的南宋海外贸易港，泉州港从此兴旺壮大，直至元朝末年"亦思巴奚兵乱"。①

宋元时期的泉州在海外贸易中居有特殊重要的地位，当时管理海外贸易的机构为市舶司，而泉州市舶司的人选非常重要。在宋元时期，泉州市舶司的任命还呈现出一个特殊的现象——常有阿拉伯人获得当时朝廷的任命。南宋末年，阿拉伯人蒲寿庚因平定海盗有功，出任泉州市舶司。《宋史·演国公纪》记载，景炎元年（1276年）十二月条载："寿庚提举泉州舶司，擅蕃舶利者三十年"。② 至元十四年（1277年）元军攻取浙、闽等地，灭亡南宋的战争还在继续，元朝政府就在泉州等地设立市舶司，招降并重用蒲寿庚。次年八月，又通过蒲寿庚向蕃商宣布："其往来互市，各以所欲。"元代市舶贸易购入的货物通过两条商路运往大都，两条商路都始于泉州。据清乾隆《泉州府志》卷26记载，元朝担任泉州市舶司提举及同提举的阿拉伯人至少18人。阿拉伯人长期控制泉州的市舶机构，十分有利于阿拉伯商人进行海外贸易。在阿拉伯人把持泉州市舶机构期间，不知有多少蕃商因"种人"（阿拉伯人担任市舶司）的缘故而获取私利。阿拉伯商人熟知域外地理，又善于航海，在其"种人"控制了市舶机构的泉州，自然会有许多人经营海外贸易，其中获利丰富者不在少数。③ 随着经由泉州开展的海外贸易不断发展壮大，泉州市舶司也为宋元时期的政府带来了大量的财富，据李心传《建炎以来朝野杂记》记载，南宋绍兴末泉州市舶司的岁收入约占政府全部财政收入的1/50。由此可见，泉州市舶司在当时对外经济交往以及地区经济发展中的作用非常重要，同时泉州市舶司设置以及其采取的开放而友好的对外政策，又进一步促进了福建与阿拉伯世界的频繁贸易往来。

（三）宋元时期福建与阿拉伯世界贸易品

宋元时期，中西海上贸易空前繁荣，泉州港输出的大宗商品是丝绸、陶瓷器、铜铁器和泉州的泉缎。泉州港附近晋江磁灶窑、南安窑、德化窑、安溪窑、永春窑等地方窑口烧造的瓷器，成为当时海上丝绸之路的贸易商品，远销到世界各地。

---

① 亦思巴奚战乱，是元朝末年1357~1366年在福建发生的一场长达10年的以波斯人军队"亦思巴奚军"为主的军阀混战，由于"亦思巴奚"是泉州波斯人的武装，因此该事件也被称为"波斯戍兵之乱"。持续10年的"亦思巴奚战乱"，严重破坏了福、兴、泉沿海一带的社会秩序、经济生产和人民生活，泉州地区受害尤为严重。"亦思巴奚战乱"的直接后果，就是外商不敢再来泉州贸易。中国政府也"严加取缔"，从此番舶不敢进港，商贾不敢抵泉，外商绝迹，盛极一时的泉州港元气大损，一蹶不振，降为私商活动和华侨出国的地方性港口。

② 宋末元初，阿拉伯人蒲寿庚"提举泉州市舶司"，他利用这个职位为自己谋私利，垄断泉州港的香料贸易近30年，为自己聚敛了无数财富。据史料记载，蒲氏家族在一次贸易中被劫匪抢走的货船就达400艘。这些资料也从另一方面反映出当时泉州港海外贸易的兴旺以及泉州市舶司的地位。

③ 修晓波：《元代色目商人对泉州港的经营》，《中国边疆史地研究》1995年第2期。

"南海一号"出水后，经过发掘，不断涌现出当时属于泉州海上丝绸之路的贸易商品，比如德化窑的青白瓷，磁灶窑的绿釉，此前还发现部分瓷壶、盖碗花纹有异域风情。此外，沉船上的瓷器还体现了海上丝绸之路航线上的文化交流，比如磁灶窑的绿釉盘体现了伊斯兰文化，再如小罐和粉盒等都是世界不同文化交往的实物器形等，这些也体现了当时泉州这个港口城市的多元包容特征。沉船上 80% 的青白瓷来自泉州，沉船的吨位跟泉州古船相似，沉船上的金镯曾在泉州出现。[1] 作为海上丝绸之路的起点，丝绸纺织品也曾是宋元时期泉州对阿拉伯国家对外贸易的主要商品之一，尤其泉州产的"泉缎"，历史悠久，以"刺桐缎"驰名海外，远销南洋、印度、西亚、北非和欧洲等地。北宋时，南安人苏颂在他的《黄从政宰晋江》诗中有"绮罗不减蜀吴春"之句，赞美泉州出产的丝织品，说明宋朝泉州之丝织品在社会上已颇享盛名。

从事外国海上贸易的阿拉伯人、波斯人最多，他们从阿拉伯世界及南洋等地经泉州港输入国内的商品有乳香、龙涎香、木香、苏合香油、降真香、沉香、檀香、肉豆蔻、没药、蔷薇水和安息香等香药，这其中有七种在宋朝已入药，成为我国民间的常用药品。明朝李时珍在他的《本草纲目》中，也吸收了许多从阿拉伯和印度传来的药物。我国医药学中的"苏打"一词，就是从阿拉伯语来的。[2] 伊斯兰的科学、文化与艺术也广泛传入中国。在此期间，中国的先进文化也传入西亚，并传至欧洲。

三、明朝以后，福建与阿拉伯世界的贸易往来

明朝的政治经济环境较之宋元时期发生了显著变化。明太祖屡次发布诏令，严禁沿海军民出海贸易。洪武四年（1371 年）十二月，明王朝下诏给吴王左相靖海王吴桢，宣布"濒海军民不得私出海"、"不得私通海外诸国"的禁令，[3] 洪武十四年和三十年，又分别下令严禁交通外邦。[4] 到了洪武二十七年，进而下令民间"禁止

---

① 《"南海一号"发掘出大量泉州窑口瓷器 泉州或为始发港》，泉州网（泉州晚报），http://www.fj.xinhuanet.com/picture/2016-01/12/c_1117740869.htm.

② 童家洲、王洪涛：《宋元时期泉州与亚非国家的友好往来和经济文化交流》，《福建师范大学学报（哲学社会科学版）》1978 年第 1 期。

③ 《明太祖实录》卷七〇，洪武四年十二月条 "诏吴王左相靖海侯吴桢，籍方国珍所部温、台、庆元三府军士及兰秀山无田粮之民曾充艄户者，凡一十一万一千七百三十人，隶各卫为军。仍禁濒海民不得私出海"。

④ 《明太祖实录》卷一三九，洪武十四年十月条 "乙巳，禁濒海民私通海外诸国。"该书卷二五二，洪武三十年四月条又云 "申禁人民无得擅出海与外国互市"。

使用蕃香蕃货"，"敢有私下诸蕃互市者，必寘之重法"，① 从而形成了"太祖定制，片板不许下海"的海禁政策。但是明朝的海禁政策不是禁绝一切海外贸易，而是把海外贸易以朝贡贸易的形式掌控在中央政府手中。② 明前期在推行朝贡贸易过程中，采取超额的赏赐。明代官方贸易到郑和七下西洋时期达到鼎盛。但高价的收买，优惠的接待，无偿的运输，这些费用加在一起，就成为政府沉重的财政负担，后来明朝政府采取了以市场限价付款的办法，打破了"厚往薄来"的原则。因之，各国贡使日益减少，最终导致了朝贡贸易的衰落。③ 受明朝朝贡贸易衰落的影响，泉州港所面临的国内大环境变差。明朝政府采取的海禁政策使得有走私之便的漳州月港取代泉州港的地位。

泉州港的衰落在于元末明初的战争消耗了泉州地区的物资基础和海商力量，同时也斩断了泉州港国际贸易的全球网络。而福建市舶司迁往福州的设置和海禁政策的施行使得泉州的海商力量没有得到发展的机会。直到隆庆元年（1567 年）明政府重新开放对外贸易，海外贸易断绝 193 年之久。由此，泉州的海商阶层出现严重断层，难以为继。这一切最终导致泉州港开展海外贸易的经济环境恶化，并逐渐衰落。④ 明朝中叶以后，西方殖民主义者东侵并逐渐取代阿拉伯商人的海上地位，终结了阿拉伯人为主导的世界贸易格局，也影响了泉州港的发展，自此福建与阿拉伯世界的经贸往来一度陷于停滞状态。这也从一个侧面反映了随着航海技术的成熟以及新航线的开辟，相比荷兰、西班牙、葡萄牙等欧洲国家，西亚地区伊斯兰世界的商业开始走下坡路，其原来所从事的沟通东西方经济交往的海外贸易已部分地被欧洲殖民者替代，阿拉伯商人的海上地位被逐渐取代。

---

① 《明太祖实录》卷二三一，洪武二十七年正月条载"甲寅，禁民间用蕃香蕃货。先是上以海外诸夷多诈，绝其往来，唯琉球、真腊、暹罗许入贡。而缘海之人，往往私下诸蕃贸易香货，引诱蛮夷为盗，命礼部严禁绝之，敢有私下诸蕃互市者，必寘之重法。凡蕃香蕃货，皆不许贩鬻。其见有者，限以三月销尽。民间祷祀，止用松柏枫桃诸香，违者罪之。其两广所产香木，听土人自用，亦不许越岭货卖。盖虑其杂市蕃香，故併及之"。

②④ 刘洋波：《明代泉州港衰落原因新探》，价值中国网，http://www.chinavalue.net/General/Article/2009-4-16/170844.html（访问时间 2016/7/25）。

③ 田培栋：《论明代的朝贡贸易》，《郑和研究》2000 年第 2 期。

第二节　福建与阿拉伯国家经贸合作现状

地处西亚的阿拉伯国家是福建发展对外经贸关系的重要伙伴国家，同时也是当前我国"一带一路"战略的重要目标国家。改革开放以来，福建与西亚阿拉伯国家经贸交流得到恢复和发展。进入 21 世纪后，福建与西亚地区阿拉伯国家的双边贸易与投资关系发展迅速，双边经贸合作日趋紧密。但与历史上福建与阿拉伯国家的贸易盛况相比，福建与西亚地区的经贸潜力还远没有发挥。

一、福建与西亚阿拉伯国家的双边贸易

我国与西亚地区阿拉伯国家关系相对友好，西亚各国是福建传统贸易合作伙伴。近年来，福建对西亚出口增速明显高于美国、日本和中国香港等传统市场。

从福建与西亚地区的双边贸易统计分析可以看出，福建与西亚地区的贸易发展迅速（见表 6-1）。1996 年福建与西亚地区的进出口贸易额为 2.02 亿美元，其中，出口 1.26 亿美元，进口 0.76 亿美元。2015 年福建与西亚地区的进出口贸易总额为 149.7 亿美元，占全省进出口总额的 8.8%，比 2000 年的 2.6% 提高了 6.2 个百分点。其中，福建出口为 91.96 亿美元，1996 年以来增长了近 73 倍，年均增长 25% 左右，占全省出口比重从 1.5% 上升到 8.1%；进口为 57.73 亿美元，比 2013 年（97.12 亿美元）略有回落（这主要是由于包括石油在内的全球资源类产品价格下跌所致），但相比 1996 年仍增长了 75 倍，年均增长 27.9%，占全省进口比重从 0.8% 提高到 10.2%，在双边外贸中的地位迅速提高。[1]表明西亚市场在福建对外贸易的地位迅速提高。

表 6-1　2000~2015 年福建与西亚地区的进出口贸易情况

单位：万美元

国别与地区	2000 年			2010 年			2015 年		
	出口	进口	进出口总额	出口	进口	进出口总额	出口	进口	进出口总额
西亚地区	37422	12186	49607	373403	74830	448233	832565	512550	1345115
沙特阿拉伯	9635	4945	14580	78249	28624	106873	134926	441055	575981
巴林	212	530	742	4843	620	5463	4339	589	4928

---

[1] 资料来源：根据海关统计数据计算。

续表

国别与地区	2000 年			2010 年			2015 年		
	出口	进口	进出口总额	出口	进口	进出口总额	出口	进口	进出口总额
伊朗	823	81	904	49444	20423	69867	75107	24850	99956
伊拉克	379	0	379	24848	0	24848	67748	10	67757
以色列	6549	590	7139	34856	1617	36473	68360	2416	70776
约旦	1294	0	1294	11068	23	11091	62047	75	62122
科威特	1510	1194	2704	13293	5088	18381	41746	9390	51136
黎巴嫩	1539	15	1554	8113	94	8207	14497	17	14515
阿曼	170	14	183	2636	6085	8721	8743	9962	18705
巴勒斯坦	63	0	63	174	0	174	439	0	439
卡塔尔	78	999	1077	5367	6779	12147	11986	9622	21607
叙利亚	617	0	617	10696	245	10940	6361	6	6367
阿联酋	13849	3788	17637	121277	2256	123533	319882	14506	334388
也门	703	31	734	8539	2975	11515	16385	54	16438
土耳其	4623	224	4847	68971	47742	116713	84115	64589	148705

资料来源：根据福建省商务部门数据整理。

福建与西亚经贸往来的国别市场相对集中，2015 年福建与沙特阿拉伯、阿联酋和土耳其的贸易额分别达到 57.598 亿美元、33.438 亿美元和 14.871 亿美元，也是福建与西亚地区进出口贸易总额排名最靠前的三个国家，福建与这三个国家的贸易额合计 105.9 亿美元，占福建对西亚地区贸易总额的 70.9%。此外，进出口贸易超过 1 亿元的国家还有伊朗、以色列、伊拉克、约旦、科威特、卡塔尔、阿曼、也门、黎巴嫩等国。

从出口市场的角度来看，阿联酋、沙特阿拉伯和土耳其是福建在西亚地区排名前三的主要出口市场，特别值得一提的是阿联酋，2000 年福建对阿联酋的出口为 1.38 亿美元，占福建对西亚地区出口的 32.9%；2010 年该项出口额为 12.13 亿美元，占比为 27.4%；2015 年福建对阿联酋出口额增加到 31.99 亿美元，占同年福建对西亚地区出口的 34.9%。总体而言，阿联酋是近年来福建在西亚地区最大的出口市场，这与阿联酋奉行的自由贸易政策以及其作为西亚北非地区商品集散中心的定位密不可分。

从进口国别来看，沙特阿拉伯是 2015 年福建自西亚地区进口的最大来源国，也是福建与西亚地区进出口贸易额最大的贸易伙伴。福建自西亚地区的进口产品主要是原油，进口额受到国际原油价格波动的影响，福建自沙特阿拉伯的进口额从

2000 年的 0.49 亿美元（占福建自西亚进口的 39.8%）增长到 2010 年的 2.86 亿美元（占福建自西亚进口的 23.4%），到 2015 年进一步增长到 44.1 亿美元（占福建自西亚进口的 76.4%），主要原因在于近年来中国经济的蓬勃发展以及生产和生活领域对能源需求的不断增长。通过考察 2015 年福建自西亚地区进口的贸易数据可以发现，排名第二到第五位的分别是土耳其（6.46 亿美元）、伊朗（2.49 亿美元）、阿联酋（1.45 亿美元）和阿曼（0.996 亿美元）。福建从排名前五位国家的进口总额高达 55.5 亿美元，占福建自西亚进口总量的 96.2%。①

从进出口商品结构看，福建与西亚地区的进出口贸易互补性较强，西亚地区富含包括能源资源等在内的各类矿产资源，但其经济结构较为单一，生产资料和生活资料大多依赖进口；而福建以纺织服装为主的劳动密集型工业制成品在国际市场具有一定的竞争优势，可以为西亚各国提供相应的生产和生活资料，与之对应的是，可进口西亚地区丰富的能源资源。

福建对西亚出口产品主要为纺织服装、箱包、鞋帽、石材、钢材和家具等商品。其中，纺织服装是出口西亚的最大宗商品，2015 年对西亚的出口额达 41.05 亿美元，同比增长 15.2%，占对西亚出口总额的 44.6%。石材及陶瓷制品出口额为 14.85 亿美元，同比增长 50.2%，占比 17.8%，是 2015 年出口增幅最大的产品。近年来，福建对西亚机电产品的出口则有所回落，2015 年出口额为 9.32 亿美元，同比下降 7.5%，占比 10.1%。

福建自西亚的进口产品主要以资源性产品为主，包括石油天然气、石材、矿砂、塑料及橡胶制品和化工产品等。2015 年福建从西亚地区进口原油及天然气 41.25 亿美元，占福建自西亚进口商品比重为 71.4%；石材、矿砂等矿产品进口 8.02 亿美元，占比 13.9%；塑料及橡胶制品进口 4.26 亿美元，占比 7.4%；化工产品进口 3.45 亿美元，占比 6.0%。总体来说，这四类商品合计占福建自西亚进口商品总额的 98.7%。②

表 6-2　2000~2015 年福建对西亚进出口商品结构（HS）

单位：万美元

	2000 年			2010 年			2015 年		
	进口	出口	差额	出口	进口	差额	进口	出口	差额
HS 全商品	12186	37422	25236	373403	74830	298573	512550	832565	320015
第一类　活动物；动物产品	49	59	10	750	126	624	0	1761	1761

①② 资料来源：《福建与中西亚非洲经贸合作发展报告》，福建省商务厅，2016 年。

续表

	2000 年			2010 年			2015 年		
	进口	出口	差额	出口	进口	差额	进口	出口	差额
第二类 植物产品	0	115	115	1446	0	1446	9	1106	1097
第三类 动植物油、脂、蜡及其分解产品	—	—	—	0	171	−171	409	5	−404
第四类 食品；饮料、酒及醋；烟	0	957	957	4242	8	4234	372	5202	4830
第五类 矿产品	7621	3	−7618	194	19138	−18944	432262	864	−431398
第六类 化学工业及其相关工业品	1183	543	−640	11786	19847	−8061	33893	10747	−23146
第七类 塑料、橡胶及其制品	1328	1283	−45	14749	31064	−16315	42561	14734	−27827
第八类 革、毛皮及制品；箱包	0	1639	1639	7532	38	7494	10	15129	15119
第九类 木及制品；木炭；软木	0	244	244	1648	15	1633	0	3349	3349
第十类 木浆等；废纸；纸、纸板	0	44	44	2776	14	2762	201	4936	4735
第十一类 纺织原料及纺织制品	225	12889	12664	134453	68	134385	30	390543	390513
第十二类 鞋帽伞等；羽毛品	0	5860	5860	33107	0	33107	0	63017	63017
第十三类 矿物材料制品；陶瓷品	0	1352	1352	46335	380	45955	281	144078	143797
第十四类 珠宝、贵金属及制品	245	107	−138	716	0	716	101	114	13
第十五类 贱金属及其制品	1477	1432	−45	22746	3353	19393	800	45046	44246
第十六类 机电、音像设备及零件	44	7688	7644	57423	527	56896	1161	69056	67895
第十七类 车辆、航空器、船舶	0	1150	1150	10254	3	10251	2	24163	24161
第十八类 光学、医疗等仪器；钟表	12	651	639	4798	79	4719	440	5107	4667
第十九类 武器、弹药及其零件	—	—	—	8	0	8	0	1	1
第二十类 杂项制品	1	1393	1392	18312	0	18312	17	33556	33539
第二十一类 艺术品、收藏品及古玩	0	12	12	81	0	81	0	49	49
第二十二类 特殊交易及未分类商品	—	—	—	46	0	46	512550	832565	320015

资料来源：根据福建商务部门资料整理（注：贸易差额＝出口－进口）。

二、福建与西亚阿拉伯国家的双边投资及其特点

（一）福建对西亚地区的投资及其特点

福建对西亚阿拉伯国家投资项目少、规模小。据统计，2001 年至 2016 年 9 月，福建核准在西亚投资设立企业和机构 42 家，投资总额 5589.3 万美元，我方投资 3267.89 万美元，处于起步阶段，相比福建对欧美和东亚等其他国家的投资，无论项目数还是总金额都相对不足，仅占福建对外投资总额的 0.15%（加上投资塞浦路斯的 9514 万美元为 0.58%），占对海丝沿线国家和地区投资的 1.78%。

福建对西亚阿拉伯国家的投资相对集中。福建对阿联酋的投资项目最多达 29 项，投资总额为 2591.9 万美元，分别占福建对西亚地区全部投资项目的 72.5% 和投资总额的 79.7%。此外，福建对也门和沙特阿拉伯的投资也都超过了 100 万美元。其他国家的投资很少。但是总体而言，投资规模都相对较小。

福建对西亚的投资结构比较单一，以资源开发和进出口贸易企业为主，比如投资石材加工 7 家，投资金额达到 1378.5 万美元，几乎占福建对西亚投资总额的一半。而泉州南星大理石有限公司在阿联酋设立的阿联酋东星石材厂有限公司就是一家典型的石材加工企业，备案投资额达到 1300 万美元，占福建对阿联酋投资的一半以上。次之为进出口贸易、电机产品制造与销售（见表 6-3）。

表 6-3　2001 年至 2016 年 9 月福建对西亚地区的投资

国别	企业数（家）	投资总额（万美元）	我方投资（万美元）	比重（%）	涉及行业
阿联酋	29	4721.504	2591.87	0.12	石材加工 7 家，投资金额 1378.5 万元，园艺 2 家，投资 57 万美元
也门	1	545	436	0.02	钢铁加工 1 家，投资金额 436 万美元
沙特阿拉伯	2	165	135	0.01	贸易 2 家，投资 135 万美元
以色列	4	33	33	0.00	豆制品：33 万美元
阿曼	1	100	49	0.00	鱼粉加工 1 家
约旦	1	17	15.3	0.00	进出口贸易 1 家
土耳其	1	7.8	7.722	0.00	机电加工与销售
伊朗	3	0	0	0.00	办事处
西亚总计	42	5589.3	3267.89	0.15	

资料来源：根据福建省商务部门资料整理。

从属地看，福建对西亚投资最多的是泉州，在西亚设立企业 11 家，投资金额 1388.5 万美元，占福建对西亚投资的 42.5%，主要是泉州与阿拉伯国家的历史渊源较深。次之是三明，在西亚设立企业 3 家，投资 761 万美元，占福建对西亚投资的

23.3%。宁德地区对西亚的投资居第三位，设立企业2家，投资443.7万美元，占比13.3%。莆田在西亚设立企业4家，投资270万美元，占比8.3%。值得注意的是，厦门、漳州和福州等中心城市对西亚的投资比例很低，而南平几乎没有投资。

（二）西亚地区对福建的投资及其特点

西亚地区国家对福建的投资，截至2015年，经核准的投资项目数为90项，合同投资金额为6.99亿美元，实际到资6.98亿美元。西亚对福建投资排名第一位的是沙特阿拉伯，合同利用外资额为5.98亿美元，占西亚投资项目合同利用外资额的85.6%，实际到资额为6.56亿美元，占比高达93.9%。西亚由于缺乏技术，投资以股权投资为主。直接投资以卡塔尔的佳琪集团（再保险起家）为代表，已在泉州投资建设世贸中心，同时拟在福建（马尾）自贸园区设点。

西亚国家对福建投资呈现明显的特点，即平均投资规模小。最大的投资项目集中在石油能源领域。在所有的投资项目中，合同外资超过千万美元级别的仅有3个，这3个投资项目中有两个来自沙特阿美亚洲有限公司，分别为福建联合石油化工有限公司（沙特合同外资5.46亿美元）和中石化森美（福建）石油有限公司（沙特合同外资5148.5万美元），另外一个项目是巴勒斯坦MAMDOUH M.K. ABUTALEB参与投资的锦督国际能源供应（漳州）有限公司（巴勒斯坦方合同外资为5798.84万美元）。除此之外，其他西亚对福建的投资项目都低于千万美元级别，且其余87个项目的平均合同外资仅为48.47万美元（见表6-4）。

表6-4　福建吸收西亚境外投资情况（截至2015年经核准）

单位：万美元

序号	国别	项目数	合同外资	实际到资
1	沙特阿拉伯	4	59783	65579
2	阿联酋	13	2550	2058
3	土耳其	16	1675	830
4	以色列	13	1024	425
5	伊拉克	4	227	227
6	伊朗	12	433	202
7	也门共和国	3	162	153
8	约旦	13	3368	126
9	黎巴嫩	4	88	120
10	卡塔尔	2	358	60
11	叙利亚	6	178	40
	合计	90	69846	69820

资料来源：根据福建省商务部门统计数据整理。

其中，2011~2015 年，西亚国家对福建的投资呈现增长的势头。五年间，西亚国家在福建投资企业 40 家，投资合同金额 10738 万美元，实际到资 13986 万美元。2016 年 1~7 月，西亚国家在福建设立企业 11 家，合同投资金额 617 万美元，实际到资 49 万美元。作为石油美元的富集地区，西亚对福建的投资潜力远没有发挥（见表 6-5）。

表 6-5　2011~2015 年西亚国家对福建的投资情况

单位：万美元

国别	2011 年			2012 年			2013 年			2014 年			2015 年		
	企业	合同金额	实际到资	企业	合同金额	实际到资	企业	合同金额	实际到资	企业	合同金额	实际到资	企业	合同金额	实际到资
伊朗	3	140	0	1	16	2	1	9	2	1	21	0	1	47	12
伊拉克	0	0	10	0	0	0	0	0	40	0	0	—	—	—	—
以色列	0	0	0	0	18	0	0	0	4	1	1	3	1	20	0
约旦	0	40	4	0	0	7	0	0	10	2	19	20	2	827	0
黎巴嫩	1	10	0	1	100	5	1	55	60	0	0	13	1	6	41
阿联酋	2	252	22	0	-102	223	0	-115	50	0	-20	0	0	0	0
也门	1	47	0	0	0	38	0	0	10	0	0	—	—	—	—
沙特	0	0	0	0	1975	0	0	4817	4372	0	1028	2429	0	0	5796
叙利亚	0	0	21	1	6	0	2	24	0	2	116	0	0	2	10
土耳其	3	28	59	0	16	31	2	36	31	2	47	39	5	242	26
塞浦路斯	1	1000	301	0	0	60	0	0	30	0	0	80	0	0	125
卡塔尔	—	—	—	—	—	—	—	—	—	—	0	0	1	10	0
西亚总计	11	1517	417	4	2029	366	6	4826	4609	8	1212	2584	11	1154	6010

资料来源：根据福建省商务部门统计资料整理。

三、福建企业拓展西亚地区经贸合作存在的问题

与双边贸易相比，无论是福建对西亚地区的投资，还是西亚国家对福建的投资都还显得规模小，时断时续，发展缓慢，这与福建跟其他地区的经贸关系存在明显反差。究其原因，西亚地区是能源资源富集区，福建这些年将石油化工产业作为主导产业加以发展，应该促进两地经贸的密切联系。但福建的石化工业主要是央企，对西亚的投资也主要是央企主导的，可能没有统计福建对外投资项目。同时，福建的优势产业主要是劳动密集型产业，西亚是高收入的资源富国，福建与西亚国家进行产能合作缺乏比较优势。此外，福建企业拓展对西亚的投资，还存在投资风险过高（战乱不断）、融资难等具体问题。

第三节　阿拉伯国家营商环境与合作重点领域

西亚地区包括伊朗、伊拉克、土耳其、约旦、叙利亚、黎巴嫩、以色列、巴勒斯坦、也门，以及沙特阿拉伯、阿联酋、巴林、卡塔尔、科威特、阿曼海湾，总面积637.8平方公里，人口3.0692亿，GDP总值达34324.74亿美元，是人均GDP为11183.6美元的富裕地区，也是世界重要的消费市场。整个西亚地区气候干旱少雨，土地多沙漠，农业生产条件恶劣。只有两河流域的伊拉克水源较为丰富，是重要的农业区。西亚地区的阿拉伯国家自然条件不同，宗教文化差异，经济发展方式存在很大差别，发展速度也很不平衡，营商环境迥异。

一、西亚地区经济增长与消费能力

从各国历年的经济增长状况来看，经济发展很不平衡。西亚产油国在20世纪90年代和21世纪初，因国际油价上涨，经济出现高速增长。而且阿联酋、沙特阿拉伯、卡塔尔及以色列是近年来持续获得稳定经济增长水平的国家，且政局相对稳定，未来的经济持续增长可期。2011年以来，尽管西亚地区受国际油价下跌的影响经济增长速度出现不同程度的下降，但整体上仍好于世界平均水平。2015年西亚以及北非地区平均GDP增长率为3.09%，高出同年度世界平均经济增长水平（世界GDP增长率2.63%）。但伊拉克、也门、叙利亚和伊朗由于战乱、国内极端势力冲突或国际制裁的影响，经济持续低迷。

经济发展的不平衡，影响了各国的消费能力。海湾地区的石油富国利用丰厚的石油利润建设国家，人民的生活水平较高，特别是海湾合作委员会国家的沙特阿拉伯、科威特、阿联酋、卡塔尔、巴林等人均国民收入均超过2万美元，以及以色列都是世界富人俱乐部成员。世界银行2015年的统计数据表明，卡塔尔的人均国民收入甚至高达85430美元，是世界最富裕的国家之一。阿曼人均国民收入最低也超过21900美元。由这六国组成的海湾合作委员会是西亚地区最富裕的地区，是世界奢侈品和高档商品的主要消费市场，年均进出口总额超过1.2万亿美元。而西亚其他非产油国也进入中等收入行列，对一般消费品需求比较旺盛。居民在消费习惯方面普遍喜欢物美价廉的实用产品，大部分经济不富裕的国家是中低档商品消费的主要群体。福建制造以其物美价廉的特点，凭借其在品种、价格方面的优势，占据了中低端市场的较大份额，在西亚市场广受欢迎，尤其是电子消费类产品、机电产品、日用消费品等。西亚地区还有一些国家则因国内动乱和战争破坏，以及极端宗教势力陷入战乱，经济无法获得稳定发展。伊拉克、叙利亚和也门经济陷入停滞甚至倒退，人均国民收入水平极低，按世界银行 2014 年的统计数据，其人均国民收入仅为 1330 美元，这也反映出该地区各国之间贫富分化的严重。

二、西亚地区营商环境与商业惯例

营商环境包括影响企业活动的社会要素、经济要素、政治要素和法律要素等方面，是一项涉及经济社会改革和对外开放众多领域的系统工程。一个地区营商环境的优劣直接影响着招商引资的多寡，同时也直接影响着区域内的经营企业，最终对经济发展状况、财税收入、社会就业情况等产生重要影响（见表 6-6）。

表 6-6　西亚地区历年 GDP 增长率（年百分比）

国别地区	1990 年	2000 年	2010 年	2011 年	2012 年	2013 年	2014 年	2015 年
约旦河西岸和加沙	—	-9.93	2.34	7.84	14.54	-4.28	-1.09	12.39
阿曼	-0.13	5.40	4.80	-1.11	9.33	4.37	2.54	5.65
阿联酋	18.33	10.85	1.64	5.21	6.79	4.73	3.08	3.76
卡塔尔	—	—	19.59	13.38	4.69	4.41	3.98	3.55
沙特阿拉伯	8.33	4.86	4.76	9.96	5.38	2.67	3.64	3.49
伊拉克	57.82	1.41	6.40	7.55	13.94	6.57	0.06	3.02
巴林	4.44	5.30	4.33	1.98	3.73	5.42	4.35	2.86
以色列	6.84	8.94	5.52	5.06	2.38	4.38	3.16	2.51
约旦	0.97	4.24	2.34	2.56	2.65	2.83	3.10	2.38
科威特	—	4.69	-2.37	9.63	6.63	1.15	0.50	1.85
黎巴嫩	26.53	1.34	7.96	1.98	2.20	0.90	1.80	1.30
也门	—	6.18	7.70	-12.71	2.39	4.82	-0.19	-28.10
伊朗	13.59	5.85	6.58	3.75	-6.61	-1.91	4.34	—
叙利亚	7.64	2.74	—	—	—	—	—	—
中东与北非地区平均	11.33	5.62	5.11	3.71	3.15	2.65	3.03	3.09
世界平均	2.95	4.34	4.37	3.10	2.45	2.48	2.69	2.63

资料来源：世界银行世界发展指标统计数据，网址 http://databank.shihang.org。

（一）宗教信仰与商业惯例

由于宗教信仰、民族地位及历史文化，阿拉伯人有着独特的商业习惯和独具特色的商业经营模式。在西亚阿拉伯地区，商家通过代理商间接交易，对直接交易表现冷淡。消费者仍习惯在实体商店购物——83%的消费者从未通过网上购物的形式进行任何可自由支配的支出消费。但是经济比较发达的阿联酋、沙特阿拉伯、卡塔尔、约旦等国内市场非常开放，金融业发达，迪拜是西亚最成功的自由经济区，新型服务贸易得以推广，商业便利化程度高。相对于日本、欧洲、美国等地而言，阿拉伯国家对产品要求不是很苛刻。比较重视颜色，偏好深色物品，利小量小，但订单固定。西亚商人做生意比较注重遵循"一诺千金"的原则。合同、协议一旦签字，就应履约尽责，哪怕是口头允诺的事也要尽力去做。同时应重视客户的询价，保持良好态度。

但拓展阿拉伯国家的市场必须注意当地的文化传统和宗教禁忌。伊斯兰教和当地气候对商品选择和消费习惯影响颇深。阿拉伯人禁食原则受《古兰经》"以清净的为相宜、污浊的受禁止"教法的规定。忌食死物及动物血液等，即便鱼类也只吃有鳞片的鱼类，而忌食无鳞鱼类，而且对于可食用的动物也需要采用伊斯兰教认可的屠宰方法宰杀方可食用，对屠宰者和屠宰过程均有具体的要求。在穿戴方面，忌用皮鞋、皮带以及皮具产品。触犯当地宗教禁忌，往往会被当作异教徒受到处罚。因此，投资当地和外出经商，务必了解当地国情、宗教习俗和文化传统，尊重当地生活习惯和商业传统，避免触犯当地宗教禁忌。

表6-7　2015年西亚各国的主要经济指标

序号	国家	土地面积（万平方公里）	人口（百万）	GDP总值（亿美元）	人均GDP（美元）	人均国民收入（现价美元）	互联网用户（百人）
1	卡塔尔	1.161	2.2	2032.4	93714	85430	85
2	阿联酋	8.36	9.3	4023.4	43049	43170	88
3	科威特	1.782	3.4	1758.3	52197	40930	75
4	以色列	2.207	8.1	2960.75	35330	35440	71
5	沙特阿拉伯	214.969	28.8	7484.5	25962	23550	61
6	巴林	0.076	1.3	328.9	23396	20350	90
7	阿曼	30.95	3.6	796.55	21929	16920	66
8	土耳其	78.36	75.62	8232.4	10986	9950	46
9	黎巴嫩	1.045	4.5	471.03	8051	7930	71
10	伊朗	174.515	77.4	3689.0	4763	NA	31
11	伊拉克	43.524	33.4	1686.07	4629	5550	9
12	叙利亚	18.518	22.8	NA	NA	NA	26
13	约旦	8.932	6.5	375.17	4940	4680	44

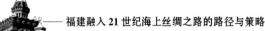

序号	国家	土地面积（万平方公里）	人口（百万）	GDP 总值（亿美元）	人均 GDP（美元）	人均国民收入（现价美元）	互联网用户（百人）
14	也门	52.797	24.4	359.5	1473	NA	20
15	巴勒斯坦	0.602	4.2	NA	NA	NA	47
16	约旦河西岸加沙	0.0365	1.40	126.77	2867	NA	NA
	总计	637.834	306.92	34324.74	11183.6	NA	NA

资料来源：世界银行网站 databank，网址 http://databank.worldbank.org/data/home.aspx。

（二）西亚各国营商环境差异巨大

西亚地区的国家崇尚贸易，历史上阿拉伯商人一度控制了东西方贸易，成为沟通东西方的"丝绸之路"和"海上丝绸之路"的使者和桥梁。西亚国家拥有丰富的石油资源，但是其国内产业结构大多比较单一，需要大量进口各类生产物资和生活资料，因而大多数国家对于贸易和投资都持鼓励态度。为了收窄贫富悬殊，伊斯兰经济法鼓励贸易，不鼓励囤积财富，并禁止计息贷款（高利贷在阿拉伯语里称为里巴）。天课是针对累积的财富的征收，贸易则不需课税。西亚各国大多拥有便利的营商环境，重视商业贸易。从世界银行 2015 年发布的全球营商便利报告[①] 来看，阿联酋、以色列、巴林、卡塔尔、阿曼和沙特阿拉伯的营商环境较好，其中，阿联酋的营商便利指数为 31（该指数越低，说明该国或者地区拥有越为有利的营商环境，指数为 1 代表该国或地区拥有最有利于营商的法规和环境），在所有中东国家中排第一位。此外，以色列（53）、土耳其（55）、巴林（65）和卡塔尔（68）的营商便利指数均低于 70，说明在这些国家从事商业活动也具有较好的便利性。阿曼（70）和沙特阿拉伯（82）的营商便利指数均低于 100，说明在这类国家从事商业活动也较为方便。从劳动税和缴费占商业利润的百分比来看，占比最少的国家是以色列（为 5.6%），此外，卡塔尔、也门、阿曼以及沙特阿拉伯的劳动税和缴费占商业利润的百分比也较低，均低于 13%。比较低廉的税费征收制度也吸引了各国客商前往贸易或者投资，也给福建企业前往西亚地区营商兴业创造了条件，尤其是营商便利指数低于 100 且劳动税和缴费占商业利润的百分比较低的阿联酋、以色列、土耳其、巴林、卡塔尔、阿曼和沙特阿拉伯等西亚国家可作为营商活动的目标国（见表 6-8）。

---

① 全球营商便利报告从开办企业、申请建筑许可、获得电力供应、注册财产、获得信贷、投资者保护、缴纳税款、跨境贸易、合同执行和办理破产这 10 个方面来评估各国的表现。

表 6-8　西亚各国的营商便利情况

序号	国家	营商便利指数	劳动税和缴费占商业利润的百分比（%）
1	阿联酋	31	14.1
2	以色列	53	5.6
3	土耳其	55	19.9
4	巴林	65	13.5
5	卡塔尔	68	11.3
6	阿曼	70	11.8
7	沙特阿拉伯	82	12.8
8	科威特	101	13.0
9	约旦王国	113	14.4
10	伊朗	118	25.9
11	黎巴嫩	123	23.8
12	约旦河西岸和加沙	129	—
13	伊拉克	161	13.5
14	也门	170	11.3
15	叙利亚	175	19.3

注：营商便利指数的取值越低越有利，1=最有利于营商的法规。
资料来源：世界发展指标，网址 http: //data.worldbank.org/。

　　但是，西亚地区市场规范化程度较低，投资环境差。西亚政治经济发展程度、社会文化差异较大，市场环境还很不规范，投资环境差。在现阶段，尽管西亚地区人民生活普遍比较宽裕，有较强的购买力，但是西亚地区的市场规范化程度还相对较低，经济管理体制还存在很多不完善的地方，相关经济法律法规和政策不健全，缺乏相关部门的有效监管和约束，信用管理体系比较薄弱，部分地区仍在沿用宗教裁判、口头契约等难以与现代商务发展相适应的商事惯例和制度。西亚部分国家还是计划经济占主导地位，"看得见的手"在指引着贸易的进行，经济管理观念相对落后。由于对市场制度和投资保护等方面的顾虑，福建投资者对西亚的投资缺乏足够的信心。特别是西亚地区营商便利指数最差的 3 个国家伊拉克、也门和叙利亚，其营商便利指数均超过 160，这与其紧张的国内局势是分不开的。

（三）西亚地区安全形势严峻，营商风险高

　　西亚地区是全球宗教类别最多样化的地区，而且充斥着不同宗教之间以及宗教内部不同教派之间的矛盾与冲突。因此，西亚地区也是全球政治与社会最动荡的地区，市场风险指数最高。

一是西亚的宗教及其矛盾纠纷。西亚地区的宗教主要有伊斯兰教、犹太教和基督教。根据宗教和教派情况的不同，伊斯兰教可分为四种类型。①逊尼派占人口多数的国家，包括沙特阿拉伯、卡塔尔、阿联酋、科威特、也门、叙利亚、约旦、巴勒斯坦、土耳其等国家。②什叶派占人口多数的国家，包括伊朗、伊拉克和巴林等国家。③阿曼是伊巴德派占人口多数的国家。该派为哈瓦利吉派的一个支派，哈瓦利吉派是伊斯兰教中独立于逊尼派和什叶派的一个教派，产生于公元 7 世纪中叶。④黎巴嫩和以色列的情况比较复杂。黎巴嫩人口中穆斯林约占 60%，基督教徒约占40%。但穆斯林分属什叶派、逊尼派、德鲁兹派等不同教派；基督教徒分属天主教马龙派、天主教麦勒卡派、罗马天主教、希腊正教和新教等不同教派。由于任何一个教派在总人口上都不占绝对优势，因此，黎巴嫩根据各教派的人口比例分配国家权力，规定总统由天主教马龙派人士担任，总理和议长分别由伊斯兰教逊尼派和什叶派人士担任。①以色列 81.2% 的居民为犹太人，信仰犹太教。以色列被视为犹太教国家。犹太教与伊斯兰教均发源于中东地区，所以中东地区对于他们有重要的意义。如耶路撒冷，抑或伊斯兰教的麦加、麦地那等。基督教和犹太教有着很深的渊源，也把耶路撒冷作为他们的圣地。历史上为了争夺圣城耶路撒冷的控制权，发生了数次战争。伊斯兰教虽然为该地区的主要宗教，但是各教派之间纷争不断，其中尤以逊尼派和什叶派之间的争执甚至战争不断为甚。

二是西亚地区政治社会动荡。西亚地区既有宗教、部族和利益集团之间的矛盾等历史遗留问题，还有域外大国美国、俄罗斯、欧盟以及内部强国沙特阿拉伯、伊朗及伊拉克等的现实利益博弈，矛盾错综复杂，地区局势动荡，是高风险地区。部分国家之间还存在领土边界纠纷、经济利益纠葛以及政治制度和意识形态的显著差异，更不时有恐怖主义袭击的发生。目前，西亚地区主要的威胁在短时间内难以得到解决，恐怕也难以根本消除，并经常以冲突甚至战争的形式爆发。西亚动荡的局势隐患一直是世界各国投资者最担忧的问题，也是中国深化与西亚经贸合作的主要风险和障碍。比如，伊核问题引致的局势紧张，伊朗曾数次扬言，如果遭到美国和以色列的攻击，将中断石油出口予以报复，并将封锁世界石油运输量 1/3 和中东地区石油运输量 80% 的霍尔木兹海峡。利比亚、叙利亚、也门等爆发颜色革命以来，内部冲突不断。尤其是从 2011 年初开始，叙利亚政府与叙利亚反对派武装之间爆发了旷日持久的冲突，军事冲突中还夹杂着俄罗斯与欧美国家之间的地区博弈，叙利亚内战爆发六年多以来尚未看到明确的解决方案，也未形成一个可行的和平路线

---

① 《发现世界——宗教信仰，中东伊斯兰国家根据宗教和教派情况》，http://news.qq.com/zt2012/middleeast/。

图。近期以来，ISIS 借助伊拉克和叙利亚乱局发展自己的势力，其活动势力不断扩大，地区稳定造成严重影响。因此，西亚地区局势动荡将对中国和西亚的进一步国际经贸合作带来不利影响，影响福建企业在西亚地区的投资选择。

三、福建与阿拉伯国家的经济优势及合作重点领域

（一）能源资源领域合作前景广阔

福建经济快速发展，传统的轻纺产业极具竞争优势，机械装备产品的制造能力也显著提高，特别是石化工业作为福建支柱产业对石油、天然气需求强劲。西亚石油、天然气资源丰富。福建以工业制成品换取西亚国家的能源资源已成为两地经贸交往的主要特征。从福建与西亚地区的贸易品分析，在福建进口的主要商品中，原油、成品油、天然气、初级塑料、化肥、矿石、海洋鱼类等都保持着较高的需求量，其中，矿产类产品进口占进口总额的 72.3%。这些产品处于贸易逆差地位。

表 6-9　2004~2014 年福建能源消费总量及构成

单位：万吨标准煤

年份	能源消费总量	占能源消费总量的比重（%）					
		煤炭	石油	天然气	水电	风电	核电
2004	4527.80	63.8	25.1	0.2	10.9	—	—
2005	5753.99	59.4	23.8	0.1	16.7	—	—
2006	6396.85	59.8	22.5	0.1	17.6	—	—
2007	7109.26	62.9	22.8	0.1	14.1	0.1	—
2008	7734.20	62.6	20.1	0.3	16.8	0.2	—
2009	8353.67	65.5	19.5	1.4	13.3	0.3	—
2010	9189.42	55.4	24.8	4.2	15.2	0.4	—
2011	9980.23	62.0	24.0	4.6	8.7	0.7	—
2012	10479.44	57.1	23.5	4.8	13.7	0.9	—
2013	11189.91	56.9	23.4	5.9	10.8	1.0	2.0
2014	12109.72	53.0	26.8	5.5	10.3	0.9	3.5

资料来源：《福建省统计年鉴（2015）》。

海湾地区地处欧、亚、非三洲的枢纽位置，原油资源非常丰富，被誉为"世界油库"。但海湾地区拥有丰富的石油资源，据美国《油气杂志》2006 年的数据显示，世界原油探明储量为 1804.9 亿吨。其中，中东地区的原油探明储量为 1012.7 亿吨，约占世界总储量的 2/3，是世界上最重要的能源产地和输出地。在世界原油储量的前十位中，西亚国家占了五位，依次是沙特阿拉伯、伊朗、伊拉克、科威特和阿联

酋。其中，沙特阿拉伯已探明的储量为 355.9 亿吨，居世界首位。伊朗已探明的原油储量为 186.7 亿吨，居世界第三位。[①] 同时，西亚地区还有丰富的天然气资源，储量约占世界天然气总储量的 1/3。因此，产油国的炼油和石化工业比较发达。因此，福建对西亚地区能源需求有增无减。

（二）经济结构互补产生巨大市场需求

第二次世界大战以后，西亚地区经济发展最大的特点是石油工业发展迅速，产油国日益富裕。1973 年能源危机导致国际油价大幅上涨，西亚阿拉伯产油国大量的石油出口和外汇激增，推动了各国的经济高速发展，随着国民生产总值的提高，人均国民收入也大幅度提高，令其对进口商品和服务的需求迅速膨胀。福建优势出口产品恰恰是西亚各国所急需的商品。在福建出口商品中，包含了西亚地区所需要进口的大部分工业制成品、制造业材料和轻工业产品等类别。比如纺织服装（2015 年占 44.6%）、石材及陶瓷品（16.2%）、机电产品（10.1%）与鞋帽类（8.1%）等主要传统劳动密集型产品出口保持强劲的势头，机电产品和高新技术产品的出口增长也突飞猛进。从福建进出口结构分析，轻纺、建材、陶瓷、信息、机械、船舶、电子设备是福建的优势产业。[②]

（三）基础设施领域合作潜力巨大

石油出口为西亚各国带来丰富资金——石油美元，使区内各产油国得以有资金建造大量基础设施，为福建企业参与基础设施的工程承包提供了大量机会。福建与西亚现阶段的差异性与经济结构的互补性，为双边贸易投资提供了坚实的基础。阿拉伯地区长期战乱使得基础设施受到严重破坏，面临着恢复和重建的重要任务。因此，西亚石油生产国产业结构多元化需求与基础设施重建为福建与西亚展开产能合作提供了可预期的前景。

（四）加强产能合作，助力石油输出国经济多元化

西亚地区经济结构单一，产业结构以油气加工及石油化工为主。其他制造业部门受阿拉伯教育与资源环境的限制而发展滞后，这些国家亟待经济多元化。比如，2017 年 3 月沙特国王萨勒曼·本·阿卜杜勒首次正式访华的结果之一就是沙特成为实现中国"一带一路"倡议的"全面伙伴"，中国与沙特签署了总额约为 650 亿美元的 14 份协议。合作领域涉及投资、科技、基础设施、能源和航天等 35 个大项目。福建可以借此机遇，强化与海湾国家在能源和基础设施领域的合作，并输出纺织服

---

① 《世界石油资源分布特点》，中国商品网，http：//ccn.mofcom.gov.cn/spbg/show.php？id=12920。
② 资料来源：根据海关统计数据计算。

装、机电和建材等传统优势产业。

以色列则因为缺乏自然资源而将经济发展的重心放在制造业和科技研发方面，以色列生产的医疗设备蜚声世界。以色列的干旱农业技术独领风骚。以色列科技世界排名第七位。土耳其的现代化进程始于第一次世界大战之后的凯末尔革命，在西亚地区建立了第一个资产阶级共和国。其工业化进程较早，经济结构多元化。福建与以色列和土耳其的产能合作以承接产业为主，引进技术与设备，促进自身产业的升级。

第四节　福建深化与阿拉伯国家经贸合作的对策

西亚地区作为国家"一带一路"倡议的重要地区，强化与西亚的经贸联系对福建实现对外经济关系多元化、拓展福建优势产业的市场空间具有重要意义。应根据国家"一带一路"战略部署，针对西亚的经济状况与市场环境，以及福建的经济文化优势，制定开拓西亚经贸关系的战略与策略。

一、"一带一路"战略的实施为福建与西亚加强经贸合作创造契机

福建被定位为海上丝绸之路核心区，将为福建与西亚加强经济贸易合作创造有利契机。"一带一路"战略的顶层设计和总体规划，将有利于稳固中国与西亚各国的合作友好关系，释放中国和西亚国家外交关系和谐健康发展的"战略红利"。特别是阿拉伯地区是"一带一路"的连接部，且中阿历史上创造了辉煌的文明以及近代遭受殖民主义统治的共同经历，容易产生共鸣。迪拜国际金融中心黎巴嫩籍首席经济学家纳萨·赛迪呼吁，地处亚非中间地带的海湾国家应该"转向东方"拥抱中国，更好地发挥联通作用，投身于中国倡议的"新丝绸之路"建设。[①] 因此，西亚地区是我国"一带一路"建设的重点区域。

该倡议有利于推动中国与阿拉伯世界的贸易投资便利化，促进两地区域市场的形成，有利于建立两地一体化最终产品市场，扩大两地最终产品贸易，优化贸易结构和进出口市场结构，最终实现中国与西亚经济贸易优势互补、互联互通，促进区域经贸协同发展。新海上丝绸之路将有可能成为继传统大西洋和太平洋贸易轴心之

---

① ［黎］纳萨·赛迪：《海湾国家应融入"新丝绸之路"》，孙西辉编译。原文载美国《赫芬顿邮报》网站。

后的世界第三大贸易轴心——新丝绸之路贸易轴心。福建要承袭历史，面向未来，发扬古丝路精神，积极融入国家"一带一路"战略，拓展与西亚的经贸关系和人文交流，既为国家战略贡献力量，也能得到国家的大力支持。

二、合作平台与机制建设的推进为深化经贸合作提供制度保障

中国"一带一路"倡议以"政策沟通、设施联通、货物畅通、资金融通、民心相通"为抓手稳步推进。基本特征是将现有的经济合作机制与未来的平台建设有机结合。目前，中国—阿拉伯国家合作论坛等区域政策沟通平台已经运作多年；同时，中国阿拉伯合作基金等资金平台设立也推动了双边贸易的开展。最近中国倡议的亚洲基础设施投资银行、丝绸之路基金也开始建设运作。随着中国与西亚国家关系的快速深入发展，越来越多的西亚国家出现"向东看"的势头，显著提升了对发展与中国经贸关系的重视程度。

目前中国与海湾合作委员会自贸区谈判仍在继续沟通和磋商，有效协调目前谈判进程中存在的搁置问题，希望尽早取得积极成果，尽快建成自贸区。海湾合作委员会是阿拉伯国家重要的政治经济组织，成立于 1981 年 5 月，成员国包括阿联酋、阿曼、巴林、卡塔尔、科威特和沙特阿拉伯六国。自成立以来，海湾合作委员会各成员国充分发挥语言和宗教相同、经济结构相似等方面的优势，积极推动经济一体化进程。2003 年 1 月 1 日，海湾合作委员会六国正式启动关税联盟。该联盟规定，对从海合会成员国以外地区进口的商品征收 5% 的统一关税，同时六国之间将最终取消关税壁垒。按照海湾经济一体化进程的时间表，六国在 2007 年底前建立海湾共同市场，2010 年 1 月发行海湾地区统一货币。海湾合作委员会正在成为重要区域市场。随着中国海上丝绸之路倡议的落实和推进，中国与以色列、伊朗的自贸协议谈判都会提上议事日程。这些合作机制与平台建设将对福建和西亚双边贸易环境的改善提供有力的制度支撑，实现合作共赢。

三、福建应从战略上重视开拓与西亚阿拉伯国家的经贸合作

福建因地缘与人缘优势而将东盟定位为海上丝绸之路的重点合作对象，这有其必然性。但福建应以更加开阔的视野，在战略上重视对西亚的经贸合作。西亚阿拉伯地区是伊斯兰文化圈的核心地区，包括中亚北非在内的伊斯兰文化圈共有 31 个国家，总面积 1700 多万平方公里，拥有近 6 亿人口，国民生产总值超过 4.6 万亿美元，进口总额超过 2 万亿美元的巨大消费市场，是我国"一带一路"倡议的核心地区。福建应该从战略上重视与伊斯兰国家的合作，成为中国从海上通往伊斯兰世界

的重要通道。为此建议：

（1）细分市场，制定开拓伊斯兰市场的战略与策略。伊斯兰教国家既有高收入的石油输出国，比如海湾六国等高收入国家市场开放，也有中等收入的非石油生产国约旦、叙利亚、黎巴嫩等，既有社会动荡不安的原教旨主义肆虐地区，也有政治社会稳定市场开放的国家和地区。对高收入国家应以拓展高端消费品市场为主，对中等收入国家发挥比较优势，重点输出福建具有竞争优势的耐用消费产品。而对低收入国家则以廉价的劳动密集型产品为主，满足消费者的日常需求。福建商业机构可以重点布局迪拜、约旦、以色列、土耳其、埃及、伊朗，网络拓展的策略，以点带面开拓市场。

（2）开放资本市场，利用股权和债券吸引富裕阿拉伯国家来闽投资。阿拉伯石油输出国拥有大量石油美元，但缺乏技术，资本输出以购买各种有价证券为主。近年来，来自西亚阿拉伯国家的主权财富基金频频高调亮相国际金融市场，如果对接和利用好西亚阿拉伯各国的主权财富基金可以为福建的外向型经济发展提供大量的资金支持。如阿拉伯国家金融机构（银行）不收取利息，一般以股权投资进行分红。福建省企业应利用股权和债券向阿拉伯富裕国家进行融资。福建的港口工程、船舶制造、文化艺术、石化产业、商贸物流等重要产业都可以向阿拉伯石油输出国开放，吸引其投资。同时，除继续加强油气等能源合作外，福建省还拥有技术优势的企业，比如化纤纺织企业也可以技术和管理向阿拉伯国家投资，组建合作或独资企业，深耕阿拉伯市场。

（3）加强与新疆和宁夏等丝绸之路经济带核心区合作，拓展中亚市场。福建与新疆、宁夏多年的对口支援，合作渠道畅通，有利于实现双核联动。福建可以积极参加新疆举办的"亚欧博览会"、"亚欧商品博览会"和宁夏举办的"中阿经贸合作论坛"及"世界回商大会"、"伊斯兰商品博览会"，利用新疆宁夏这些平台开拓中亚、西亚及阿拉伯世界市场。福建企业应积极与新疆、宁夏企业合作，利用当地棉花资源联合投资中亚纺织业；合作做好市场准入的认证工作，联合进行清真食品、哈拉认证，取得市场通行证。

四、强化产能合作，促进福建与阿拉伯国家的融合发展

西亚濒临波斯湾、印度洋、地中海，是我国重要的海上通道，海洋渔业和海洋油气等资源丰富，是亟待开发的富矿。同时，这些国家经济结构单一，正在推动其他部门制造业发展，实现经济结构多元化。福建是海洋大省，海产养殖、机械电子

加工制造能力强，港口建设、工程建设等海洋工程能力建设强，双方合作开发海洋经济的基础良好。

（1）加强海洋渔业合作。福建近海渔业资源几乎枯竭，发展远洋渔业是必然选择。近几年福建与东盟国家的水产养殖和捕捞、水产深加工合作成效显著，建立了中国东盟海洋合作中心、马尾海产品交易市场等海洋经济合作平台，可以向印度洋延伸。印度洋是未开发的宝库。阿拉伯人因宗教禁忌不吃没有鳞的鱼类，比如鳗鱼、海胆、海参等。福建可以与阿拉伯国家如阿曼等阿拉伯国家合作，开发印度洋渔业资源，将有鳞鱼类卖给阿拉伯市场，而将无鳞鱼类运回国内市场销售。

（2）加强港口建设与基础设施合作。西亚海岸线漫长，优良港口众多，福建与阿拉伯国家开展港口与海洋高端工程合作的机会众多。比如油气开发与海水淡化工程是沙特阿拉伯等国的强项。福建石化产业需要稳定的油气供应，可寻求双向投资和持股建立稳定的战略合作关系。西亚地区战后重建任务繁重，为福建承包基础设施工程创造机会。福建发展临港产业的经验丰富，过剩产能也主要位于沿海地区。福建优势产业部门可选择政治社会稳定、投资环境好的阿拉伯国家合资开发港口及建设临港产业园，开展集群式投资，降低投资风险，形成规模效应。虽然这些国家的劳动力成本相对较高，但可以廉价雇用大量西亚难民，为其提供稳定的工作和收入来源。

（3）积极探索新的经济合作模式，降低对外投资风险。西亚地区政局与社会动荡，极端组织活动频繁。如何降低风险是对外投资企业和个人面临的重要课题，而共商共建可以有效降低投资者面临的风险。福建企业应加强与当地企业和中央企业战略合作，积极参与沿线国家基础设施的承包与建设。与当地企业合作是减少企业因缺乏当地法律与社会政治风险的基本手段；与中央大企业（以下简称央企）合作可有效降低风险，因为央企是国家行为，是两国建交合作的重要载体，投资保障与风险承担能力较强。中国武夷开始对外承包工程时就是以水手的身份，帮助国家企业承担部分业务，参加对外援助项目。当然与国内外企业合作，都可以共同承担风险。

五、加强文化交流与人力资源开发，促进民心相通

福建长期以来注重对发达国家开放，忽视对西亚国家的经贸文化交流合作。阿拉伯国家语种人才奇缺。在对西亚经贸合作与文化交流中最大的障碍是文化与语言的障碍。因此，要加强人文交流和人力资源开发，培养更多从事西亚经贸合作的人力资源。

（1）中医药合作可以作为阿拉伯国家的突破口。中医使用的中药、针灸、推拿、按摩、拔罐等多种治疗手段，是中华传统优秀文化的中药组成部分。中国的中药里有些药方源自波斯医学，明代李时珍的《本草纲目》就录用有波斯药方。公元3~8世纪，波斯是西亚地区的医学中心。阿拉伯人如果对传统医学有兴趣，就比较容易接受中医的治疗方法，因为两者有共同的地方。比如，卡塔尔民间医学传统中，有四种治疗方法，分别是放血术、烧灼术、拔罐术和夹板疗法。中国某些中医药目前在一些阿拉伯国家拥有一定的口碑，比如人参蜂王浆和乌鸡白凤丸等就受到阿曼人民的好评。

（2）发掘海上丝绸之路文化品牌，促进文化交流。福建对泉州的伊斯兰文化遗存和历史故事要善加发掘和利用，吸引阿拉伯国家投资发展以丝绸之路及中阿交流为主题的文化事业，展开合作研究。举办海上丝绸之路文物精品展，打造海上丝绸之路精品旅游路线，大力发展旅游贸易。泉州、漳州有良好的历史遗存，刺桐港、月港、古代陶瓷制作作坊，以及阿拉伯文化遗存都是绝佳的旅游资源。福建应简化签证手续，邀请一些阿拉伯客商来闽旅游、采购，搞小商品批发。泉州市目前每年有2万~3万海外客流量，这些游客每年带动约20亿美元货物出口。借鉴中国台湾商家做法，制定外国游客购物免税优惠政策，对国外游客在福建购物满3000元人民币的，当场办理退税手续，促进国内商品出口。

（3）突出文化教育交流合作，将福建打造成中国的阿拉伯通。开展福建阿拉伯后裔寻根之旅是加强福建与西亚阿拉伯国家人文交流的重要内容，目前泉州阿拉伯后裔约有5万人，阿拉伯国家对泉州有一种亲缘般的认同感。阿拉伯国家很重视对这些海外后裔的联系与教育工作，曾经邀请泉州阿拉伯后裔到阿拉伯国家访问和学习。发掘历史文化资源做好影视文化产业，比如泉州打造丝路寻梦、丝路箫音等歌舞剧等都是对外交流文化品牌。同时，我们也要加强吸引阿拉伯青年到福建留学和工作。华侨大学与阿拉伯国家合作兴办教学与研究并举的阿拉伯学院，招收国内和阿拉伯青年学生，成为培养中国—阿拉伯双边交流的语言、文化、宗教与商务，乃至政治人才的摇篮（即中国的阿拉伯通）。

（4）发挥海外华人社团的作用，助力福建企业"走出去"。福建商会功能还很不完善，需要强化服务功能。需要借助海外华商网络的力量，助力福建企业和商务人员拓展海外市场。充分利用海外华商网络与海外华人社团的作用。西亚地区华侨华人总数超过40万。其中，伊朗华侨华人约4000人，以色列的华侨华人2.5万人，埃及5000人，阿联酋15万人，沙特阿拉伯18万人，土耳其6万人，其中，汉族华侨华人15万。加强与海丝沿线国家华人社团的联系与交流，激发华人华侨参与

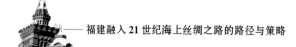

21 世纪新丝路建设,使之承担起"独特桥梁"和"海外社会资源"的重要角色。

六、强化福建自贸试验区与迪拜自贸区的合作

迪拜的地理位置并非处于世界贸易主航道,但却成为世界上最成功的自由贸易区,其发展得益于良好的制度设计与政策环境:迪拜自由区向投资者提供的一系列优惠鼓励措施值得学习和借鉴。迪拜投资服务中心的资料表明:外资可 100%独资,不受阿联酋公司法中规定的内资须占 51%条款的限制;外国公司享受 15×2 年免除所得税;资本及利润可自由汇出,不受任何限制;无(不征收)个人所得税;进口完全免税;货币可自由兑换,不受限制;无烦琐的官僚办事程序;注册手续简便易行;自由区内有现代化的高效通信设施;拥有较好的基础设施;能源供应充足;优美舒适的工作环境。福建自贸试验区与迪拜可以结成友好港城,互学共建,推动阿拉伯国家来福建自贸区投资兴业,展开商贸合作。

第七章

欧洲：海上丝绸之路东西方交流的终点

中国与欧洲是古代丝绸之路连接东西方贸易线路的始终点。福建作为东方丝绸之路的发祥地之一，在与东西方经贸文化交流中发挥过什么作用？在建设21世纪海上丝绸之路过程中，福建作为核心区如何在与欧洲的经贸合作中发挥优势？本章将在考察福建与欧洲经贸交流历史的基础上，重点分析21世纪以来福建与欧洲的经贸关系现状以及重点合作领域，提出福建拓展欧洲市场和产能合作的对策思路。

第一节 海上丝绸之路与东西方贸易

丝绸之路是古代连接东西方贸易与文化交流的重要通道。中西方交流经历了由西亚古国中转到中国商人海上贸易，最后转由欧洲人控制东西方贸易的历史演变过程。福建与西方的交流后来居上，经历了宋元时期的辉煌以及明清时期的发展转变。

中国与西方交流的历史可以追溯到汉代与古罗马帝国时代。中国丝绸传入西欧至少在公元前4~前3世纪，可能的途径是从中国的四川经茶马古道（南方丝绸之路）、印度和波斯传入西方。罗马帝国时代中国丝绸成为时尚消费品。自汉代张骞出使西域，打通了中国通往中亚和西亚的贸易通道后，中国的丝绸等物品主要通过陆上丝绸之路被输送到西方，唐朝陆上丝绸之路达到鼎盛时期。但唐朝末期，因西域战事，陆上丝绸之路被迫中断。而此时阿拉伯帝国东扩，抵达印度。阿拉伯人从海上来到中国的东南沿海，而此时由于陆上丝绸之路的中断，海上丝绸之路成为中国与西亚和西方交流的重要通道。阿拉伯人成为东西方交流的重要中介。

唐朝的海上丝绸之路主要是阿拉伯人控制和经营的，但在唐朝广州是海上丝绸之路的最大贸易口岸。五代十国时王审知入闽为王，致力于闽地的农商发展，泉州港逐渐发展起来。宋朝时泉州取代广州成为中国海上丝绸之路的重要门户，是泉州与阿拉伯交流的巅峰时代。北宋元祐二年在泉州设市舶司，管理对外贸易。阿拉伯人来到泉州经商，形成村落。泉州城南的侨民数以万计。他们与当地人通婚，今日泉州一带的丁、郭、蒲等姓氏，便是当年侨居于此的阿拉伯人后裔。宋朝时中国的造船与航海技术取得重大进步，可以建造海上航行的多桅帆船。福建沿海的商人开始到南洋和南亚航海经商。海上丝绸之路不仅有阿拉伯人的东来，也有中国商人的西行，出现空前繁荣的景象。欧洲人也寻路来到泉州，据历史遗存考察，当时泉州至少有两座天主教堂。[①] 唐宋时期的天主教在中国称为景教。荷兰商人将中国瓷器贩运到欧洲，贵如黄金。马可·波罗就是元朝来到中国的意大利商人，他见证了泉州港的繁盛和德化陶瓷的产销盛况。他在游记中称刺桐港是与亚历山大港齐名的东方大港。

由于阿拉伯人几乎垄断了东西方贸易，积累大量财富，引起欧洲人的垂涎与嫉恨。西方世界为了打破阿拉伯人的垄断，在天主教皇的特许下，基督教徒发动了十字军东征。[②] 在 1096~1291 年的近 200 年间十字军共发动九次东征，动员人数达到200 多万人。十字军东征虽然以捍卫宗教、解放圣地（耶路撒冷）为口号，但实际上是以政治、宗教、社会与经济目的为主而发动的侵略劫掠战争，参加东征的各个集团都有自己的目的，诸多缺少土地的封建主和骑士想以富庶的东方作为掠夺土地和财富的对象；意大利商人想控制地中海东部的商业通道而获得巨大利益；而罗马教皇想合并东正教，扩大天主教的势力范围；生活困苦、受天灾与赋税压迫的许多农奴与流民受到教会和封建主的号召，引诱他们去东方寻找出路与乐土。正如《欧洲的诞生》指出，十字军"提供了一个无可抗拒的机会去赢取名声、搜集战利品、

---

① 马丁尼：《"海上丝绸之路"研究与吴文良》，《福建论坛》1996 年第 1 期。
② 十字军东征（拉丁文：Cruciata，1096~1291 年）是一系列在罗马天主教教皇的准许下进行的有名的宗教性军事行动，由西欧的封建领主和骑士对地中海东岸的国家以清除异端的名义发动的所谓"正义"战争。当时原属于罗马天主教圣地的耶路撒冷落入伊斯兰教手中，罗马天主教为了"收复失地"，便进行了多次东征行动。

谋取新产业或统治整个国家——或者只是以光荣的冒险去逃避平凡的生活"。十字军东征一般被认为是天主教的暴行。但因始终无法击败阿拉伯人，占领中东地区，最后西方人被迫另觅新路，寻找通往东方的新航线。这导致了改变世界发展格局的地理大发现。

宋元时期，当时通过海上丝绸之路往外输出的商品主要有丝绸、瓷器、茶叶和铜铁器（含铜钱）四大宗，往国内输入的主要是香料、宝石、阿拉伯孔雀蓝瓷器、象牙、玻璃、金银器、珍禽异兽等。中国官方海外贸易在明初郑和下西洋时（公元1405~1433年）发展到巅峰。这时欧洲人也在探索通往东方的海上航路。在郑和第五次下西洋（1417~1419年）时，他的船队曾沿着非洲海岸向南航行到达坦桑尼亚的基尔瓦一带，而其先前遣船已经绕到非洲南端的大西洋海域。差不多在同一时期（1415年），葡萄牙的亨利亲王也派遣了船队沿非洲西岸向南探寻，寻找通往东方的航路。可惜他们没有绕过好望角而折返。如果郑和的船队沿南非海岸继续前行或葡萄牙船队沿西非海岸绕过好望角继续向东航行，则两支船队就可能相遇，从而接通欧、亚、非三大洲的洲际航线。

1492年，葡萄牙商人达·伽马率领的船队沿着非洲海岸绕过非洲南端的好望角进入印度洋，来到印度果阿，1553年继续向东航行来到中国南部的澳门。开辟了中国澳门—果阿—里斯本的新贸易通道。葡萄牙人以中国澳门为据点，继续向东航行来到福建沿海的金门（浯屿）与厦门一带。与此同时，哥伦布则向西航行，跨越大西洋，发现了新大陆美洲。西班牙人到达美洲后，麦哲伦从美洲南端进入太平洋继续向东成功越过太平洋，于1521年来到菲律宾的宿务，并将其献给西班牙国王菲力二世。此后，荷兰殖民者占领苏门答腊和中国台湾，荷兰东印度公司几乎垄断了中国与欧洲的贸易线路。新航路的开辟和地理大发现，使海上丝绸之路承担的东西方贸易进入新的历史阶段，即进入西方世界控制的东西方贸易阶段。海上丝绸之路从此不再是一条和平之路和文明之路，而是充满掠夺和征服的血腥之路。

1565年，修士航海家乌尔达内塔从菲律宾起航，利用西南季风和"黑潮"（今日本暖流）来加快航行的速度，开辟了一条西起菲律宾马尼拉、东至墨西哥阿卡普尔科的全新航道，并雇用来自中国的工匠在马尼拉建造当时最先进的大帆船，这条航道被称为马尼拉大帆船贸易航线。在1565~1815年的250年间，从福建漳州月港到马尼拉经北太平洋航线至墨西哥阿卡普尔科的贸易，称为"大帆船贸易时代"。那时福建与西方的贸易是以美洲的白银交换中国的丝绸、茶叶、棉布、瓷器、漆器、工艺品等物品。西班牙殖民地生产白银的一半流入中国，中国成为西班牙美洲殖民地白银的坟墓。所以太平洋大帆船贸易也称为"银丝贸易"。西班牙人带来了美洲的烟草、辣椒、甘薯和玉米等农作物，通过福建商人传入中国，促进中国农业生产结构发生很大的变化。

清朝统一全国后，为了切断沿海地区与海外的联系，实现沿海居民内迁的迁海政策，只允许广州一地对外通商。这时欧洲列强进入疯狂的海外殖民时代。他们相继来到中国要求与中国的清政府进行通商。广州十三洋行已经不能满足西方列强对通商的要求。为了叩开中国闭关锁国的大门，1840 年英国人发动鸦片战争。鸦片战争之后，清政府被迫与英国签订《南京条约》，开辟五口通商，其中福州和厦门成为中国首批开港与西方通商的两个通商口岸。但随着西方殖民者在华攫取的特权越来越多，中国逐渐沦为半殖民地半封建国家。贸易的物品也由中国输出丝绸、茶叶和瓷器，变为输入西方的纺织品和其他工业制成品。英国人甚至输入鸦片等毒品来换取中国的茶叶和瓷器。中国等广大地区成为西方的原料产地和商品销售市场。

海上丝绸之路作为东西方贸易通道，它交流的不仅是物质财富，更重要的是这条通道承载了东西方文明的交融碰撞。中国的丝绸技术，陶瓷技术，火药、指南针、造纸术和印刷术四大发明以及中国的儒家哲学传到西方，西方的金银器、孔雀蓝瓷器、玻璃器皿、火炮、宗教文化和近代科技也传入中国。

中国的丝绸与生产丝绸的技术早在公元前 1121 年就传入朝鲜，公元前 199 年又传入日本，在汉代传入东南亚和南亚各国。同时，中国的丝绸也通过波斯人转运至古罗马。在古希腊的著作中将中国称为产丝之国"赛里斯"，丝绸成为欧洲贵族的时尚用品。虽然中国早期输入西方的丝绸并非从福建输出，但泉州开港以后，福建的绸缎和生丝便发展起来，成为对外输出的重要商品。

中国的陶瓷和制瓷技术对西方的传输始于唐朝，从海路运到红海沿岸的埃及福斯达特，再运到亚历山大港销往地中海沿岸各国。在埃及首都开罗郊外的福斯达特港出土了中国古瓷 22000 多片，以及众多的仿制品瓷片，说明唐宋以后瓷器成为中国对外输出的大宗货物，制瓷技术也传播到海外。南宋时期福建泉州港外销的瓷器已经达到欧洲市场，瓷器被称为"china"，在中西方交流中日益发挥重要的作用。除了德化瓷外，景德镇的瓷器也是通过福建口岸外销的重要商品。月港与欧洲的贸易，带动景德镇的工匠到漳州的平和建窑制作克拉克瓷作为外销产业的发展与兴盛。

中国茶叶是新航路开辟后 17 世纪（明末）传入欧洲的，在 18 世纪前期（清朝）成为中国最重要的出口商品。1607 年荷兰东印度公司从中国澳门购买第一批茶叶，1610 年运抵荷兰阿姆斯特丹港。但大批量的中国茶叶则是从福建输出的。1666

年荷兰东印度公司开始从福建采购大量茶叶运往欧洲。福州和厦门开港通商后，茶叶成为福建通商口岸最重要的出口货物。英文"tea"是闽南语茶的音译，说明福建茶叶输出对西方的影响。18世纪英国成为欧洲最大的茶叶消费国，英国也成为中国茶叶输欧的重要贩运国。^①茶叶贸易曾占英国东印度公司货值的90%。

除丝绸、瓷器和茶叶外，中国古代的火药、指南针、造纸术和印刷术四大发明也是通过丝绸之路传入欧洲的。火药是中国发明的，中国用之于军事始于12世纪的南宋时期。13世纪初，火药从印度经过阿拉伯人传给西班牙等欧洲国家，西班牙人改进为佛郎机大炮，又传入明朝。明朝曾经用佛郎机大炮（红夷大炮）抵抗清军的入侵。指南针是中国的发明，宋人沈括在《梦溪笔谈》中已经提到其应用。但最早记载其用于航海则是宋人朱彧的《萍州可谈》。指南针是通过来中国贸易的阿拉伯商人传入欧洲的。欧洲人最早记载指南针的是1190年的一个法国诗人，比沈括的记载晚400多年。造纸术是中国人蔡伦在东汉时的发明。造纸术的外传起初经过陆路，而后经过海路，中国唐僧义净和法显分别达到今天的苏门答腊巨港和斯里兰卡，带去了纸墨技术。公元751年，中国战俘在阿拉伯国家建立了第一个造纸作坊，此后阿拉伯人将造纸术传入西方。雕版印刷术7世纪初出现于中国，后经朝鲜改进为铜活字。16世纪中国的印刷术传入菲律宾后，经过西班牙人传入欧洲。马克思（后恩格斯加上造纸术）把火药、罗盘针、印刷术作为预兆资产阶级社会到来的四项伟大发明。这是中国科技对人类文明发展的贡献。

香料是经过海上丝绸之路输入中国的最大宗货物。据宋代毕仲衍《中书备对》记载，1077年仅从广州一地进口的乳香就达到35万公斤。香料的输入促进了中国医学和药物学的发展。唐代孙思邈《千金方》中采用的进口香料药方还只有数十个，而宋代的各种医学著作中以进口香料作原料的汤剂、成药就不下二三百种。此外，珍珠、宝石、玻璃、象牙、金银等特产也是输入的重要货物。明清以后，增加了西洋毛织品、棉织品、钟表、香水、皮毛、金属等。更为重要的是从海外输入的棉花、番薯、玉米、烟草、花生、西红柿等农作物，改变了中国的农业生产结构，丰富了人民的物质生活，促进我国社会经济发展与繁荣。中国古代传统的纺织原料是丝和麻，印度棉花的引进和种植则改变了中国的纺织品结构。"宋元之间始传其种入中国。关陕闽广首得其利。盖此物出外夷，闽广海通商舶……故也"（明·邱浚）。福州乌石山有一座先薯祠就是纪念当年在马尼拉经商、把甘薯传入中国的陈

① 庄国土：《18世纪中国与西欧的茶叶贸易》，《中国社会经济史研究》1992年第3期。

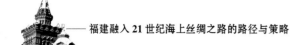

振龙和 1594 年在福建推广甘薯种植度过粮荒的巡抚金学曾而建造的。①

此外，西方的科学技术也经由海上丝绸之路传入中国，15~16 世纪，西方天主教耶稣会传教士利玛窦和汤若望等就是循海路来到中国的，他们在传播天主教时，也将西方的天文学、几何学和数学传入中国。徐光启、李之藻等中国有识之士从西方的科学中看到中国传统科学中的一些弊端，提出了改革和发展科学的设想。但遗憾的是没有产生广泛的影响。19 世纪，近代西方的船坚炮利在轰开中国大门的同时，也在中国掀起了"师夷长技以制夷"的"洋务运动"。西方的近代工厂与制造技术也被中国学习。福州船政学堂成为中国向西方派遣留学生学习近代海军与船舰制造技术的摇篮。

海上丝绸之路也是东西方文化交流之路。《古兰经》记载了创始人穆罕穆德的一条训教："学问，即使远在中国，亦当求得之。"历史上印度的佛教、阿拉伯的伊斯兰教在中国的传播都是与海上贸易同时进行的。而中国的儒家、道家思想，也通过海上丝绸之路传播到海外。泉州古港不仅留下了伊斯兰教遗迹，也留下天主教遗迹。当 15~16 世纪新航路开辟后，西方传教士和商人一同来到东方。这些传教士在向中国传播宗教时，也将中国的文化典籍翻译后传入西方，在欧洲引起了强烈反响。在 18 世纪的欧洲掀起了一股中国文化热。"那些耶稣会士，把中国经书翻译出来，劝告读者不但要诵读他，且须将中国思想见诸实行。"②带有浓郁东方情调的工艺美术品、服装、瓷器、扇子、刺绣、银器、家具等被带到欧洲，在建筑、园艺、制瓷、绘画、家具等行业引起追捧效仿，掀起一股"中国时尚"，被称为"Rococo 风格"，延续达一个世纪之久。

但到了 19 世纪，欧洲经过工业革命，成为世界政治、经济与文化的中心。西方列强携坚船利炮打开东方各国紧闭的大门，使东方从属于西方。李鸿章惊恐地注意到"这是 3000 年未有之变局"，开始意识到中国要自强就必须向西方学习先进技艺。当时创办的京师大学堂和福州船政学堂是西方教育制度在中华的落地生根。中国人从此开始向西方寻求救国真理的旅途。福建船政学堂更是中华民族自救的一面旗帜，其培养出来的人才直接引导了中国近代社会的现代化转型。严复等船政学堂的留学生则把西方经济哲学翻译给国内学界，传播西方的近代思想，到 1919 年"五四新文化"运动形成燎原之势，倡导民主与科学，在中国掀起了学习西方文化的高潮。近代东西方文明碰撞成为中国向近代社会转型的转折点。

---

① 陈炎：《海上丝绸之路与中外文化交流》，北京大学出版社 1996 年版。
② 朱谦之：《中国哲学对于欧洲的影响》，福建人民出版社 1985 年版。

第二节 福建与欧洲经贸合作的发展现状

　　新中国成立后，由于福建地处海峡两岸战争前沿，福建的工业发展落后，原有的与东南亚等地的海外贸易完全中断。1978 年，邓小平领导国家走上改革开放的道路，赋予广东、福建"特殊政策、灵活措施"，同时设立四个经济特区，虽然只有厦门经济特区在福建，但随后开放泉州、福州等沿海开放城市以及厦漳泉闽南三角地区，福建成为我国开放政策最多、最优惠的地区。

　　利用外资发展工业、促进出口赚取外汇的外向型经济发展战略，促进了福建对外贸易和工业化的快速发展。历史上作为五口通商的厦门和福州再次成为对外开放的前沿，作为海上丝绸之路起始点的东西方贸易得到恢复与发展。欧洲是历史上丝绸之路贸易的终点。目前欧洲包括欧盟 28 国，瑞士、挪威、冰岛等中立国家，以及俄罗斯、乌克兰、阿尔巴尼亚、塞尔维亚、南斯拉夫、波黑、马其顿等东欧国家。由于欧洲经济发达，消费旺盛，欧洲成为福建最重要的外资来源地和商品销售市场。

一、福建与欧洲贸易的现状与特点

　　进入 21 世纪，福建与欧洲的经贸关系发展平稳。2000 年福建对欧洲进出口总额为 33.26 亿美元，2015 年福建与欧洲贸易额达到 289.36 亿美元，增长 8.7 倍，年均增长 15.51%。其中，福建对欧洲出口从 2000 年的 24.39 亿美元增长到 2015 年的 212.14 亿美元，进口从 2000 年的 8.87 亿美元增长到 2015 年的 77.23 亿美元，年均分别增长 15.51% 和 15.52%。德国、荷兰、英国、法国、意大利、瑞士、俄罗斯、西班牙、比利时、波兰位居福建贸易前十位，2015 年它们与福建的贸易都超过 10 亿美元，其中德国、英国与荷兰超过 30 亿美元。福建与欧盟的贸易保持了持续的顺差，顺差额从 2000 年的 15.52 亿美元扩大到 2015 年的 134.91 亿美元，贸易顺差不断扩大。欧洲占福建对外贸易总额的比重从 2000 年的 15.67% 略微上升到 2015 年的 16.96%，是仅次于美国的第二大贸易对象（见表 7-1）。

　　福建与欧洲贸易结构发生了较大变化。2000 年，福建出口到欧洲的前十大商品是化学品，塑料、橡胶及其制品，皮革及其制品（箱包），纺织品，鞋帽伞，矿物制品与陶瓷，贱金属制品，机电与音像设备，杂项制品等。2015 年福建对欧盟出口

表7-1　福建与欧洲贸易情况（按国别）

单位：万美元

	2000年			2010年			2015年		
	出口	进口	进出口	出口	进口	进出口	出口	进口	进出口
欧洲总额	**243908**	**88734**	**332642**	**1646369**	**436122**	**2082491**	**2121379**	**772277**	**2893656**
瑞士	2219	6064	8283	14736	8924	23660	10452	241888	252340
俄罗斯	4279	13897	18176	97453	36553	134006	131852	46222	178074
乌克兰	910	635	1545	27915	10948	38863	11530	49317	60847
挪威	1808	1422	3230	25255	18931	44186	28021	18172	46194
冰岛	191	186	377	165	308	473	299	1134	1433
欧盟（新）	**234153**	**66108**	**300262**	**1473650**	**359841**	**1833491**	**1930343**	**412891**	**2343234**
德国	50336	17143	67479	338772	121266	460038	376436	115053	491488
荷兰	34566	1670	36236	237901	19277	257179	289914	23863	313777
英国	32751	15857	48608	187985	37087	225072	365425	40899	406324
法国	17232	4959	22190	110859	26215	137074	131718	64029	195748
意大利	20560	9633	30193	125564	40641	166205	137113	41339	178452
西班牙	16783	3157	19940	112033	31185	143217	126447	23191	149638
比利时	15052	1134	16186	71832	15205	87037	90400	23846	114246
波兰	10155	405	10560	47872	12587	60459	106600	4067	110667
丹麦	3295	1632	4927	29591	4216	33807	31696	8880	40576
爱尔兰	1316	1218	2534	9306	3953	13259	11040	4297	15337
希腊	3537	421	3958	18592	6927	25519	25435	5611	31045
葡萄牙	2567	265	2832	14268	5803	20070	14881	11294	26175
奥地利	1774	1573	3347	8290	4208	12498	7769	6832	14601
芬兰	2243	2277	4520	20707	10889	31596	15477	14230	29707
瑞典	4921	2963	7884	24664	9301	33965	41228	9047	50275
斯洛伐克	240	19	259	20942	363	21305	40680	1713	42393
斯洛文尼亚	489	62	550	7260	284	7544	11696	1241	12937
捷克	4631	121	4752	16920	3137	20056	28704	5023	33726
匈牙利	6945	306	7251	22824	2488	25312	25336	1735	27071
罗马尼亚	1392	408	1800	14358	1081	15439	15521	1229	16750
爱沙尼亚	57	2	59	2367	31	2398	3340	677	4016
拉脱维亚	206	12	217	2376	38	2414	6339	1109	7448
立陶宛	155	8	162	3456	14	3470	7176	503	7678
马耳他	216	751	967	4442	510	4952	5959	227	6186
塞浦路斯	313	0	313	3155	12	3167	1657	15	1672
保加利亚	513	11	525	3235	1311	4546	4680	1613	6293

续表

	2000 年			2010 年			2015 年		
	出口	进口	进出口	出口	进口	进出口	出口	进口	进出口
克罗地亚	251	0	251	13892	232	14124	7540	721	8261
卢森堡	1659	103	1761	189	1578	1767	136	610	746
东欧（欧盟成员）	**295**	**6**	**301**	**1488**	**172**	**1660**	**2620**	**1182**	**3802**
阿尔巴尼亚	2	0	2	1180	162	1342	2445	758	3203
塞尔维亚	—	—	—	1395	1	1396	1000	174	1175
波黑	8	0	8	94	10	104	155	292	448
南斯拉夫	255	6	261	—	—	—	—	—	—
马其顿	31	0	31	213	1	214	20	132	152

资料来源：根据福建省海关网站资料整理。

前十项产品是纺织品，机电与音像设备，鞋帽伞等，杂项制品，光学与医疗仪器，矿物制品与陶瓷，贱金属及其制品，塑料、橡胶及其制品，皮革制品与箱包，车辆及船舶等运输设备，出口商品结构有所改善。进口商品主要是植物产品（谷物），食品饮料，矿产品（大理石等），化学品，塑料、橡胶及其制品，木浆及纸板，木及炭制品，珠宝及奢侈品，机电与音像设备等。除了机电与音像设备外，福建与欧洲贸易以产业间贸易为主，机电与音像设备表明福建与欧洲产业内不同档次的进出口结构（见表7-2）。

表7-2 2000~2015年福建对欧洲进出口商品结构（HS）

单位：万美元

	2000 年		2005 年		2010 年		2015 年	
	进口	出口	进口	出口	进口	出口	进口	出口
HS 全商品	88734	243908	205723	783011	436122	1646369	772277	2121379
第一类 活动物；动物产品	1134	541	820	72	1391	13776	6012	10816
第二类 植物产品	189	3393	1613	6608	1719	12876	62204	20999
第三类 动植物油、脂、蜡及其分解产品	89	18	47	6	100	21	836	93
第四类 食品；饮料、酒及醋；烟	6747	8549	2668	19375	8410	38682	27820	41545
第五类 矿产品	5503	596	15846	441	66921	1124	64983	1599
第六类 化学工业及其相关工业品	6016	13023	16390	18820	29779	36016	24895	38003
第七类 塑料及其制品；橡胶及其制品	2496	19625	14851	49706	46478	67794	54115	80564

续表

	2000 年		2005 年		2010 年		2015 年	
	进口	出口	进口	出口	进口	出口	进口	出口
第八类 革、毛皮及制品；箱包	2275	13936	5834	32889	10118	61137	16079	79334
第九类 木及制品；木炭；软木	1513	4219	843	11007	4928	20739	33190	20854
第十类 木浆等；废纸；纸、纸板	1806	392	15593	1960	31827	11759	41105	21090
第十一类 纺织原料及纺织制品	1494	26149	2559	144971	4780	350034	4787	472138
第十二类 鞋帽伞等；羽毛品	299	43913	145	118889	131	229289	190	339601
第十三类 矿物材料制品；陶瓷品	1194	15294	1409	45050	2373	93030	2821	118169
第十四类 珠宝、贵金属及制品	357	325	169	742	155	1525	227969	1960
第十五类 贱金属及其制品	7881	8576	15543	24233	28714	54761	16900	66248
第十六类 机电、音像设备及零件	34076	57503	84863	205091	162160	333405	127426	366277
第十七类 车辆、航空器、船舶	7422	5401	8683	25964	15936	82028	19085	53190
第十八类 光学、医疗等仪器；钟表	3005	6885	8125	22085	17561	94947	34063	154563
第十九类 武器、弹药及其零件	0	0	0	0	0	46	0	311
第二十类 杂项制品	863	15521	622	54237	1949	142769	7789	233488
第二十一类 艺术品、收藏品及古玩	2	48	2	856	10	376	7	535
第二十二类 特殊交易及未分类商品	4372	0	9098	11	684	235	0	2

资料来源：根据福建省海关部门网站数据整理。

二、福建与欧洲双向投资及其特点

（一）欧洲对福建的投资

作为经济发达地区，欧洲是世界上资本输出最多的地区之一。中国是欧洲资本最青睐的国家之一。1987~2015 年，欧盟在中国投资设立的企业达 39323 家，占中国同期外资企业数的 4.75%；实际投资金额为 1015.36 亿美元，占中国同期利用外资的 5.86%。欧盟在闽投资项目 951 个（占全国欧盟投资项目的 2.4%），合同外资 48.0 亿美元，实际到资 28.8 亿美元（占全国利用欧盟投资的 2.84%），分别占福建同期利用外资项目、合同利用外资金额和实际利用外资的 3.67%、2.44% 和 2.59%。欧盟对福建的投资占福建利用外资的比例较低，是福建第五大境外投资来源地。

其中，"十二五"期间欧洲在福建投资设立企业 164 家、合同利用外资 98294 万美元、实际到资 77614 万美元，分别占同期福建利用外资的 4.09%、26.7%、22.8%。福建利用欧洲投资比重有较大提高。对福建投资最多的国家是荷兰，5 年间设立企业 11 家，实际投资 22882 万美元；第二是卢森堡，5 年新设立企业 1 家，实际投资 6347 万美元；第三是英国，5 年对福建投资 31 家企业，实际投资 4543 万美元；第四是德国，5 年投资 31 家企业，实际投资 4260 万美元（见表 7-3）。欧洲国家对福建投资的产业涉及德国戴姆勒公司参股福建的奔驰汽车增资项目，瑞士 ABB 公司投资的厦门 ABB 高低开关项目，荷兰菲利普公司投资的 LED 项目等规模大、技术先进的制造业。2016 年 1~7 月，欧洲对福建投资项目 22 个，合同投资金额 1482 万美元，实际到资 29221 万美元。

（二）福建对欧洲投资的现状及特点

2001 年至 2016 年 9 月，福建核准备案在欧洲投资的企业和机构达 180 家，占同期福建核准设立境外企业与机构数的 8.6%；欧洲境外企业总投资 29.30 亿美元，占同期福建对外投资总额的 10.9%；我方投资 18.68 亿美元，占同期福建对外投资总额的 8.43%，投资企业和机构涉及 24 个欧洲国家和地区。

福建对欧洲的投资国别相对集中，主要集中在德国（设立企业 37 家，投资金额 93478 万美元）、俄罗斯（设立企业 19 家，投资金额 43133 万美元）和英国（设立企业 14 家，投资金额 24996 万美元），分别占福建对欧洲投资的 50%、23.08% 和 13.38%；其次是对塞浦路斯（9514 万美元）、波兰（7210 万美元）和意大利（2272.18 万美元）三国的投资规模分别占福建对欧洲投资的 5.0%、3.85% 和 1.2%；对其他 18 个欧洲国家的投资仅占 3.45%。福建在欧洲的投资企业以获取优势资源和技术为主，从事研发与制造业的投资金额超过 10 亿美元；汽车玻璃生产企业 1 家（俄罗斯），投资金额为 4.2 亿美元；矿业投资与资源开发 4 家，投资金额 3.46 亿美元；高品质滑雪服饰和用品的生产等专业设备制造，以及进出口贸易和仓储物流（见表 7-4）。其中 2016 年 1~9 月，福建备案在欧盟投资项目共 9 个，核准对外投资额 85589.9 万美元，主要从事半导体材料涂层设备的研发、生产以及安装。

表 7-3 欧洲国家对福建的投资情况

单位：万美元

	2011 年			2012 年			2013 年			2014 年			2015 年		
	企业数（家）	合同金额	实际利用	企业数（家）	合同金额	实际利用	企业数（家）	合同金额	实际利用	企业数（家）	合同金额	实际利用	企业数（家）	合同金额	实际利用
欧洲	31	30677	4262	32	7428	30185	19	4584	11141	26	5373	3158	56	50232	28868
冰岛	0	0	0	0	0	0	0	0	0	1	10	0	0	0	0
丹麦	2	-97	45	1	38	66	0	8	-6	2	22	0	0	0	11
英国	5	1378	1920	3	995	1330	7	539	352	3	750	403	13	3246	538
德国	7	995	262	4	1165	1199	4	907	2002	5	1201	170	11	1428	627
法国	3	-734	74	1	649	321	0	-28	29	0	-120	0	2	31	0
爱尔兰	1	10	0	0	0	0	0	150	4	0	0	0	0	0	0
意大利	4	361	100	8	611	124	2	-1232	254	3	212	493	8	360	52
卢森堡	0	1773	61	0	1800	660	0	1877	918	0	0	450	1	39823	4258
荷兰	0	362	452	5	67	547	3	-491	24	1	6906	449	5	819	21410
希腊	0	0	0	1	79	0	0	0	0	0	0	0	1	245	0
葡萄牙	1	-144	0	0	0	0	0	0	0	0	-12	0	0	0	0
西班牙	1	-32	173	2	-982	118	0	0	30	2	204	30	4	110	7
波兰	0	0	11	0	6	0	0	-50	5	0	0	0	3	-11	0
罗马尼亚	0	0	10	1	-100	107	0	-155	95	0	0	0	0	700	0
瑞典	1	527	556	1	-773	1240	0	0	7	2	820	0	1	5	1003
捷克	0	-82	625	1	0	0	0	0	98	1	8	557	1	168	217
奥地利	0	50	131	2	1064	175	0	0	796	1	187	0	0	0	24

续表

	2011年			2012年			2013年			2014年			2015年		
	企业数（家）	合同金额	实际利用	企业数（家）	合同金额	实际利用	企业数（家）	合同金额	实际利用	企业数（家）	合同金额	实际利用	企业数（家）	合同金额	实际利用
保加利亚	0	0	0	1	130	0	0	0	0	0	0	0	0	0	0
匈牙利	2	1316	149	0	-109	105	2	325	0	0	400	10	2	3039	176
斯洛伐克	0	0	0	0	50	0	—	—	—	—	—	—	—	—	—
塞浦路斯	1	1000	301	0	0	60	0	0	30	0	0	80	0	0	125
瑞士	1	24625	190	1	1830	23934	0	-50	467	1	41	0	—	—	—
俄罗斯	2	37	67	3	0	25	0	0	23	1	2	6	0	0	14
乌克兰	0	0	0	0	0	0	—	—	—	—	—	—	1	6	0
挪威	1	302	128	0	216	234	0	330	247	1	520	330	—	—	0
列支登士敦	0	0	0	0	0	0	1	48	0	0	0	50	0	73	0
拉脱维亚	0	0	0	0	0	0	0	0	0	1	2	0	0	47	0
世界总计	1039	921880	620111	916	929083	633744	840	833644	667896	1044	849078	711499	1689	1446277	768339

资料来源：根据福建省商务部门资料整理。

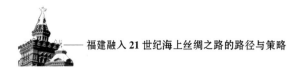

表 7-4　2001 年至 2016 年 9 月福建核准对欧洲国家的投资

所在国	企业数（家）	投资总额（万美元）	中方投资（万美元）	涉及行业和领域
德国	37	133783.6	93478.44	
意大利	26	2990.64	2272.18	
西班牙	7	285.42	209.87	
法国	7	262.79	160.56	
卢森堡	1	145.55	16.74	
匈牙利	3	65	34	①研发与制造业企业 31 家，投资金额 100066.476 万美元。
捷克共和国	2	67	67	②汽车玻璃 1 家，投资 42000 万美元。
波兰	14	7210	7210	③矿业开发 4 家，投资 34639 万美元。
英国	14	35510	24996.61	④加工贸易与进出口企业 109 家，投资金额 8223.2066 万美元。其中，电子商务 2 家，投资 100 万美元；仓储运输企业 2 家，投资 75.17 万美元。
荷兰	18	909.64	798.95	
芬兰	3	1051.62	933.462	
克罗地亚	2	90	90	⑤石材加工 8 家，投资金额 1559.5 万美元。
罗马尼亚	12	253.74	242.895	⑥工程机械 1 家，投资金额 1020 万美元。
波黑	3	130	130	
奥地利	2	932.96	932.96	⑦软件技术开发与服务企业 6 家，投资金额 707.2 万美元。
瑞典	2	215	215	⑧建筑企业 1 家，投资金额 650 万美元。
希腊	1	50	50	⑨房地产开发与旅游会展企业 2 家，投资 507.6 万美元。
塞浦路斯	1	62592	9514	⑩鞋类加工 3 家，投资金额 250 万美元。
拉脱维亚	1	0.33	0.17	⑪木材采伐和加工 1 家，投资 50 万美元
欧盟小计	153	246610.54	141396.86	
俄罗斯	19	43193.64	43133.28	
乌克兰	2	2000	1020	
挪威	1	550	550	
瑞士	2	215	215	
波黑共和国	3	130	130	
欧洲总计	180	293036.7	186813.7	占福建对外投资的比重分别为：8.64%、10.9% 和 8.43%
世界总计	2083	2681903.2	2216318.4	

资料来源：根据福建省商务部门资料整理。

从时间分布来看，福建对欧洲的投资主要集中在 2010 年以后。2010 年以前规模小，增长缓慢。除 2002 年、2007 年和 2009 年的投资规模超过 1000 万美元外，其他年份只有几十美元或 200 美元左右。2010 年以后，福建对欧洲投资规模除 2013 年外，每年都超过 1 亿美元，特别是"一带一路"战略的实施，福建企业加快

"走出去"步伐，2014年对欧洲投资为2.6亿美元，2015年达到5.4亿美元，2016年前三季度出现爆炸式增长，投资规模超过8亿美元。

从福建对外投资企业的地区分布来看，主要集中在泉州、福州和厦门三个市，泉州市在欧洲设立企业37家，投资金额为8.24亿美元，占比44.11%；福州市在欧洲设立企业35家，我方投资7亿多美元，占比37.55%；厦门市在欧洲设立企业52家，我方投资2.8亿多美元，占比15.05%。其他地市对欧洲的投资规模很小，如龙岩占1.45%，宁德占0.67%，三明占0.22%，莆田占0.13%，漳州占0.1%，省属企业投资占0.73%。南平仅设立了三家代表机构，没有资金投入。福建对欧洲投资的活跃程度反映了当地经济和企业对外竞争水平。

第三节　福建与欧洲经济的比较优势及合作重点领域

一、欧洲经济发展概况

欧洲面积1016万平方公里，约占世界陆地面积的6.8%，是世界第六大洲。由45个国家和地区组成，人口约7.4亿（2014年），约占世界人口的12%，是人口密度最大的一个洲，绝大多数国家人口密度为50人/平方公里。人均生产总值约为28519美元（仅次于大洋洲和北美洲），是世界上经济最发达的地区。欧洲人信仰宗教，主要宗教是基督教（包括天主教、新教和东正教），也有少数居民信奉伊斯兰教和犹太教（见表7-5）。

（一）欧洲的资源与物产

欧洲位于东半球欧亚大陆的西北部，亚洲的西面。北临北冰洋，西濒大西洋，南隔地中海与非洲相望，东以乌拉尔山脉、乌拉尔河、高加索山脉、博斯普鲁斯海峡、达达尼尔海峡同亚洲分界，西北隔格陵兰海、丹麦海峡与北美洲相对。欧洲拥有37900公里的海岸线，是世界上海岸线最曲折的一个洲。多半岛和优良港湾，航海交通发达。地形以平原为主，冰川地貌广为分布，多湖泊和河流，平均海拔300米。气候温湿多雨，从西向东由温带海洋性气候向温带草原气候过渡；从南向北由亚热带季风气候向寒温带海洋性气候过渡。水利资源和自然资源丰富，煤矿、石油、铁矿、铬矿资源丰富；欧洲森林面积8.74公顷，约占世界森林面积的23%，草原面积约占世界草原面积的15%，盛产牛、羊、猪及奶制品等；欧洲沿海渔场面积约占世界沿海渔场总面积的 32%，盛产鲭鱼、鳕鱼、鲑鱼、鳗鱼、沙丁鱼和金枪鱼，欧洲捕鱼量约占世界的 30%，捕鱼量最多的国家是俄罗斯和挪威，欧洲是世界上畜牧业和渔业最发达的地区。

表 7-5　欧洲各国概况（面积、人口、GDP，2015 年）

国别与地区	首都	货币	语言与宗教	面积（平方公里）	人口（人）	GDP（亿美元）	PPP 美元
安道尔	安道尔城	欧元	加泰罗尼亚语，天主教	468	69865	13	19000
奥地利	维也纳	欧元	德语，天主教	83872	8356707	4153.21	50098
比利时	布鲁塞尔	欧元	荷兰语、法语、德语，天主教	30528	11007020	3943.46	36100
爱沙尼亚	塔林	欧元	爱沙尼亚语，东正教	45230	1340415	244.8	17802
芬兰	赫尔辛基	欧元	芬兰语，东正教	338424	5342344	1831	51989
法国	巴黎	欧元	法语，天主教	543965	65447374	25820	34077
德国	柏林	欧元	德语，新教	357050	81757600	33156	40631
希腊	雅典	欧元	希腊语，东正教	131957	11100000	3382.5	30304
爱尔兰	都柏林	欧元	爱尔兰语，新教	70273	4460000	2733.28	61810
意大利	罗马	欧元	意大利语，天主教	301338	60231214	21180	35435
卢森堡	卢森堡市	欧元	卢森堡语，新教	2586.3	502202	549.73	114512
马耳他	瓦莱塔	欧元	马耳他语，东正教	316	410290	53.69	13683
摩纳哥	摩纳哥	欧元	法语，天主教	1.95	7400	6.581	88761
黑山共和国	波德戈里察	欧元	黑山语，东正教	13812	672180	48.48	7817
荷兰	阿姆斯特丹	欧元	荷兰语，新教	41526	16500156	6753.75	52019
葡萄牙	里斯本	欧元	葡萄牙语，天主教	92345	10848692	2450	22000
西班牙	马德里	欧元	西班牙语，天主教	504030	46661950	16263.17	27226
斯洛伐克	布拉格斯拉法	欧元	斯洛伐克语，天主教	49034	5401000	741.03	13857
斯洛文尼亚	卢布尔雅那	欧元	斯洛文尼亚语，东正教	20273	2010614	3403	27148
圣马力诺	圣马力诺	欧元	意大利语，天主教	60.75	27336	16.62	41900
梵蒂冈	梵蒂冈	欧元	拉丁语，天主教	0.44	990	0.0976	70670
英国	伦敦	英镑	英语，天主教	244820	61113205	21830	35334
直布罗陀（英）	—	英镑	英语，天主教	6.5	29431	—	—
法罗群岛（丹）	—	法罗克朗	法罗语，天主教	1399	48317	10	22000
克罗地亚	萨格勒布	库纳	克罗地亚语，东正教	56542	4551000	472.22	10676
捷克共和国	布拉格	克朗	捷克语，天主教	78886	10190213	1681	16400

续表

国别与地区	首都	货币	语言与宗教	面积（平方公里）	人口（人）	GDP（亿美元）	PPP 美元
丹麦	哥本哈根	克朗	丹麦语，新教	43098	5519441	3429.25	62625
匈牙利	布达佩斯	福林	匈牙利语，东正教	93030	9992339	1323	13000
冰岛	雷克雅未克	克朗	冰岛语，天主教	103001	319756	121.33	37976
挪威	奥斯陆	克朗	挪威语，天主教	385054	4851680	4562.66	95062
瑞典	斯德哥尔摩	克朗	瑞典语，天主教	449964	9263872	4845	52789
瑞士	伯尔尼	法郎	德语，新教	41248	7739100	4925.95	67384
列支敦士登	瓦杜兹	瑞士法郎	德语，新教	160.4	33987	17.81	52550
拉脱维亚	里加	拉兹	拉脱维亚语，东正教	64590	2307000	324	12622
立陶宛	维尔纽斯	立特	立陶宛语，东正教	65200	3483972	533.5	14158
波兰	华沙	兹罗提	波兰语，东正教	312685	38134000	3005.33	13444
俄罗斯	莫斯科	卢布	俄语，东正教	17075200	141867000	7600	11209
白俄罗斯	明斯克	卢布（白）	俄语，东正教	207600	9648533	1207.5	12737
阿尔巴尼亚	地拉那	列克	阿尔巴尼亚语，伊斯兰教	28748	3600523	198.18	6781
波黑共和国	萨拉热窝	马克	波斯尼亚语、塞尔维亚语，东正教	51129	4613414	169	3692
保加利亚	索菲亚	列弗	保加利亚语，东正教	110910	7726000	496.86	6546
马其顿	斯科普里	第纳尔	马其顿语，东正教	25713	2114550	57.22	2810
摩尔多瓦	基希纳乌	列伊	罗马尼亚语，东正教	33850	3567500	54.03	1514
罗马尼亚	布加勒斯特	列伊	罗马尼亚语，东正教	238391	22355551	1879	8744.7
塞尔维亚	贝尔格莱德	第纳尔	塞尔维亚语，东正教	77474	10147398	240.58	2880
乌克兰	基辅	格里夫纳	乌克兰语，东正教	603700	46886400	2542	2542

（二）独特的民族与文化魅力

欧洲绝大部分居民是欧罗巴人种（白种人），种族构成相对单一。欧洲 95% 的人口属于印欧语系，包括斯拉夫、日耳曼、拉丁、阿尔巴尼亚、希腊、凯尔特语族的民族。但语言文化丰富多彩，欧洲有 60 多种语言，形成大约 70 个民族，绝大多数民族人口均达到一定数量，小民族和小部落较为少见。多数国家的民族构成也比较单一，所以形成众多中小国家。只有俄罗斯和瑞士的民族构成比较复杂。

欧洲居民绝大多数信仰宗教，西欧、中欧和南欧地区主要信仰基督教（天主教和新教），东欧地区的斯拉夫民族则信仰东正教。土耳其、科索沃居民信奉伊斯兰教。欧洲在经历了漫长的中世纪后迎来了宗教革新与文艺复兴时期，创造了欧洲丰富的哲学与文化艺术，这些文化遗迹现在已经成为世界各国人民的旅游目的地。启蒙运动和近代资本主义社会的哲学社会科学就在这一时期发展起来，自由、平等、博爱的思想影响了世界历史进程。西欧的资产阶级革命推动了代议制政府和现代民主政治的诞生。文艺复兴后，欧洲的科学技术也得到飞速发展，为工业革命的到来进行了科学准备。自 17 世纪以来，欧洲逐渐成为世界经济和文化的中心。但两次世界大战后欧洲逐渐衰落。欧洲推动人类历史进程的贡献巨大，现代文明由欧洲人奠定。

（三）社会经济发展水平的区域差异

欧洲经济发展水平居各大洲之首。工业、交通运输、商业贸易、金融保险等在世界经济中占重要地位，在科学技术的若干领域内也处于世界领先地位。世界金融危机以来，欧洲又遭受欧债危机的拖累，经济增长出现下滑。近年来欧洲国家经济增长出现分化，爱尔兰、北欧国家以及中东欧国家经济快速增长，而希腊、乌克兰、白俄罗斯和摩尔多瓦等国家仍然深陷经济危机。欧洲绝大多数国家属于发达国家，其中北欧、西欧和中欧的一些国家经济发展水平较高，南欧和东欧一些国家经济发展水平相对较低。按照购买力平价（PPP）计算的欧洲人均收入水平，人均收入在 30000 美元以上的 20 个国家主要分布在西欧地区和北欧地区。人均收入在 10000~30000 美元的 16 个中等收入国家主要分布在中东欧地区。人均收入在 10000 美元以下的 9 个低收入国家主要分布在东南欧的巴尔干地区。经济发展水平的差距体现在产业结构和劳动生产率上，西欧国家进入了"工业 4.0"时代。德国为了维持本国工业的国际竞争力，制定了"工业 4.0"计划。英国和法国也在推行制造业振兴计划。欧盟通过区域发展政策援助落后国家和地区的经济发展，使得这些东南欧国家的经济发展速度比发达区域更高，能够不断缩小收入差距。

二、欧洲市场的需求特征及市场状况分析

（一）高度一体化的区域单一市场

20 世纪欧洲大地上爆发了两次世界大战，给欧洲经济发展造成空前破坏，美国和苏联乘势崛起。第二次世界大战后，西欧国家在重建欧洲的过程中倡导和平与合作，开启了经济一体化进程。经过 50 多年的发展，欧盟已建成关税同盟，实行共同外贸、农业和渔业政策，并统一内部市场，基本实现了商品、人员、资本和服务在欧盟内部的自由流通，统一货币欧元在 2000 年也开始发行流通，1957 年起步的欧洲一体化进程已经达到较为完善的地步。欧洲市场上基本上是欧洲自己的产品。欧洲以外的产品，包括美国货、日本货，都为数不多。经济一体化实现了资源的优化组合。同时，也使欧盟对外依赖性降低，欧盟国家对外贸易多以区内贸易为主，

每年对美国出口只占其GDP的3%，较少受到美国经济波动的影响。同时，欧元区通过统一货币增强了抵御外来冲击的能力，保障了贸易投资环境的稳定，有利于投资和金融市场一体化。欧盟各国经济高度一体化并抱成一团，不但形成对美国、日本经济的抵御，而且也形成了对中国廉价商品的抵御，这客观上不利于中国出口商品进入欧洲市场。而且，在向发展中国家开放市场时，欧洲国家还考虑他们的传统关系，如法国先对原法属殖民地国家开放，在巴黎，比较容易见到如阿尔及利亚、摩洛哥等国的商品，这更增加了中国商品进入的难度。

2016年6月英国举办脱欧全民公投，结果脱欧派取得胜利。尽管目前欧盟受到债务危机和非法移民的困扰，经济一体化进程受阻，但是，这只是欧洲一体化进程中的暂时挫折。欧洲的一体化进程已经难以逆转，但需要停下脚步思考政治经济一体化究竟应该推进到何种程度为佳？应该如何解决它们在一体化建设中面临的各种问题和障碍。那些没有加入欧盟的国家和地区，也正在寻求加入欧盟或组建自己的经济集团。它们的经济结构以能源和重工业为主，与中国存在较好的经济互补关系，对中国的消费品需求十分强烈。中国产品进入这些国家市场相对要容易一些。目前，冰岛、瑞士、挪威和欧亚经济联盟等非欧盟国家有的已经与中国完成自由贸易区的组建，有些则正在探讨与中国谈判自由贸易区的可行性。这些国家是"一带一路"的重要国家，也是中国进入欧盟市场的重要桥梁。

（二）壁垒森严的统一大市场

中国加入WTO后，按世贸原则欧盟必须对中国开放市场，但欧盟以反倾销手段和各种技术性贸易壁垒等非关税壁垒来设卡。例如，浙江的打火机价格比欧盟产品低10倍，欧盟以浙江打火机没有防止儿童打火的安全锁为由，拒绝进口；福建部分养殖水产品被拒绝进入欧盟，理由是氯霉素含量超标。欧盟是对中国产品反倾销诉讼最多的地区，现行欧盟反倾销法的基本渊源就是欧盟理事会384/96号条例，即1996年欧盟反倾销条例，它被看作欧盟反倾销诉讼的"基本法"。这一条例把中国列入非市场经济国家，2016年中国"入世"过渡期结束后，欧盟仍然没有承认中国的市场经济地位。在认为中国某一产品向欧盟的出口价格低于相似产品在正常贸易过程中确定的可比价格时，该产品即被认为倾销产品，即可进入反倾销调查。这时，就要求应诉的中国企业必须证明自己的经营状况已经达到以下5项市场经济标准：

（1）根据市场供求关系决定产品的价格、成本和投入，其中包括原材料、技术和劳动力的成本、产量、销售、投资等，不受国家干预，其主要投入的成本完全反映市场价值。

（2）实行独立的国际标准化的财会制度，账目清晰。

（3）生产成本和财务状况不受旧的非市场经济体制影响；尤其不存在资产折旧、呆账、易货交易和债务互抵现象。

（4）由《破产法》和《财产法》来保障企业经营的确定性和稳定性。

（5）外汇按市场汇率兑换。

这些条件中国企业并不容易满足，因而对付欧盟的反倾销任务仍十分艰巨。

（三）颇具魅力的广阔市场

中国与欧盟双方贸易近年来发展很快，贸易额连年呈大幅度上升趋势，2015 年中欧货物贸易总额达到 5648 亿美元。欧盟连续 12 年保持中国第一大贸易伙伴地位，中国已成为欧盟的第二大贸易伙伴。双方人员往来每年超过 500 万人次。但是，欧盟与中国的贸易额仅占其对区域外贸易的 5% 左右，发展的潜力和余地仍然很大。欧盟有超过 5 亿的消费者，形成了一个具有巨大购买力的市场，经济规模和市场容量对作为世界制造业大国的中国生产厂商极具吸引力。其他欧洲国家也是拥有 2 亿多人口的消费市场。福建的发展，要求我们必须尽力开拓欧盟和欧洲市场，尽管欧盟市场是一朵带刺的玫瑰。

欧盟的特点是经济高度一体化，是一个制度健全、机制成熟、运行规范的单一市场，踏进一个国家也就进入了整个欧盟统一大市场。欧盟已经变成包括绝大多数东欧国家在内的 28 国经济一体化组织，拥有（截至 2016 年）5.1 亿人口，领土面积达到 446 万多平方公里，GDP 总额为 146351.5 亿欧元，人均 GDP 约 28700 欧元。其他许多欧洲国家如冰岛、马其顿、土耳其、黑山、塞尔维亚、乌克兰等都与欧盟签署了或紧密或松散的《稳定与联系国协定》，成为欧盟成员的候选国。但新加入的东南欧国家就不是很发达的国家，工资成本相对其他国家低，他们也有一系列吸引外资的优惠政策。欧盟的一些东欧成员也积极吸引外资进入。东欧经济发展水平与我国相近，经济具有良好的互补性。欧债危机后尤其欢迎中国的投资，中国已经取得希腊比雷埃夫斯港口 35 年的经营权，正计划从这里修建通往中欧的高速铁路，从这里出发也就进入了整个欧洲大市场。随着"一带一路"战略的展开，将为福建企业提供更多进入欧洲市场的机会。

三、欧洲对福建的经济优势与合作重点领域

从福建与欧洲进出口优势产品来看，在 22 大类进出口商品中，福建处于贸易逆差的产品主要是矿产品、动植物油脂（橄榄油）、木及其制品、木浆及纸制品、珠宝及奢侈品等五类产品，这说明福建在这些产业领域处于比较劣势的地位。其他都处于贸易顺差地位。福建在机电及音像制品、皮革制品与箱包、纺织品与服装、

鞋帽伞、贱金属及其制品、陶瓷等劳动密集型产业仍然拥有比较优势。但在食品、车辆、船舶等运输工具等产业保持大量顺差主要是市场开放差异的结果。实际上欧洲在技术密集型产业对福建拥有较强的比较优势（见表7-6）。

表7-6　2000~2015年福建与欧洲进出口贸易差额（出口—进口）

年份	2000	2005	2010	2015
HS 全商品	155174	577288	1210247	1349102
第一类　活动物；动物产品	-593	-748	12385	4804
第二类　植物产品	3204	4995	11157	-41205
第三类　动植物油、脂、蜡及其分解产品	-71	-41	-79	-743
第四类　食品；饮料、酒及醋；烟	1802	16707	30272	13725
第五类　矿产品	-4907	-15405	-65797	-63384
第六类　化学工业及相关工业制品	7007	2430	6237	13108
第七类　塑料、橡胶及其制品	17129	34855	21316	26449
第八类　革、毛皮及制品；箱包	11661	27055	51019	63255
第九类　木及制品；木炭；软木	2706	10164	15811	-12336
第十类　木浆等；废纸；纸、纸板	-1414	-13633	-20068	-20015
第十一类　纺织原料及纺织制品	24655	142412	345254	467351
第十二类　鞋帽伞等；羽毛品	43614	118744	229158	339411
第十三类　矿物材料制品；陶瓷品	14100	43641	90657	115348
第十四类　珠宝、贵金属及制品	-32	573	1370	-226009
第十五类　贱金属及其制品	695	8690	26047	49348
第十六类　机电、音像设备及其零件	23427	120228	171245	238851
第十七类　车辆、航空器、船舶等	-2021	17281	66092	34105
第十八类　光学、医疗等仪器；钟表	3880	13960	77386	120500
第十九类　武器、弹药及其零件	0	0	46	311
第二十类　杂项制品	14658	53615	140820	225699
第二十一类　艺术品、收藏品及古玩	46	854	366	528
第二十二类　特殊交易及未分类商品	-4372	-9087	-449	2

资料来源：根据福建省海关网站资料整理。

作为老牌的资本主义国家和市场经济的发源地，欧洲经济比较发达。欧洲煤铁开采量占世界总开采量的30%以上，汞、钾盐均占世界产量的60%以上。欧盟经济结构与美国不尽一致，它们更擅长于现代化的传统产业，其信息技术和电子工业技术落后于美国。主要工业部门是钢铁、机械、化学、食品、电器等传统产业。汽车、船舶、飞机、发电设备、农机、电子器材等工业品产量占世界40%，德国、英国、法国和俄罗斯等国家的生产规模巨大。此外，瑞士的钟表和精密仪器、捷克与斯洛伐克的重型机械、德国的光学仪器、西班牙的造船、瑞典的造船和矿山机械等在国际享有盛誉。欧洲农业为次要生产部门，农牧结合和集约化程度高是其重要特点。主要种植麦类、玉米、马铃薯、蔬菜、瓜果、甜菜、向日葵、亚麻等，小麦产量占世界的 50%，大麦、燕麦约占世界的 60% 以上。园艺业发达，主产葡萄、苹果和油橄榄等温带水果。畜牧业以饲养猪、牛、羊为主。欧洲已经形成庞大的综合运输网络，各种运输方式高度发展，铁路、公路、海运、航空等都非常发达，运输业居世界各洲之首。

根据世界科技实力排名，居前 20 位的除了美国（1）、日本（3）、以色列（7）、加拿大（10）、澳大利亚（14）、新加坡（19）和韩国（20）外，其他 13 个国家都是欧洲国家。英国（2）诺贝尔奖获得者居世界第二，拥有世界顶尖的航空发动机企业，在钢铁、制药、生物育种、航空航天、机械、微电子、军工、环境科学等方面都处于世界一流之列。法国（4）拥有 50 多名诺贝尔奖获得者，十多名菲尔兹奖获得者，在 20 个关键科研领域，法国都居于世界前列。在航天、能源、材料科学、空间技术等方面优势明显。德国（5）拥有 70 多个诺贝尔奖，要多于法国和日本。德国的科技来源于德国的教育，更来源于德国发达的制造业。芬兰（6）在 20 项关键科技领域，有 17 项排名前十，如计算机科学（Inux 系统），芬兰教育水平、科技水平始终居于世界前列。瑞典（8）有 38% 的劳动人口在高科技公司（如爱立信），在 20 项关键科学技术领域，瑞典有 14 项居于前十，19 项居前 20。意大利（9）能设计出最好的服装，引领时尚潮流。意大利同样拥有阿古斯坦—维基特兰直升机和世界超一流的汽车制造技术。意大利的机械设备产业位居全球第四、欧洲第二。其他如荷兰（11）、丹麦（12）、瑞士（13）、挪威（15）、比利时（16）、俄罗斯（17）都拥有较强的科技实力。

这些科技、制造业与服务业领域都应该成为福建与欧洲经济合作的重点领域。

第四节　福建拓展与欧洲经贸合作的策略

"一带一路"连接着欧亚大陆两端的东亚经济圈和欧洲经济圈，"一带一路"建设将为海上丝绸之路核心区的福建与终端的欧洲带来发展的历史机遇。福建要抓住机遇，制定对欧洲经贸合作的战略与策略，主动融入国家"一带一路"战略。在劳动力成本优势丧失、资源环境日益逼近，经济进入新常态的情况下，加快构建开放型经济新体制，促进商品、生产要素与服务跨境有序自由流动，培育对外竞争新优势。

一、加强政策沟通与经贸合作机制建设

中欧没有地缘政治冲突，发展经贸关系的相互需求强烈。需要加强政策沟通，实现经贸规则的对接，为我国企业进入欧洲市场营造良好的营商环境。目前，中国与冰岛、瑞士等欧洲国家组建自贸区，正在与挪威等国家商谈自贸区协议。中欧投资协定的谈判已经取得进展，双边就准入前国民待遇和负面列表市场准入原则达成一致。2015 年，中国与欧盟签署《中欧合作 2020 战略规划》，与中东欧 16 国签署《中国—中东欧国家中期合作规划》等。目前，中欧双边提出中欧自贸区谈判的设想，欧洲政策研究中心已经完成中欧自贸区的可行性研究，2016 年 4 月 20 日发表了题为《明日的丝绸之路：评估中欧自由贸易协定》的研究报告，报告包括全球贸易与中欧双边贸易背景、中欧自由贸易协定涉及与内容、潜在经济影响以及政策建议，指出中欧自贸区涉及应遵循"深入且全面"的原则。[①]中国应加快中欧投资协议谈判进度，尽快达成协议，并启动中欧自贸区谈判，作为先期谈判，中国可以启动与英国自贸区谈判，为中欧自贸区谈判积累经验。

为了摆脱美欧制裁，俄罗斯总统普京 2016 年提出大欧亚伙伴关系设想，普京在圣彼得堡国际经济论坛全体会议上宣布："我们提议建立大欧亚伙伴关系，其参与者可以包括欧亚经济联盟成员国，以及中国、印度、巴基斯坦、伊朗等与俄罗斯关系密切的国家和组织。""可以从简化和统一行业合作、投资、卫生、海关、知识产权保护等领域的规范标准入手"。[②]俄罗斯 2016 年 6 月就与中国启动建立大欧亚伙伴关系向中国提出磋商。中国致力于自我国江苏和山东沿海，经哈萨克斯坦、俄罗斯、白俄罗斯，抵达波罗的海的新欧亚大陆桥经济走廊建设，应该考虑新欧亚大陆桥与欧亚经济联盟的对接合作。此外，中国还搭建了中国与中东欧合作论坛与合作基金，亚洲基础设施投资银行和丝绸之路基金等融资合作平台，以及中白（俄罗斯）共建的 91.5 平方公里的境外工业合作园，促进欧亚大陆基础设施建设与互联互通和产能合作。"一带一路"建设将为福建与欧洲的经贸合作提供更多商机与保障。

---

① Jacques Pelmans, "Tomorrow's Silk Road: Assessing an EU-China Free Trade Agreement", http://www.ceps.cu/pubications/tomorrows-silk-road-assessing-eu-china-free-trade-agreement.

② 俄罗斯《观点报》网站 2016 年 6 月 18 日刊发《大欧亚伙伴关系将与美国的计划形成竞争》，参考消息网 2016 年 6 月 20 日报道。

"一带一路"连接欧洲经济圈和东亚经济圈，历史上欧洲国家从海上探险寻求通往东方的新航路，如今高铁技术将为东西方开启一条通向财富之路的快捷通道。福建应利用国家"一带一路"战略搭建的各种平台，做好经贸合作。例如，与欧洲枢纽港口如奥斯陆港、普利茅斯港、汉堡港、鹿特丹港、马赛港、那不勒斯港、比雷埃夫斯港、伊斯坦布尔港建立港口联盟，引进欧洲知名海运物流企业（马士基）等到福建开展业务合作。开通的厦蓉欧班列等陆上通道，成为展开陆海联营，拓展对欧经贸的快速通道。2016 年上半年，厦蓉欧货运列车专线共出境 26 班列，累计货值达到了 7002.69 万美元。①

二、福建深度拓展欧洲市场的贸易策略

虽然近年来福建出口欧洲的商品结构有所改善，但以低附加值的轻纺产品为主的贸易结构还没有根本改观。低技术的制造业产品和服装占福建出口总额的绝对比重。在开拓欧盟市场中，福建企业面临的最大问题是产品的技术和资本含量少，附加值不高，档次低，贴牌生产议价能力差，所出口的大宗产品都属于劳动密集型，企业多规模小，出口数量大而价格低，出口多而创汇少，容易招致欧盟的反倾销。针对这种情况，福建企业要转变经营策略：

首先，促进企业兼并重组，推动产业升级转型。经过改革开放 30 多年来的积累和培育，福建服装、鞋、箱包、家具、伞、钟表等传统特色出口行业涌现出一批骨干企业和品牌产品，部分企业能为世界知名品牌代工，说明这些企业已经具备生产国际化、标准化产品的能力，具有打造自己品牌的基础和条件。福建需要制定产业合理化政策推动企业兼并重组，提高产业的集中度，发展拥有知名品牌和核心竞争力的大中型企业，提升中小企业专业化分工协作水平，打造一批具有创新能力的企业集团。一是要通过政策调整打破国企垄断和地方保护，创造国内外企业平等竞争的发展环境。通过财税制度改革，减少乃至取消加工贸易优惠政策，诱导国内加工贸易企业参与拥有自主创新能力和自主品牌的优势企业配套协作，引导代工企业向研发、设计和品牌营销、售后服务价值链等微笑曲线的两端延伸。二是要鼓励民营企业通过收购、兼并、参股、控股等多种形式建立起现代企业制度，扩大规模，提高素质，转变传统发展模式，寻求新的跨越发展。

其次，组建同业商会联盟，集群式拓展欧洲市场。2008 年 5 月 18 日，福建省茶叶学会与德国汉堡市经济促进会、欧洲福建总商会签订《关于共同设立欧洲中国

---

① 数据来源：福建省商务厅。

茶叶交易中心协议书》，通过欧洲中国茶叶交易中心每年举办欧洲中国茶叶博览会，为福建茶叶竞争欧洲市场提供一个平台。2010 年安溪铁观音茶叶公会成立后即抱团在意大利罗马开设第一家营销中心，随后在米兰、巴黎等城市开设营销中心，形成很好的经济效应。福建传统的陶瓷行业与纺织服装行业也应该采取这种同业协会抱团开拓欧洲市场的模式，提升企业组织化程度和谈判议价能力，形成规模、品牌效应。积极培育和发展电子商务平台，发展对欧贸易新业态。

再次，提高技术标准和强化认证，取得入场通行证。争取绿色认证、ISO 认证，用各种对付反倾销的措施，继续开拓欧盟市场。福建现有的技术指标和监测水平低于欧盟的水平，要应对发达国家严格的技术、环保、卫生等指标体系有不小难度。这要求福建出口企业在国家产业结构改革政策的指导下认真做好自身建设，增加产品的技术和资本含量，提高产品的附加值，使产品升级换代，把提高产品安全质量和取得进口方的各类认证，作为企业建设的重要内容，从而为企业出口产品树立起良好的品牌形象。评价一个出口企业，不能只看产值和规模，关键要看产品在国际市场上有没有销路，要看企业有没有拿到足够的"通行证"。

最后，扩大技术设备进口与出口。要结合国家科技兴贸战略，在引进先进技术设备的基础上，通过消化、吸收和创新，生产出我们自己的高科技产品。福建经济发展正进入转型升级的轨道，增长速度放缓，转型升级压力增大，对国外先进技术设备的需求旺盛，而欧盟拥有我们目前所急需的农业、能源、环保、交通、电子、汽车和化工等方面的先进技术设备，且转让态度积极，近几年对华技术输出力度不断加大，所以，福建要抓住机遇增加对欧盟技术与设备的进口，加快改造传统产业，努力发展现代农业、先进制造业、高新技术产业、节能环保、新能源、现代服务业。

中东欧国家基础设施相对落后，经济发展水平与福建相近。中国承建的匈塞铁路与罗马尼亚高铁项目都需要大量设备，福建要抓住"一带一路"中国与东欧强化合作的机遇，展开工程承包和设备输出。同时，中东欧也是欧盟区域开发政策的受益者，福建企业向中东欧转移过剩产能与进行产能合作可以得到政策优惠，这是福建企业设备和产品进入欧洲的重要机遇。福建企业投资中东欧的时机已经成熟。

三、做好产能合作，深度拓展双向投资

产能合作是一种双向投资行为。福建应根据比较优势原则，按照"引进来"与"走出去"相结合，培育福建经济竞争新优势的要求做好招商引资和对外投资工作。

福建经济比欧洲落后，高端先进产能严重不足，外资引进型产能合作应当成为

与欧洲产能合作的首选。从现有欧盟对华投资企业来看，平均规模都比较大，技术含量也比较高，如大众汽车等。欧洲资本市场应引起我们的关注。福建现在利用外资过分依赖海外华人资本，对美国、日本资本的吸引尚且不多，对欧盟资本市场关注得更少。欧盟国家更擅长传统产业的现代化，汽车、船舶、飞机、发电设备、农机、电子器材等传统产业经过智能制造的改造升级，成为工业 4.0 版本。福建在经济结构的转型升级过程中，应充分注意吸引欧盟企业，以提高福建利用外资的技术含量。

技术寻求型投资也是一种引进型投资，福建应该把技术寻求型放在对欧盟投资的重要战略地位。欧盟在传统产业现代化方面具有良好经验。德国、英国、法国和意大利拥有世界一流的科技研发与设计力量。英国在发动机、制药、生物科技、微电子、环境科学方面世界一流，法国在航天、能源、材料科学方面优势显著，德国在机床、精密机械、汽车、智能制造等领域独领风骚，芬兰、瑞典在计算机和电子信息技术方面世界著名，意大利在跑车和时尚设计方面世界一流。福建要吸收欧盟技术改造自己的传统产业，比如服装与鞋帽等在意大利等国家投资这些传统产业，既可以吸收欧洲最时尚的生产与设计技术，也可以就地加工销售。近年来，福建技术型企业在德国和英国的投资企业中利用欧洲人力资源从事产品研发的比重很高，利用欧洲的专业知识和技术积累提升福建企业的研发和设计等核心竞争力，就反映了这种需求。

用"走出去"的办法绕过欧盟各种贸易壁垒，占领欧盟市场也是产能合作的重要形式。目前，福建在欧洲市场的开拓型投资主要有以下几种类型：①生产销售型。具有核心竞争力的企业为了巩固和拓展当地市场而进行的跨国经营活动。福耀玻璃在俄罗斯投资 4.2 亿美元设厂生产汽车玻璃供应欧洲市场属于这类投资。福建具有竞争优势的传统产业可以向中东欧转移。②加工贸易型。目前福建服装行业在意大利投资皮草生产与销售，在德国生产和销售高档滑雪服及运动装备。机电行业在德国等地的投资有些采用加工贸易的方式进入欧洲市场。③品牌专卖店型。福建一些生产企业为拓展企业品牌在销售市场设立贸易公司和销售网点，进行产品专卖。福建传统优势行业宜采用抱团式设立营销中心占领当地市场。④售后服务型。一些企业如新大陆公司等技术服务型企业为巩固市场将技术服务和售后服务跟进到产品市场，设立研发、销售与服务功能一体化的海外公司。因此，要加强营销和售后服务网络建设，增强对外投资和扩大出口结合度，推进双向开放，促进国内国际要素有序流动、资源高效配置、市场深度融合。⑤跨境电商型。电子商务是一种新兴的商业模式，具有广阔的发展前景。福建近年来在欧盟设立了两家电子商务公司，可以为福建与欧盟双向贸易提供服务。

四、利用自贸区平台，创新对欧洲贸易投资政策

（1）营造良好的外商投资环境。以福建自贸试验区建设为契机，转变政府职能，积极探索外商投资准入前国民待遇加负面清单管理模式，深化行政管理体制改革。福建自贸试验区要对标欧盟高标准贸易规则，加快探索构建开放型经济新体制机制。按照"成熟一批、推广一批"的原则，抓紧在福建复制推广自贸试验区改革试点经验，逐步推进外商投资由行政审批制向备案制改革，全面提升福建外商投资便利化水平。加强事中事后的监管，提高行政管理的透明度，支持外商投资企业享受与内资企业同等的国家和福建的各项鼓励和扶持政策，营造福建国际化、市场化、法制化的营商环境。

（2）推动对外经贸合作支撑体系建设。积极发展跨境电子商务和国际物流服务平台，推动企业在境外建设仓储基地或第三方跨境电子商务平台，加快海外商贸物流基地建设，建设沿线国家国际营销网络、商贸园区和商品市场。建设福建口岸"单一窗口"，创新口岸大通关新模式。进一步提高海关、检验检疫、人员出入境、外事管理等方面的便利化水平。推进对外投资合作安全权益保障体系，健全境外安全风险预警和信息通报制度，完善境外突发事件处理机制，加强境外中资机构和人员安全管理，指导企业做好安全风险应对工作。加强安全信息收集评估，强化对外投资合作金融风险管理。完善境外国有资产监管机制和责任追究制度，实现境外资产保值增值。

（3）创新"招商引智"政策。欧盟是世界三大智力资源高度集中的地区之一，集中全球著名的大学与研发机构。福建要将自贸区建设成为资源和生产要素双向自由流动的高地，需要改变引资政策，将引进外国智力资源放在战略地位，借鉴上海引进纽约大学的经验，将引进欧洲知名大学和德国职业教育机构作为工作重点。德国制造业的工匠精神与职业教育是福建制造业发展所需要的。在厦门自贸区和福州新区引进两所欧洲知名高等学府进驻。鼓励福建高校与欧洲高校合作共同培养研究生和职业技术人才。福建应尝试突破目前的涉外用工政策，对人才制度与法规进行创新，促进自贸试验区内外人力资源的自由流动，探索技术移民制度。建议降低福建办绿卡手续的复杂性，理顺申报渠道，为自贸区企业所需的国际研发、创新人才来闽兴业提供更多便利性。同时，自贸区内企业跨境委派员工也需要明确的法规政策，为自贸区企业员工的跨境流动提供便利的出入境签证服务。

（4）推动金融市场化改革，创新金融扶持政策。一是金融服务业的开放：自贸

区要明确支持各类金融机构在实验区设立分支机构，允许民营银行、金融租赁公司和消费金融公司等金融机构入驻。二是金融市场化改革：自贸区内允许实现人民币资本项目的可兑换，金融产品利率市场化、人民币跨境使用等先行先试。①在自贸区内实现金融机构资产价格市场化定价，实现金融产品利率和汇率市场化。②鼓励企业设立自由贸易账户、开展离岸业务。充分利用境内外两种资源、两个市场，实现跨境融资便利化。拓宽企业和项目融资渠道，完善融资担保机制，引导金融机构创新产品和服务。③深化跨国公司总部外汇资金集中运营管理试点，促进跨国公司设立区域性或全球性资本金管理中心，实现贸易投资便利化。引导企业与国际性金融机构和专业投资机构的合作，鼓励商业银行、信用保险公司对企业开展对外投资给予更多实质支持。充分发挥政策性和商业性保险的保障作用，推动建立金融支持机制，扩大出口信贷规模。

第八章

非洲：21 世纪海上丝绸之路的
历史延续

    非洲是世界古人类和古文明的发祥地之一，早在公元前 4000 年便有最早的文字记载，考古学的材料证明，非洲各族人民很早就创造并发展了光辉灿烂的古代文明，非洲北部的埃及是世界文明发源地之一。福建与非洲在历史上的往来可以追溯到海上丝绸之路的发端，是当时地处西亚和北非的阿拉伯商人全球贸易路线图中的重要一部分，有记载的福建与非洲大陆产生联系的往来则主要始于宋元时期。北非的埃及和摩洛哥曾经是海上丝绸之路的重要贸易驿站。郑和下西洋时期最远到达非洲南端的莫桑比克的基尔瓦。在肯尼亚考古发掘出许多我国的陶瓷残片，说明历史上非洲是海上丝绸之路的重要延伸。在建设 21 世纪海上丝绸之路的今天，强化对非洲的经贸合作是历史延续。

第一节　历史上福建与非洲大陆的经贸往来

    中非经贸交流的历史可以追溯到秦汉时期，史书记载，古埃及女王克鲁巴特拉就喜爱穿中国的丝绸。在唐朝，阿拉伯人在西亚、北非建立了横跨亚非欧三洲的阿拉伯帝国。唐朝前期，中华帝国也扩展到中亚地区。在阿拉伯人扩张到中亚之前，阿拉伯与中国的商旅往来主要通过陆上丝绸之路。唐朝后期，随着阿拉伯帝国与唐朝在中亚的战争以及吐蕃控制河西走廊，陆上丝绸之路逐渐衰落，中国对外贸易的重心转向海上丝绸之路。但唐朝海上丝绸之路的主要港口是广州，福建与非洲的直接商贸往来始于宋代。

一、两宋时期就存在福建与非洲大陆的商贸往来

公元 9~10 世纪，中国已开始将指南针用于航海，造船与航海技术有了长足的进步，也促使海路交通日益成为中西往来的主要途径。宋朝航海业的发达使中非的人员和物产交流进一步发展，中国的丝绸、瓷器等产品不仅大量出现在非洲的北部和东部沿海，而且还深入到津巴布韦等非洲内陆地带。经发掘的南宋商船"南海一号"船上所装载的福建德化陶瓷可知，当时福建的陶瓷等商品已经通过海上丝绸之路远赴中东和东非各地。最初中国的货物主要运到埃及，再从埃及转运到摩洛哥、努比亚① 甚至更远的地方。东非沿海地区的斯瓦希利文明兴起，并与中国建立起直接的贸易关系，中国船直接到达非洲，运去瓷器和丝绸等中国货物。随着中国和东非贸易关系的发展，大量的中国宋代钱币也涌入东非地区。钱币大量流入东非，对当地货币经济的产生与发展起到了促进作用。民间商人活跃于海外各国港口，大批北非的阿拉伯商人来华经商，中国对西方的了解也更加详细。赵汝适所著的《诸蕃志》一书就有关于埃及的情况记载，该书为赵汝适出任福建泉州市舶司提举时广泛询问来泉州经商的蕃商关于其各自国家的地理、风土和物产等，收集材料撰写而成。② 宋代还出版了周去非所著的《岭外代答》等记载了非洲风土人情和地志物产的书籍。在欧洲殖民者入侵东非前，福建与非洲之间的海上经贸往来一直比较频繁。

二、元朝时期福建与非洲大陆的往来更为密切

到了元代，中西交通路线空前扩展与畅通，随着中国与西方各国交往的增加，福建与非洲的经贸联系和人员往来也更加密切。至顺元年（1330 年），中国著名的旅游家汪大渊首次从泉州搭乘商船出海远航，经马六甲、波斯和阿拉伯等地，到达埃及，横渡地中海到摩洛哥，再回到埃及，出红海到索马里、莫桑比克，足至桑给巴尔，首次远航前后历时 5 年，后返回泉州。元惠宗至元三年（1337 年），汪大渊

① 努比亚为东北非古代地区名，是埃及尼罗河第一瀑布阿斯旺与苏丹第四瀑布库赖迈之间的地区的称呼。
② 赵汝适（1170~1228 年），宋太宗八世孙，生于宋孝宗乾道六年（1170 年）。嘉定十七年任福建路市舶司提举，宝庆元年（1225 年）任福建泉州市舶司提举。赵汝适所著《诸蕃志》为宋代海外地理名著；成书于宋理宗宝庆元年，分上、下两卷；记载了东自日本、西至东非索马里、北非摩洛哥及地中海东岸诸国的风土物产及自中国沿海至海外各国的航线里程及所达航期。

再次从泉州出航游历海外，有明确记载的游历地远至非洲莫桑比克海峡，两年后至元五年（1339年）才返回泉州。[①]汪大渊被西方学者称为"东方的马可·波罗"，他回程后即着手撰写了《岛夷志》一书，记载东非国家和地区的风土人情。当时泉州路正在修郡志，因泉州是市舶司所在，主管海关、航运、外经贸职能，泉州地方长官偰玉立（称达鲁花赤）与主修郡志的人吴鉴认为"诸蕃辐辏，不能无记"，所以将该书作为附录收入《泉州路清源续志》。汪大渊回南昌后将《岛夷志》节录成《岛夷志略》，并广泛流传。[②]汪大渊前后两次远航均选择在泉州往返，这说明当时泉州作为中国南方最大的商港，也是世界最大商港之一，不同肤色的客商云集，与包括非洲在内的世界各国经贸和人员往来密切。就在汪大渊到访非洲的同期，中世纪世界四大旅行家之一 ——摩洛哥人伊本·白图泰（又译伊本·拔图塔）也沿着海上丝绸之路到了大元帝国。他曾访问中国南方的多个城市，1346~1347年访问了泉州，曾经三进三出刺桐城，泉州海交馆伊斯兰馆外至今还立着伊本·白图泰的雕像。伊本·白图泰游历中国后留下《伊本·白图泰游记》，[③]他赞誉泉州的"港口是世界大港之一，甚至是最大的港口"，这里大船百艘，小船多得无数，各种肤色的外国商人川流不息，中国商人也云集在这里出海。在伊本·白图泰到访中国时，中国大旅行家汪大渊第二次访问摩洛哥已经归来7年之久，他也是从泉州出海，经海上丝绸之路、陆上丝绸之路到达摩洛哥的。[④]由此可见，有据可考的福建（以泉州港为代表）与非洲之间经贸与人员往来颇为紧密。

三、明朝的朝贡贸易成为福建与非洲大陆往来的重要形式

明代是古代中非交往历史上最重要的时期，也是福建与非洲对外贸易发展历程中的转折点，由于明朝建立之初就制定了"海禁"政策并作为"祖宗定制"，禁止私人开展海外贸易，同时又禁止外商以私人身份来华贸易。该时期对外贸易的特点就是由宋元时期的私人贸易为主向官方贸易为主的转变，明政府将"朝贡贸易"看

① （元）汪大渊著：《中外交通史籍丛刊：岛夷志略校释》，苏继庼校，中华书局2009年版。
② 汪大渊著《岛夷志》的态度是非常严肃认真的，曾说书中所记"皆身所游焉，耳目所亲见，传说之事则不载焉"。为其作序的泉地方官、著名文人张翥说："汪君焕章当冠年（即二十岁），尝两附舶东西洋，所过辄采录其山川、风土、物产之诡异，居室、饮食、衣服之好尚，与夫贸易用之所宜，非亲见不书，慢信乎其可征也。"另一作序者，泉州方志主修吴鉴说："其目所及，皆以书以记之。以君传者其言必来信，故附《清源续志》（即《泉州路清源志》）之后。"明朝永乐年间，随郑和七下西洋的马欢说："随其（郑和）所至……历涉诸邦……目击而身履之，然后知《岛夷志》所著者不诬。"由此可见汪大渊在书中所述内容是可信的。
③ 伊本·白图泰著：《伊本·白图泰游记》，马金鹏译，宁夏人民出版社2000年版。
④ 吴月芳：《700年前摩洛哥旅行家三进泉州港》，《海峡都市报闽南版》2015年7月3日。

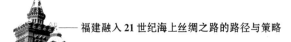

作唯一合法的海外贸易形式，定下"非入贡即不许其互市"的规定。朝贡贸易是指外国使节向中国"朝贡"，中国政府以礼物回馈进行交换的贸易方式，同时中国政府允许外国"贡舶"附带一定数量的私人货物在政府指定的地点进行交易；或者中国派使臣主动出访"颁赐"，外国进行回赠的交往方式。明成祖朱棣即位后，在维持海禁政策的同时，致力于恢复发展朝贡贸易，广泛派遣使者到各国，广泛招徕各国来中国进行贸易，保持官方形式贸易的开放状态。明成祖于永乐元年（1403 年）在福建、浙江和广东重新设置三大市舶司以方便朝贡贸易，并且组织了规模空前的郑和下西洋壮举，因此永乐年间朝贡贸易达到了顶点。[①] 郑和在 1405~1433 年的 28 年中，统率庞大的远洋船队，七下西洋，远航西洋各国，遍访了东南亚和印度洋的孟加拉湾、阿拉伯海、红海直到非洲东部沿岸大小 30 余国，我国当代明史专家吴晗曾指出其"规模之大，人数之多，范围之广"是历史上前所未有的。郑和七下西洋均是从苏州刘家河（江苏太仓浏河镇）出长江口，泛海至福州外港，驻舟长乐太平港，船队在长乐维修保养、训练补给，从长乐太平港伺风出洋。郑和七次下西洋的过程中曾多次抵达东非海岸，其中可考的到达之处包括米息（今埃及）、木骨都束（今索马里的摩加迪沙）、卜剌哇（今非洲东岸索马里的布腊瓦一带）、速麻里儿（今索马里）、麻林迪（今肯尼亚的马林迪）、竹步（今肯尼亚的朱巴河口地区）、慢八撒（今肯尼亚的蒙巴萨）等非洲国家和地区，携带大量金银缎匹和瓷器宝钞，代表明朝政府访问了东非港口和国家，并随船带回大量使者到中国访问，相互之间建立了友好关系。[②] 东非麻林国（位于今肯尼亚境内马林迪地区）国王哇来访问中国抵达福州时去世，被安葬在福建闽县。[③] 索马里北部现今就有一个名为"郑和屯"的村落，该村落就是为纪念郑和访问而命名的。在郑和船队所经过的非洲东海岸的一些地区，还陆续出土了铸着"永乐通宝"和"宣德通宝"等字样的铜钱，这足以说明郑和船队曾经到过该地区。明朝时期"朝贡贸易"所带来的频繁人员往来，使中非之间的经济文化交流达到一个新高潮。

① 白明：《中国对外贸易史（上卷）》，中国商务出版社 2015 年版。
② 郑和下西洋中的第四次下西洋绕过阿拉伯半岛，航行至东非麻林迪（今肯尼亚的马林迪）。第五次航行路线基本与上次相同，不过郑和把船队分成两批，其中有一批船队开往木骨都束（今索马里的摩加迪沙）、麻林迪（今肯尼亚的马林迪）等阿拉伯南海岸区域。第六次下西洋郑和最远到达了东非，沿着东非的海岸线拜访了沿海的一些国家。而这些对中国怀着友好感情的东非各国，也先后派出使团随郑和船队访问中国。他们带给中国的珍贵礼物，也可以在福建省福州市长乐南山郑和所立的《天妃灵应之记》碑中看出："永乐十五年，统领舟师往西域……木骨都束国进花福禄并狮子；卜剌哇国进千里骆驼并鸵鸡。"这里的木骨都束（今索马里的摩加迪沙）、卜剌哇（今非洲东岸索马里的布腊瓦一带）都在东非。
③ 闽县是中国旧县名，历史上辖境大致为现今的福建省福州市区和闽侯县的一部分，长期隶属于福建福州府，与侯官县分辖福州府治，形成一府两县的局面。

郑和下西洋后，明王朝的海禁政策以及新航路开辟后，西方列强对东西方贸易的垄断，导致中非贸易关系为西方所垄断，中非直接交流的历史被迫中断。

第二节　福建与非洲大陆的经贸合作现状

新中国成立后，中国与非洲国家有共同的历史命运，中国大力支持非洲的民族解放运动，中非建立了牢固的友谊。中国对非洲国家给予力所能及的援助。坦赞铁路就是中国援建的项目。改革开放以来，中非关系得到进一步的发展，特别是中国经济进入起飞阶段后，对非洲的资源需求强劲，中国对非洲的投资开发发展迅速。在这一过程中，福建与非洲的贸易投资关系得到快速发展。

一、福建与非洲地区的双边贸易

福建对非洲地区的贸易规模近年来不断扩大，在福建对外贸易中所占比重逐年提高（见图8-1）。非洲幅员辽阔，拥有极为丰富的自然资源和矿产资源，是福建非常重要的潜在贸易伙伴。得益于非洲市场的需求潜力以及福建与非洲双边产品结构上的互补，福建与非洲双边贸易呈现快速增长态势。据海关数据显示，1996年以来，福建对非洲贸易规模逐年扩大，福建与非洲之间的双边贸易额由1996年的1.6亿美元扩大到2015年的85.30亿美元，年均增幅达27.52%，占全省贸易额的比重由1.04%提升至5%。其中，对非洲出口从1996年的1.3亿美元扩大到2015年的60.4亿美元，年均增长24.61%，占全省出口比重从1.6%提升至5.3%；自非洲进口从1996年的0.3亿美元逐步扩大到2015年的24.9亿美元，占全省进口比重由0.4%提升至4.4%。

从进出口市场分布来看，福建对非洲出口呈现明显的市场多元化现象。广袤的非洲大陆共有54个国家，目前，福建与这些国家均建立了贸易往来。按照地理上习惯的划分方法，非洲可以分为北非、东非、西非、中非和南非五个地区。不同地区之间的经济发展不平衡现象非常明显，而且资源和能源分布也特别不均匀，不同国家之间的需求层次也有较大差别。近年来，随着交往和经贸合作的日益深化，福建在进一步深化对南非、埃及、尼日利亚、阿尔及利亚等重点国家开拓的基础上，对非洲其他经济较为发达、政局较为稳定的国家市场开拓取得了新的发展。2015年，福建对非洲出口超1亿美元的国家有15个，埃及、尼日利亚、南非、阿尔及

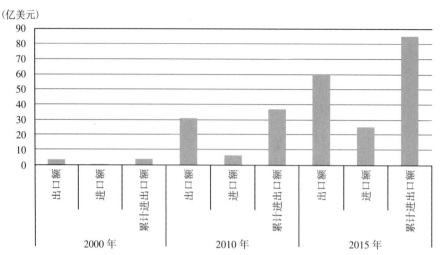

图 8-1　2000~2015 年福建与非洲双边贸易规模

资料来源：根据海关数据库、福建对外经贸年鉴、福建统计局资料整理。

利亚、利比亚、加纳、肯尼亚等是福建对非洲最大出口市场，对这七个国家累计出口 39.7 亿美元，占对非出口总额的 65.8%。其中对南非贸易达到 26.4 亿美元，占福建对非洲贸易比重的 30.9%。南非是福建在非洲的第一大贸易伙伴、第一大进口市场和第三大出口市场（见表 8-1）。

表 8-1　福建与非洲双边贸易情况（按国别）

单位：万美元

国家或地区	2000 年			2010 年			2015 年		
	出口额	进口额	累计进出口额	出口额	进口额	累计进出口额	出口额	进口额	累计进出口额
非洲总额	34285	4864	39148	310011	62091	372102	603758	249261	853018
摩洛哥	1254	528	1782	11803	163	11966	11001	780	11781
阿尔及利亚	1376	0	1376	19464	0	19464	47506	60	47565
突尼斯	321	0	321	3221	163	3384	3030	320	3351
利比亚	334	14	348	30093	263	30356	28021	0	28021
埃及	9643	731	10373	47808	10104	57912	100642	7935	108578
苏丹	434	0	434	6071	85	6156	16809	850	17658
吉布提	188	0	188	4113	0	4113	12308	0	12308
厄立特里亚	—	—	—	104	5	109	131	0	131
埃塞俄比亚	30	1	31	1137	132	1269	4883	502	5385
索马里	11	0	11	268	0	268	865	0	865
肯尼亚	262	0	262	8886	155	9040	21883	1608	23491
莫桑比克	191	28	219	2692	1043	3735	9388	2011	11399

续表

国家或地区	2000 年			2010 年			2015 年		
	出口额	进口额	累计进出口额	出口额	进口额	累计进出口额	出口额	进口额	累计进出口额
坦桑尼亚	178	0	178	6088	63	6151	18635	8168	26802
南非	9094	2923	12016	69616	37212	106829	79752	184267	264019
毛里求斯	256	4	260	1636	88	1724	2890	110	3000
马达加斯加	332	20	352	5566	166	5732	11198	1380	12578
留尼汪岛	54	0	54	574	0	574	1163	1	1164
塞舌尔	8	1	9	81	0	81	250	0	250
非洲东北部小计	23966	4250	28214	219221	49642	268863	370355	207992	578146

资料来源：根据海关数据库、福建对外经贸年鉴、福建统计局资料整理。

福建对非洲各国的出口产品结构持续优化，但劳动密集型产品仍居主导地位。随着对非出口规模的不断扩大，从福建对非洲的出口结构来看，出口产品日益优化。除纺织服装等五类传统商品外，建材、机电产品也逐年扩大（见表 8-2）。

表 8-2 2000~2015 年福建对非洲进出口商品结构（HS）

单位：万美元

	2000 年			2015 年		
	出口	进口	贸易差额	进口	出口	贸易差额
HS 全商品	34285	4864	29421	603758	249261	354497
第一类 活动物；动物产品	35	113	-78	17144	172	16972
第二类 植物产品	680	12	668	1594	2918	-1324
第三类 动植物油、脂、蜡及其分解产品			0	44	475	-430
第四类 食品；饮料、酒及醋；烟	360	89	271	10259	1332	8927
第五类 矿产品	49	3349	-3300	1442	60469	-59027
第六类 化学工业及其相关工业品	1045	44	1001	7313	106	7207
第七类 塑料及其制品；橡胶及其制品	1344	26	1318	20515	834	19682
第八类 革、毛皮及制品；箱包	1422	64	1358	12420	1558	10862
第九类 木及制品；木炭；软木	78	55	23	1018	6526	-5508
第十类 木浆等；废纸；纸、纸板	26	13	13	3132	91	3041
第十一类 纺织原料及纺织制品	8492	29	8463	229833	62	229771
第十二类 鞋帽伞等；羽毛品	10611	0	10611	86208	2	86206
第十三类 矿物材料制品；陶瓷品	458	1	457	44935	3	44933
第十四类 珠宝、贵金属及制品	1	61	-60	143	133973	-133830

续表

	2000 年			2015 年		
	出口	进口	贸易差额	进口	出口	贸易差额
第十五类 贱金属及其制品	640	473	167	23675	40082	−16407
第十六类 机电、音像设备及零件	6809	533	6276	72566	658	71909
第十七类 车辆、航空器、船舶	928	0	928	20521	1	20521
第十八类 光学、医疗等仪器；钟表	604	0	604	6056	0	6056
第十九类 武器、弹药及其零件			0	3	0	3
第二十类 杂项制品	698	0	698	44903	1	44902
第二十一类 艺术品、收藏品及古物	4	0	4	32	0	32

数据来源：根据海关数据库、福建对外经贸年鉴、福建统计局资料整理。

2015 年，纺织服装、鞋、箱包、伞、家具杂项五类传统商品累计出口 39.4 亿美元，占对非洲出口总额的 65.2%，居主导地位。其中纺织服装出口 23 亿美元，占对非洲出口总额的 38.1%，是福建对非洲出口的最大宗商品（见图 8-2）。随着非洲经济的发展和基础设施建设的加快，与建筑相关的建材产品对非洲出口稳步增长。2015 年，瓷砖、钢材等建材产品累计对非洲出口 6.9 亿美元，占对非洲出口总额的 11.3%，成为对非出口的新增长点。工程机械、电子电器、发电机组、车辆及其零部件产品等机电产品对非洲出口也不断扩大，累计出口达到 9.3 亿美元，占对非出口总额的 15.4%[①]。

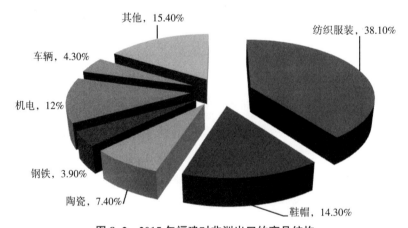

图 8-2 2015 年福建对非洲出口的商品结构

---

① 赵晶、雷志刚：《福建与非经贸合作迎来新机遇》，《国际商报》2016 年 5 月 12 日。

福建从非洲进口商品以资源性产品为主。非洲大陆作为全球最新的待开垦能源与原材料产地，蕴藏有丰富的原油、金属矿砂（铁矿砂、锆矿砂）、钻石、原木以及冻渔等自然资源。近年来，福建对非洲的资源性产品需求持续高涨，黄金等贵金属矿产品是福建从非洲进口的最大宗商品。

2015 年，福建从非洲进口的黄金、铁合金、铁矿砂、锆矿砂、大理石等矿产品累计达到 23.5 亿美元，占福建自非洲进口总额的 94%。其中，黄金等贵金属进口达到 12.8 亿美元，占进口总额的 53.8%，是福建从非洲进口量占比最高的商品（见图 8-3）。进口来源地主要集中在南非、加纳、坦桑尼亚和埃及四个国家，累计进口 21.04 亿美元，占从非洲进口总额的 83.4%。

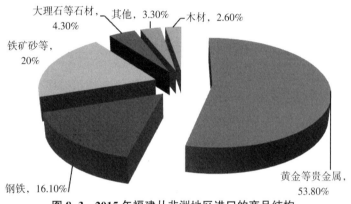

图 8-3 2015 年福建从非洲地区进口的商品结构

福建与非洲在贸易结构上具有较为明显的互补性。根据 2015 年福建出口产品的贸易竞争力指数（TC 指数）排名可以看出，从商品大类方面来看，按照 SITC 一位数代码分类，福建工业制成品的贸易竞争力指数为 0.51，而初级产品的贸易竞争力指数为 -0.43，其中矿物燃料、润滑油及有关原料的贸易竞争力指数为 -0.99。由此可知，福建经济发展对初级产品，尤其是生产和生活所需的各类原料的需求较大，而非洲地区在原材料和初级产品方面具有较强的贸易竞争优势，双边可以形成贸易上的互补。此外，按照 SITC 两位数代码分类的出口产品贸易竞争力指数（TC 指数）来看，2015 年福建具备较强贸易竞争优势的产品主要为旅行用品、手提包及类似品（TC 指数=1），服装及衣着附件（TC 指数=1），制成废料（TC 指数=0.99），活动房屋、卫生、水道、供热及照明装置（TC 指数=0.99），鞋靴（TC 指数=0.99），家具及其零件、褥垫及类似填充制品（TC 指数=0.96），非金属矿物制品（TC 指数=0.89），金属制品（TC 指数=0.82）。由此可见，福建具备竞争优势的产品主要集中在纺织服装、家具等轻工产品和非金属矿物制品、金属制品，而这些刚好是非洲大陆发展所必需的基本生产和生活资料；同样，福建经济发展迫切需要大量与生产生活有关的原材料，石油、石油产品及有关原料（TC 指数=-0.98）等需要大量进口，福建与非洲之间的双边贸易具有较强的互补性。

民营企业是福建对非出口贸易的主力军。由于独特的地理位置、历史原因和华侨优势，福建的民营企业一直以来是经济发展的生力军和主力，在外向型经济发展过程中，民营企业的重要作用日益凸显，在很大程度上，是民营企业的不断发展助推了福建与非洲双边经贸的不断增长。2015 年，民营企业对非洲出口 4 亿美元，占对非洲出口总额的 80%。三资企业和国有企业合计出口 1 亿美元，占比 20%。对非洲出口数额较大的企业有厦门明永环保科技有限公司、厦门金龙旅行车有限公司、福建一达通企业服务有限公司等。① 从具体执行形式来看，一般贸易进出口依然占主导地位，加工贸易也有一定的增长，民营企业是双边进出口贸易的主力军。

二、福建与非洲的双边投资情况及特点

（一）福建对非洲的投资及特点

20 世纪 90 年代，福建对非洲地区投资以政府援助项目为主，多是依托援助项目开展的配套投资。进入 21 世纪以来，福建开始对非洲国家有一定程度的投资，但从年度投资额来看，总体规模不大，2001 年福建对海上丝绸之路沿线的非洲东北部各国投资 88.76 万美元，对非洲投资 177.52 万美元，此后直到 2011 年福建对非洲投资自 2001 年以来的年度累计总额才超过 1 亿美元的关口，达到 1.39 亿美元，21 世纪的前 10 年对非洲投资并未受到较多的重视。近年来在"走出去"战略的引导下，开始进入非洲等经济发展水平较低的国家和地区，在非洲地区投资兴业，建立生产基地。目前福建对非洲投资主要包括四种类型：援外项目延伸发展型、市场开拓型、资源开发型以及产能合作型。基于历史上中非之间友好往来和相互支持，福建参与了我国对非洲的部分援助项目，这些援助项目的具体实施又为福建企业在非洲的良性发展奠定了基础。以福建武夷实业为代表的援建企业通过参与援非项目建设，带动对非洲投资的蓬勃发展，并带动了其所需的原材料包括配件、机具、装修材料等产品的出口。②

---

① 资料来源：《福建与中西亚非洲经贸合作发展报告》，福建省商务厅 2016 年资料。

② 武夷实业公司从 1976 年开始参与援非项目建设，承包中国援建的贝宁共和国的多个项目，包括贝宁科托努综合体育场、贝宁卷烟火柴厂、贝宁洛科萨棉纺厂、贝宁科托努伊斯兰文化中心、中国驻贝宁大使馆等项目。目前，中国武夷在非洲十几个国家承建项目和开发房地产业。武夷承包的工程项目带动了所需原材料包括配件、机具、装修材料的出口。目前南铝的铝合金窗、厦工的工程机械、晋江的石材等已经成为武夷公司的供货商，产品远销非洲市场（资料来源：中国武夷调研数据及其海外项目宣传单页）。

此后，在国家"一带一路"战略和鼓励开展中非产能合作的政策指导下，福建积极引导具有一定比较优势的企业走进非洲开展产能合作，取得了初步成效。尤其是2014年以来，福建对非洲的投资有了大幅度的增长，2014年对非洲投资额达2.57亿美元，远超21世纪前10年对非洲投资额的两倍。截至2015年底，福建经备案在非洲设立的境外企业和分支机构累计103家（实体企业91家，分支机构12家），呈现多元化发展的特点，具有投资区域分布广、投资领域广泛、投资类型丰富等特点。截至2015年底，经备案登记，福建对非洲投资项目主要分部在非洲35个国家，备案对外投资额达到7.26亿美元，相比福建对欧美和东亚等国家的投资，无论项目数还是总金额都相对不足。但是2016年之后对非洲投资出现井喷现象，投资额高达14.72亿美元，远超之前的备案投资总额，也凸显出福建对非洲市场潜力的重视。

2001年至2016年9月，福建核准在非洲设立的境外企业（机构）数合计有141家，涉及非洲35个国家，占同期福建核准设立境外企业与机构数的6.7%，投资总额为240221万美元，占福建对外投资总额的9.11%；我方投资额为219786.8万美元，占福建对外我方投资总额的9.92%。

从国别分布来看，福建对非洲投资超过5000万美元的国家共有9个，分别为塞舌尔、利比里亚、尼日利亚、坦桑尼亚、肯尼亚、赞比亚、毛里塔尼亚、埃塞俄比亚和津巴布韦，福建对非洲投资的国别集中度较高，福建对这9个国家的投资就占到了对非洲中方投资的86%。福建对非洲中方投资排名前三位的国家中，对塞舌尔投资45541.16万美元，占对非洲投资的20.72%；对利比里亚投资45000万美元，占对非洲投资的20.47%；对尼日利亚投资22647.11万美元，占对非洲投资的10.30%，仅此三国就占福建对非洲投资的半数以上。

此外，福建对地处海上丝绸之路沿线国家的东北非各国的投资总额占对非总投资的45.52%，对非洲东北部各国中方投资占对非洲中方投资的45.90%，而且2001年以来长期占据福建对非洲年度投资总额的半壁江山，凸显出地处海上丝绸之路沿线的非洲东北部各国与福建一直保持着稳固而紧密的经贸联系。

福建对非洲投资的领域，从最初在境外开设贸易公司开始，逐步发展到采矿业、海洋渔业、房地产开发、工程承包、农业综合开发及纺织服装、鞋、石材、木材、电子、食品、塑料制品、陶瓷建材、钢铁冶金、电机电器生产加工等多个领域，多元化投资格局已经初步形成。根据2001年至2016年9月福建核准境外投资企业（机构）及投资金额情况统计可知，福建佳非远洋渔业有限公司在利比里亚投资的佳非渔业投资集团（利比里亚）有限公司为近年来最大的对非洲投资项目，项目为我方独资，投资额为4.5亿美元，主要从事海水捕捞、水产养殖、水产品加工、农业、物流、贸易及其他相关服务。福建对非洲投资超过 1.5 亿美元的投资项目还包括时代玻璃（尼日利亚）有限公司（福建荣盛投资有限公司投资 1.84 亿美元，从事玻璃的制造和销售）和塞舌尔的凯图有限公司（福建中德安胜科技发展有限公司投资 1.80 亿美元，从事新型技术的开发、电子产品的技术开发、销售，进出口与相关配套业务）。对非洲投资超过 5000 万美元的投资项目还包括厦门新迪集团有限公司在赞比亚的木材加工和家具制造项目、福建建工集团总公司在肯尼亚的房地产和基建项目、中国武夷实业股份有限公司在肯尼亚的建筑和施工材料项目、厦门市懋欣贸易有限公司在埃塞俄比亚的服装鞋帽项目、厦门迦禾供应链有限公司和嘉融昌（厦门）工贸有限公司在塞舌尔的进出口贸易项目。福建对非洲投资超过 5000 万美元的投资项目共 9 家，合计我方投资总额为 12.94 亿美元，占福建对非洲总投资额的 58.9%（见表 8-3）。

表 8-3　2001 年至 2016 年 9 月福建对非洲投资项目的投资金额前 10 位

企业名称	所在国	省内投资单位	总投资（万美元）	我方投资（万美元）	占对非比重（%）	省内属地	审批时间
佳非渔业投资集团(利比里亚)有限公司	利比里亚	福建省佳非远洋渔业有限公司	45000	45000	20.47	福州	2016 年 9 月
时代玻璃（尼日利亚）有限公司	尼日利亚	福建荣盛投资有限公司	18372	18372	8.36	福州	2016 年 5 月
凯图有限公司	塞舌尔	福建中德安胜科技发展有限公司	18000	18000	8.19	福州	2016 年 6 月
CNZFurniture Co.，Ltd.	赞比亚	厦门新迪集团有限公司	10000	10000	4.55	厦门	2015 年 8 月
福建企业非洲投资有限责任公司	肯尼亚	福建建工集团总公司	9900	9900	4.50	省属	2014 年 2 月
中国武夷（肯尼亚）建筑工业化有限公司	肯尼亚	中国武夷实业股份有限公司	8518	8433	3.84	福州	2016 年 9 月
懋欣（埃塞）国际鞋业私人有限公司	埃塞俄比亚	厦门市懋欣贸易有限公司	7500	7500	3.41	厦门	2015 年 7 月
雅各布特纳有限公司	塞舌尔	厦门迦禾供应链有限公司	7196.16	7196.16	3.27	厦门	2016 年 9 月
B.N.T 国际控股有限公司	塞舌尔	嘉融昌（厦门）工贸有限公司	8333	5000	2.27	厦门	2016 年 4 月
科特迪瓦阿比让融信通投资集团	科特迪瓦	福建融信通建材发展有限公司/莆田市凤山贸易有限公司	4933.96	4933.96	2.24	福州	2016 年 9 月

数据来源：根据福建商务部门资料整理。

福建对非洲投资项目的投资额在 1000 万~5000 万美元的有 26 个，合计投资总额为 69889.96 万美元，占福建对非洲总投资额的 31.8%，主要从事建材批发零售、远洋渔业捕捞、水产品加工、贸易、矿山勘探开发、石材加工以及钢材制品的制造和销售等业务。除此以外，其余投资项目占福建对非洲投资的比重不足10%，行业分布也具有多样性，多为中小型投资项目。

从福建省检验检疫部门获悉，近年来，福建泉州已成为我国援助非洲建材的主要产地。坦桑尼亚诊疗培训中心、埃及投资服务大楼、塞内加尔国家剧院、博茨瓦纳活动中心、赞比亚体育场、非盟会议中心等我国重点援助非洲项目所需石材、瓷砖、卫生洁具等建材，均出自福建泉州。莆田保兰德、福建优拓、晋江雨中鸟伞业等众多外贸公司在非洲设立贸易营销网络，贴近市场终端，扩大出口，属于市场开拓型投资。在毛里塔尼亚投资的宏东渔业项目、福建亿洲集团在几内亚的远洋捕捞项目、津巴布韦投资的华锦集团开发的金铜矿项目等属于资源开发型投资。围绕福建鞋帽、服装、钢铁、石材加工、电机等传统优势行业，以境外加工贸易的方式扩大对非洲投资，属于典型的产能合作型投资。通过输出福建自身具有优势的产能，在非洲寻求新的发展机会和更广阔的市场空间。

福建对非洲投资的投资主体多样化现象明显。除福建武夷、福建建工、福建华侨实业、厦门厦工、莆田国际合作公司、三明碳酸钙公司等国有企业外，近年来，民营企业凭借其产权清晰、机制灵活等有利条件，逐步成为投资非洲的中坚力量。经备案对非投资的企业中，超过85%的投资主体为民营企业。[1]此外，投资主体呈现出地域集中的现象，主要来自福州、厦门、莆田三市。投资区域分布广，分布在坦桑尼亚、塞舌尔、尼日利亚、毛里塔尼亚、马达加斯加、津巴布韦、多哥、贝宁、埃及九个国家。[2]福建对非洲地区的投资总体来看以民间投资为主，主要是贸易企业，生产性转移投资金额和项目数量均相对较小，未来有较大的发展空间。据调查了解，福建企业未经核实的对西亚非洲投资远远超过登记核实的数据。经营行业涉及建筑材料、采矿、服装加工、电机加工、园艺种植、进出口贸易等领域。例如，福建民企在乍得投资1000多万美元的钢铁生产企业就未备案。福建商人在南非开设众多超市，在中非国家经营服装、鞋帽等生活日用品，以及从事采矿、伐木等经营活动。这些企业多数因担忧对外投资手续烦琐，或逃避监管而未向主管部门申请登记，这也说明福建省在非洲各地的投资项目要远多于实际备案的统计数据。

对非菌草技术援助项目成为对非投资的一大亮点。菌草技术是福建援非的主要

① 资料来源：《福建与中西亚非洲经贸合作发展报告》，福建省商务厅2016年资料。
② 苏亦瑜、闫旭：《一带一路促福建对非洲投资迅猛增长》，中国新闻网，http://www.chinanews.com/cj/2016/08-01/7958538.shtml（访问时间为2016年12月1日）。

技术项目,中国拥有完全自主知识产权的原创技术,由福建农林大学林占熺研究员于 1986 年发明。30 年来,围绕着扶贫、援外和产业发展的需要,菌草科学研究不断创新拓展,推广应用取得显著生态、社会和经济效益。习近平总书记在福建工作期间就很关心菌草技术项目的发展,此后也曾经在不同的场合推荐过菌草技术项目的经济效应和环境效应。通过国际援助,已在南非、卢旺达、莱索托等非洲国家建立示范培训和产业发展基地。福建与南非夸祖鲁—纳塔尔合作项目始于 2005 年,总投资近 800 万美元,成为南部非洲国家菌草生产的中心。建立了 1 个研究培训中心、7 个旗舰店、超过 40 个示范点;当地受益人数近 5000 人,为农村地区失业人员提供了 203 个固定工作岗位;为当地粮食安全、提高农民收入、创造就业做出贡献。项目得到中国驻南非大使馆、经商处和驻德班总领事馆的大力支持,得到当地政府和民众的高度评价,被誉为"中南合作成功典范"。

(二) 福建吸收非洲投资

吸引非洲来闽投资逐渐起步。随着非洲国家经济发展,非洲各国对福建的投资也逐渐起步。截至 2015 年,非洲在福建累计投资项目 274 个,合同外资 15.2 亿美元,实际到资 8.8 亿美元。外资来源地集中在塞舌尔、毛里求斯、南非、马达加斯加四国,福建吸收非洲地区的投资,大部分来自已允许境外人士或机构注册离岸公司、进行离岸业务操作的毛里求斯、塞舌尔两国,中国台湾、东南亚等地华人资本通过第三地转移投资,部分来自南非、马达加斯加的投资行业主要集中在制造业(见表 8-4)。[①] 从项目数来看,来自毛里求斯、塞舌尔、南非、马达加斯加的项目分别是 95 个、93 个、31 个、13 个,以上四国共 232 个项目,占非洲在福建投资项目总数的 84.7%。

从合同外资看,塞舌尔合同外资金额 7.5 亿美元,占比 50%;毛里求斯 5.2 亿美元,占比 34.4%;南非 9435 万美元,占比 6.2%;马达加斯加 4857 万美元,占比 3.2%。这四个国家的合同外资金额合计占比 93.8%。

从实际到资金额来看,毛里求斯 5.3 亿美元,占比 60.5%;塞舌尔 2.35 亿美元,占比 26.7%;南非 5334 万美元,占比 6.08%;马达加斯加 1672 万美元,占比 1.9%。这四个国家的实际到资金额合计占比 95.2%。

非洲对福建的投资行业呈现明显的高度集中现象,截至 2015 年,非洲在福建投资制造业项目达 101 个,合同外资金额约为 7.22 亿美元,实际到资 4.63 亿美元,分别占福建比重的 58.8% 和 74.7%,投资行业明显集中于制造业。从投资地分布来

---

① 福建省商务厅、赵晶、雷志刚:《福建与非经贸合作迎来新机遇》,《国际商报》,2016 年 5 月 12 日。

表 8-4 2011~2015 年非洲国家对福建投资

单位：万美元

国别（地区）	2011 年			2012 年			2013 年			2014 年			2015 年		
	企业数（家）	合同外资	实际使用	企业数（家）	合同外资	实际使用	企业数（家）	合同外资	实际使用	企业数（家）	合同外资	实际使用	企业数（家）	合同外资	实际使用
总计	1082	918598	618866	964	868594	544436	862	813550	666325	1068	905062	739562	1743	1507700	813885
埃及	0	0	0	0	0	0	1	16	0	1	35	0	0	35	6
毛里求斯	5	-1400	2526	1	-421	8622	2	-1408	1048	1	165	5392	0	25	829
阿尔及利亚	1	2	0	0	0	0	—	—	—	—	—	—	0	6	0
塞舌尔	12	23824	3440	8	5032	3058	13	4963	1570	13	4921	1601	11	8759	1282
南非	0	0	168	0	-208	0	—	—	—	—	—	—	—	—	—
利比亚	—	—	—	—	—	—	0	0	0	—	—	—	0	0	0
埃塞俄比亚	—	—	—	—	—	—	—	—	—	2	51	0	1	49	0
摩洛哥	—	—	—	—	—	—	—	—	—	—	—	—	1	47	0
突尼斯	—	—	—	—	—	—	—	—	—	—	—	—	1	2	0
冈比亚	0	50	50	0	0	0	—	—	—	—	—	—	—	—	—
布基纳法索	0	2	0	0	0	0	—	—	—	—	—	—	—	—	—
加纳	0	0	0	0	0	42	—	—	—	—	—	—	1	13	0
尼日利亚	—	—	—	—	—	—	—	—	—	—	—	—	3	744	300
塞内加尔	—	—	—	—	—	—	—	—	—	—	—	—	2	1738	0
非洲总计	18	22478	6184	9	4403	11722	16	3571	2618	17	5172	6993	20	11418	2417

数据来源：根据福建商务部门资料整理。

看，投资地集中在福州、厦门、漳州和泉州几个沿海地市，从 1979~2015 年的数据来看，项目数列前四位的设区市分别为厦门 117 个、福州 48 个、漳州 38 个、泉州 21 个。从合同外资看，福州 5.0 亿美元，占比 44.5%；厦门 2.8 亿美元，占比 26.4%；漳州 2.3 亿美元，占比 21.5%；泉州 4574 万美元，占比 4.6%，以上四个设区市的合同外资额合计占比为 97%。从实际到资看，福州 1.2 亿美元，占比 18.6%；厦门 3.0 亿美元，占比 49.4%；漳州 1.8 亿美元，占比 20.4%；泉州 5449 万美元，占比 8.7%，这四个设区市的实际到资额合计占比为 97.1%。

虽然自 2000 年以来福建吸收非洲地区的投资逐步扩大，但是受区域经济发展限制，福建吸收来自非洲的投资总体上存在数量少、规模小的问题，进步扩大吸收非洲地区的投资规模空间狭小。其主要原因在于非洲绝大多数国家的发展水平总体落后，自有资本不足，对外投资能力较弱；再者，当地少数有实力的企业多数是王室垄断的资源型企业，技术和管理无优势，对外投资兴趣不高；此外，当地部分企业实际上被欧洲等地发达国家企业所控制，吸引此类企业对福建投资属于从非洲以外国家和地区引资的范畴。[①] 而且福建吸收非洲的投资呈现出较为明显的国别分布差异大的现象，塞舌尔、毛里求斯、南非、马达加斯加四国的实际到资金额合计占福建吸收非洲投资的比重高达 95.2%，仅塞舌尔（50%）和毛里求斯（34.4%）的占比合计就为 83.4%，抓住这几个重点国别为引资的突破口尤其重要。鉴于以上问题的存在，福建吸收非洲投资的落脚点还应该放在华人返程投资，尤其是塞舌尔和毛里求斯两国的返程投资，并在此基础上以点带面，将引资的重点逐步外延至南非、埃及等经济发展状况较好的国家。

第三节　福建与非洲经济的比较优势及合作重点领域

非洲总面积约 3020 万平方公里（包括附近岛屿），约占世界陆地总面积的 20.2%，次于亚洲，为世界第二大洲。居民人口为 8 亿多，占世界人口总数的 12.9%，仅次于亚洲，居世界第二位。非洲人口的出生率、死亡率和增长率均居世界各洲的前列。人口分布极不平衡，尼罗河沿岸及三角洲地区，每平方公里约 1000 人。撒哈拉、纳米布、卡拉哈迪等沙漠和一些干旱草原、半沙漠地带每平方公里不

---

①《福建与中西亚非洲经贸合作发展报告》，福建省商务厅 2016 年资料。

到 1 人，还有大片的无人区。非洲是经济发展最不平衡的大陆之一。

一、非洲大陆发展概况

非洲是世界上民族成分最复杂的地区，非洲大多数民族属于黑种人，其余属白种人和黄种人。非洲语言约有 800 种，一般分为 4 个语系：闪含语系（包含 240 种语言，2.85 亿人使用）、尼罗—撒哈拉语系（包含 100 多种语言，3000 万人使用，主要分布在乍得、埃塞俄比亚、肯尼亚、苏丹、乌干达、坦桑尼亚北部等地区）、尼日尔—刚果语系（世界最大的语系之一，包含数百多语种，分布在撒哈拉以南非洲地区，包括班图族语言）、科依桑语系（包含 50 种语言，12 万人使用，集中在非洲南部）。

非洲信仰的宗教主要有三种：传统宗教、伊斯兰教和基督教。传统宗教是非洲黑人固有的、有着悠久历史和广泛社会基础的宗教，伊斯兰教和基督教是后来从外界传入非洲的宗教。从表面上看，撒哈拉以南 37 个黑人国家中，穆斯林和基督教徒占全国人口多数的国家有 21 个（伊斯兰教 8 个，基督教 13 个），超过传统宗教信仰者占多数的国家（16 个）。实际上，传统宗教在非洲社会生活的各个方面仍有根深蒂固的影响。因为伊斯兰教和基督教在任何一个黑人国家里都没有真正取代传统宗教，而是同传统宗教融为一体。不论是伊斯兰教还是基督教，在非洲都有一个吸收传统宗教的因素，走本地化道路的过程。[①]

非洲有"热带大陆"之称，其气候特点是高温、少雨、干燥，气候带分布呈南北对称状。赤道横贯中央，气候一般从赤道随纬度增加而降低。全洲年平均气温在 20℃以上的地带约占全洲面积的 95%，其中一半以上的地区终年炎热，有将近一半的地区有着炎热的暖季和温暖的凉季。非洲降水量从赤道向南北两侧减少，降水分布极不均衡，有的地区终年几乎无雨，有的地方年降水多达 10000 毫米以上。全洲 1/3 的地区年平均降水量不足 200 毫米。东南部、几内亚湾沿岸及山地的向风坡降水较多。[②]非洲的气候特点所带来的问题就是大部分地区，尤其是撒哈拉以南的非洲地区自然条件较差，生存条件艰苦，部分国家还未解决粮食问题，外加政治体制多变和宗教冲突等问题，经济发展不平衡现象特别明显（见表 8-5）。

---

① ［英］帕林德：《非洲传统宗教》，商务印书馆 2004 年版。
② 中国新闻网，http://www.chinanews.com/other/news/2006/11-02/814501.shtml。

表 8-5 非洲国家主要经济指标

国家	国土面积（平方公里）	人口总数（百万）	GDP（亿美元）	国民收入（亿美元）	人均GDP（美元）	互联网用户（百人）
厄立特里亚	117600	6.3	34.4	31.2	544	1
苏丹	1879358	38.0	665.7	587.7	1753	23
索马里	637660	10.5	—	—	—	2
肯尼亚	580370	44.4	552.4	515.9	1246	39
埃塞俄比亚	1104300	94.1	475.3	445.1	505	2
坦桑尼亚	947300	49.3	436.5	410.4	913	4
莫桑比克	799380	25.8	156.3	157.5	605	5
南非	1219090	53.2	3660.6	3938.2	6886	49
马达加斯加	587295	22.9	106.1	101.8	463	2
毛里求斯	2040	1.3	119.3	120.5	9478	39
塞舌尔	460	0.1	14.4	11.8	16186	50
东非小计	7874853	345.9	6221	6320.1	—	—
毛里塔尼亚	1030700	3.9	41.6	41.2	1069	6
尼日利亚	923770	173.6	5218.0	4697.3	3006	38
纳米比亚	824290	2.3	131.1	135.2	5693	14
乍得	1284000	12.8	135.1	131.6	1054	2
尼日尔	1267000	17.8	74.1	71.2	415	2
安哥拉	1246700	21.5	1241.8	1109.1	5783	19
马里	1240190	15.3	109.4	102.2	715	2
赞比亚	752610	14.5	268.2	263.2	1845	15
南苏丹	644330	11.3	118.0	107.8	1045	—
刚果（金）	2344860	67.5	326.9	290.7	484	2
中非共和国	622980	4.6	15.4	14.8	333	4
博茨瓦纳	581730	2.0	147.8	157.0	7315	15
喀麦隆	475440	22.3	295.7	286.3	1329	6
津巴布韦	390760	14.1	134.9	122.0	953	19
刚果（布）	342000	4.4	140.9	115.3	3167	7
科特迪瓦	322460	20.3	310.6	294.9	1529	3
布基纳法索	274220	16.9	128.8	127.2	761	4
加蓬	267670	1.7	193.4	178.1	11571	9
几内亚	245860	11.7	61.4	53.9	523	2
乌干达	241550	37.6	247.0	225.4	657	16
加纳	238540	25.9	481.4	458.0	1858	12

续表

国家	国土面积（平方公里）	人口总数（百万）	GDP（亿美元）	国民收入（亿美元）	人均GDP（美元）	互联网用户（百人）
塞内加尔	196710	14.1	147.9	148.2	1047	21
马拉维	118480	16.4	37.1	44.2	226	5
贝宁	114760	10.3	83.1	81.6	805	5
利比里亚	111370	4.3	19.5	17.4	454	5
塞拉利昂	72300	6.1	41.4	40.5	679	2
多哥	56790	6.8	43.4	36.3	636	5
几内亚比绍共和国	36130	1.7	9.6	10.1	564	3
莱索托	30360	2.1	23.3	31.1	1126	5
赤道几内亚	28050	0.8	155.8	108.4	20582	16
布隆迪	27830	10.2	27.1	26.5	267	1
卢旺达	26340	11.8	75.2	74.2	639	9
斯威士兰	17360	1.2	37.9	37.4	3034	25
冈比亚	11300	1.8	9.0	9.3	489	14
佛得角	4030	0.5	18.8	18.0	3767	38
科摩罗	1861	0.7	6.0	6.1	815	7
圣多美和普林西比	960	0.2	3.1	2.8	1610	23
撒哈拉以南国家小计	24291144	936.9	16780.7	15994.6	—	—
阿尔及利亚	238.174	39.2	2101.8	2088	5361	17
利比亚	175.954	6.2	742	—	11965	17
埃及共和国	100.145	82.1	2719.7	2573.6	3314	50
摩洛哥	44.655	33	1038.4	1015.5	3093	56
突尼斯	16.361	10.9	469.9	457.8	4317	44
吉布提	2.32	0.9	14.6	—	1668	10
北非国家小计	577.609	172.3	7086.4	6134.9	—	—
非洲总计	24291722	1109.2	23867.1	22129.5	—	—

资料来源：世界银行网站databank，网址 http://databank.worldbank.org/data/home.aspx。

二、非洲大陆与福建经济比较优势分析

（一）非洲资源优势明显

非洲有着富饶的自然资源，除了撒哈拉沙漠地带和北非干旱地带以外，大多数土地适合农业生产，盛产棉花、棕榈油、咖啡、可可等农产品，其中，可可出口量占世界贸易市场的70%，咖啡出口量占35%，棕榈油出口量占50%。非洲的植物

至少有 40000 种以上。森林面积占非洲总面积的 21%。盛产红木、黑檀木、花梨木、柯巴树、乌木、樟树、栲树、胡桃木、黄漆木、栓皮栎等经济林木。草原辽阔，面积占非洲总面积的 27%，居各洲首位。可开发的水力资源丰富，沿海盛产沙丁鱼、金枪鱼、鲐、鲸等。

非洲大陆蕴藏的各类资源十分丰富，北非、西非石油资源丰富，近年来东非的肯尼亚也发现大型油气田。南非、纳米比亚、赞比亚金属矿产，非洲大西洋岸和印度洋岸渔业资源丰富，在世界上占有重要地位。被称为"不毛之地"的撒哈拉沙漠是个巨大的能源宝库，地下蕴藏着大量的石油，其周围的利比亚、阿尔及利亚、突尼斯和尼日利亚等都是重要的石油出口国，利比亚的日平均采油量高达 150 万桶。非洲已探明的石油储量约 90 亿吨，是世界八大产油区之一，每年向世界石油市场提供 20% 的石油。南非是世界上最大的黄金生产国和出口国，迄今已生产 4 万多吨黄金，占人类历史上黄金总产量的 2/5。赞比亚铜的蕴藏量达 9 亿多吨，约占世界蕴藏量的 15%，年平均产铜约 36 万吨，素有"铜矿之国"的美称。统计资料表明，目前全球最重要的 50 多种矿产中，非洲有 17 种蕴藏量居世界第一位，黄金、钻石等矿藏占 50% 以上。铁、锰、铬、钴、镍、钒、铜、铅、锌、锡、磷酸盐等储量很大；黄金、金刚石久负盛名；铀矿脉的相继被发现，引起世人瞩目。许多矿物的储量位居世界前列。

(二) 非洲的经济发展水平较低但增长可期

从工业水平来看，非洲是世界上经济发展水平最低的洲。采矿业和轻工业是非洲工业的主要部门。黄金、金刚石、铁、锰、磷灰石、铝土矿、铜、铀、锡、石油等的产量都在世界上占有重要地位。轻工业以农畜产品加工、纺织为主。木材工业有一定的基础，制材厂较多。重工业有冶金、机械、金属加工、化学和水泥、大理石采制、金刚石琢磨、橡胶制品等部门。农业在非洲国家国民经济中占有重要的地位，是大多数国家的经济支柱。非洲的粮食作物种类繁多，有麦、稻、玉米、小米、高粱、马铃薯等，还有特产木薯、大蕉、椰枣、薯芋、食用芭蕉等。非洲的经济作物，特别是热带经济作物在世界上占有重要地位，棉花、剑麻、花生、油棕、腰果、芝麻、咖啡、可可、甘蔗、烟叶、天然橡胶、丁香等的产量都很高。乳香、没药、卡里特果、柯拉、阿尔法草是非洲特有的作物。畜牧业发展较快，牲畜头数多，但畜产品商品率低，经营粗放落后。渔业资源丰富，但渔业生产仍停留在手工操作阶段，近年来淡水渔业发展较快。非洲是世界交通运输业比较落后的一个洲，还没有形成完整的交通运输体系。大多数交通线路从沿海港口伸向内地，彼此互相孤立。交通运输以公路为主，另有铁路、海运等方式。南非共和国、马格里布等地区是非洲交通运输比较发达的地区。撒哈拉沙漠、卡拉哈迪等地区则是没有现代交通运输线路的空白区。

非洲地大物博，资源非常丰富，人民吃苦耐劳。但是，非洲曾经遭受长达500年之久的殖民统治，帝国主义和殖民主义的侵略、剥削和掠夺，将非洲变成世界上"最贫困的大陆"。联合国《2014年最不发达国家报告》出炉，共有48个国家上榜，其中34个为非洲国家，最不发达国家占总数的70.8%，大部分最不发达国家都位于撒哈拉沙漠以南非洲地区。[①] 尽管非洲目前面临着种种挑战，但它仍是一个"有希望的大陆"。[②]

近20年，撒哈拉沙漠以南非洲地区实现了经济快速增长，非洲商界和政界对未来发展普遍持乐观态度。但是经济的快速增长主要是援助、减债、国际市场商品价格上涨等外部因素和消除弊政等内部因素共同作用的结果，非洲自身生产能力的提升有限，单一经济结构仍是其经济发展面临的最大问题。撒哈拉沙漠以南非洲国家若不积极推进经济转型，促进经济包容性增长，不仅无法实现经济快速、可持续发展，亦将为社会动荡和政治不稳埋下隐患。

（三）非洲大陆的基础设施水平较低

相对于世界其他地区，非洲基础设施建设严重滞后。根据2013年9月底国际商业观察（BMI）发布的撒哈拉沙漠以南非洲地区基础设施市场商业环境指数来看，撒哈拉沙漠以南非洲地区基础设施市场商业环境指数较低，综合评价地区平均值仅为44.5分，最高加纳的综合评价也仅为53.8，并且基础设施市场商业环境指数高的大多为非洲南部国家，而非洲东部的国家则较低。非洲地区基础设施建设严重不足。[①]交通运输方面，目前，非洲大陆面积是世界陆地总面积的23%。但其铁路总长度占世界铁路总长度的比重仅为7%。非洲普通公路和高速公路的密度分别为世界平均水平的1/4和1/10。根据非洲开发银行统计，非洲大陆的运输成本与发达国家相比要高出63%，运输成本占其出口总额的比重为30%~50%。[②]电力方面，据渣打银行集团报告指出，非洲大陆大约有50%的国家电力严重缺乏，且电力价格高

① 联合国《2014年最不发达国家报告》共有48个国家上榜，其中34个为非洲国家，包括安哥拉、贝宁、布基那法索、布隆迪、中非共和国、乍得、科摩罗、刚果民主共和国、吉布提、赤道几内亚、厄立特里亚、埃塞俄比亚、冈比亚、几内亚、几内亚比绍、莱索托、利比里亚、马达加斯加、马拉维、马里、毛里塔尼亚、莫桑比克、尼日尔、卢旺达、圣多美和普林西比、塞内加尔、塞拉利昂、索马里、南苏丹、苏丹、多哥、乌干达、坦桑尼亚联合共和国、赞比亚。联合国经济及社会理事会每三年根据发展政策委员会的建议对最不发达国家名单作一次审查。对名单进行审查中，该委员会通常会采用三项标准，即人均收入标准、人力资产标准，以及经济脆弱性标准。

② 新华网、新浪网，http://news.xinhuanet.com/world/2014-05/06/c_126465119.htm，http://news.sina.com.cn/w/p/2006-10-19/124611280131.shtml。

出亚洲地区 2~3 倍。③水资源方面，非洲开发银行统计 40% 的非洲居民缺乏安全饮用水。2014 年 3 月 3 日，水资源组织称南部非洲数百万居民仍然过着缺乏清洁饮用水和公厕等公共卫生设施的生活。④通信方面，非洲的电话和互联网普及率是世界上最低的地区。2014 年 5 月 5 日国际电信联盟发布 2014 年通信业发展预测显示，虽然 2010~2013 年非洲固定宽带用户保持着两位数的增长势头，但其占全球总数的比重却不足 0.5%，非洲的移动宽带普及率为 19%，互联网连接仅为 10%。另外，非洲基础设施融资缺口大，建设项目少。非洲每年基础设施的融资需求为 930 亿美元，占非洲地区 GDP 的比重为 15%。而每年的基础设施的实际投资约为 450 亿美元，只能满足需求的一半。①非洲基础设施普遍落后，公路、铁路、港口、机场、电站以及通信网络设备严重不足，是制约非洲经济发展的重要瓶颈。因此，非洲对基础设施投资需求旺盛，福建在工程建设方面具有较强的能力。近年来，以中国武夷公司为代表的福建基建企业在非洲通过援助承揽了大量的基础设施建设工程，树立了良好的信誉，福建在非洲拓展基础设施市场的前景广阔。

（四）非洲的教育发展水平与人口红利低

相比其他大洲的国家，非洲国家的教育发展水平普遍较低，且不同国家出现两极分化严重的现象。整个非洲大陆有近 4 亿文盲，占非洲总人口的 60%，占全世界文盲总数的 40%，35% 的非洲国家学龄儿童入学率不到 40%，世界上文盲率最高的 10 个国家全部在非洲。根据 2016 年世界银行（WDI）的统计数据，贝宁、布基纳法索、中非共和国、马里、南苏丹、几内亚和尼日尔七国的识字率（成人总体占 15 岁以上人口的百分比）都低于 40%，而这些国家也正好处于世界最贫困的国家行列。塞舌尔、赤道几内亚、南非、圣多美和普林西比、利比亚、纳米比亚、毛里求斯等国识字率超过 90%，由此可见，识字率较高、教育程度较好的国家普遍经济发展状况较好。这主要在于贫穷迫使孩子们辍学，从而产生文盲，而通常文盲又处于劳动力的最低层次。文盲延续并加剧了贫困，形成了恶性循环。尽管非洲国家这几年在加快扫盲工作，但文盲人口却在不断增加，根源也在于贫困人口的增加。

非洲大陆巨大的人口基数也意味着巨大的人力资本资源，联合国公布的《世界人口展望》报告显示，非洲拥有全球最快的人口增长率，全球超过一半的新增人口来自非洲。世界银行 2016 年世界发展指标（WDI2017）的统计数据表明，非洲各国的总人口达到 11.8 亿，如果非洲大陆的教育水平在进一步的提升之后，其人口红利与经济发展潜力是特别庞大的。不断增长的人口可谓是一笔"财富"，因为这意

---

① 郑燕霞：《非洲基础设施建设的前景与中国因素分析》，《国际经济合作》2014 年第 6 期。

味着将有劳动力大军的壮大和更大的消费市场，进而助力非洲成为更具吸引力的投资目的地，并刺激经济增长。

三、福建拓展与非洲经贸合作的重点领域

（一）扩大劳动密集型商品出口潜力巨大

非洲绝大多数国家的经济依赖资源出口，经济结构单一失衡，制造业薄弱，国民经济对进口的高度依赖在一段时间内难以根本改变。当前福建与非洲大陆之间互有需求，双方互为优势。一方面，非洲需要发展工业化、增加就业机会、增加产品附加值。另一方面，福建产品需要非洲市场；福建的经济发展也需要大量原料，而非洲是比较可靠的供应地；在当前经济转型期，福建已经有大量富余的优质产能，而这些正是非洲所需要的。福建的农业机械、家用电器、轻纺产品和日用消费品等产品质量和价格适中，正好适合非洲地区大多数国家人民的生产生活需要。互补性的产业结构可以成为发展福建与非洲经贸关系的基础，同时不断扩大这些互补性产品的对非出口规模，也将是福建拓展与非洲经贸合作的重点领域之一。

福建的纺织服装、鞋、电子等劳动密集型产业经过多年的发展，技术、管理等相对成熟，具有较强的国际竞争力。但在国内，由于劳动力成本提高、低价飙升、环保压力加大、人民币升值等多种因素制约，劳动密集型企业的利润空间有限，产业面临转型升级，加工环节需要向外转移。而非洲大陆大部分是低收入国家，是全球最大的"劳动力成本洼地"，仅埃塞俄比亚人口就接近 1 亿。除劳动力优势外，部分非洲国家还享受向欧美出口的关税优惠等措施。故此，福建可以鼓励劳动密集型企业，将技术、资本和设备等向非洲国家转移，既可以满足非洲当地对此类产品的需求，又有利于利用投资所在国的关税优惠政策，以有竞争力的出口价格打开欧美国家的销售市场。

（二）非洲大陆基础设施建设需求旺盛

发展缓慢的工业化和落后的基础设施建设成为非洲各国经济和社会发展的两大瓶颈，非洲经济发展对"三网一化"（建设非洲高速铁路、高速公路和区域航空"三大网络"及基础设施工业化）建设需求强烈。非盟预计 2012~2020 年非洲基础设施发展计划中的优先行动计划涉及的领域包括能源、交通运输、水资源、通信，预计总投资规模为 679 亿美元，其中能源和交通运输的投资规模分别为 403 亿美元和 254 亿美元，占比分别为 59.35% 和 37.4%。与此同时，福建企业具备参与中非产能对接合作和非洲"三网一化"建设的实力，福建制造业国际竞争力不断提升且正在积极寻求海外市场；以武夷集团为代表的福建企业对外承包工程能力和水平不断

提升。在此背景下，开展双方产能对接合作将从多方面推进非洲"三网一化"建设：改善非洲基础设施建设落后状况；加快非洲工业化进程并改善其贸易结构，促进国际收支平衡；促进非洲人口就业；加速非洲国家产业资本积累；提升非洲各国技术水平。立足双方各自发展战略和现实需求，跨国跨区域基础设施建设、建筑建材行业、电力行业和轻工纺织行业将成为中非产能对接合作的重点领域。

（三）远洋渔业合作前景广阔

印度洋沿岸渔业资源丰富，福建与非洲的远洋渔业合作前景广阔。为了推进中非渔业合作，中非渔业联盟从 2012 年成立以来就关注福建与非洲的渔业合作。2014 年中非渔业联盟在福州琅岐岛举办了两届"海上丝绸之路·21 世纪对话"（琅岐会议），非洲 29 个国家的使节和海洋渔业高级官员参与了"中非海洋经济合作圆桌会议"，就联合开发非洲沿海沿岸各国的中非海洋渔业合作基地达成共识，并启动中国非洲海洋渔业合作（琅岐）总部基地的投资合作项目，通过中非渔业合作基地的联合开发与建设，将实施 21 世纪海上丝绸之路的设想落到实处。① 琅岐经济区高度重视中非渔业总部基地项目，积极协助中非渔业联盟开展前期调研、考察等工作；并提供琅岐岛东部沿海滩涂、海域作为中非渔业联盟总部基地项目用地用海，用于建设中非水产品加工基地、水产品交易中心以及渔业冷链物流基地等。非洲的桑给巴尔、尼日利亚等国家都希望利用中国的资金、技术、设备开发本国的渔业资源。它们希望中国投资者到非洲共同经营渔业市场，通过资源保护与开发、渔业养殖、捕捞、加工和包装、冷链运输等方式将其丰富的渔业资源出口海外。中非携手渔业合作，开辟中非海洋经济走廊，创新了"海上丝绸之路"发展模式，意在形成滚动式贸易发展，互通有无，共同建设"21 世纪海上丝绸之路"。

（四）非洲工业化与产能合作天地广阔

非洲是目前世界上工业化程度最低、劳动力与原材料价格低廉的地区。中国向非洲转移产能，不仅能解决劳动力就业问题，也能促进非洲的工业化进程。按照工业化的一般规律，工业化从劳动密集型与资源开发起步，逐步实现腾飞。经过 30 多年的工业化快速发展，福建在纺织品、服装、箱包、鞋类、陶瓷、石材加工、矿业开发与冶炼、建材工业、电子信息技术、机电产业等传统产业领域积累了巨大产能和产业整合能力，品牌建设取得进展。福建这些产业对外贸易和投资都比较活跃，是福建实施走出去战略的主力军。这些劳动密集型产业正是非洲工业化初期所需要和能够承接的产业。

---

① 《中非渔业总部基地项目福州琅岐启动》，http://www.fj.chinanews.com/news/2014/2014-05-07/275602.shtml。

近 20 年来，福建与非洲贸易和直接投资规模不断扩大，对非洲承包工程取得较快发展，但在贸易投资、矿业开发、工程建设、渔业捕捞、农业种植等方面仍有较大的空间。要继续鼓励重点出口企业围绕加强基础设施互联互通、经贸合作、海洋合作、人文交流合作及推动中非共建"一带一路"进行深入的合作。[①] 对于福建企业而言，也有利于实现市场多元化的发展战略。

第四节 福建拓展与非洲大陆经贸合作的对策

非洲多数发展中国家正处于工业化起步阶段，对劳动密集型的轻纺产品和投资需求旺盛。依托中国非洲合作论坛、中国非洲合作基金的支持，同时，中国与南部非洲关税同盟的自贸区谈判也在持续进行。中国与埃及甚至埃塞俄比亚、肯尼亚的自贸协议谈判都会提上议事日程。这些合作机制与平台建设将对福建和非洲双边贸易环境的改善提供有力的制度支撑，实现互利合作共赢。

一、非洲大陆经贸合作的机遇与风险

（一）机遇分析：营商环境正在改善

世界银行发布的《2016 年营商环境报告》显示，非洲国家的营商环境普遍不甚理想，营商便利性排名中处于末位的主要是非洲国家，包括中非、乍得、南苏丹、利比亚和刚果等国家。撒哈拉沙漠以南非洲是 2014~2015 年实施营商管理改革力度最大的地区。报告指出，全球 189 个经济体共实施了 231 项改革措施，撒哈拉沙漠以南非洲有 35 个经济体实施了共计 69 项改革，占全球总数的 30%。在改革事项数量排名方面，前十名的经济体中有五位来自撒哈拉沙漠以南非洲地区，分别是乌干达、卢旺达、毛里塔尼亚、贝宁和塞内加尔，每个经济体都至少实施了三项改革。措施主要体现在简化管理程序、削减企业费用支出和增强法律制度上。尽管撒哈拉沙漠以南非洲在营商环境持续改进方面取得长足进步，但电力短缺仍是目前该地区营商环境的最大短板。报告指出，在撒哈拉沙漠以南非洲，开办企业获得电力输入平均需花费 130 天，且每年还需承受平均约 700 小时的电力中断时间。世界银行发

布的《2017年营商环境报告：人人机会平等》报告显示，2016年全世界有137个经济体实行了关键性的营商改革，让中小企业成立和运营更加容易。在实行的283项改革中，发展中国家占比超过75%，其中撒哈拉沙漠以南非洲地区在改革总数中占比超过1/4。从实行的改革数量来看，肯尼亚进入全球前十，肯尼亚已经连续两年位列全球排名前十改善最多的经济体。在卢旺达，财产转移登记耗时从10年前的370天缩短为现在的12天。由于政府不断开展重大营商改革，非洲国家在提升营商环境便利度方面持续取得成功。

（二）挑战与风险

政治动荡与腐败。错综复杂的宗教信仰与利益纷争，对非洲的政治和营商环境产生巨大影响。尤其是在北非的部分伊斯兰教国家，政教合一的现象比较明显。由于连年的宗教和政治争端，各国政局的稳定程度差别较大，以摩洛哥等国为代表的经济比较发达的国家政治稳定性略好；而"阿拉伯之春"后部分国家政局变动明显，阿尔及利亚、埃及、利比亚等国先后发生政治局势动荡事件；苏丹因宗教与利益纷争导致南北分裂，国内局势动荡。索马里因贫困而海盗盛行，严重威胁航道安全。撒哈拉沙漠以南的非洲地区总体局势趋向稳定，但恐怖组织活动频繁，部分国家出现政变和政府更替，造成社会动荡，严重威胁外国投资经营者的生命财产安全和项目的可持续发展。尼日利亚的极端组织"博科圣地"（Boko Haram）时常在非洲土地上开展杀戮行为。阿尔及利亚人质危机和马里的动乱都是明证，乌干达的"圣灵抵抗军"、阿尔及利亚的"伊斯兰马格里布基地组织"、索马里的"青年党"日益活跃、南非时不时发生严重的排外骚乱事件。这些局势动荡严重威胁我方企业在该地区项目的可持续性和工作人员的生命财产安全。

营商环境整体欠佳。除了宗教冲突与政治动荡以外，非洲的整体营商环境也还有很多不便利之处。除以毛里求斯（排名42位）、南非（排名72位）和塞舌尔（排名93位）等国为代表的部分经济发展状况较好的国家营商便利指数较为靠前以外，其他非洲国家无论在经济发展水平，还是国家政治经济制度、社会管理方面都还严重落后。很多非洲国家政治腐败，贸易壁垒严重，市场制度、投资保护都严重缺乏。企业之间的交易习惯普遍是看货购买，现金交易，或赊货代销。订单通常定量小，品种多，要货急。由于非洲国家实行进出口商品装船前检验，经常在实际操作中增加我方的费用，延误我方交货期，阻碍贸易的正常开展。非洲作为新兴市场，经济发展相对落后，买方群体总体信用水平偏低，该地区出口信用风险高发的情况确实存在，发生损失的原因主要为买方拖欠和拒收。再者，大多数非洲国家由于其经济实力不强，外汇储备不足，普遍存在外汇紧缺现象，对外汇实行严格的管制制度。福建企业在开展对非贸易的过程中要注意存在无法及时收汇的风险，部分企业铤而走险通过地下钱庄或者黑市交易，更易遭遇风险和损失。

医疗卫生条件差，疾病流行。非洲很长一段时间以来一直处于世界落后地位，由于生产力水平低下，经济发展滞后，人民最低生活都难以得到保障。加上非洲大陆气候多高温炎热，导致一些传染病很容易流行。非洲每年上万人民的生命都是被疟疾（马来热）、登革热等疾病给夺走。非洲国民的环境卫生意识很淡薄，生活排泄物以及食品垃圾随处丢弃，这些垃圾在高温作用下很快滋生出各类不利于身体健康的细菌，同时也是各种蚊虫的繁殖场所。非洲地区艾滋病（Aids）、埃博拉（Ebola）病毒等疫病流行。斯威士兰、莱索托、博茨瓦纳、南非和津巴布韦等国为艾滋病多发国，艾滋病病毒感染率（感染人群占15~49岁人口的百分比）超过15%，其中斯威士兰（27%）、莱索托（23%）和博茨瓦纳（22%）的艾滋病感染率均超过20%。2014年埃博拉病毒爆发先后波及几内亚、利比里亚、塞拉利昂、尼日利亚、塞内加尔等国，并首次超出边远的丛林村庄，蔓延至人口密集的大城市。上述因素都使得福建企业和投资者心存顾忌，投资信心不足，从而直接影响了福建企业进一步加强和非洲国家的贸易合作。

二、福建拓展非洲市场的对策

由于投资环境欠佳，福建开拓非洲目前还应该以贸易为先导，在开发市场的基础上推进投资，以发展培育市场，深耕双边经贸关系，实施以贸易为先导带动投资拓展非洲市场的策略。

（一）采取细分市场，重点经营的市场拓展策略

非洲大陆经济社会发展差异很大，而福建出口商品种类比较多，可以满足不同市场需求。要采取细分市场，重点经营的策略。

地处海上丝绸之路沿线的东非各国近年来经济保持稳健增长，经济增长率总体维持在4.9%的水平，远远高于非洲平均经济增速1.5%。其中，坦桑尼亚、肯尼亚的经济增速均超过5%，具备较为良好的地理位置和经济基础，可以作为福建企业开拓非洲市场的重点目标，而海洋渔业合作和互联互通可以成为双方合作的重点领域。东非可重点布局肯尼亚、坦桑尼亚、吉布提的港口及重要城市，如达累斯萨拉姆、巴加莫约、蒙巴萨、吉布提自贸区等。

北非石油生产国以阿拉伯国家为主，但近年来颜色革命后，社会陷入动荡，特别是埃及和利比亚等国的经济发展受到一定程度的破坏。北非可重点布局埃及和摩洛哥的港口及重要城市。对非洲比较富裕的石油生产国家，如尼日利亚、安哥拉、

喀麦隆等可以重点经营机电产品和运输工具。

非洲南部国家经济发展水平进入中等收入行列，消费水平与福建类似。以南非为据点，采取设立贸易公司和经营网点的形式效益比较好。对中非和东非的低收入国家，多数国家经营环境有待改善，重点经营服装鞋帽等日常生活用品比较能满足市场需求。

经营重点应布局印度洋港口城市，如达累斯萨拉姆、巴加莫约、蒙巴萨、吉布提自贸区等，并向内地拓展，应充分利用我国驻外机构和华人网络开拓市场，印度洋岛国毛里求斯、塞舌尔、马达加斯加很早就有华人在此开拓，已经融入当地。福建新移民华侨主要集中在南非的德班、肯尼亚、红海沿岸吉布提等国家。

（二）以投资和产能合作为重点培育市场

（1）对非洲以产能转移为主。处于经济起飞前夕的非洲国家对价廉物美的轻纺消费品的消费与投资需求潜力很大。按照比较优势原则，将福建具有优势的传统劳动密集型产业向这些国家投资，构建全球价值链生产体系，将产品加工组装转移至这些国家，将产品设计和原辅材料生产留在国内，促进国内原辅材料的出口和产业转型升级，稳固地占领当地市场，形成互利双赢格局。商务部将埃塞俄比亚、肯尼亚、莫桑比克确定为我国产能与制造业合作的重点对象，应实施以促进其发展培育市场为主的策略。

（2）远洋渔业应成为闽非合作的亮点。目前福建对非洲远洋渔业的投资主要集中在大西洋岸的利比里亚。而非洲东部海上丝绸之路沿岸拥有丰富的渔业资源，福建的远洋渔业投资近年来略有起步，但投资金额相对较少，投资规模也不够大。福建应继续扩大对印度洋沿岸的南非、肯尼亚、莫桑比克和马达加斯加等国家和地区的渔业投资，远洋捕捞与渔业资源深加工相互结合，因地制宜地拓展闽非渔业合作。

（3）组团创设境外经济合作区，创新产业合作模式。福建企业应组团创设境外经济合作区，展开集群式对外投资，抱团发展、共担风险。福建企业在非洲建设境外加工贸易、资源开发、农业合作和商贸物流"四大基地"，如武夷公司拟在东非国家建设"中国福建智造城"等，搭建福建企业与境外经贸合作园对接平台，实现企业在园区集中投资、合力开拓市场，既有利于做好对"走出去"企业的领事保护、融资支持等配套服务，又能够培育上下游完整产业链。

（4）福建企业应充分利用国家对外援助项目的带头示范作用。例如，福建援非菌草项目和中国武夷实业基础设施援建项目，这类项目在促进当地经济发展时，还建立起友好互助的合作关系，在此类援助性工程项目取得信誉后，便于后续福建企业在当地市场深耕细作。鼓励福建企业在"走出去"过程中利用好对外援助项目的示范带头作用，深耕当地市场，利用当地便捷优良的基础设施开展境外投资。

（三）强化人文交流合作，促进民心相通

（1）加强对非洲的医疗教育援助。非洲经济技术和卫生条件落后，各种疾病盛行，特别是疟疾、艾滋病和埃博拉疫情是非洲和世界的心头之患。福建医疗系统组织多次援非医疗服务，成效显著。福建医科大学已经开始招收非洲医学留学生和从事非洲义务人员培训。建议加强对非洲疫病防治体系建设的援助。福建医学研究机构和实验室要加强对非洲疟疾、艾滋病、埃博拉病毒的诊治研究，开发病毒疫苗。非洲教育落后，亟待普及中小学教育，福建可以强化对非洲中小学教育课程以及师资力量的培训援助。加强医疗和教育援助，提高非洲国家的健康和人力资源水平，拉近民心距离。

（2）加强技术援助与资源开发。福建承担国家在技术培训援非项目取得良好成绩。如菌草技术到南非已为当地培训技术人员 500 多人，在福州为南非培训多批技术人员，取得良好的经济和社会效应。福建在水稻技术方面拥有技术优势，增加对非洲农业技术援助与开发，帮助非洲解决饥荒问题。非洲矿产资源丰富，是福建经济建设急需的原料来源。福建矿业开发与冶炼技术相对发达，福建组建若干个矿业开发集团强化对非洲的矿产资源开发投资，可以取得双赢效果。

（四）加强基础设施领域的投资合作，促进互联互通

（1）基础设施投资对促进投资环境改善和经济发展的带动作用强。发挥福建工程承包与综合渔港建设能力强的优势，利用好"一带一路"战略的基础设施互联互通类项目，并以其作为境外开展经贸合作的先导。推动与埃及、吉布提、肯尼亚、莫桑比克、马达加斯加、塞舌尔以及南部非洲关税同盟等东南非国家港口、船舶修造和综合补给基地建设，推进港口以及疏港铁路和公路等基础设施合作建设，畅通陆水联运通道，增加海上航线和班次，加强海上物流信息化合作。

（2）福建省政府与沿海丝路城市应主动与非洲的海上丝绸之路沿线各国政府与港口城市加强交流合作，缔结友好省区和友好港城，促进双方多层次的深入交流。海丝沿线的非洲重要港口有塞得港、亚历山大港、苏丹港、桑给巴尔、达累斯萨拉姆、德班等重要港口。政府要加强政策沟通、投资环境推介与商贸信息交流，促进友好港口城市的互联互通和城际合作，增加海上物流航运与空港物流合作，构建商贸会展、物流基地。利用政府搭台为企业交流合作提供商机和便利。

（五）建立健全安全保障体系，保护生命财产安全

如前面营商环境分析，在非洲经商，安全问题不容忽视。如南非的排外骚乱和

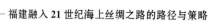

打劫使福建经商人员生命财产遭受巨大损失。国家这些年强化了我国领事保护制度。在南苏丹甚至派遣军队维护我国石油企业生产的安全，派军舰在亚丁湾护航保护航道安全。但除了我国驻外机构加强对我国公民的生命财产安全的保护外，福建"走出去"企业还应当采取措施维护自身安全。

首先，增强安全意识，对外投资企业要对当地多做国情和政局变化（教派冲突）的调查研究，进行投资风险与安全评估，谨慎投资。增强安全保障教育，要注重采取安全措施建设，在工厂和居住场所加强戒备和安全防护设施。必要时聘请保镖和保安人员，保护自身安全。同时注重商业信用和汇率风险，建议采取人民币交易，采取措施规避收汇风险。

其次，要注意合规经营与企业社会责任问题。我国企业在外国投资经营，往往将本国的行为方式带入，认为搞定政府主管部门的某个官员就可以了。但如果这个官员因为受贿犯法以及政府更换就难以持续。因此，守法合规经营是长久之计。另外，企业还要注重履行社会责任，注意环保等可持续发展问题，自觉避免与当地利益集团或民众产生矛盾和利益冲突。不断完善与所在地关系，促进社会融洽，为当地经济发展、提高就业率和促进民众生活水平的提高，实现互利共赢。

最后，尊重当地宗教和文化习俗。非洲国家居民都有宗教信仰，各教派都有自身独特的宗教禁忌。触犯当地宗教禁忌，往往会被当作异教徒受到处罚。因此，投资当地和外出经商，务必了解当地国情、宗教习俗和文化传统，尊重当地生活习惯和商业传统，避免触犯当地宗教禁忌。

第九章

大洋洲：21 世纪海上丝绸之路的新方向

大洋洲位于中国南海东南部的南太平洋，与福建隔海相望。福建与南太平洋诸岛的关系源远流长，人脉相连，地位不可替代，福建是南太平洋南岛语族的主要发源地。目前国际学术界的主要观点认为，以福建沿海为中心的中国沿海区域是南岛语族最早的发源地，无论从语言学、考古学还是从人类体质学所得到的研究成果上看，这些从太平洋彼岸过来的南岛语族，和 5000 年前的福建人是一家，即与福建隔海相望的台湾原居民以及棕色皮肤的南岛族人。闽南语和福州话与南岛语系有很高的关联度，福建沿海居民与南岛语族人在生活习俗上也有共同的海洋性特征。因为地缘与人缘关系，2015 年中国三部委颁布的《推动共建丝绸之路经济带和 21 世纪海上丝绸之路的愿景与行动》将经过南海进入南太平洋作为 21 世纪海上丝绸之路发展的重要方向。我们将南太平洋定位为 21 世纪海上丝绸之路新方向，根源是它不是历史上海上丝绸之路所经过的地区。

大洋洲的主要欧洲移民国家澳大利亚和新西兰，由于地缘上接近亚洲经济最活跃的东亚与东南亚地区，因此，其对外地缘经济重心早已从美欧转向亚太地区。随着与亚太地区经济联系的日益密切，澳大利亚和新西兰与东盟以及中国都签署了自由贸易协定。2012 年，澳大利亚发布《亚洲世纪中的澳大利亚》，将包括中国在内的亚洲纳入地区发展的重要战略地位。中国也将拓展和稳固与大洋洲国家的经贸关系作为重要经济外交的方向。2015 年习近平在访问澳大利亚时指出"大洋洲是海上丝绸之路的自然延伸"。作为 21 世纪海上丝绸之路的核心区，福建与大洋洲国家的经贸合作日益紧密，双边投资和产业合作在房地产开发、农林牧渔、零售、金融租赁等方面不断取得新进展。"一带一路"战略背景下，福建应当把握机遇，巩固已有经贸关系，积极拓展合作新方向，全面推进与大洋洲国家的经贸合作。

第一节　福建与大洋洲经贸关系发展现状

进入 21 世纪以来，因地缘关系，福建与大洋洲经贸关系发展迅速，但发展很不平衡，存在规模小、领域少、范围窄、技术低等突出问题，双边拓展经贸合作与人文交流空间较大。

一、双边贸易稳步发展，但相对集中

2000~2015 年，福建与大洋洲双边贸易稳中有升，双边贸易总额为 365.71 亿美元，占同期福建对外贸易额的 2.55%。从出口角度看，福建与大洋洲的出口额从 2000 年的 2.22 亿美元增长到 2015 年的 21.55 亿美元，增长了约 9.7 倍，年均增长 16.36%。从进口角度看，2000~2015 年，福建从大洋洲的进口额整体呈递增趋势，从 2000 年的 1.23 亿美元增长到 2014 年的 42.24 亿美元，增长了约 34.34 倍，年均增长 28.74%，2015 年略有下降。从贸易平衡角度看，2000~2010 年，福建与大洋洲双边贸易处于顺差状态，顺差额在 1 亿~6 亿美元波动，从 2011 年开始，福建对大洋洲的出口额小于进口额（见图 9-1），逆差额从 2011 年的 5.99 亿美元增长到 2014 年的 19.87 亿美元。

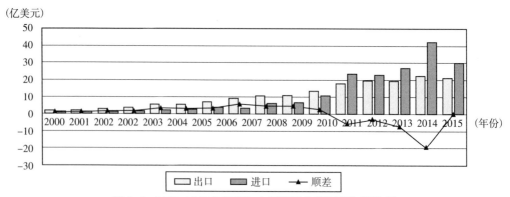

图 9-1　2000~2015 年福建与大洋洲双边贸易额与顺差额

资料来源：根据福建统计年鉴与海关数据库数据整理而得。

从区域和国别看，福建与大洋洲区域的贸易额在福建贸易总额中的占比较小，2000~2015年出口、进口的比例均未超过7%，且多年维持在2%左右的水平。但从总体上看，大洋洲在福建对外贸易中的地位呈缓慢上升的势头，贸易总额的占比从2000年的1.6%上升到2015年的3.1%。澳大利亚是福建在大洋洲国家的主要贸易伙伴，2000~2015年福建与澳大利亚的出口、进口和贸易总额在福建与大洋洲贸易总额的占比基本维持在80%左右，如表9-1所示。

表9-1 大洋洲与澳大利亚在福建对外贸易中的占比情况

年份	福建与大洋洲贸易在福建贸易总额中的占比			福建与澳大利亚贸易在福建与大洋洲贸易总额中的占比		
	出口	进口	贸易总额	出口	进口	贸易总额
2000	0.017	0.015	0.016	0.878	0.789	0.846
2005	0.017	0.014	0.016	0.858	0.800	0.839
2010	0.019	0.029	0.022	0.852	0.800	0.829
2015	0.019	0.054	0.031	0.819	0.870	0.849

数据来源：根据福建统计年鉴数据、福州海关数据库数据整理而得。

从贸易结构看（以闽澳贸易为例），福建出口到大洋洲的商品以机器、机械器具、电气设备及其零件，音像设备及其零件，纺织原料及纺织制品，鞋帽伞等传统优势产业为主。主要从大洋洲进口矿产品、珠宝及贵金属、木材及其制品、肉类等农牧产品。2011~2015年，福建与澳大利亚矿产品贸易的逆差额累计约85.34亿美元，动植物产品贸易逆差累计达8.31亿美元，如表9-2所示。

表9-2 2005~2015年福建与澳大利亚HS全类商品顺差情况（差额=出口-进口）

单位：万美元

	2005年			2010年			2015年		
	出口	进口	差额	出口	进口	差额	出口	进口	差额
HS 全商品	58104	27846	30258	133964	107578	26386	216826	307349	-90523
第一类 活动物；动物产品	296	727	-431	1794	2134	-340	5471	14997	-9526
第二类 植物产品	560	393	167	1325	6946	-5621	1330	20870	-19540
第三类 动植物油、脂、蜡及其分解产品	21	37	-16	34	61	-27	83	213	-130
第四类 食品；饮料、酒及醋；烟	1586	1186	400	3042	2434	608	7122	2712	4410
第五类 矿产品	14	13653	-13639	50	65578	-65528	321	179129	-178808
第六类 化学工业及其相关工业品	2428	348	2080	3632	499	3133	4152	614	3538
第七类 塑料及其制品；橡胶	4244	426	3818	8139	435	7704	14029	614	13415

续表

	2005 年			2010 年			2015 年		
	出口	进口	差额	出口	进口	差额	出口	进口	差额
第八类　革、毛皮及制品；箱包	1875	657	1218	3845	2107	1738	5535	4122	1413
第九类　木及制品；木炭；软木	743	3633	−2890	2880	20809	−17929	5499	35163	−29664
第十类　木浆等；废纸；纸、纸板	342	979	−637	4799	802	3997	14041	1621	12420
第十一类　纺织原料及纺织制品	8394	353	8041	17757	344	17413	32163	149	32014
第十二类　鞋帽伞等；羽毛品	7544	0	7544	13876	0	13876	19456	0	19456
第十三类　矿物材料制品；陶瓷品	3109	164	2945	7519	14	7505	16478	14	16464
第十四类　珠宝、贵金属及制品	69	0	69	57	4	53	134	36525	−36391
第十五类　贱金属及其制品	1957	2591	−634	9182	3132	6050	13640	9951	3689
第十六类　机电、音像设备及其零件	18114	2007	16107	34576	1719	32857	35214	359	34855
第十七类　车辆、航空器、船舶等	375	110	265	4327	14	4313	5896	67	5829
第十八类　光学、医疗等仪器；钟表	1055	575	480	2813	532	2281	4399	146	4253
第十九类　武器、弹药及其零件	—	—	—	1	0	1	0	0	0
第二十类　杂项制品	5294	4	5290	14193	12	14181	31788	34	31754
第二十一类　艺术品、收藏品及古玩	84	0	84	123	0	123	75	50	25
第二十二类　特殊交易及未分类商品	0	1	−1	0	0	0	—	—	—

资料来源：根据福州海关数据库数据整理而得。

二、双向投资持续推进

福建对大洋洲国家投资近年来发展较快，2001 年至 2016 年 9 月，福建核准的大洋洲境外企业与机构共 69 家，累计对外投资总额 106079.9 万美元，我方投资额95062.66 万美元。福建投资主要集中在澳大利亚和巴布亚新几内亚。投资规模最大是巴布亚新几内亚，设立 2 家企业，投资额为 3.53 亿美元，集中在采矿和渔业，占比 37.15%。次之是福建在澳大利亚投资企业和机构共 44 家，投资金额 3.46 亿美元，占比 36.4%。接着是帕劳、萨摩亚和新西兰，但投资企业数和投资金额远低于巴布亚新几内亚和澳大利亚，分别占福建对大洋洲投资的 9.5%、7.7% 和 7.1%。如表 9-3 所示。

表 9-3　2001 年至 2016 年 9 月福建核准在大洋洲地区设立的境外企业（机构）
数与投资金额情况（按国别）

国家	企业数（家）	总投资额（万美元）	我方投资额（万美元）	所占比重（%）
澳大利亚	44	44394.4	34625.7	36.4

续表

国家	企业数（家）	总投资额（万美元）	我方投资额（万美元）	所占比重（%）
新西兰	10	6906.0	6766.0	7.1
帕劳	3	9050.0	9034.0	9.5
萨摩亚	8	8412.0	7319.5	7.7
斐济	1	1000.0	1000.0	1.1
瓦努阿图	1	997.5	997.5	1.0
巴布亚新几内亚	2	35319.9	35319.9	37.2
大洋洲小计	69	106079.9	95062.7	100

数据来源：根据福建省商务部门资料整理。

从企业属地看，赴大洋洲投资的企业以福州、厦门、漳州三地为主，2001年至2016年9月，三地共有43家企业赴大洋洲投资，分别占福建投资的64.34%、14.33%和9.71%。闽西北地区中，三明地区的企业是走进大洋洲的重点，近16年来，共有8家三明企业赴澳投资7069万美元，占比7.44%。

从时间看，2013年以前福建对大洋洲投资发展缓慢，年均投资规模在5000万美元以下。2014年以来得益于中新、中澳自贸协定以及福建自贸试验区和国家"一带一路"战略，闽企近两年赴大洋洲投资的热情高涨，2014年福建对大洋洲投资总额达到7306.75万美元，2015年超过1亿美元，为1.11亿美元；2016年1~9月，共有13家闽企赴大洋洲投资，总投资额7.67亿美元，福建省投资额6.91亿美元，出现井喷式增长。

福建对大洋洲投资涉及行业比较集中，主要是投资海洋生物与渔业开发2家，投资金额为39741.1万美元，占福建对大洋洲投资的41.8%，居第一。由福建中鸿渔业有限公司独资35269.9万美元设立的福建中鸿渔业（巴布亚新几内亚）有限公司是福建省在大洋洲投资额最大的企业。其次为房地产与酒店旅游行业，设立11家企业，投资27563万美元，占比28.99%。再次是农产品和蔬菜生产与加工企业7家，投资金额为5773万美元，占比6.07%。投资新西兰的林业开发企业3家，投资5132万美元，占比为5.4%。投资规模上，福建占资超过1000万美元的有17家，分布如下：澳大利亚9家，新西兰3家，帕劳1家，萨摩亚2家，斐济1家，巴布亚新几内亚1家。此外，由龙翔实业有限公司/北京泰沃德投资有限公司在帕劳投资设立的龙辉国际投资公司、假日星瀚（厦门）集团有限公司投资的澳大利亚领都有限公司，以及厦门象屿物流集团有限责任公司在新西兰独资设立的乐高集团有限公司等都是福建在大洋洲国家投资规模较大的项目。这些较大规模的项目以经营海水捕捞、水产品批发、海水养殖及水产品冷冻加工、酒店建设、林场收购与开发、肉牛收购与屠宰、房地产经营及开发等为主。①

"引进来"方面，2011~2015 年，大洋洲对福建投资设立企业 174 家，合同投资金额 194881 万美元，实际到资 99153 万美元，主要来自澳大利亚和萨摩亚。其中澳大利亚在福建设立企业 67 家，对福建投资的合同金额为 96910 万美元，而实际到资额仅为 7541 万美元，占比 7.78%；而萨摩亚在福建设立企业 93 家，合同投资金额 95559 万美元，福建实际利用资金 89995 万美元，占比 90.76%。新西兰和马绍尔群岛对福建的投资尚足一提，而其他大洋洲岛屿国家对福建鲜有投资，如表 9-4 所示。2015 年，福建全省合同利用大洋洲的外资金额为 97286 万美元，同比增长 925.90%，占福建全省利用合同外资金额的 6.73%。实际利用大洋洲金额 21374 万美元，同比增长 87.67%，占福建全省实际利用外资金额的 2.78%。

表 9-4　2011~2015 年大洋洲主要国家投资福建情况

单位：万美元

	2011 年		2012 年		2013 年		2014 年		2015 年	
	合同外资	实际利用外资	合同外资	实际利用外资	合同外资	实际利用外资	合同外资	实际利用外资	合同外资	实际利用外资
澳大利亚	5896	1123	13115	2855	3822	3134	82	276	73995	153
瓦努阿图	0	80	66	69	—	—	—	—	—	—
新西兰	107	456	571	643	452	59	108	106	165	0
汤加	0	0	−210	0	—	—	—	—	—	—
萨摩亚	15039	20739	15312	14294	32753	22914	9293	10827	23126	21221
马绍尔群岛共和国	160	0	0	25	1000	0	150	150	0	0
总计	21202	22398	28854	17886	38027	26107	9633	11359	97286	21374

数据来源：根据福建省商务部门资料整理。

三、福建与大洋洲经贸合作特点

福建与大洋洲经贸合作呈现以下几个特点。一是投资企业数少。2001 年至 2016 年 9 月，福建核准的境外投资企业和机构约 2083 家，而福建对大洋洲区域的投资企业数仅有 69 家，占比 3.31%。二是投资规模偏小。2001 年至 2016 年 9 月，福建累计核准的境外投资总额 268.2 亿美元，对大洋洲区域的投资额仅约占总投资

---

① 资料来源：福建省商务厅网站。

额的 4%。① 三是投资对象国集中。福建企业在大洋洲的投资集中在巴布亚新几内亚、澳大利亚、新西兰三国，其他地区除萨摩亚外鲜有涉及。四是投资领域多为低技术行业。闽企在大洋洲投资的行业以贸易居多，其余诸如房地产开发与销售、粮食种植与销售、零售批发等均为低端服务业，福建的优势产业并未过多走进大洋洲。五是贸易对象国集中。福建与澳大利亚贸易额占有福建与大洋洲全区域贸易额超 80%的份额，贸易产品不仅有双边优势产品，也有其他商品，品种较为广泛。整体而言，福建与大洋洲的经贸关系呈现规模小、领域少、范围窄、技术低等特点。

第二节　大洋洲区域社会经济特点与营商环境

大洋洲位于太平洋西南部和南部的赤道南北广大海域中，是世界上面积最小，人口最少的洲。狭义的大洋洲仅指波利尼西亚、密克罗尼西亚及美拉尼西亚三大岛群，广义上大洋洲在狭义三大岛群的基础上，还包括了澳大利亚、新西兰和新几内亚岛。本书所指大洋洲为广义上的大洋洲，目前有 16 个独立国家，除澳大利亚、新西兰外，其余 14 国均为发展中国家，依据建国时间的先后顺序分别是：萨摩亚（1962 年建国并独立，下同）、瑙鲁（1968 年）、汤加（1970 年）、斐济（1970 年）、巴布亚新几内亚（1975 年）、所罗门群岛（1978 年）、图瓦卢（1978 年）、基里巴斯（1979 年）、马绍尔群岛（1979 年）、瓦努阿图（1980 年）、帕劳（1994 年）、密克罗尼西亚（1986 年）、库克群岛（1989 年）、纽埃（2006 年）。其中，除库克群岛与纽埃外，其余均为联合国成员。与我国建交的大洋洲国家有 10 个，其余 6 国与中国台湾维持"邦交"关系。大洋洲区域国家整体发展呈现多元化特征。

一、大洋洲区域社会经济发展特点

（一）相同的殖民命运，不同的殖民历史

南太平洋地区富饶的岛屿不仅蕴藏着丰富的海洋资源，更是海上交通与战略的关键要道，这使得南太平洋地区成为西方列强必争的海洋之地。一方面，绝大部分南太平洋岛国曾经都难逃被西方列强殖民的厄运；另一方面，南太平洋被殖民岛国受不同宗主国对本国的政治、经济、文化发展的影响，各国的殖民历史不尽相同，

① 根据福建省商务厅提供的数据整理计算而得。

并在很大程度上决定了殖民国选择摆脱殖民、走向自治的不同道路。例如，斐济以宪政改革作为通往独立的道路，巴布亚新几内亚通过摆脱托管获得独立，汤加则通过主权移交获得独立，等等。[①] 西方的殖民主义也在南太平洋地区有限的疆域和国家中留下了复杂多样的政治体制。

（二）相差悬殊的国土面积和人口数量

大洋洲有 10000 多个岛屿，面积约 897 万平方公里，人口有 2900 万人，海洋面积总计为 4662 万平方公里，2015 年澳新及整个大洋洲人口总计约 3813.9 万人，全洲绝大部分的面积和人口都集中在澳大利亚和新西兰。表 9-5 反映了大洋洲主要国家的地理和人口指标。从表 9-5 中可以看出，大洋洲国家间的陆地面积和人口数量相距甚远。其中，陆地面积最小的瑙鲁仅有 21 平方公里，仅约为澳大利亚的三十七万分之一，巴布亚新几内亚的两万分之一。而人口最少的纽埃人口仅有 1311 人，澳大利亚、巴布亚新几内亚、新西兰的人口分别约为其的 1.84 万倍、5583 倍、3539 倍。此外，除澳大利亚、巴布亚新几内亚、新西兰的陆地面积高于福建的 12.14 万平方公里外，其余小岛国的陆地面积甚至可以忽略不计。2015 年，仅福建一省的人口就有 3466 万，远多于包括澳大利亚在内的所有大洋洲国家的人口总和。

表 9-5　大洋洲主要国家地理与经济指标[②]

国家	通用语言	宗教	陆地面积（平方公里）	人口（万人）	GDP（亿美元）	人均 GDP（美元）
澳大利亚	英语	基督教、犹太教、伊斯兰教	774.12 万	2392	13391.41	56311
新西兰	英语	基督教、天主教	26.8 万	464	1737.54	37808
巴布亚新几内亚	皮金语、莫土语	基督教、拜物教	46.28 万	732.1	—	—
所罗门群岛	皮金语	基督教	2.84 万	52.3	11.29	1935
斐济	斐济语、印地语	基督教、印度教、伊斯兰教	1.83 万	84.9	44.26	4961
瓦努阿图	法语、比斯拉马语	基督教	1.22 万	28.2	7.42	2805
萨摩亚	萨摩亚语	基督教	2935	19.2	7.61	3939
帕劳	帕劳语	基督教	494	1.79	2.87	13499
密克罗尼西亚联邦	英语	基督教新教、天主教	705	10.21	3.15	3015
图瓦卢	图瓦卢语	基督教	26	1.05	0.33	3295
汤加	汤加语	基督教新教	747	10.64	4.35	4099
纽埃	纽埃语	纽埃教、摩门教、天主教	259	0.1311	—	—

[①] 汪诗明、王艳芬：《太平洋英联邦国家：处在现代化的边缘》，四川人民出版社 2004 年版。

[②] 人口数据为截至 2016 年 5 月所能获得的最新数据。GDP 和人均 GDP 统计年份为 2015 年，来源于世界银行网站 databank 统计数据。

续表

国家	通用语言	宗教	陆地面积（平方公里）	人口（万人）	GDP（亿美元）	人均GDP（美元）
库克群岛	库克群岛毛利语	基督教新教、天主教	240	1.73	—	—
瑙鲁	瑙鲁语	基督教、天主教	21	0.9434	—	—
基里巴斯	基里巴斯语	天主教、新教、基里巴斯新教	811	8.5	1.60	1424
马绍尔群岛	马绍尔语	天主教	181	6.2	1.79	3386

资料来源：中华人民共和国外交部官网。

世界银行年度发展报告：2016 World Development Indicators。

徐秀军：《地区主义与地区秩序：以南太平洋地区为例》，社会科学文学出版社2013年版。

（三）多样的种族与多元的文化

南太平洋岛屿国家居住着大量不同种族的土著居民。在种族文化上，可以将澳大利亚和新西兰以外的南太平洋岛屿国家居民大致归纳为密克罗尼西亚、美拉尼西亚、波利尼西亚三个种族文化群。种族文化群看似只有三个，但实际远比理论复杂得多。以语言为例，南太平洋岛屿国家间的通用语言不尽相同，国家内部又有着多种多样的土著语言。据不完全统计，南太平洋岛国有着1000多种语言。在社区结构上，原始的部族制度和现代化的城市社区在南太平洋岛国间互相存在。在人口组成上，菲律宾人、日本人、印度尼西亚人等在一些国家有着举足轻重的影响。

（四）实力悬殊的经济发展水平

首先，位列世界发达国家行列的澳大利亚与新西兰无论是国民生产总值的总量还是人均水平，都遥遥领先于其他域内岛国。2015年，澳大利亚人均国民生产总值达到5.6万美元，新西兰人均国民生产总值达到3.78万美元，进入世界上人均收入最高的国家行列。其次，澳新之外岛屿国家的经济发展水平则处于现代化的边缘。经济总量从GDP 162.18亿美元的巴布亚新几内亚到0.24亿美元的纽埃，人均GDP为1000~4000美元，与澳新等国可谓天壤之别。最后，在产业分布上，大洋洲的工业主要集中在澳大利亚和新西兰，其余岛国均为农业国，只有斐济的第二产业较为发达，诸多岛屿甚至难以实现自给自足，需要长期依赖外界援助以维持国家经济生活的正常运转。

二、大洋洲的华人社会

（一）大洋洲的华人分布

19世纪中后期，由于近代中国劳工输出，大洋洲地区形成了最初的华人社会。第二次世界大战后，这些华人通过与土著居民通婚等形式，逐渐本土化。最初的华人输出具有以下特点。一是由于大洋洲岛屿国家的殖民状态，殖民宗主国在当地拥有较强的用工需求，因此历史上"契约劳工"是华人移民大洋洲的最主要形式。二是规模达数万人，使得遗存的华人足以在大洋洲形成华人社会。三是太平洋岛国的华人大多来自珠三角（潮汕地区）和闽南金三角地区。四是华人移民大多从事农矿开发，相当一部分成为小生意人或从事第三产业。[①]

20世纪六七十年代后，随着大洋洲岛国先后独立并将吸引外资作为国家建设的重要手段，加之地区主导大国澳大利亚实行"脱欧入亚"的国家战略，使得大洋洲国家放开亚洲移民。以移民澳大利亚、新西兰为代表的自由个体移民掀起了华人移民大洋洲的第二次热潮，这些新华人在大洋洲的政治和经济上都产生了复杂的影响。表9-6反映了大洋洲国家的华人数量，从中可以看出，大洋洲的华人约90%分布在澳大利亚、新西兰两国。

表9-6　华人在大洋洲分布的主要国家及其数量

国家	数量（人）	年份
澳大利亚	319000	2011
斐济	5500	2009
法属波利尼亚	30000	2000
密克罗尼西亚	20	2007
新西兰	150000	2007
巴布亚新几内亚	5000	2010
帕劳	1000	2009
所罗门群岛	1000	2006

注：表中数据为现阶段所能获得的最新数据。

（二）大洋洲的华人经济

新华人移民在大洋洲的不断发展，已对当地的经济产生了不同程度的影响，并涉猎当地经济的各行各业，此处选取几个有代表性的国家进行分析。澳大利亚的华人华侨从事的行业相当广泛，包括贸易、餐饮、房地产、制造业、旅馆、医药业、金融保险、新闻文化、食品、纺织、电子资讯、化学、运输、有线电视等。其中，贸易杂货、餐饮业、房地产业和观关旅游是主要行业。新西兰华人华侨从事的行业以中小服务业为主，如进出口贸易、印刷、房地产、旅行社、家具店、特产店、保险代理、汽车维修、中医诊所、餐厅、养鸡场等。斐济华人大多从事餐馆、饭店、

---

① 喻常森、常晨光、王学东：《大洋洲发展报告（2013~2014）》，社会科学文献出版社2014年版。

杂货、百货业；部分从事制造业、房地产业和旅游业；少数从事蔬菜种植等农业。巴布亚新几内亚的华人以福建籍居多，从事批发、超市、房地产和加工业，且具有一定的规模。此外，还涉足杂货零售、伐木、捕鱼、农产品加工等。

整体而言，大洋洲国家的华人经济主要呈现以下几个特点。一是从行业类别看，以从事服务业为代表的第三产业为主，多种行业并存，其中，餐饮、旅游、房地产、零售是大洋洲华人涉足最多的领域。这主要源于当地，特别是澳大利亚、新西兰之外岛屿国家的第三产业活力严重不足，存在较大的市场空间。二是从经营规模看，多以个人或家庭经营为主，经营规模较小，但数量较多，近年来呈星火燎原之势。这主要源于小本生意风险小，好运作，易利用国内资源。三是从对当地经济的影响力来看，对当地个体或中小企业造成一定的冲击。华人技高一筹的经营本领在低端零售业等方面很大程度上排斥了当地同行。

（三）大洋洲岛国的反华情绪

近年来，我国通过文化外交、华人华侨外交、援助外交等逐步增强在南太平洋国家的影响力，但并非所有利益相关者均对此表示欢迎。现阶段，大洋洲的反华情绪主要有三个原因。一是新移民华人对当地的政策法规、种族文化、宗教信仰等了解有限，与当地人的沟通有限，在尊重和礼貌方面表现不尽如人意，加之一些违法事件，如偷渡、签证到期后逾期不归、贩毒等行为引发当地人一定的不满情绪。二是绝大多数华人在南太平洋岛国主导了当地诸如餐饮、零售、旅游等第三产业，以汤加为例，该国约70%的个体经济被华人掌控，这在极大程度上触动了当地同行的利益，反华情绪随之而来。三是2012年以来，中国大企业在岛国的投资规模越来越强势，岛国社会担忧由中国垄断当地大型投资而带来的负面影响，萨摩亚反对党领袖甚至认为，如果再毫无节制地引入中国投资，他们将会轻易被榨干。[1]整体而言，大洋洲岛国的反华情绪主要缘于华人对当地人利益的冲击。

三、大洋洲区域营商环境

如前文所述，大洋洲区域社会经济发展高度不平衡，政治经济制度与社会文化差异性大，各国营商环境千差万别。总的看来，澳大利亚和新西兰建立了高度发达的现代资本主义民主政治和市场经济制度。其他岛国无论从国内市场容量，还是制度建设方面都相当落后，营商环境比较差。在澳新的推动下，南太平洋岛国的区域

---

① Claire Farrell，"Samoa：Will the Island Be 'Exploited' by Chinese Firms?"，June 13，2013，http：//www.theforeignreport.com-06/13/samoa-will-the-island-be-exploited-by-chinese-firms/.

市场化建设取得很大进展，对改善南太平洋岛国的营商环境产生了积极影响。

（一）澳新紧密经济伙伴关系协定

澳大利亚和新西兰（简称"澳新"）是南太地区经济最为发达的两个国家，彼此政治与经贸联系紧密。澳新 1943 年建交。新西兰将与澳大利亚关系置于其外交防务政策的优先位置，两国领导人保持定期会晤，接触频繁。双方在政治、经济、社会和安全以及国际领域的合作密切。1977 年，新澳签订防务合作协定。1983 年，澳新两国签署了《紧密经济关系协议》（CER）。1990 年，两国宣布建立自由贸易区，取消关税。1996 年，新澳签署《单一航空市场协定》，保障两国航空公司在对方国家享有"不受限制的飞行权"。1998 年，两国签署《跨塔斯曼旅游安排》，规定两国公民可自由地在对方国家生活和工作。后来又提出了"统一经济市场"议题，目的都是排除贸易壁垒、降低商业成本、鼓励投资，以加强两国经贸一体化。2012 年生产力委员会（澳、新两国政府各自的研究和咨询机构）受两国政府委托，围绕澳新经贸一体化的发展方向和政策选择进行了联合调研，并在 2012 年 4 月 4 日公布了一份报告，向社会各界征集意见。这份报告涉及贸易、服务、投资、金融、双多边合作等广泛内容，报告中说，从历史实践看，所谓"一体化"，从低到高有五个层次，依次是自贸区、关税同盟、统一市场、经济联盟和政治联盟。当"一体化"走向经济联盟的阶段，统一货币就是应有之义。报告提出的问题是：澳大利亚和新西兰的合作，应该走向这五个层次的哪一层次？澳新统一货币的益处和风险又是什么？但两国统一货币还是没有得到其民众的广泛支持。

（二）南太平洋岛国论坛的进展

1971 年 8 月，在澳新两国的推动下，斐济、萨摩亚、汤加、瑙鲁、库克群岛、澳大利亚和新西兰在惠灵顿召开南太平洋七方会议，正式成立"南太平洋论坛"。2000 年 10 月，论坛更名为"太平洋岛国论坛"。论坛以确保有效执行领导人造福南太平洋人民福祉的决定为使命，以促进区域经济增长、增强区域治理、确保区域安全为目标。[1] 太平洋岛国论坛秘书处是论坛的常设机构，受论坛轮值秘书长领导，是维持年度首脑会议、高级别部长会议及太平洋地区主义运转的重要平台。自成立以来，太平洋岛国论坛已经成为南太平洋地区最具影响力的区域合作载体。[2] 太平

---

[1] Pacific Islands Forum Secretariat：http：//www.forumsec.org.fj/pages.cfm/about-us/mission-goals-roles/.

[2] 论坛共有 16 个成员国包括澳大利亚、新西兰、巴布亚新几内亚、帕劳、密克罗尼西亚、萨摩亚、所罗门群岛、基里巴斯、汤加、纽埃、库克群岛、斐济、瓦努阿图、瑙鲁、马绍尔群岛、图瓦卢。3 个联系成员包括新喀里多尼亚、法属波利尼西亚、托克劳；12 个特别观察员包括瓦利斯和富图纳、英联邦、联合国、亚洲开发银行、中西太平洋渔业委员会、世界银行、非加太集团、美属萨摩亚、关岛、北马里亚纳自由联邦、东帝汶、国际移民组织。

洋岛国论坛议题涉及区域发展的诸多方面，包括环境保护、经济发展、区域安全、医疗卫生等。此外，大洋洲地区还有包括太平洋共同体、太平洋岛国发展论坛、太平洋地区组织理事会等推动区域合作的机制，它们共同推动了南太平洋地区命运共同体的构建，使得南太平洋地区的区域意识日益增强。

在第 35 届太平洋岛国论坛上，新西兰首倡的"太平洋计划"成为论坛成员国促进南太平洋地区经济增长和实现可持续发展的新愿景和新构想。[①]"太平洋计划"的主要内容之一就是促进区域经济合作和发展，实现自由贸易。现阶段，大洋洲区域范围内付诸实践的经贸协定共有五个，这些经贸协定主要有以下几个特点。一是以商品贸易为主，仅有澳新间的经贸协定涉及服务贸易，域内国家广泛参与的 SPARTECA、PICTA 等协定均未涵盖服务贸易。二是开放程度有待提高，参与国家较多的 SPARTECA 和 MSG 协定属于对局部领域的贸易协定，仅有澳新经贸协定属于更深层次的经济一体化协议。三是域内大国参与的经贸协定较少，仅有 SPARTECA 协定同时包含澳大利亚、新西兰及绝大部分太平洋岛国，缺乏域内大国的参与，很难充分发挥区域经贸协定对区域经济增长的推动作用。

在 2009 年"第 40 届太平洋岛国论坛"上，与会领导人决定重启太平洋地区更紧密经济关系协定的升级版（PACER Plus）谈判。PACER Plus 被太平洋岛国视为一个能够为本国创造更多就业机会、增加私营部门利润、提升人民生活水平的具有深远影响的促进区域经贸深度融合的重要机会。[②] 2013 年的太平洋贸易部长会议通过了关于促进 PACER Plus 谈判的路线图，将发展和经济合作、原产地规则、通关程序、标准和合格评定程序等五方面作为谈判的优先内容。现阶段，除斐济退出谈判外，其余 15 个太平洋岛国论坛成员均参与了谈判。事实上，PACER Plus 的谈判并不是很顺利，太平洋岛国教会、工会等"平民社区组织"曾一度提出抗议，反对澳大利亚、新西兰加入 PACER Plus。这主要源于：一是 PACER Plus 会改变太平洋岛屿国家的经济结构，进而影响当地居民的生活方式；二是 PACER Plus 大幅的关税优惠将大大降低政府的财政收入，从而影响政府提供公共服务的能力；三是国际贸易竞争力较强的澳大利亚、新西兰进口商品将给本国产业带来严重威胁；四是 PACER Plus 不能涉及卫生、教育、水电等公共服务领域。反对者认为，澳新应将更多的注意力放在岛屿国家的经济安全和社会稳定上，而非一味单纯地以提供发展

---

① 太平洋岛国论坛公报. Pacific Islands Forum Secretariat：Thirty-fifth Pacific Islands Forum, Apia, Samoa, 5-7 August 2004.

② Pacific ISlands Forum Secretariat：Forum Trade Ministers Meeting, Apia, 2013.

援助为谈判筹码。[①]

澳新在大洋洲区域的经济社会发展中有着毋庸置疑的绝对主导作用。澳新推动的南太平洋岛国的社会经济发展和社会法律建设都取得了不俗的成绩，对营商环境的改善产生了积极作用。

(三) 大洋州区域营商环境

澳大利亚拥有稳定的政治和社会环境，金融体系规范健全。在世界经济论坛发布的《2015~2016 年全球竞争力报告》中，澳大利亚排名第 21 位，并在通货膨胀率稳定、艾滋病感染控制、中学入学率等方面高居榜首。而限制性的劳工规定、税率、低效率的政府官僚主义被认为是三个最大的风险。

而澳大利亚的邻国新西兰则排名第十六，并在公共财政分配、投资者保护力度、董事会效率、艾滋病防控、反垄断等方面位列第一。新西兰实行单一税制，企业税率为 28%，外资企业根据国际税务协定规定享受税收优惠，研发成本 100% 免税，资本收益税在绝大部分情况下被免除或征收最低额度，是世界上平均关税最低的国家和地区之一。而公共设施供应不足、政府官僚主义带来的低效率、创新能力不足、有限的劳动力培训等是营商环境的不足。根据世界经济论坛《2015~2016 年全球竞争力报告》中，新西兰投资环境的多项指标高于世界先进经济体平均水平，投资环境较好。

而根据 2017 年世界银行营商环境的最新报告，新西兰再度成为世界上营商最便利的国家，从 2014 年的第三晋级到第一（见表 9-7）。在营商效率方面新西兰名列榜首，社会资本排名第一，政府治理排名第二，个人自由度排名第三。世界银行营商环境的主要参考因素为创业自由度、能源获取难易度、投资保护力度、社会信用、税收政策、产权保护程度、贸易自由度等方面。世界银行表示，政策法规会影响公司的成立，世界范围内，开设一家公司平均需要走 7 个程序，用时 25 天，花费人均收入的 32%。但是在新西兰，开设公司只要走一个程序，仅用半天，几乎不用花费任何费用。总之，新西兰与澳大利亚是世界上营商环境最好的国家。

其他南太平洋岛国因相互隔离，经济发展水平低与市场规模狭小，商业法规不完善，营商环境较差。

---

① 商务部官网：太平洋岛国反对澳、新加快"太平洋更紧密经济关系协定"谈判。

表 9-7 2014 年世界银行营商环境排名

经济体	营商环境总排名	开办企业	办理建筑许可证	获取电力	登记财产	获得信贷	投资保护	纳税	跨国界贸易	执行合同	破产处理
新加坡	1	3	3	6	28	3	2	5	1	12	4
中国香港	2	5	1	5	89	3	3	4	2	9	19
新西兰	3	1	12	45	2	3	1	23	21	18	12
美国	4	20	34	13	25	3	6	64	22	11	17
丹麦	5	40	8	18	7	28	34	12	8	32	10
马来西亚	6	16	43	21	35	1	4	36	5	30	42
韩国	7	34	18	2	75	13	52	25	3	2	15
格鲁吉亚	8	8	2	54	1	3	16	29	43	33	88
挪威	9	53	28	17	10	73	22	17	26	4	2
英国	10	28	27	74	68	1	10	14	16	56	7
澳大利亚	11	4	10	34	40	3	68	44	46	14	18
芬兰	12	55	36	22	26	42	68	21	9	8	3
冰岛	13	52	41	1	12	42	52	37	50	3	11
瑞士	14	61	24	9	38	42	34	41	6	25	20
爱尔兰	15	12	115	100	57	13	6	6	20	62	8
中国台湾	16	17	7	7	31	73	34	58	18	84	16
立陶宛	17	11	39	75	6	28	68	56	15	17	44
泰国	18	91	14	12	29	73	12	70	24	22	58
加拿大	19	2	116	145	55	28	4	8	45	58	9

第三节 福建与大洋洲经济的比较优势及合作重点领域

一、大洋洲经济发展概况

大洋洲各国经济发展很不平衡。得益于独特的地理气候和商业法则，澳大利亚和新西兰成为大洋洲经济最发达的国家，而其他岛国经济发展水平较低，经济结构比较单一，甚至依赖外援才能维持国民发展正常运转（见表 9-8）。

20 世纪 70 年代之前，澳新两国的主要经济伙伴是欧美国家，由于其路径遥远而受到成本劣势的影响，从 20 世纪 80 年代开始，受亚洲经济崛起的带动，澳新两

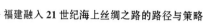

国的对外经济贸易重心转向东亚地区的日本和亚洲"四小龙",进入 21 世纪之后澳大利亚完全受益于中国经济的强劲发展。澳大利亚对中国的总出口量从 2000 年的 5.4%跃至 2009 年的 22.5%。2008 年,澳大利亚对中国的出口量高达 277 亿美元。尽管不敌澳大利亚,新西兰的出口也呈相似趋势,但新西兰整体受益于对亚洲的出口增长,而不单依赖于中国。新西兰对中国的出口量从 2000 年的 4 亿美元增加到 2008 年的 18 亿美元,市场份额从 2000 年的 3.2%上升到 2008 年的 5.9%。而 2008 年新西兰对亚洲的总出口量则高达 181 亿美元,超过出口总量的 59%。2008 年世界金融危机后,中国经济的持续发展再次成为澳新经济的稳定器。

表 9-8　2010~2015 年大洋洲主要国家经济增长率（GDP 增长率年百分比）

单位：%

国家	2010 年	2011 年	2012 年	2013 年	2014 年	2015 年
南太平洋岛国	2.99	3.99	2.13	3.40	3.78	4.04
澳大利亚	2.02	2.38	3.63	2.44	2.50	2.24
新西兰	1.37	2.48	2.33	2.74	3.58	3.39
图瓦卢	-2.73	8.45	0.17	1.30	2.24	2.64
基里巴斯	-1.61	0.48	5.19	5.78	2.41	3.50
密克罗尼西亚联邦	2.53	2.05	0.56	-3.56	-3.40	3.77
巴布亚新几内亚	7.67	10.67	8.09	5.54	8.53	..
所罗门群岛	6.90	12.93	4.66	3.01	1.51	3.73
帕劳	3.29	5.04	3.20	-2.44	4.26	9.36
斐济	2.95	2.71	1.88	6.08	5.45	5.56
汤加	3.57	2.79	0.89	-3.13	2.06	3.71
瑙鲁	13.55	11.68	10.09	34.21	36.52	2.81
瓦努阿图	1.63	1.22	1.75	1.97	2.33	-0.80
萨摩亚	0.48	5.78	0.40	-1.93	1.20	1.63
马绍尔群岛	6.44	1.68	3.70	2.36	-0.95	0.63

数据来源：世界银行网站，http：//databank.worldbank.org/data/。

澳新两国经济采用西方混合型经济发展模式,是世界上少数依靠资源类产业发展成为发达国家的经济体。澳大利亚畜牧业用地 4.9 亿公顷,占农业用地的 55%,畜牧业产值占农业产值的 60%,占国民生产总值的 5%左右;新西兰畜牧业用地 1152.9 万公顷,占农业用地的 73.7%,畜牧业产值占农业产值的 80%,占国民收入的 3/4。两国根据各地雨量、温度与自然条件饲养不同的畜种,实行区域化、专业化生产,牧草种植和管理、饲料加工、挤奶、剪羊毛、屠宰与加工、运输、冷冻等都依靠机械设备完成，劳动生产率非常高。①

澳大利亚产业更加多元化，服务业、制造业、采矿业和农业四大主导产业分别占国民生产总值的 78%、13%、5% 和 4%（2006 年）。因此，服务业是澳大利亚经济的重要支柱产业，其中，旅游、医疗和社区、金融保险、房地产交易及交通通信是最为繁荣的五大服务业。教育产业是澳大利亚最具竞争力的产业，澳大利亚科技实力排名全球第十四。澳大利亚是世界主要的采矿和矿产品生产国，在未来相当长的一段发展时间里，全球对澳大利亚的采矿能力、经验及技术将保持强劲需求。

新西兰经济结构比较单一，以农业和以农业为原料的加工业为主。新西兰是以农牧业发达著称的发达经济体。农牧业是新西兰最主要的产业，农牧产品出口占出口总量的 50% 左右，羊肉和奶制品的出口量高居世界第一，羊毛出口量排名世界第三。新西兰的工业以农牧产品的加工为主，包括奶制品、毛毯、食品、皮革、烟草等轻工业，出口是这些产品的主要销售渠道。新西兰森林资源和海洋渔业资源丰富，造纸及木材加工、渔业生产也是新西兰的重要产业。自 2008 年中国与新西兰 FTA 生效以来，新西兰时中国出口平均每年增长 15%，中国已经成为新西兰最大的贸易伙伴。

巴布亚新几内亚的支柱产业是矿产、石油和农业经济作物，金、铜产量分别列世界第 11 和第 10，蕴藏着丰富的石油和天然气，旅游资源开发潜力大。斐济的渔业和森林资源丰富，金、银、铜、铝土等矿藏丰富，旅游业、制糖业是经济发展支柱。斐济重视发展"高增长、低税收、富有活力"的外向型经济。瓦努阿图最大的支柱产业是旅游业，旅游收入占 GDP 的 1/3。汤加的三大产业为旅游业、农业和渔业，经济落后，长期依赖外援。旅游、农业、基础设施、教育和医疗、私营经济等领域是萨摩亚政府现阶段关注的重点。②

二、福建与大洋洲产业互补性与合作重点领域

产业互补性对双边经贸关系的发展有较大影响，是双边经贸发展的现实基础。产业内贸易（Intra-industry Trade，IIT）是指一个国家或地区同一产业既出口又进口的现象，产业内贸易指数（Index of Intra-industry Trade）常用于衡量两国或地区之间的某种产业的产业内贸易程度，该值界于 0~1，越接近于 0，表明产业内贸易越大，反之则越小。其计算公式为：

---

① 湖北省农牧业考察团：《澳大利亚、新西兰畜牧业发展情况考察报告》，2009 年 9 月 5 日。
② 资料来源：中华人民共和国外交部官网，http://www.fmprc.gov.cn/web/。

$$IIT_i = \frac{|X_{ij} - M_{ij}|}{(x_{ij} + M_{ij})} \qquad\qquad 式（9-1）$$

式（9-1）中，X_{ij} 和 M_{ij} 分别表示一个国家或地区 i 产业和 j 国或地区的出口额和进口额。产业内贸易指数也可对两国或地区间的产业内贸易进行整体衡量，综合指数计算公式为：

$$IIT_i = \frac{1}{n} \sum_{i=1}^{n} \frac{|X_{ij} - M_{ij}|}{(x_{ij} + M_{ij})} \qquad\qquad 式（9-2）$$

本书选取与我国建交的九个大洋洲国家为代表，根据 HS 两位数编码类别，分别计算 2006~2015 年福建与大洋洲九国的综合产业内贸易指数，结果如表 9-9 所示。根据 2006~2015 的数据，福建与大洋洲国家的综合产业内贸易指数值基本在 0.70 以上，产业内贸易水平较低，产业互补性明显。与萨摩亚、密克罗尼西亚、汤加、瓦努阿图、库克群岛的综合产业内贸易指数值多年维持为 1，表明具有极强的产业互补性。

表 9-9　2006~2015 年福建与大洋洲国家的综合产业贸易指数

年份	2006	2007	2008	2009	2010	2011	2012	2013	2014	2015
澳大利亚	0.71	0.73	0.74	0.72	0.73	0.62	0.75	0.73	0.75	0.71
新西兰	0.84	0.85	0.85	0.79	0.90	0.82	0.87	0.81	0.80	0.80
斐济	0.84	0.84	0.81	0.81	0.93	0.76	0.87	0.53	0.74	0.84
巴布亚新几内亚	0.75	0.88	0.71	0.88	0.86	0.82	0.83	0.70	0.65	0.65
萨摩亚	1.00	1.00	1.00	1.00	1.00	0.82	1.00	1.00	1.00	1.00
密克罗尼西亚	0.90	1.00	1.00	0.77	0.69	0.94	0.92	1.00	1.00	1.00
汤加	1.00	1.00	1.00	1.00	1.00	1.00	1.00	1.00	1.00	1.00
瓦努阿图	1.00	1.00	1.00	1.00	0.99	0.99	0.97	0.93	0.88	0.93
库克群岛	—	—	—	—	1.00	1.00	1.00	1.00	1.00	0.83

注：与我国建交的大洋洲国家有 10 个，其中，纽埃数据无法获得。
资料来源：根据海关数据库数据整理计算而得。

根据大洋洲岛国与福建经济发展特点和经济优势互补，双方可以选择农牧业、海洋渔业、矿业与现代服务业作为经贸合作重点领域。

（1）现代农畜牧业。福建经济发展与消费水平的提高对优质食品的需求日益增加，而澳新是世界上农牧业最发达的国家，可以满足福建及国内市场对优质食品比如肉类、乳制品、糖和食用油的需求。2015 年澳洲对中国农产品出口总值为 90 亿澳元。南太平洋岛国的海洋渔业资源丰富，而且与福建有着地缘相近的优势，福建与这些岛国加强远洋渔业的合作前景广阔。

（2）能源和矿产。福建制造业的发展对煤、天然气等能源以及金属等矿产品需求不断增长。而澳大利亚、巴布亚新几内亚等国家是著名的能源与矿产品生产和出口国。澳洲矿产品出口总值占全国出口收入的33%，澳洲是福建煤炭和铁矿石的重要进口来源地。随着能源结构的调整以及地缘因素，2018年澳洲可能会取代卡塔尔成为中国天然气进口来源地。巴布亚新几内亚与斐济的金属矿产资源也很丰富，具有较强的合作潜力。

（3）现代服务业与旅游业。健康和医疗服务、金融服务、教育是未来中国对外开放的重点领域。中澳自贸区允许澳洲健康服务商在中国运营。福建可争取澳洲健康服务商到福建设立全资拥有的医院和养老机构。2014年澳洲教育出口总额达到180亿澳元，教育服务成为澳洲仅次于铁矿石和煤的第三大出口产品。澳新是中国移民、留学生和游客的重要目的地。2014年中国有11.7万留学生和90万游客抵达澳洲，中国人均日消费250澳元，成为最有"价值"的国际游客。因此，金融服务、教育、旅游、航空运输都是未来福建与澳新经贸合作具有潜力的领域。

（4）现代制造业。制造业是国民经济竞争力的重要基础，福建传统制造业具有优势，在南太平洋岛国中巴布亚新几内亚和斐济具有发展制造业的基础和条件，福建向这些国家转移产能具有一定的潜力。澳洲在通信、矿山机械（采掘加工技术）、农业机械（农产品和畜产品生产与加工技术）、医疗器械制造等行业颇具优势，也是福建亟待发展升级的产业，双方合作的前景广阔。

第四节　福建深化与大洋洲经贸合作的策略

一、大洋洲市场的机遇与风险分析

（一）中国与大洋洲国家日益密切的政治经济关系

2015年6月，中澳自贸协定正式签署，成为我国第一个全面的、高质量的与发达经济体签订的自贸协定，我国96.8%和澳大利亚100%的货物实现自由贸易，是我国首个以"负面清单"形式开放的服务承诺。澳大利亚的对外经贸关系中，澳大利亚的四大出口国按出口额由大到小依次为中国、日本、韩国、美国，澳大利亚对上述四国的出口总额约占 65%。① 四大进口国按进口额由大到小依次为中国、美国、日本、新加坡，从上述四国的进口总额约占全部总额的 45%。由此可见，澳大利亚的主要贸易伙伴为中、日、美三国，且与中国最为密切。投资方面，澳大利亚长期致力于吸引 FDI，也积极发展 OFDI。澳大利亚长期保持着净资本进口国的地位，吸引外国储蓄存款，以更好地开发国内资源，在外向型矿业和能源项目中不断投入巨额资金。近年来，中新关系不断深化，2008 年，中新签署自贸协定，成为中国与发达国家签订的第一份协议，使中新经贸发展进入新的发展时期，以肉类出口为例，新西兰肉类对华出口从 2008 年的 9600 万美元一路飙升到了 2015 年的 12 亿美元。两国元首互访更是频繁，2014 年 11 月，习近平对新西兰进行国事访问，双方签署了在气候变化、电视、教育、南极、金融、旅游、食品安全等领域的合作协议。2016 年 5 月，新西兰总理在议会大楼发表的题为《新西兰与世界》的演讲中，希望能够与中国升级自贸协定，原因是 2008 年的自贸协定已经难以满足两国日益高涨的贸易需求，而新西兰更是希望能够从中国庞大的人口规模、不断增长的中产阶级中继续为本国发展谋福利。② 其他国家方面，中国高度重视与南太平洋岛国的关系，对南太平洋岛国的援助持续增加，援助规模几乎与地区援助大国新西兰持平。双边建有"中国—太平洋岛国经济发展合作论坛"等合作机制。近年来，随着中国对南太平洋岛国援助的日益增加，中国在南太平洋岛国的存在感逐渐增强，"中国威胁论"日渐减弱，但仍有部分岛国和西方国家对中国在南太平洋岛国的事务介入颇有不适。

（二）中国投资者在大洋洲面临的风险

南太平洋岛国的矿业和建筑业在很大程度上被中资企业控制，当地零售业则由福建和广东的小规模经营者控制。但中资项目和中国投资者在南太平洋岛国的发展却是困境重重。

第一，中小企业难以发展壮大。这一方面是由于南太平洋岛国规模较小，无法提供过多的项目；另一方面是大型项目基本由大型中资国有公司控制，如中国土木工程集团有限公司主宰了汤加和库克群岛的大型工程。

第二，当地媒体的偏见。由于中国新移民特别是福建籍移民者常从事人口贩卖和护照买卖活动，因此，南太平洋岛国的媒体常将从事零售和批发业的中国投资者

---

① 澳大利亚统计局：http://www.abs.gov.au/AUSSTATS/abs@.nsf/DetailsPage/8155.02014–15。

② 中国自由贸易区服务网：《新西兰总理：希望与中国升级自贸协定》，http://fta.mofcom.gov.cn/article/fzdongtai/201605/31657_1.html。

与有组织的犯罪和违反法律联系在一起。

第三，难以得到保障的人身安全。南太平洋岛国的社会治安相对较差，骚乱时有发生，而中国零售业是侵害的主要目标，当地警察对华人遭受的迫害持消极态度。

第四，当地政府的无所作为和法律限制。当地政府对零售业的华人有一定偏见，常将一些社会问题归咎于华人。在许多岛国，甚至有法律明确规定限制外国投资者涉足小型饭店和零售业，以保护本国经营者。

第五，新老华人无法有效沟通。"新华人"的急功近利与"老华人"的积极上进、乐善好施相违背，以致"新华人"被当地同行和"老华人"排斥。

第六，语言、文化和监管标准的阻碍。这些因素直接影响了"走出去"企业本土化的程度和能力。

二、福建拓展与大洋洲经贸合作的策略

（一）巩固澳新传统市场，突出优势商品，扩大贸易规模

在中澳、中新自贸协定背景下，福建要继续巩固澳新两国传统的南太平洋市场，突出合作重点，进一步扩大贸易规模。①充分利用自贸协定优惠政策。根据商务部测算，中澳自贸协定中国享受关税减免额度较大的产品主要有服装和皮革、电子和机械产品等，减免金额约15.3亿美元，而纺织品、电子和机械产品都是福建省优势产品，福建省可加大优势产品的出口，以澳新为中心辐射整个南太平洋地区。根据中新自贸协定，新西兰葡萄酒进口实行零关税，福建可调整进口商品的国别，创造新的贸易增长点。②增加资源类产品进口，加强资源储备。澳大利亚是能源和矿产资源的重要生产国和出口国，在世界市场上具有明显的竞争优势，福建可在资源方面与澳大利亚构建长期稳定的贸易关系以满足工业化、城镇化进程中日益增长的资源需求。可适当增加从新西兰进口羊毛、木材、水产品，以弥补福建在纺织、家具、水产品加工等生产原料方面的不足。③与澳大利亚加强服务贸易合作。服务业是澳大利亚的优势产业，福建与澳大利亚的服务贸易相对滞后，依托中澳自贸协定，福建可积极引进澳大利亚服务行业，在餐饮、医院、咨询等领域寻求合作。

（二）利用产业互补优势，拓展合作渠道，挖掘南太平洋岛国新市场

福建与大洋洲国家具有极强的产业互补性，与汤加、萨摩亚、库克群岛等国甚至只有出口没有进口，但福建与南太平洋岛国的投资和贸易额少至可忽略，双边经贸发展较为落后。在"一带一路"背景下，福建应当多渠道挖掘南太平洋岛国新市场。

第一，充分发挥各类展销平台的作用，积极支持闽企赴巴布亚新几内亚、萨摩

亚等国举办各种形式的产品展销，了解当地市场偏好，扩大品牌影响力。

第二，利用福建在农、林、牧、渔等方面的种植和生产经验，加强高层互访，以福建农林大学菌草研究所的巴新项目为典型，总结援助经验，积极向南太平洋岛国提供农业援助，助力开拓福建产品新市场。

第三，摆脱"政治主导贸易"的模式，加强和未与中国建交国家的贸易往来。从全国范围看，21 世纪以来，得益于转口贸易，我国与非建交的南太平洋国家的贸易达到一定规模，以马绍尔群岛为例，其通过离岸注册的优惠政策吸引了大量外国公司经营转口贸易，成为我国扩大出口的重要途径。福建可鼓励闽企赴具有类似优惠政策的国家开展转口贸易，培育新的贸易增长点。

（三）采用差异策略，推动双边产业深度对接

澳新与其余南太平洋岛国的产业发展梯度极为明显，福建应采用差异化的产业对接策略。加强与澳新两国发达产业的合作，充分利用各自资源，深化与其余岛国在旅游等方面的对接。一是深化与澳大利亚最发达的先进制造业、电子信息、生物科技、采矿和资源产业、金融服务业的合作，推动在澳设立相关产业基地或对接平台。二是支持圣农实业有限公司在新西兰通过独资并购设立的丰盛集团有限公司的发展，推动其发挥龙头企业的带动作用，促进福建省与新西兰在肉牛收购、屠宰及加工等畜牧业方面的合资合作。三是拓展能源、矿产资源的开发合作，依托沿海港口群，布局福建进口澳大利亚矿产资源的物流中转或加工基地。四是充分发挥福建与大洋洲海域辽阔、海洋资源丰富的相同优势，加强双方海洋合作。开发南太平洋地区公海的渔业资源，建立与南太平洋国家长期渔业捕捞合作关系。加快境外远洋渔业生产基地、冷藏加工基地和服务保障平台建设。五是加强与大洋洲国家的旅游合作。旅游业是斐济、萨摩亚、瓦努阿图、库克群岛等国的支柱产业，福建旅游资源丰富，双边可依托海上丝绸之路文化资源，推出一批极具地域特色的旅游精品路线，助力经济发展。

（四）开展项目精准辅助，助力闽企融入当地经济，并做大做强

以福清人为代表的南太平洋岛国闽籍商人主宰着当地的经济，但也面临着排挤、暴乱、语言等困境。对于南太平洋岛国的零售业，福建应当重点协助企业实现"本土化"经营，在当地文化、监管标准和实际操作中寻求平衡点。一是鼓励零售业主在适当范围内投入当地建设。南太平洋岛国具有以社区、部落集聚而居的分散特点，可引导中小零售业主参与或开展一些小、精、准的援助项目，学习"老一辈"华人的奉献精神，在力所能及的范围内提高岛国人民的生活水平，缓和与岛国人民的关系。二是搭建新老华人的沟通桥梁，帮助"新华人"更好地融入当地华人

老社团，促成南太平洋岛国新老华人间的有效沟通，利用"老华人"在岛国社会的影响力，协助"新华人"与当地政府和人民的和睦相处。三是加强对岛国零售业主在当地文化、法律以及自我保护方面的教育。在省内或是当地举办相关讲座，普及和强化南太平洋岛国营商必备知识，畅通政府部门和经营者的沟通渠道。对于在澳、新投资的闽企，重点帮助其做大做强。依托福清绿叶、三明华盛、厦门华特、光泽圣农等集团公司在澳、新的投资项目，扩大福建在工程承包、销售、农业种植、现代渔业、海洋运输、肉牛加工等领域的人才流出，扩大劳务输出规模，发挥大项目的示范带动作用，鼓励闽企在南太平洋国家进行产业链投资，形成集聚效应，降低生产经营成本，打造闽企品牌。

（五）推进侨务工作，注重人文交流，促进民心相通

一是激发华人华侨参与海上丝绸之路的建设热情，带动大洋洲基础设施的建设、促进与大洋洲岛国交通运输的互联互通，为闽企打通大洋洲的财富通道。主动对接大洋洲重点侨商，邀请大洋洲侨商来闽投资考察。充分利用设立在南太平洋国家闽籍商会的作用，拓展其引资引智功能。二是加强华人华侨的情感联系，推进大洋洲国家和地区华人教育以及华籍青少年夏（冬）令营活动。通过族谱展示、文献资料、面对面采访等方式凸显华人华侨是海上丝绸之路战略中不可或缺的见证者、参与者，更是建设者、主导者。三是引导大洋洲国家和地区的华人华侨及社团，加强与当地闽企的交流，共同关注社会责任，引导闽企走与当地企业和平共处、互利共赢的长久之路。四是密切人文交流，积极吸纳南太平洋岛国留学生来闽学习，鼓励福建高校开展南太平洋岛国小语种学习交流，为扩大交流合作开发人力资源。五是推动社会事业合作，针对南太平洋岛国在医疗、教育、健康等方面的不足，支持莆田等民营企业赴南太平洋岛国经营医院。通过项目合作、物品支持、资金扶持等方式积极给予南太平洋岛国援助，加大与南太平洋国家友好城市的结交力度。

第十章

拉丁美洲：21 世纪海上丝绸之路的自然延伸

　　拉丁美洲自古就是海上丝绸之路的自然延伸。明代中后期（16~19 世纪），从中国沿海城市（福建漳州月港）出发，经东南亚中转，最远到达拉丁美洲的中拉银丝贸易路线是历史上海上丝绸之路最后的辉煌。[①] 而改革开放之后，特别是 21 世纪以来，中国也开始日益重视与拉美的经贸关系。早在 2004 年，胡锦涛就做出了重要指示："从战略高度重视拉美。"2008 年 11 月，胡锦涛在秘鲁国会发表演讲，提出《共同构筑新时期中拉全面合作伙伴关系》，其中指出："发展是中拉最为紧迫的任务，中国和拉美都处于发展的关键时期，也都是对方的发展机遇。"与此同时，中国政府发布了《中国对拉丁美洲和加勒比政策文件》，该文件指出，"中国政府从战略高度看待拉美关系，致力于同拉丁美洲和加勒比国家建立和发展平等互利、共同发展的全面合作伙伴关系"。其中，贸易、投资、金融、工农业、基础设施等都是重点合作领域。2013 年 3 月 27 日，习近平主席在南非德班举行的"金砖国家领导人峰会"上做了题为《携手合作　共同发展》的主旨演讲，指出中国与金砖国家合作的根本目标是共同发展。[②] 有鉴于此，在"21 世纪海上丝绸之路"范畴中，就必然将拉丁美洲地区融合进来，并将其作为福建加快"走出去"助力 21 世纪海上丝绸之路不可忽略的一个重要组成部分。

---

① 唐俊：《应将"21 世纪海上丝绸之路"延伸至拉美地区》，《当代世界》2015 年 2 月刊。
② 郭濂：《中国与拉丁美洲经贸合作战略研究》，中国社会科学出版社 2014 年版。

第一节 漳州月港与中国—拉美的银丝贸易[①]

历史上的海上丝绸之路几经变迁，明代中期之后，泉州和明州因海禁走向衰落，漳州月港、澳门则因为新航路的开辟而兴盛，成为当时东、西方贸易的主要港口和通道。北太平洋航线开辟后，中国漳州月港与拉美的银丝贸易对明帝国具有重要影响，从中可以发现对今天海上丝绸之路建设的启示。

一、大帆船贸易时代漳州月港的崛起

明代是我国历史上第一个遭受海外侵略的朝代。长期受重农抑商的大陆封闭自给自足发展的民族心理与价值取向影响，加之明王朝初期东南沿海倭患滋扰，为防止倭寇势力与臣民勾结威胁王朝统治，明洪武四年（1371 年），明太祖朱元璋下令"片板不得入海"，[②] 对"私下诸番互市者，必置之重法"，[③] 这些举措体现了 14~16 世纪明朝统治者面对国际国内形势变化所做出的一种消极反应。由此，开始了中国古代长达近 200 年的"海禁"。

"海禁"政策的发展是一种历史的倒退，严重违反社会经济发展规律。我国东南沿海山区多、平原少，居民多以商为生，愈演愈烈的"海禁"政策切断了这一带居民的基本经济来源，严重损害其经济利益。海外各国对中国产品的需求量极大，为了出海贸易谋取暴利，东南沿海兴起并形成了一批私人海外贸易集团，他们亦商亦盗，一方面与明王朝周旋；另一方面与欧洲殖民统治者商船为争夺东方海上贸易控制权进行角逐，这些走私商人主要与日本人、中国台湾的荷兰殖民者、中国澳门的葡萄牙人以及马尼拉的西班牙人做生意。由于东南沿海地区原有的泉州、福州等对外通商口岸被逐一关闭，私人海外贸易集团急需一个新港口，漳州月港（今漳州海澄镇）满足了他们的这一需求，这里自然条件良好、海岸线漫长、海湾众多，可作为商船停靠和卸货的港口；离九龙江出海口距离较近，具有得天独厚的航运条件；附近没有驻扎巡查"海禁"的政府官兵，一时间众多私人海商聚集至此，月港

---

① 全毅、林裳：《漳州月港与大帆船贸易时代的中国海上丝绸之路》，《福建行政学院学报》2015 年第 6 期。
②③（明）佚名：《抄本明实录》，第 70 卷，线装书局 2005 年版。

一跃成为闽南大都会，被冠以"小苏杭"美誉。①

据史料记载，在明朝反海禁的地区中，月港是海商最多、反抗最激烈的地方。明政府在平定倭患的行动中意识到："海禁"难以防止倭寇滋扰，反而还会导致沿海的臣民对政府心生怨言，走上武装走私的道路，在当地居民以海上贸易为生的东南沿海要想做到完全"海禁"是不可能的。隆庆元年（1567年），迫于形势发展的需要，在众多朝廷官员的力议下，明政府开始实行部分开放，下令"准贩东西洋"，但开放的只有月港和广州港两个港口，广州港只负责朝贡贸易，只允许外国人前来进行贸易而禁止商船出海，具有明显的内向型特征，月港则是政府批准的唯一合法的私人民间海外贸易港口，是可允许商人出海贸易的外向型港口，由此，月港从一个走私港口转变成为合法的贸易大港。

此时是世界历史的"大航海时代"。1492年，在西班牙王室的帮助下，哥伦布发现美洲"新大陆"；1498年，葡萄牙人达·伽马绕过好望角进入印度洋；1521年，葡萄牙人麦哲伦在西班牙王室协助下，绕过美洲南端进入太平洋，抵达菲律宾群岛。至此，西班牙在征服美洲之后，在亚洲吕宋（今菲律宾）建立了新的殖民地，为了将菲律宾当地和明朝的优质产品运往美洲和欧洲，西班牙人开始探索一条可从菲律宾返回墨西哥的太平洋航线。1565年，修士航海家乌尔达内塔从菲律宾起航，利用西南季风和"黑潮"（今日本暖流）加快航行的速度，开辟了一条西起吕宋马尼拉、东至墨西哥阿卡普尔科的全新航道，并雇用中国的工匠在马尼拉建造当时最先进的大帆船，这条航道被称为马尼拉大帆船贸易航线，马尼拉大帆船也被称为"中国船"。② 史料记载，1573年，第一艘满载着美洲白银的大帆船到达了马尼拉，用以换取明朝的手工制品。中国商船也在白银的诱惑下，成群结队地涌向马尼拉。由此拉开了大帆船贸易时代的序幕。

当时的西欧各国正处于资本主义萌芽阶段，对中国的丝绸产品和瓷器等手工制品有着极大需求。明朝时期，中国的制瓷水平远远领先于其他国家，许多外商带着景德镇瓷器样品和纹饰图样来到中国定制景德镇瓷器，当时恰逢明政府宫廷需求缩减，景德镇外销瓷器大幅减产甚至停产，于是，中国东南沿海涌现一大批景德镇瓷器的代工厂，专门制作外销瓷器，这些外销瓷器的工艺水平都比较粗糙，且融入了西方图样的色彩，逐渐形成了一种新的"克拉克陶瓷"，漳州平和凭借其靠近月港

---

① 陈楠、郑旭光、刘兴：《漳州月港开启中国"白银时代"》，http://digi.dnkb.com.cn/dnkb/html/2014−09/18/content_343521.htm，2014年9月18日。

② 新浪网：《马尼拉大帆船的故事》，http://finance.sina.com.cn/review/zlhd/20060610/17362641072.shtml，2006年6月10日。

的地理优势，迅速发展起当地制瓷业并蔓延至整个漳州，由此进一步促进月港的经济繁荣。

月港的兴起改变了当时海上丝绸之路的格局，明王朝优质的丝绸、瓷器等产品吸引着世界各国的目光，一艘艘满载着丝绸和瓷器的大帆船从月港起航驶向马尼拉，在马尼拉换船之后越过太平洋至拉美，再经过阿卡普尔科抵达欧洲，开辟了一条全新的"太平洋海上丝绸之路"。① 虽然在此之前泉州港和福州港也有过海上贸易，但主要集中在东南亚一带，范围较小；月港则在短时间内迅猛发展为国际商业大港，到明万历十七年（1589 年），每年由月港扬帆起航的大帆船数以万计，中国商船通过月港与 47 个国家和地区有着贸易往来，还通过马尼拉中转站与欧洲商人和美洲商人进行直接贸易。据不完全统计，仅月港一地在其繁茂的七八十年内，就有将近 1.3 亿两白银通过月港流入我国，每年平均有 30~40 艘福建商船从马尼拉运走白银。月港的开禁结束了明前期维持了 200 年的朝贡贸易，冲击了持续 1000 多年以官方垄断为主的海外贸易，其繁荣发展推动中国的海外贸易进入了一个新的阶段。在大帆船贸易时代，一个以月港为中心并环绕全球的中国海上对外贸易推动了东、西方文化交流，中国通过月港将自己的产品推向全世界。

明末清初，荷兰人占领中国台湾，为垄断月港一带的对外贸易，荷兰不断派遣武装船队侵扰月港等地；与此同时，清政府和郑军在闽南一带展开拉锯战，双方对月港等地的轮番占领严重破坏了月港的正常对外贸易，月港逐渐衰败，贸易中心开始向同处九龙江入海口的厦门港转移；为了收复中国台湾，1661 年和 1682 年，清政府先后两次实行了迁界迁海政策和更加严厉的海禁政策，中断了月港的对外贸易。1685 年，清政府解除海禁，当时的厦门港已经成为一个设施齐全、管理有序的海港。1727 年，清政府下令凡从福建出海的商船均须从厦门港出入，月港的地位逐渐被厦门取代。② 但月港作为一个上承宋元时期的泉州港下启清中晚期的厦门港的过渡性港口，它的历史影响是不可忽视的。

二、漳州月港对中国—拉美银丝贸易的影响

大帆船贸易航线的开辟使贸易变得更加便捷，明王朝凭借其先进的制造业技术，出口大量丝绸、陶瓷等高端制造品，进口少量香料和一些美洲作物等，因此在与其他国家进行贸易时都是顺差。贸易的不平衡，导致西方人要想得到明朝的产品

---

① 李金明：《月港开禁与中国古代海上丝绸之路的发展》，《闽台文化交流》2011 年第 4 期。
② 涂志伟：《大航海时代世界格局下月港地位的变迁》，《闽台文化研究》2015 年第 2 期。

就必须支付大量白银货币。一方面，美洲白银产量大、体积小、价值大；另一方面，丝绸产品相对其他产品更受海外青睐，因此，这条贸易航线主要针对丝绸和白银的交换展开，被外国学者称为"银丝贸易"。银丝贸易的繁盛对明帝国经济社会有多方面影响。

（一）导致白银流入中国，影响明帝国经济制度改革

1565~1815年的200多年间，每年从西班牙美洲殖民地运往马尼拉的白银为100万~400万比索，主要用于购买中国制造品；1571~1821年，从美洲运往马尼拉的白银共计4亿比索，其中有一半流入了中国，[①] 中国由此被称为"欧洲白银坟墓"。[②] 这些白银改变了中国的货币市场，从民间自下而上的推动作用使得白银从非法货币发展为合法货币，成为主要货币之一，古代中国白银本位时代由此萌芽，对当时的经济制度产生了深远影响。

（1）促进古代中国货币体制改革。明朝本土产银量不大，白银短缺在一定程度上制约了经济发展。随着美洲白银的大量流入，明王朝逐渐成为世界白银的边际购买者，国力和地位稳步提升，国际市场的银价基本由我国白银货币的购买力决定。隆庆元年（1567年）明朝政府颁布的"银钱兼使"法令，从官方正式确立了白银合法货币的地位，明王朝由此开始将铜钱币制转变为白银为主、铜钱为辅的银钱币制，白银成为明朝的主要货币之一，到明朝后期，白银已经成为整个流通领域的主导货币，这在一定程度上抑制了纸币滥发和恶性通货膨胀。[③]

（2）促进了明帝国税制改革。伴随着大帆船贸易航线的兴盛，明朝申请出海的商船数量急剧增多，饷税也大量增加。正统年间（1436~1449年）、天顺年间（1457~1464年）、成化年间（1465~1487年）、弘治年间（1488~1505年），都在东南沿海少数地区出现了将田赋折为银两的"金花银"，[④] 出现徭役折银向田亩转移的趋势，但没有在全国范围内推广开。明万历九年（1581年），首辅张居正执政时期，经过大规模清丈，主持实行"一条鞭法"赋税改革，即把各州县的田赋徭役等税负合为一条，按亩折算并用白银缴纳，这样既简化了征税程序，又增加了税收收入，同时也减轻了农民的压力，解放了一部分劳动力。"一条鞭法"的实行标志着明朝的田赋制度已经逐渐从实物税向货币税转移。随着"一条鞭法"的推广，白银的流

① 全汉升：《中国近代经济史论丛》，《中华书局》2011年版。
② 盛韵：《马尼拉大帆船：三大洲的银丝贸易路》，http://www.bundpic.com/2013/04/21637.shtml，2013年4月26日。
③ 韩琦：《马尼拉大帆船贸易对明王朝的影响》，《世界近代史研究》2013年第10期。
④ 孙继亮：《海上丝绸之路的发展与明代银本位制度确立关系初探》，《经济研究参考》2013年第34期。

通渠道进一步拓宽，白银本位货币的地位从法令层面被官方认可。^①

（3）引致明朝银两形制的变化。随着白银的大量输入，白银的形状从传统的以束腰形为主转变为船型（即元宝）为主，后来引发中国自铸银元浪潮，银元的形状大多模仿外国银元，中国的钱币文化渐渐失去往日的光彩。

（二）带动农作物在中国和拉美之间互通

银丝贸易除了向明朝输送白银之外，还有一些价值不高但意义重大的美洲农作物，如粮食类的玉米、甘薯；果蔬类的西红柿、辣椒；经济作物类的烟草。这些作物的引入给明帝国经济社会所带来的影响不可忽视。

（1）粮食作物的传入扩大了种植面积，促进人口大幅增长。^②古代中国人以五谷（稻、黍、稷、麦、菽）为食，美洲粮食作物传入以后，中国人的食物构成发生很大改变，近代以来，玉米、甘薯等已经成为很多中国人赖以生存的食物，而且玉米和其他谷物合称为"六谷"。玉米、甘薯等美洲作物适应性极强、耐寒耐贫瘠且产量高，它们可以在不适合其他作物生长的地方大量种植，如玉米可在云贵高原的贫瘠荒山播种，可在寒冷的东北平原生长；甘薯可在华北平原的沿海沙地上种植，这无形中开发了我国的土地，增加了粮食的耕种面积。民以食为天，粮食产量的提高为我国古代人民度过灾荒奠定了基础，促进当时人口的快速增长：18 世纪后期，中国人口从 17 世纪的接近 1.5 亿暴涨至 3.2 亿，19 世纪又增至 4.5 亿。这些粮食作物的引入被视为是中国的"第二次粮食生产革命"。^③

（2）果蔬作物的传入影响了饮食文化。^④上古中国的蔬果主要分为五大类，后来增加到 12 类。增加的种类中大多是来自美洲的品种，这些美洲作物对中国的饮食文化产生了深远影响。花生和向日葵提供了日常所需的食用油，因此得以在古代中国自南向北广泛种植；辣椒因其驱寒祛湿的功效在内陆地区广泛流传，如今的川菜、湘菜就以辣为特色；西红柿和南瓜等也逐渐成为餐桌上常见的菜品。

（3）烟叶的传入导致烟文化的形成。^⑤烟叶刚传入中国时，因其具有防病治病功效而被广泛应用于医药领域，当时的中药典籍也将烟草列为一种价格高昂的药物。明朝后期，烟叶逐渐演变成一种嗜好品，在明朝掀起一股吸烟风潮，各种烟制品层出不穷，且吸烟方式也在不断革新，吸烟逐渐成为一种社会习俗。

---

① 孙继亮：《海上丝绸之路的发展与明代银本位制度确立关系初探》，《经济研究参考》2013 年第 34 期。
②④⑤ 韩琦：《马尼拉大帆船贸易对明王朝的影响》，《世界近代史研究》2013 年第 10 期。
③ 盛韵：《马尼拉大帆船：三大洲的银丝贸易路》，http://www.bundpic.com/2013/04/21637.shtml，2013 年 4 月 26 日。

第二节 福建与拉美经贸关系发展现状

一、双边贸易快速增长，重要性有所提升

2000~2015 年，福建与拉丁美洲贸易额实现快速增长，双边贸易总额从 2000 年的约 6 亿美元飙升至 2015 年的约 110 亿美元，增长了近 20 倍，双边贸易的重要性日益提高。从双边贸易的整体发展趋势来看，一是双边贸易增势明显，特别是近 5 年来，福建与拉丁美洲双边贸易增长态势明显快于过去 10 年。2000~2010 年，福建与拉丁美洲进出口贸易总额从 6.22 亿美元增长至 7.74 亿美元，年均增长率仅为 2.44%。2010~2015 年，福建与拉丁美洲进出口贸易总额从 7.74 亿美元快速增长至 110.56 亿美元，5 年增长 14 倍多，年均增长率高达 70%。二是出口额长期大于进口额，贸易顺差扩张明显。2000 年，福建对拉丁美洲的出口额约为 4.80 亿美元，福建从拉丁美洲（含非洲）的进口额约为 1.42 亿美元，贸易顺差约为 3.38 亿美元；2015 年，福建对拉丁美洲的出口额约为 73.56 亿美元，福建从拉丁美洲的进口额约为 37.0 亿美元，贸易顺差约为 36.56 亿美元，增长了近 10 倍（如图 10-1）。

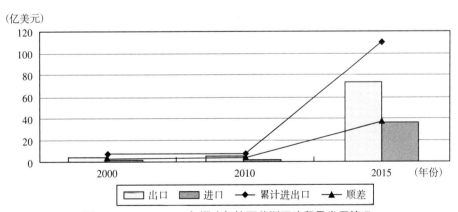

图 10-1　2000~2015 年福建与拉丁美洲双边贸易发展情况

资料来源：福建省商务厅网站。

如表 10-1 所示，双边贸易在福建对外贸易的重要性逐年有所提升。2000~2015 年，亚洲、北美洲占福建对外贸易总额的比重呈现下降趋势，而拉丁美洲、非洲与大洋洲占比却呈现上升趋势。其中，福建与拉丁美洲贸易占福建对外贸易总额的比

重，从 2000 年的 3% 上升至 2015 年的 8%；福建对拉丁美洲出口占福建出口额的比重，从 2000 年的 3% 上升至 2015 年的 7%；福建从拉丁美洲进口占福建进口额的比重，从 2000 年的 1% 上升至 2015 年的 7%。而同期福建对北美洲出口占福建出口额的比重，却从 2000 年的 27% 下降至 2015 年的 21%；虽然此过程中，福建从北美洲进口占福建进口额的比重，从 2000 年的 10% 上升至 2015 年的 16%；但总体而论，福建与北美洲贸易占福建对外贸易总额的比重，依然从 2000 年的 20% 下降至 2015 年的 19%。

表 10-1　世界各大洲在福建出口、进口及贸易总额中的占比

		2000 年	2010 年	2015 年
出口占比（%）	亚洲	0.46	0.41	0.47
	欧洲	0.19	0.23	0.19
	北美洲	0.27	0.22	0.21
	大洋洲	0.02	0.02	0.02
	非洲	0.03	0.04	0.04
	拉丁美洲	0.03	0.08	0.07
进口占比（%）	亚洲	0.75	0.66	0.54
	欧洲	0.11	0.12	0.14
	北美洲	0.10	0.11	0.16
	大洋洲	0.01	0.03	0.05
	非洲	0.01	0.02	0.04
	拉丁美洲	0.01	0.04	0.07
贸易占比（%）	亚洲	0.58	0.49	0.49
	欧洲	0.16	0.19	0.17
	北美洲	0.20	0.19	0.19
	大洋洲	0.02	0.02	0.03
	非洲	0.02	0.03	0.04
	拉丁美洲	0.03	0.08	0.08

资料来源：福建省商务厅网站。

二、双向投资持续推进

总体而言，2001 年至 2016 年 9 月，福建核准在拉美设立的境外企业（机构）数合计有 77 家，占福建对外投资企业（机构）总数的 3.77%；投资总额为 269156.2 万美元，占福建对外投资总额的 10.2%；我方投资额为 188977.2 万美元，

占福建对外我方投资总额的 8.53%。

从国别分布来看，福建对拉美投资主要集中在英属维尔京、开曼群岛、巴巴多斯、玻利维亚、巴西、古巴等国，占福建对拉美投资总额的 99%；在多米尼加、秘鲁、智利、哥伦比亚、苏里南、牙买加、阿根廷、巴哈马等国也有少量投资，仅占福建对拉美投资总额的 0.07%（见表 10-2）。

表 10-2　2001 年至 2016 年 9 月福建核准在拉美设立的境外企业（机构）数与投资金额（按国别）

国家	企业个数（家）	总投资额（万美元）	我方投资额（万美元）	占比（%）
英属维尔京	25	67685.13	65804.05	2.96
开曼群岛	10	145575.1	69673.43	3.14
巴巴多斯	2	41300	41300	1.86
玻利维亚	2	7653	7425	0.34
巴西	11	3714.399	2149.98	0.10
多米尼加	1	980	980	0.04
古巴	9	1010	510	0.02
秘鲁	1	500	500	0.02
智利	7	330	330	0.01
哥伦比亚	2	36.5	36.5	0.00
苏里南	1	126.08	126.08	0.00
牙买加	1	100	50	0.00
阿根廷	3	90	45.2	0.00
巴哈马	2	56	47	0.00
在拉美投资总和	77	269156.2	188977.2	8.53
对外投资总和	2041	2636499.8	2216318.4	100

资料来源：福建省商务厅网站。

从时间分布来看，福建对拉美投资主要集中在 2009~2016 年，这 8 年是福建对拉美投资快速增长的 8 年，投资总额从 2009 年的 792.99 万美元上升至 2016 年前三季度的 134051.04 万美元，占 2001~2016 年 9 月投资总额的 99.35%。

从地区分布来看，福建对拉美投资主要集中在福州、厦门、龙岩三地，这三地对拉美投资占福建对拉美投资总额的 91.79%。其中，2001 年至 2016 年 9 月，厦门对拉美投资总额最高，达到 85275.64 万美元，占福建对拉美投资总额的 45.12%；其次是福州，达到 46394.53 万美元，占比为 24.55%；虽然龙岩对拉美投资企业数不多（仅有 3 家），但投资总额却排名第三，为 41800 万美元，占比 22.12%。接下来，依次为宁德、漳州、泉州、莆田、南平、三明。值得一提的是，2001 年至

2016 年 9 月，省属企业对拉美投资也相对较多，投资总额为 2895 万美元，在福建排名第四，在福建对拉美投资总额中的占比为 1.53%。

考察拉美对福建的投资情况，2011~2015 年，拉美地区企业对福建投资设立企业 111 家，合同投资金额 292838 万美元，实际到资 348148 万美元，占同期福建利用外资的比重分别为 2.0%、5.88%、10.2%。拉美地区对福建投资的主要来源地是维尔京群岛，维尔京群岛在福建设立企业 84 家，合同投资金额 266195 万美元，实际到资 300224 万美元，分别占 75.7%、90.9%、86.2%。次之是开曼群岛。说明拉美地区对福建的投资可能是外逃资金的返程投资。拉美国家对福建的真正投资还很少（见表 10-3）。

三、福建与拉美经贸合作特点

（一）贸易结构互补性较强

从贸易结构来看，福建与拉丁美洲国家双方商品结构互补性较强，表现为以产业间贸易为主。其中，福建向拉丁美洲国家出口的商品主要是工业制品中的机电、音像设备，纺织原料及纺织制品，光学、医疗等仪器，鞋帽伞、羽毛品等，革、毛皮及制品、箱包五类商品；而福建从拉丁美洲国家进口的商品主要是初级产品中的矿产品、食品、饮料、酒等。

（二）投资规模较小、项目单一

双向投资规模较小、项目单一，还存在巨大发展空间。以墨西哥、阿根廷为例，墨西哥在闽投资涉及饮料及茶叶批发、保健食品制造等行业，仅占福建 2014 年累计实际使用外资金额总量的 0.4%；而墨西哥至今仍然是福建对外投资的空白点。阿根廷在福建投资企业共有 58 家，主要涉及房地产开发经营、电子元器件制造等；而福建在阿根廷投资仅有 3 家企业，主要集中在药品、食品加工行业。此外，拉美地区赴福建投资方多为华人华侨，而福建赴拉美地区投资方式以合资、独资为主。

（三）国别分布有所差异

从近年来福建与拉美贸易发展情况来看，福建与拉美贸易规模有所波动，但国别分布略有不同。

（1）福建与墨西哥、智利、哥伦比亚等国的贸易规模有所增长。考察福建与墨西哥的双边贸易情况，福建与墨西哥贸易规模总体呈现增长态势。从贸易总额来看，福建与墨西哥的双边贸易规模从 2000 年的 0.91 亿美元增长至 2015 年的 21.60 亿美元，增长 20.69 亿美元，年均增长率为 151.58%。比较而言，福建与墨西哥的

表 10-3　2011~2015 年拉美对福建直接投资统计表（按国家或地区）

单位：万美元

国家或地区	2011年			2012年			2013年			2014年			2015年		
	企业数（家）	合同金额	实际到资	企业数（家）	合同金额	实际到资	企业数（家）	合同金额	实际到资	企业数（家）	合同金额	实际到资	企业数（家）	合同金额	实际到资
智利	0	48	49	1	166	150	—	—	—	—	—	—	—	—	—
巴拿马	0	-200	0	0	0	0	—	—	—	—	—	0	2	147	0
墨西哥	—	—	—	—	—	—	0	0	0	1	17	0	0	0	0
秘鲁	—	—	—	—	—	—	0	-151	0	0	0	—	—	—	—
安圭拉	—	—	—	—	—	—	—	—	—	—	—	20	1	16	25
危地马拉	0	0	0	0	1975	0	0	0	0	1	6	0	0	0	0
巴哈马	1	605	622	0	549	146	0	4817	4372	0	1028	2429	0	0	3750
巴巴多斯	1	2595	180	0	0	353	0	0	918	0	0	0	—	—	—
伯利兹	0	0	0	0	0	0	1	76	513	1	324	60	0	0	50
玻利维亚	1	10	30	0	10	0	—	—	—	—	—	—	—	—	—
巴西	1	60	0	0	0	25	1	90	45	1	15	0	2	23	50
阿根廷	3	12287	9130	0	2042	6651	1	2038	38	0	0	0	—	—	—
开曼群岛	26	60364	55671	19	43962	47884	0	2677	5912	5	-1510	6819	1	-2862	5490
维尔京群岛	0	0	0	0	0	0	17	26206	58842	11	68000	73300	11	67663	64527
圣基茨—尼维斯	—	—	—	0	97	97	—	—	—	—	—	—	—	—	—
安提瓜和巴布达	0	0	0	0	-20	0	—	—	—	—	—	—	1	163	0
巴拉圭	0	-500	0	0	20	0	—	—	—	—	—	—	0	3	0
其他地区	—	—	—	—	—	—	—	—	—	—	—	—	—	—	—
拉美总计	33	75269	65682	20	48801	55306	20	35753	70640	20	67880	82628	18	65153	73892

资料来源：根据福建省商务部门提供的资料整理。

双边贸易，出口规模明显大于进口规模，其中，2000 年，福建对墨西哥的出口额为 0.87 亿美元，福建从墨西哥的进口额为 0.05 亿美元；2010 年，福建对墨西哥的出口额为 15.12 亿美元，而福建从墨西哥的进口额仅为 0.75 亿美元；到 2015 年，福建对墨西哥出口额已达 20.14 亿美元，而福建从墨西哥的出口额仅为 1.46 亿美元。

与墨西哥的情况相类似，近年来，福建与智利、哥伦比亚等国的双边贸易也有所增长。以 2015 年为例，福建与智利进出口贸易总额为 14.99 亿美元，比 2010 年的 12.53 亿美元增长了 19.63%。其中，福建商品出口智利 11.12 亿美元，比 2010 年的 7.74 亿美元增长了 43.67%；从智利进口 3.87 亿美元，比 2010 年的 4.78 亿美元减少了 23.51%。福建与哥伦比亚进出口贸易总额为 4.19 亿美元，比 2010 年的 2.44 亿美元增长了 71.72%。其中，出口 4 亿美元，比 2010 年的 2.25 亿美元增长了 77.78%；进口 1952 万美元，比 2010 年的 1815 万美元增长了 7.55%。

（2）福建与阿根廷、哥斯达黎加等国的贸易规模有所下降。仅以 2015 年为例，福建与阿根廷进出口贸易总额为 5.47 亿美元，比 2010 年的 7.86 亿美元减少了 30.41%。其中，福建对阿根廷出口 4.23 亿美元，比 2010 年的 2.55 亿美元增长了 65.88%；但从阿根廷进口 1.24 亿美元，比 2010 年的 5.31 亿美元减少了 76.65%。2015 年，福建与哥斯达黎加进出口贸易总额 9353 万美元，比 2010 年的 42330 万美元下降了 77.9%。其中，出口 7259 万美元，比 2010 年的 3599 万美元增长了 101.69%；进口 2095 万美元，比 2010 年的 38731 万美元下降了 94.59%。

第三节　福建与拉美经济的比较优势及合作重点领域

一、拉丁美洲的基本情况

拉丁美洲是指美国以南的美洲地区，它最早并不是一个自然地理概念，而是一个文化术语，源于该地区大多数国家通行拉丁语族的西班牙语和葡萄牙语。拉丁美洲东临大西洋，西靠太平洋，南北全长 11000 多公里，总面积逾 2050 万平方公里，约占世界陆地面积的 13.8%，在地理上是与中国相距最远的一块大陆。拉丁美洲共有 33 个国家和 12 个未独立地区，包括地理位置上属于北美洲的墨西哥，中美洲的 7 个国家，南美洲的 12 个国家和尚未独立的法属圭亚那，以及西印度群岛的 13 个独立国家和 11 个未独立地区。拉丁美洲与中国建交较晚，目前与中国建交的国家和地区有墨西哥、哥斯达黎加、古巴、多米尼加、牙买加、特立尼达和多巴哥、巴巴多斯、格林纳达、圣卢西亚、巴哈马、圭亚那、法属圭亚那、苏里南、委内瑞拉、哥伦比亚、巴西、厄瓜多尔、秘鲁、玻利维亚、智利、阿根廷、乌拉圭、安提瓜和巴布达，其中墨西哥、阿根廷、智利、巴西、秘鲁、委内瑞拉、哥伦比亚等国与中国经贸关系较为密切。

（一）从被殖民到独立的历史变迁

虽然长久以来，拉丁美洲都是西班牙、葡萄牙、法国、英国和荷兰等老牌殖民主义者的殖民地和半殖民地，但它也是全世界独立最早的发展中地区。19世纪初期，拉美地区被西班牙、葡萄牙殖民统治的地方相继摆脱了被殖民地位，开始宣告独立，并建立了不同民主形式的民主共和国。随后，拉美其他被殖民的国家也纷纷加入这一民族独立运动的进程，直至1962~1981年，加勒比海沿岸13个国家（牙买加、特立尼达和多巴哥、巴巴多斯、圭亚那、巴哈马、格林纳达、苏里南、多米尼加联邦、圣卢西亚、圣文森特、格林纳丁斯、伯利兹、安提瓜和巴布达）也先后摆脱英、荷的统治，宣布独立，拉美各国独立建国的时间前后相差达150年。[①]

（二）分布悬殊的国土面积和人口

拉丁美洲国土面积2050万平方公里，截至2014年，人口总数是6.16亿，全洲国土面积和人口分布悬殊，如表10-4所示，国土面积最大的国家是巴西（851.5万平方公里），国土面积最小的国家是格林纳达、圣基茨和尼维斯（0.03万平方公里），相差约2.84万倍；人口最多的国家是巴西（20600万人），人口最少的国家也是圣基茨和尼维斯（5.49万人），相差约3752倍。此外，国土面积大于100万平方公里的国家还有阿根廷、玻利维亚、哥伦比亚、墨西哥、秘鲁等，国土面积小于0.1万平方公里的国家还有安提瓜和巴布达、巴巴多斯、多米尼克、圣卢西亚、圣文森特和格林纳丁斯等，两者之间相差大于1000倍。人口数量大于3000万人的国家还有墨西哥、阿根廷、哥伦比亚、秘鲁、委内瑞拉等国，人口少于10万人的国家还有安提瓜和巴布达、多米尼克，两者之间相差大于300倍。如果考察人口密度，也不难发现，国与国之间的人口密度也存在较大差异。人口密度最大的国家是国土面积和人口总数都相对较小的巴巴多斯，达到707.50人/平方公里；人口密度最小的国家是国土面积和人口总数都不属于最少的圭亚那，仅为3.55人/平方公里。

---

① 张森根：《关于拉丁美洲多样性的思考》，《西南科技大学学报（哲学社会科学版）》2014年第31卷第6期。

表 10-4 2015 年拉丁美洲国家国土面积与人口分布情况

	人口（万人）	面积（万平方公里）	官方语言与宗教	种族	GDP 总值（亿美元）	人均 GDP（美元）
安提瓜和巴布达	9.09	0.04	英语，基督教	非洲黑人及其后裔	13.56	14764.49
阿根廷	4298	278	西班牙语，天主教	西班牙裔，意大利裔，印第安人	6323.43	14564.50
巴哈马	38.3	1.39	英语，基督教	非洲裔黑人，亚裔，西班牙裔	88.54	22817.23
巴巴多斯	28.3	0.04	英语，基督教、天主教	非洲黑人后裔，欧洲人后裔	43.85	15429.40
伯利兹	35.2	2.3	英语，基督教、新教	印欧混血种，克里奥尔人	17.21	4789.37
玻利维亚	1056	109.9	西班牙语，天主教、耶稣教	印第安人，印欧混血种人，白人	329.98	8528.33
巴西	20600	851.5	葡萄牙语，天主教	白人，混血种人，黑人	17725.91	13416.23
智利	1776	75.7	西班牙语，天主教、福音教	印欧混血种人	2407.96	6056.15
哥伦比亚	4779	114.2	西班牙语，天主教	麦士蒂索人，白人，穆拉托人	2920.80	11014.98
哥斯达黎加	475	5.11	西班牙语，天主教	白人，印欧混血种	529.58	7656.63
古巴	1137.9	10.99	西班牙语，天主教	白人，黑人，混血人种	872.06	7051.10
多米尼克	7.2	0.08	英语，天主教	黑人，黑白混血种人	5.12	6373.55
多米尼加	1040	4.84	西班牙语、法语、英语，天主教	印欧混血种，白人	671.03	6205.06
厄瓜多尔	1590	28.36	西班牙语，天主教	印欧混血种人，印第安人	1001.77	8933.81
格林纳达	10.6	0.03	英语，天主教	黑人	9.54	3903.48
危地马拉	1601	10.89	西班牙语，天主教	印欧混血种人，白人	637.94	4278.81
圭亚那	76.4	21.5	英语，基督教、印度教、伊斯兰教	印第安人，黑人	32.82	793.68
海地	1057.2	2.78	法语，克里奥尔语，基督教、伏都教	非洲黑人后裔	85.01	2521.94
洪都拉斯	796.2	11.25	西班牙语，天主教	印欧混血种人	203.65	5105.79
牙买加	272.13	1.1	英语，基督教	黑人和黑白混血种人	142.62	8980.86
墨西哥	12540	197.26	西班牙语，天主教	印欧混血人，印第安人	11407.24	2086.89
尼加拉瓜	601	12.14	西班牙语，天主教	印欧混血，黑人，白人，印第安人	126.93	13268.11
巴拿马	390.3	7.55	西班牙语，天主教、新教	印欧混血种人，黑人，白人	521.32	4174.36
巴拉圭	655.25	40.68	西班牙语，瓜拉尼语，天主教	麦士蒂索人	277.14	6069.09

续表

	人口 （万人）	面积 （万平方公里）	官方语言与宗教	种族	GDP 总值 （亿美元）	人均 GDP （美元）
萨尔瓦多	—	—	—	—	1904.28	15771.95
秘鲁	3097.31	128.52	西班牙语，天主教	印第安人，印欧混血种人	8.76	7839.38
圣基茨和尼维斯	5.49	0.03	英语，英国圣公会教	黑人，英国人	14.50	6739.17
圣卢西亚	18.36	0.06	英语，天主教	黑人，欧洲人	7.38	8985.34
圣文森特和格林纳丁斯	10.94	0.04	英语，新教、天主教	黑人，混血人种	48.79	19062.90
苏里南	53.82	16.38	荷兰语，基督教、天主教	印度人，克里欧人，爪哇人	259.27	15573.81
特立尼达和多巴哥	135.45	0.51	英语，跳著脚、印度教	非裔特立尼达人，印裔特立尼达人	534.42	11068.87
乌拉圭	341.95	17.62	英语，天主教	白人，印欧混血种人	3443.31	14764.49
委内瑞拉	3069	91.64	西班牙语，天主教、基督教	印欧混血种人，白人，黑人	13.56	14564.50

资料来源：中华人民共和国外交部，《世界银行年度发展报告》：2016 World Development Indicators。

（三）本土与西方融合的民族文化

据统计，拉丁美洲大约有 600 个民族，主要包括非洲黑人及其后裔、西班牙裔、意大利裔、印第安人、亚裔、欧洲人后裔、印欧混血种、克里奥尔人、白人、麦士蒂索人、穆拉托人、克里欧人、爪哇人、非裔特立尼达人、印裔特立尼达人等。拉丁美洲民族语言具有高度的统一性和一致性，其中，西班牙语作为官方语言，覆盖了拉美总面积的 55%；葡萄牙语覆盖了拉美总面积的 41%，其余地域主要以英语、荷兰语、法语等为官方语言。拉丁美洲最主要的宗教是天主教，此外，基督教、新教、伊斯兰教、福音教、耶稣教等也在一些国家有所传播，而许多印第安人仍保留着自己的原始宗教信仰，崇尚万物，甚至还有图腾崇拜。[①]

（四）实力有别的经济发展水平

整体来看，进入 21 世纪以来，拉美宏观经济相对稳定，经济形势持续保持向好势头。2003~2010 年，拉美地区经济年均增长率达 4.2%，其中南美洲更是达到 5.0%。2011 年，拉美 GDP 增长 4.3%，经济增速有所放缓，但经济增长的趋势没有改变。2012~2013 年，拉美经济延续了 2011 年的趋势，增速进一步放缓，但仍维持

① 郭潇：《中国与拉丁美洲经贸合作战略研究》，中国社会科学出版社 2014 年版。

在 3%~4% 的上行轨道上。^① 2014 年，拉美经济增速明显下降，GDP 增长 1.2%，经济发展的不确定性和波动性有所增强，开始进入低速增长周期。但与全世界的经济形势相比，拉美的表现依然比较乐观，经济前景的稳定性值得期待。^② 具体来看，拉丁美洲国家分布较广，小国、岛国居多，经济水平都相对较低，大多数国家均为发展中国家，国家间经济规模大小相差悬殊，农业生产和初级加工业目前仍为拉丁美洲的主要产业。其中，发展较快的国家有巴西、墨西哥、阿根廷、哥伦比亚、委内瑞拉、智利等国；发展较慢的国家有多米尼克、格林纳达、圣基茨和尼维斯、圣卢西亚、安提瓜和巴布达、伯利兹、圣文森特和格林纳丁斯等国。以发展较快的巴西为例，目前巴西国内生产总值和综合实力位居南美第一、美洲第二，为世界第七大经济体，是重要的发展中国家之一。仅就 2014 年的数据而言，巴西 GDP 总量为 23465.2 亿美元，与发展较慢的圣卢西亚之间差距就高达 23451 亿美元，GDP 增长率为 0.1%（见表 10-5）。

表 10-5　2003~2014 年拉丁美洲国家 GDP 增长率（以 2005 年美元价格为基础核算）

单位：%

	2003 年	2004 年	2005 年	2006 年	2007 年	2008 年	2009 年	2010 年	2011 年	2012 年	2013 年	2014 年
安提瓜和巴布达	5.9	5.3	6.1	13.4	9.5	0.1	-12.0	-7.2	-1.7	4.0	-0.1	4.3
阿根廷	8.8	9.0	9.2	8.4	8.0	3.1	0.1	9.5	8.4	0.8	2.9	0.5
巴哈马	-1.3	0.9	3.4	2.5	1.4	-2.3	-4.2	1.5	0.6	2.2	0.0	1.0
巴巴多斯	2.0	1.4	4.0	5.7	1.8	0.4	-4.0	0.3	0.3	0.3	-0.1	0.2
伯利兹	9.3	4.6	3.0	4.7	1.2	2.6	0.7	3.3	2.1	3.8	1.5	3.6
玻利维亚	2.7	4.2	4.4	4.8	4.6	6.1	3.4	4.1	5.2	5.1	6.8	5.5
巴西	1.1	5.7	3.1	4.0	6.0	5.0	-0.2	7.6	3.9	1.8	2.7	0.1
智利	3.9	7.0	6.2	5.7	5.2	3.3	-1.0	5.8	5.8	5.5	4.2	1.9
哥伦比亚	3.9	5.3	4.7	6.7	6.9	3.5	1.7	4.0	6.6	4.0	4.9	4.6
哥斯达黎加	6.4	4.3	5.9	8.8	7.9	2.7	-1.0	5.0	4.5	5.2	3.4	3.5
古巴	3.8	5.8	11.2	12.1	7.3	4.1	1.4	2.4	2.8	3.0	2.7	1.3
多米尼克	7.7	2.6	-0.3	4.6	6.0	7.8	-1.1	1.2	0.2	-1.1	0.4	1.1
多米尼加	-0.3	1.3	9.3	10.7	8.5	3.1	0.9	8.3	2.8	2.6	4.8	7.3
厄瓜多尔	2.7	8.2	5.3	4.4	2.2	6.4	0.6	3.5	7.9	5.6	4.6	3.7
格林纳达	9.5	-0.6	13.3	-3.1	5.2	0.9	-6.7	-0.5	0.8	-1.3	2.2	2.4

---

① 郭濂：《中国与拉丁美洲经贸合作战略研究》，中国社会科学出版社 2014 年版。

② 经济合作与发展组织发展中心、联合国拉美经委会等：《2013 年拉丁美洲经济展望：面向结构调整的中小企业政策》（中文版），知识产权出版社 2013 年版。

续表

	2003 年	2004 年	2005 年	2006 年	2007 年	2008 年	2009 年	2010 年	2011 年	2012 年	2013 年	2014 年
危地马拉	2.5	3.2	3.3	5.4	6.3	3.3	0.5	2.9	4.2	3.0	3.7	4.2
圭亚那	−1.0	3.3	−2.0	5.1	2.0	3.3	4.4	5.4	4.8	5.2	3.8	3.1
海地	0.4	−3.5	1.8	2.3	3.3	0.8	3.1	−5.5	5.5	2.9	4.2	2.7
洪都拉斯	4.5	6.2	6.1	6.6	6.2	4.2	−2.4	3.7	3.8	4.1	2.8	3.1
牙买加	3.7	1.3	0.9	2.9	1.4	−0.7	−4.4	−1.5	1.7	−0.6	0.5	0.7
墨西哥	1.4	4.2	3.1	5.0	3.2	1.4	−4.7	5.2	3.9	4.0	1.4	2.2
尼加拉瓜	2.5	5.3	4.3	4.2	5.3	2.9	−2.8	3.2	6.2	5.1	4.5	4.7
巴拿马	4.2	7.5	7.2	8.5	12.1	8.6	1.6	5.8	11.8	9.2	6.6	6.1
巴拉圭	4.3	4.1	2.1	4.8	5.4	6.4	−4.0	13.1	4.3	−1.2	14.2	4.4
秘鲁	4.2	5.0	6.3	7.5	8.5	9.1	1.0	8.5	6.5	6.0	5.8	2.4
圣基茨和尼维斯	−2.5	4.6	9.3	5.9	2.8	4.1	−5.6	−3.2	1.7	−1.2	5.8	6.9
圣卢西亚	4.8	8.1	−1.7	8.3	−0.6	3.5	0.6	−1.0	1.2	−1.6	−0.4	0.5
圣文森特和格林纳丁斯	7.7	4.2	2.5	7.7	−1.6	6.7	−2.1	−3.4	−0.4	1.4	1.7	0.6
苏里南	6.3	8.0	3.9	5.8	5.1	4.1	3.0	5.1	5.3	3.1	2.8	1.8
特立尼达和多巴哥	14.4	8.0	6.2	13.5	4.5	3.4	−4.4	−0.1	0.0	1.4	1.7	1.9
乌拉圭	0.8	5.0	7.5	4.1	6.5	7.2	4.2	7.8	5.2	3.3	5.1	3.5
委内瑞拉	−7.8	18.3	10.3	9.9	8.8	5.3	−3.2	−1.5	4.2	5.6	1.3	−4.0
拉美地区	1.8	5.8	4.6	5.6	5.6	4.0	−1.9	5.9	4.3	3.1	4	1.2

数据来源：National Accounts Main Aggregate Database，http://unstats.un.org/unsd/snaama/dnllist.asp。

迄今为止，拉美地区业已成立多个区域性经济合作组织，包括中美洲一体化体系、拉美一体化协会、美洲开发银行、加勒比共同体、里约集团、安第斯国家共同体、拉丁美洲和加勒比经济委员会、东加勒比海国家组织、拉美经济体系、南方共同市场、加勒比开发银行等各种一体化组织。目前，拉美地区举足轻重的经济合作组织是南方共同市场，系由巴西、阿根廷、乌拉圭、巴拉圭、智利、玻利维亚、秘鲁、厄瓜多尔和哥伦比亚等国组成，旨在通过有效利用资源、保护环境、协调宏观经济政策、加强经济互补，促进成员国科技进步，最终实现经济政治一体化，该组织在全球也具有较大影响力。①

---

① 黄新銮：《2015 年福建与美洲、大洋洲经贸合作发展报告》，福建省商务厅，2015 年 4 月。

二、福建与拉美经济的比较优势与需求分析

(一) 福建与拉美经济的比较优势

1. 拉丁美洲的资源优势

拉丁美洲自然资源非常丰富，其中又以农业、林业、畜牧业、渔业、矿产资源为主要代表。农业方面，拉丁美洲可开发的土地资源和淡水资源十分丰富，主要农产品有玉米、小麦、水稻、豆类、甘蔗、香蕉、可可、棉花、柑橘、咖啡等。其中，糖、咖啡、香蕉、棉花等出口量较大，巴西、墨西哥和古巴的糖产量排在世界前列，巴西、哥伦比亚的咖啡产量也远超非洲国家，厄瓜多尔、洪都拉斯、巴拿马、危地马拉等国有大量香蕉出口，巴西和墨西哥的棉花出口量较大。林业方面，拉丁美洲除了广袤的森林面积和可供食用、药用的动植物资源，还盛产许多具有经济价值的林木，包括红木、檀香木、桃花心木、香膏木、蛇桑木、肉桂、金鸡纳树、云杉、雪松、红树、橡胶树、椰树、棕榈树等。畜牧业方面，拉丁美洲草场、牧场面积广阔，饲养大量优质牛羊，像巴西、阿根廷都以生产并出口牛肉驰名于世。渔业方面，拉丁美洲有许多天然渔场，盛产沙丁鱼、金枪鱼、鲈鱼、鲭鱼、鳕鱼以及多种虾类。与上述农业、林业、畜牧业、渔业资源相比，拉美在能源矿产资源方面的优势更加突出。

在能源矿产资源方面，拉美地区石油储量丰富。根据《BP 世界能源统计年鉴》(2015) 的数据，拉美地区石油储量占世界总储量的 20.1%，其中委内瑞拉石油储量占 17.5%，超过沙特阿拉伯，位居世界第一 (见表 10-6)。而同期整个亚太地区的石油储量仅占世界总储量的 2.5%，约为拉美地区的 1/8。其中，中国的石油储量占世界总储量的 1.1%，明显低于拉美地区的委内瑞拉和巴西等。从区间贸易流向来看，拉美地区石油的主要贸易国是美国、中国、印度等，其中，2014 年，从拉美地区流向中国的石油为 3790 万吨；在金属矿产资源方面，拉美地区的储量也相当丰富。铜、锡、镍、铝土矿、铁矿石、金，依次占全球储量的 52%、30.9%、23.8%、18%、11.5%、11.6%。此外，拉美矿业生产在世界上占有一席之地，特别是有色金属和一些贵金属，以及铁矿石在世界上占有重要地位。拉美生产了世界39% 的银、38% 的铜、29% 的铝土矿、24% 的锡、24% 的铁矿石、20% 的锌、15% 的铅和镍。银的主要生产国是墨西哥、秘鲁、智利、玻利维亚、巴西、阿根廷、洪都拉斯等。铜主要产自智利、秘鲁、墨西哥和巴西。铝土矿的主要生产国是巴西、牙买加、苏里南、委内瑞拉和圭亚那。锡主要产自秘鲁、巴西和玻利维亚。铁矿石主

要产自巴西、委内瑞拉、墨西哥和智利等。①

表 10-6　拉美地区石油探明储量

国别	2004 年底	2013 年底	2014 年底			
	十亿桶	十亿桶	十亿吨	十亿桶	占总量比例（%）	储产比
墨西哥	14.8	11.1	1.5	11.1	0.7	10.9
阿根廷	2.5	2.3	0.3	2.3	0.1	10.1
巴西	11.2	15.5	2.3	16.2	10.0	18.9
哥伦比亚	1.5	2.4	0.4	2.4	0.1	6.8
厄瓜多尔	5.1	8.2	1.2	8.0	0.5	29.4
秘鲁	11.0	16.0	0.2	1.6	0.1	40.2
特立尼达和多巴哥	0.8	0.8	0.1	0.8	*	20.3
委内瑞拉	79.7	293.3	46.6	298.3	17.5	*
其他中南美洲国家	1.5	0.5	0.1	0.5	*	9.5

资料来源：《BP 世界能源统计年鉴》（2015）。

2. 福建的传统商品、机电产品优势

与拉丁美洲国家相比较，福建在纺织、机电等传统领域占据优势。纺织行业一直是福建传统优势产业，据海关统计数据显示，2015 年，福建累计出口纺织品 1419.5 亿元，比 2014 年（下同）增长 1%；其中，出口纺织纱线、织物及制品 402.1 亿元，增长 12.2%；出口服装及衣着附件 1017.4 亿元，下降 2.8%。② 而从纺织行业的分布来看，主要集中在泉州、福州、厦门等地，并向外辐射到闽西北部分地区。如长乐市现拥有各类纺织企业 1000 多家，已形成集化纤、棉纺、织造、染整、服装、纺织机械为一体的纺织产业体系。三明市有规模以上纺织企业 200 多家，形成以原料、棉纺织、印染为主，兼有针织、服装、产业用纺织品等门类比较齐全的纺织工业格局。

机电产品也一直是福建出口的主要产品，仅 2015 年，机电产品出口 400.4 亿美元，占外贸出口 35.53%。从发展进程来看（见表 10-7），2005~2015 年，福建机电产品出口总额已经从 1572365 万美元增长到 4003707 万美元，增长了 154.6%；从发展趋势来看，机电产品仍然会成为未来福建对外出口的主要产品之一。

---

① 郭濂：《中国与拉丁美洲经贸合作战略研究》，中国社会科学出版社 2014 年版。
②《2015 年福建省纺织品出口运行情况分析》，中商情报网，http://www.askci.com/news/chanye/2016/01/28/102434m67c.shtml，2016 年 01 月 28 日。

表 10-7 近年来福建进出口主要分类情况

单位：万美元

项目	2005 年	2010 年	2013 年	2014 年	2015 年
进出口总额	5441130	10878027	16932174	17740784	16884593
出口商品总额	3484195	7149313	10647442	11345229	11268011
进口商品总额	1956935	3728715	6284731	6395555	5616582
机电产品进出口	2602702	4703884	5742533	5847895	5814949
出口总额	1572365	2939330	3760065	4040913	4003707
进口总额	1030337	1764554	1982469	1806982	1811242

资料来源：《福建省统计年鉴》（2016）。

（二）福建与拉美的需求分析

1. 福建对拉美的资源需求

（1）能源需求。福建是能源消费大省，近年来伴随着对风电、核电消费量的增加，对煤炭、石油、天然气等的消费增速有所减缓，但仍持续增长。特别是对石油、天然气的消费量，福建还会保持较快的增长速度。截至 2014 年，福建能源消费总量是 12109.72 万吨标准煤，其中煤炭占 53%，石油占 26.8%，天然气占5.5%。与过去 10 年相比较，福建煤炭消费量的比重正在逐年下降，而对石油、天然气消费量的比重正在逐年上升，这势必提升福建对拉美地区石油、天然气等资源的需求。

（2）矿产品需求。福建对拉美地区的矿产品需求量较大。仅 2014 年，福建就从拉美地区的智利、秘鲁、墨西哥、巴西等国进口了大量矿产品。其中，福建从智利进口的矿产品主要集中在铜矿等方面，占进口总额的 46.41%，同比增长 37.69%；从秘鲁进口的矿产品一项就占进口总额的 67.04%；从墨西哥进口矿产品 1.36 亿美元，占进口总额的 51.08%，同比增长 50.74%；从巴西进口的矿产品 6.27 亿美元，占进口总额的 29.09%。

2. 拉美对福建的传统商品、机电产品需求

长期以来，拉美地区对福建传统商品、机电产品的需求都相当突出。仅以 2014 年为例，福建就对墨西哥、智利、巴西、阿根廷、秘鲁等国出口了大量的传统商品和机电产品。其中，福建出口墨西哥的机电、音像设备为 6.61 亿美元，占福建出口总额的 31.28%；纺织原料及纺织制品 5.52 亿美元，占出口总额的 26.09%；光学、医疗等仪器 2.97 亿美元，占出口总额的 14.08%；鞋帽伞、羽毛品等 1.09 亿美元，占出口总额的 5.16%；革、毛皮及制品、箱包 1.02 亿美元，占出口总额的4.86%。福建出口智利的纺织原料及纺织制品 4.81 亿美元，占出口总额的 43.91%；

鞋帽伞等、羽毛品 2.38 亿美元，占出口总额的 21.74%。福建出口巴西商品的机电和音像制品 3.99 亿美元，占出口总额的 26.17%；纺织原料及纺织制品 3.83 亿美元，占出口总额的 25.10%；这两大类加起来占了福建出口巴西总额的一半以上。福建出口阿根廷的机电、音像设备等 1.01 亿美元，占出口总额的 28.91%；鞋帽伞、羽毛品等 6.05 千万美元，占出口总额的 17.26%%；纺织原料及纺织制品 4.97 千万美元，占出口总额的 14.19%；光学、医疗等仪器 4.23 千万美元，占出口总额的 12.09%。福建出口秘鲁主要商品包括纺织原料及制品、鞋帽伞、羽毛品、机电和音像制品、车辆、航空器、船舶等，而纺织类、鞋帽、机电产品在出口商品中的比重又最大，占总额的 57% 以上。[1]

三、福建与拉美的合作重点领域

从福建与拉美国家的比较优势来看，在贸易方面，福建应加强与拉美国家在能源、农产品、纺织、机电等产品的合作；在投资方面，福建可加强与拉美国家在矿产资源开采与加工、基础设施与民生工程建设、木材加工、渔业养殖与加工等领域的合作。就合作的重点国家而言，包括近年来与福建合作较为密切的墨西哥、巴西、阿根廷、智利、秘鲁、哥伦比亚等国。

（一）贸易合作的重点领域

福建的传统商品、机电产品仍将是福建与拉美贸易合作的重点领域。福建传统优势商品、机电产品等产业链齐全，配套能力强，拥有较强的生产能力，在国际市场竞争力明显，而拉美国家对中国商品也较认可，人们趋向于购买物美价廉的中国消费品。因此，福建对巴西、墨西哥等拉美国家的出口商品中，传统商品、机电产品一直呈稳定增长态势。

拉美的资源、能源等也将成为福建与拉美贸易合作的重点领域。拉美地区富含丰富的能源和资源，像墨西哥、巴西等都是资源和能源大国。而福建是资源和能源较匮乏的省份，随着经济的迅速发展，福建与拉美对资源性产品的需求越来越大，这势必会加大福建对拉美资源和能源的进口采购活动。为此，福建要加大与拉美在资源和能源领域的贸易合作。

（二）投资合作的重点领域

一方面，福建生产传统商品、机电产品的企业可以"走出去"，利用拉美地区对这些产品较大需求的优势，在拉美地区国家投资办厂。通过这一领域合作，可以

---

① 黄新銮：《2015 福建与美洲、大洋洲经贸合作发展报告》，福建省商务厅，2015 年 4 月。

凭借拉美地区优越的地理位置和已有的自贸协定辐射国际市场，可以减少贸易摩擦。另一方面，福建有实力的企业可以通过参股、合资和控股的形式，直接参与拉美地区的矿产资源开发加工、基础设施和民生工程建设、木材加工、渔业养殖与加工等。通过这一领域合作，可以逐步建立起福建稳定的海外原材料供应基地，满足福建不断增长的资源和能源需求。

第四节　福建拓展与拉美经贸合作的策略

一、福建拓展拉美经贸合作的风险与机遇

（一）风险

1. 政治风险

政治风险是评估一个国家或地区是否适合投资的重要因素之一，它通常包括政局稳定、政府治理能力、法令和政策的持续性等。自拉美地区国家相继独立开始，大多数国家都走向了军队、天主教会和政党相互对立的政治格局，使得这些国家的政治局势表现得相对动荡。进入 21 世纪以来，拉美国家开始逐步改变原有的政治格局，军队和教会的力量受到限制，而政党在国家治理中的作用日益突显，拉美地区的政治环境趋向稳定。但直到目前，拉美地区还未能完全扭转军队和教会干政的现状，拉美国家的政治风险还在一定时期内长期存在。根据美国 Marsh 保险经纪公司和 Maplecroft 政治风险分析公司联合发布的世界高增长市场国家政治风险指数，拉丁美洲的哥伦比亚、巴西和秘鲁的政治风险都相对较高，其中，哥伦比亚的政治风险指数列为"高"级别，而巴西和秘鲁的政治风险列为"中等"。①

2. 经济风险

虽然拉美地区的大多数国家通过经济结构调整，自 2003 年开始进入一个新的经济增长周期。但不容忽视的是，近年来，受到全球性金融危机的影响，拉美地区的经济发展也面临挑战。如 2014 年，拉美地区第一大经济体巴西国内经济问题重重，油价遭受重创，股份下跌，市值缩水；巴西工业虽然呈现增长，但表现乏力；土地价格上涨，投资成本要素上升。与此同时，作为拉美地区第三大经济体的阿根

---

① 资料来源：环球矿业资讯的博客，http：//blog.sina.com.cn/s/blog_489dd7c80102e6d4.html。

廷也陷入衰退局面，工业产值和私人消费大幅下挫，经济前景的不确定性增强。此外，我国与拉美一些国家，在经济层面还未签订相关合作协议，如目前墨西哥与我国尚未签订自由贸易协定，中墨双方了解不深、互信程度不高，墨西哥经济对国际资本和美国市场具有高度依赖性，这也成为福建与这些国家发展经贸合作关系的不利因素。

（二）机遇

首先，中国与拉美国家的合作关系正在迈入历史机遇期。进入 21 世纪以来，随着亚洲的崛起，拉美国家"面向亚太"的外交取向明显加强，发展与亚太地区的经济贸易关系已成为大多数拉美国家的共识和国策。[①] 截至目前，中国大陆与拉美地区的 21 个国家已经建立了外交关系，与巴西、阿根廷、智利、秘鲁、委内瑞拉和墨西哥六国更是建立了全面战略伙伴关系或战略伙伴关系，这标志着中国与这些国家的关系进入快速发展期。为此，福建作为 21 世纪海上丝绸之路的核心区，更应顺势而上，抓住历史机遇，加强并扩大双方的经贸与投资，继续鼓励更多本土企业走出去对这些国家进行投资。

其次，拉美国家的发展规划为中国提供了参与合作的可能。2008 年的国际金融危机不仅给中国和拉美带来经济发展的压力，同时带来了结构性调整的动力，这一动力为中国参与拉美国家发展提供了更多可能性。根据拉美国家的发展规划，未来一段时间，拉美国家要在基础设施、民生工程和能源矿产资源方面加大投资，[②] 而福建的部分企业在这些方面无疑具有一定的潜力，使其存在"走出去"参与合作的较大空间。此外，虽然金融危机之后，拉美国家经济遭遇了一定的困难，但由于拉美资源丰富、消费市场规模较大，加上其轻工业基础相对薄弱，大量日常消费品需要进口，这给福建传统商品、机电产品企业拓展拉美市场，开展对拉美的投资提供了较好的机遇。

二、福建拓展与拉美经贸合作的对策与建议

（一）充分发挥政策优势，有节奏地开拓拉美市场

一是考虑到拉美地区国家众多、差异明显，各个国家的比较优势、经济发展水平和政治文化类别也参差不齐。福建拓展拉美经贸关系，就需要把握好节奏，要从

---

① 徐世澄：《亚洲与拉美的关系：回顾与展望》，《拉丁美洲研究》2010 年第 5 期。
② 如 2016 年巴西里约热内卢奥运会就使得当地政府围绕体育场馆、交通设施、港口、酒店住宅等方面的投资高达数千亿美元。

目前合作较多且资源丰富、市场容量大、带动作用强的巴西、墨西哥、智利、巴拿马等国家着手，拓展合作领域、扩大合作空间，从中寻找与拉美国家合作关键点，并以此为经验借鉴，以点带面，最后辐射到整个拉美市场。二是充分利用中国—智利、中国—秘鲁、中国—哥斯达黎加自贸协定，重点分析零关税产品分阶段实施对福建与这些国家贸易关系的影响，提升福建企业对我省以及拉美国家优惠政策的关注力度，通过各种渠道广泛收集相关信息，并确保这些信息的公开和透明，帮助福建企业更有动力地参与拉美经贸合作，并从中获取更大的经济利益。三是以 21 世纪海上丝绸核心区和福建自贸试验区建设为契机，充分利用其在投资贸易、金融服务、政府监管、法制环境等方面的先行先试，力争在可行领域进一步优化贸易环境，通过政策创新引导福建与拉美的贸易投资规模不断扩大。

（二）提升产品市场竞争力，转变福建与拉美的贸易增长方式

福建出口拉美地区的产品大多为传统商品和机电产品，这些产品大多数技术含量较低、品牌意识不强，通常位于价值链的最底端，附加价值最低。当前福建正处于贸易转型升级的重要阶段，为此，福建在增强与拉美国家的贸易合作中，一要加强自身的竞争力培养，增加传统出口商品的品种、档次、花色和款式，增加技术含量，树立品牌意识，提高产品附加值；二要加快实现机械设备产品标准化，配件通用化，推行出口质量许可证和开展出口产品国际认证工作，以此提升福建机电产品的市场竞争力；三要通过建立企业自主经营的境外贸易渠道和网络，构筑自主性的产品价值链增值环节，促进传统贸易增长方式的转变，提高产品和服务的附加值，使之成为拉动福建外贸出口的新生力量和新增长点。

（三）加快福建企业"走出去"步伐，推进福建与拉美的深层次合作

一是要抓住世界性经济结构调整的机遇，鼓励支持一批矿业企业、综合型大型企业，通过各种途径，建立福建稳定的海外原材料供应基地。要积极创造投资合作的有利条件，鼓励有实力企业通过投资、参股、收购等方式，在拉美等资源丰富的国家和地区开展境外矿产资源、农业生产、木材加工、渔业开发与加工等的综合开发和利用。二是要以建立贸易营销网络为重点，鼓励支持有实力的企业开展跨国并购活动，重点收购一批境外知名品牌和营销网络，建立星罗棋布的境外营销窗口，拓展福建企业在拉美生存和发展的空间，增强对产业价值链中高附加值部分的掌控能力。三是要发挥龙头企业的带动作用，如闽清豪业陶瓷、漳州立达信电子、莆田艾力艾鞋业、宁德一华电机等，鼓励有条件的企业以优势产品为抓手，到拉美投资，建立加工贸易企业和生产性企业，建立产品研发中心，把产业链延伸到国外去，在发展中增强实力。在大力推进开展境外加工贸易和建立境外生产性企业的基础上，逐步形成福建在拉美的工业园区。

（四）构建多种交流平台和渠道，全面拓展经贸合作空间

一是应利用高层资源，建立政府间多领域对话与合作机制，并由政府牵头在境外设立若干办事机构，旨在为企业提供有关境内外投资信息情报、拟投资地区政治、经济、社会环境等的咨询服务，代办有关投资手续，帮助企业进行项目的可行性研究与评估，对已开业的境外投资项目跟踪研究，比较投资项目的经营业绩，及时总结经验教训并以一定的方式反馈给企业。二是充分发挥双方商会桥梁的作用，建立健全对话交流，推动双方商会结盟、组织工商团组互访、联合召开双向研讨会、论坛等活动，鼓励福建石材及制品出口商会、福建农副产品及加工出口商会、漳州市水产品加工与流通协会、宁德市渔业协会组织生产加工企业及进口商赴境外开展跨国进口采购活动，继续扩大油品、木材、矿产品、水产品的进口，促进双方贸易持续、健康发展。三是切实发挥好拉美地区华人华侨、闽籍台商的向导和融合作用，依托当地福建商会、同乡会和华人超市公会等组织，通过各种形式的活动，激发其参与 21 世纪海上丝绸之路建设的热情，为开拓福建与拉美国家在资金、人才、信息、项目等方面的合作创造空间。[1]

（五）发挥太平洋联盟的窗口作用，助力福建全面进入拉美市场

近年来，在拉美区域经济一体化趋势总体放缓的背景下，作为拉美地区一体化的新军，由哥伦比亚、秘鲁、智利和墨西哥成立的"太平洋联盟"却异军突起。2012~2016 年短短四年，"太平洋联盟"不仅吸纳了包括中国、美国在内的 49 个国家成为其观察员，而且有效推动了联盟四国经济平稳发展，使其在全球市场的影响力日益提高。太平洋联盟成立之初就以自由贸易与市场开放为目标，并致力于成为亚洲进入拉美市场最便利的入口。从投资营商环境来看，太平洋联盟成员国政局总体稳定，经济持续增长，法律法规体系相对较为健全，各成员国都很重视发展对华关系，联盟有望成为中国开拓拉美市场的门户和桥梁。[2] 事实上，自太平洋联盟成立以来，其与中国的经贸合作就十分密切，在贸易合作方面，中国自联盟国家进口能源矿产、农产品数量持续提升；在产能合作与基础设施投资领域，中国也同联盟国家开启了巴西—秘鲁"两洋铁路"建设项目的可行性基础研究，这为拉美国家的互联互通打开了全新陆路运输通道。鉴于此，福建作为 21 世纪海上丝绸之路核心区，也应主动融入中国与太平洋联盟国家的经贸合作中去，通过借助太平洋联盟次

① 黄新銮：《2015 福建与美洲、大洋洲经贸合作发展报告》，福建省商务厅，2015 年 4 月。
② 于筱芳：《太平洋联盟：拉丁美洲一体化的新军》，《拉丁美洲研究》2014 年第 36 卷第 1 期。

区域的窗口作用，逐步进入拉美整个区域市场。具体来说，福建可利用自贸区建设机遇，积极对接太平洋联盟的新理念，加快探索与太平洋联盟相适应的贸易自由化、人员和资本自由流动等体制建设，并以此推动福建与联盟国家在农业、工业、能源、交通运输、基础设施建设等领域的务实合作。

丝绸之路经济带建设与西部大开发
协同发展[*]

内容提要： 西部大开发战略实施以来，中央区域发展政策泛化，我国区域发展差距不仅没有缩小，反而日益扩大。丝绸之路经济带建设为西部开发提供了历史机遇。但需要中央政府加强顶层设计，统筹协调丝绸之路经济带建设与西部地区发展，实现更多的兴边富民政策。

关键词： 丝绸之路经济带；西部大开发战略；协调发展

西部大开发是我国梯度发展战略向均衡发展战略的转变，丝绸之路经济带与21世纪海上丝绸之路是我国对外开放再平衡的战略转变。但是，我国西部大开发战略实施成效不彰，东、西部发展差距持续扩大。我国要借助"一带一路"战略的实施，推动"一带一路"与西部开发协调发展，避免西部地区成为经济发展的塌陷地带，给国家安全形成新的不稳定因素。本文在探讨丝绸之路经济带与西部开发协调发展的基础上，提出若干对策建议。

一、中国东西部区域发展差距日益固化及所面临的新机遇

中国对外开放是从东部沿海地区开始的，重点面向亚太地区的发达国家和地区，让东部沿海地区率先发展。待东部发展起来后国家投入更多力量加强西部基础

---

* 该文发表于《青海社会科学》2016年第4期。

设施建设和经济发展，让先发展起来的东部地区拿出更多的力量帮助内地和西部地区发展。这是中国改革开放总设计师邓小平提出的"两个大局"战略。然而实现从非均衡发展向均衡发展并非是一个自然演进过程。世纪之交，中央政府相继提出西部大开发战略和振兴东北老工业基地战略。1999 年中央政府提出西部大开发战略，以控制我国区域发展差距的持续扩大。国家在基础设施、学校教育方面加大对西部地区的投资力度，以改善西部地区的发展环境。同时开放西部资源与市场，引导外资及东部企业向中西部投资。我国西部地区基础设施与人力资源开发得到一定程度的改善，经济增速开始加快，特别是资源富集省市区如内蒙古经济增速超过东部地区。

但是，在随后的政策调整中，我国区域开发优惠政策出现泛化。相继提出中部崛起战略和东部率先发展等政策调整，东北振兴纲要、长江经济带等区域开发政策，优惠政策再度泛化，使得我国东、西部地区发展出现某种固化趋势。从 2000 年以来我国各省市区人均国民生产总值的变化看，西部地区只有宁夏、陕西、青海排名从 24、28、21 上升到 20 位以前的 14、15、16 位。而其他如贵州、甘肃、新疆、西藏、云南、广西、四川等均在 20 名以后，而且收入差距不仅没有收敛，反而有所扩大（见表 1）。

表 1　2000~2015 年全国各省市区人均 GDP 排名（不含港澳台地区）

单位：万元

地区	2015 年		2011 年		2005 年		2000 年	
天津	1	16.39	1	8.43	3	3.57	3	1.79
北京	2	10.87	3	8.03	2	4.599	2	2.412
上海	3	10.35	2	8.25	1	5.147	1	3.454
江苏	4	8.89	4	6.16	5	2.456	6	1.346
浙江	5	7.81	5	5.87	4	2.77	4	1.346
内蒙古	6	7.21	6	5.75	10	1.63	16	0.58
福建	7	6.86	10	4.69	9	1.86	7	1.16
广东	8	6.84	8	5.02	6	2.44	5	1.288
辽宁	9	6.72	7	5.03	8	1.898	8	1.122
山东	10	6.58	9	4.72	7	2.009	9	0.955
吉林	11	5.45	11	3.83	13	1.335	15	0.68
重庆	12	5.29	12	3.45	18	1.098	19	0.515
湖北	13	5.10	13	3.41	16	1.14	13	0.718
宁夏	14	5.07	17	3.23	21	1.024	24	0.48
陕西	15	4.84	15	3.31	23	0.99	28	0.45
青海	16	4.73	22	2.89	22	1.00	21	0.508
海南	17	4.61	23	2.88	19	1.087	14	0.689

续表

地区	2015 年		2011 年		2005 年		2000 年	
湖南	18	4.33	19	2.98	20	1.04	17	0.56
新疆	19	4.21	20	2.94	14	1.31	12	0.747
河北	20	4.09	14	3.35	11	1.478	11	0.766
黑龙江	21	3.94	16	3.26	12	1.443	10	0.856
河南	22	3.93	21	2.89	17	1.135	18	0.544
四川	23	3.71	24	2.61	26	0.906	25	0.478
江西	24	3.69	25	2.58	24	0.944	23	0.485
山西	25	3.53	18	3.09	15	1.25	20	0.514
西藏	26	3.33	28	2.006	25	0.911	27	0.456
广西	27	3.18	27	2.531	27	0.879	29	0.432
安徽	28	3.18	26	2.534	28	0.867	22	0.48
云南	29	2.92	30	1.89	29	0.783	26	0.46
甘肃	30	2.63	29	1.95	30	0.748	30	0.38
贵州	31	1.98	31	1.64	31	0.505	31	0.266

2013 年 9 月和 10 月，习近平在访问中亚四国和东盟国家时，提出共建"丝绸之路经济带"和"21 世纪海上丝绸之路"两个倡议，"一带一路"西进战略逐渐成形。这既是国内经济转型升级的需要，也是中国对外开放战略的一次重大调整。从国内看，产能过剩和生产成本急剧上升（人民币升值、劳动力成本，资源成本，环境成本日益上升，中国劳动密集型产业面临失去比较优势的压力）。金融危机后发达国家经济复苏乏力，传统海外市场需求疲软，国内经济亟须培育新的海外市场。通过我国企业对外投资和国际产能合作，在带动当地发展的同时带动中国的出口，构建以我国为中心的国际生产网络。西部大开发战略与"一带一路"倡议主要是开放开发中国的中西部地区，重点是向西开放，面向西部的发展中国家。因此，"一带一路"倡议是中国对外开放和区域发展战略的重大转变。

中国对外开放战略调整主要基于以下因素：一方面，中国东部沿海地区开放开发造成了东、西部地区发展差距的持续扩大，而中、西部是少数民族居住地区，由此造成民族矛盾和区域不稳定因素增加；另一方面，中国经济快速崛起给周边国家带来双重影响，周边国家在享受中国经济发展带来的机遇时，对中国产生了更多的防范心理，"中国威胁论"泛滥。中国周边外交出现了经济投入成本和政治收益高度不对称的状况。中国与美国的经济摩擦也日益频繁。中国面向太平洋开放面临美国主导的 TPP 等经济集团的空前挤压。为破解中国发展困境和周边困局，寻求新的经贸发展空间，我国学者提出西进战略，即把眼光投向西部，将西部大开发战略与面向西部发展中国家开放结合起来。而中国东部地区经济发展到了转变经济发展方式和产业升级转型的关键时期。中国打开西部大门，在广袤的欧亚大陆发掘自己的发展空间，在产业转移、产能合作与产业升级过程中，带动中国西部地区和周边国家的发展，拓展市场空间，减少对美国的经济依赖度，也可避开美国的锋芒，改善中国发展的地缘经济与地缘政治环境，是中国版的"再平衡"战略。

"一带一路"倡议与西部大开发战略必须协同发展："一带一路"以政策沟通、道路联通、货物畅通、货币流通和民心相通，构建全方位、网络状、系统性对外开放格局。西部地区从中国的边沿地带变成对外开放的前沿平台，如将新疆定位为丝绸之路经济带核心区，将云南发展定位为面向南亚、东南亚开放的桥头堡等。我国企业通过西部地区走向丝绸之路经济带为西部大开发提供了历史机遇。

但是，如果我国企业走向丝绸之路时，只是将西部地区作为过道，越过中西部地区，那么，我国西部地区就将成为世界经济发展的塌陷地带，持续处于贫困状态。实际上，现实情况是我国企业多数选择直接投资东南亚和非洲，而不是转移到我国中西部地区。这里既有我国中西部地区投资环境差、远离消费市场的原因，也有我国区域开发政策缺乏效率等因素。因此，如何推动丝绸之路经济带建设需要与西部大开发战略协同发展是需要政府与学术界认真研究规划和精心设计政策的。

二、西部大开发与丝绸之路经济带建设协同发展的内涵

丝绸之路建设的要义是将我国的资金、技术产能与沿线国家的资源和市场相结合，来解决我国的产能过剩和外需不足问题。实际上就是，我们出钱帮助这些国家发展，培育我们的新市场。而这些国家和市场重点在我国周边地区，比如中亚地区、南亚和东北亚地区。而通往这些周边国家和地区的核心地区就是西域，即我国新疆、甘肃、青海、宁夏、内蒙古、西藏等西北六省区，而新疆被赋予丝绸之路核心区的重任。因此，西部大开发对我国企业走向丝绸之路具有重要意义：

（1）西部地区的发展既是我国均衡发展，缩小区域差距的需要，也是扩大内需市场实现经济持续发展的必然要求。因此，在培育海外新市场时，要将培育西部市场与全国均衡发展置于优先地位。西部大开发在中国向西部开放的过程中，应置于优先的战略地位。如果西部广大边境地区只是一个通道，那么，西部地区在丝绸之路建设中将得不到任何实惠和发展利益。在中国崛起的过程中，吸收国际资源相对于对外输出资源应相对更为重视，以积累力量。只有构建国际经济高地，增强中国的吸引力和软实力，才能实现中国和平崛起。因此，西部大开发战略的实施应优先于丝绸之路经济带建设。东部和国内资源向西部地区的投入转移是中国扩大内需以

及把根留住、避免产业空心化的重要途径。

（2）国家统一市场与区域经济分工体系的形成是区域协调发展的重要前提。东、西部国内经济一体化和国内民族融合，对于消除地域和民族差异，维护边境地区安全和长治久安具有特别重要的意义。东、西部区域发展差异及贫富差异的消除对于民族融合至关重要。我国东部地区劳动密集型加工产业进入难以维持阶段后，曾经提出"腾笼换鸟"，产业转移的战略，比如让珠江三角洲此类无法生存的加工贸易产业转移到湖南、江西、广西。但由于我国物流成本过高，这个战略收效甚微。原材料从海外运到广东，再运到湖南、江西或者广西，然后再出口，中间增加的物流成本，不是节约劳动力成本、土地成本和其他成本就能够抵消的。所以，以东莞为代表的加工贸易企业大部分都搬迁到国外去了。

但是，如果转换思路，将我国东部地区的劳动密集型轻纺产业转移到原材料资源比较丰富的西部地区，原料不再从海外进口，而是利用当地廉价资源进行加工生产，应该可以节省生产成本。而销售市场也不再是海外市场，而是返销东部市场，或从西部地区输往丝绸之路沿线国家市场。这样，就可以节省运输成本，比如，从东部沿海运往丝路沿线国家市场。其实沿海地区的许多产业，比如皮革、纺织、食品加工业等传统产业，原材料都是产自西部地区，那里的畜牧业提供的皮、毛，以及新疆的棉花、西红柿、辣椒等原料过去都供应东部企业，增加了运输成本。如果东部的这些产业转移到西部地区，形成区域分工体系与全国统一市场，应该会有较好的发展前景。

（3）东部企业需要在西部地区建立前沿基地，西部地区要为东部企业进入丝绸之路提供中介服务。在西部生产直接出口更接近丝绸之路市场，构建区域生产网络和分工体系，我国东部企业在西部地区投资建立企业，既能促进西部开发，又能为拓展外部市场建立生产基地。我国西部地区是中国与中亚过渡地带，语言文化多元化：我国哈萨克族、维吾尔族、回族都集中于此，他们与中亚文化有着千丝万缕的联系。

我国东部企业在进入一个陌生的国度时，可以借助这些民族的人力资源和文化资源，西部地区可以为东部地区企业开拓中业市场和进入中亚投资提供支撑服务。例如，东部地区的企业可以积极参加新疆举办的"亚欧博览会"、亚欧商品博览会和宁夏举办的"中阿经贸合作论坛"、"世界回商大会"、伊斯兰商品博览会，利用新疆宁夏这些平台开拓中亚、西亚及阿拉伯世界市场。东部企业还可与西部地区企业合作，联合投资中亚纺织业利用当地棉花资源；合作做好市场准入的认证工作，联合进行清真食品、哈拉认证，取得市场通行证。

（4）丝绸之路经济带建设不能越过西部地区。现在东部地区许多传统产业已经失去比较优势，但这些产业没有搬迁到中西部地区，而是直接搬迁到海上丝绸之路沿线国家，例如东南亚、非洲。为什么会出现这种现象？许多企业认为，企业发展需要考虑接近市场，产业配套，劳工成本等多种因素。比如福清一家台资纺织企业，其员工都是从齐齐哈尔职业技术学院招聘来的，但为什么不愿将企业内迁到黑龙江地区呢？企业认为从内地招聘员工要比内迁更有效率。内地员工到沿海打工愿意加班加点，因为他们的目的是多挣钱。如果将企业内迁后，这些员工在家门口工作就不愿加班了，另外，由于工厂搬迁到内地后，员工纪律变差，产品质量也会因此而下降。如果是出口加工型企业，则原材料和产品的运输费用会成倍增加。这样虽然企业所付出的工资可能下降，但企业效益可能更差。再说企业搬迁还需要付出巨大的沉入成本。因此，企业宁愿选择外迁，而不是内迁。

如何引导东部企业向西部地区转移？这不仅是东、西部均衡发展，西部脱贫致富，全面实现小康的战略问题，也是我国产业升级转型，把根留住，避免产业空心化，实现可持续发展的重大战略问题，需要加强顶层设计，制定切实可行的政策与措施。

三、实现西部开发与丝绸之路建设协同发展的政策

如何将西部大开发与丝绸之路经济带建设实现协调发展，是值得认真研究的课题，在此笔者提出几点建议以供讨论：

（1）中央要搞好顶层设计，实现差异化区域发展政策引导东部企业西进，促进西部地区的快速发展。

从 2000 年开始，中国至少搞了七大区域经济政策，包括西部大开发、东北振兴计划、中部崛起——这三大政策都由中共中央和国务院同时发文件，规格是最高的，也有国家级协调机构；然后是"东部率先跨越"，没有国家级协调机构；接下来是中共十八大以后的规划，主要有三个——"一带一路"、京津冀一体化、"长江经济带"，这三个区域规划都有国家级协调机构，都是中共中央政治局常委、国务院副总理张高丽担任领导小组组长。当然还有其他许多地方发展规划上升为国家战略。

我们假设进入国家级区域政策的次数越多，得到的好处越多，那么得到好处最多的分别是上海、浙江、重庆、云南（除了云南是穷地方之外，前面两个是中国最富的地方）。也就是说，中国最富的地方，得到的优惠政策最多，但是最穷的地方，像西藏、陕西、甘肃、青海，只有两个优惠政策。最"倒霉"的就是山东——跟所有的地区优惠政策都没有关系（见表2）。这个结果让人很吃惊：过去倾斜式的发

表 2　我国七大区域政策总结

省市区	西部开发	东北振兴	中部崛起	东部率先	"一带一路"	京津冀一体化	长江经济带	重合
北京				1		1		2
天津				1		1		2
河北				1		1		2
山西			1					1
内蒙古	1				1			2
辽宁		1			1			2
吉林		1			1			2
黑龙江		1			1			2
上海				1	1		1	3
江苏				1			1	2
浙江				1	1		1	3
安徽			1				1	2
福建				1	1			2
江西			1				1	2
山东				1				1
河南			1					1
湖北			1				1	2
湖南			1				1	2
广东				1	1			2
广西	1				1			2
海南				1	1			2
重庆	1				1		1	3
四川	1						1	2
贵州	1						1	2
云南	1				1		1	3
西藏	1							2
陕西	1				1			2
甘肃	1				1			2
青海	1				1			2
宁夏	1				1			2
新疆	1				1			2
	12	3	6	10	18	3	11	63

展计划，已经变成了新的平均主义（聂辉华，2016）。

这是中国区域发展差距出现固化的根源。因此，中国区域发展政策应该有战略规划，而不是由地方政府寻租，谁想要就给政策。区域发展战略要有明确的目标，就是减少地区发展及贫富差距。像日本的国土开放综合计划或北海道开发计划就是为了缩小区域发展差距。中国要加强对西部落后地区开发的顶层设计，在政策优惠倾斜、公共服务均等化、产业发展规划、人力资源开发、对外开放以及发展国际贸易方面给予更多支持。中央政府的区域开发规划与政策必须体现地区差异性，符合民族地区的可持续发展和国家扶贫减贫战略。

（2）将西部大开发与丝绸之路经济带建设统筹协调。丝绸之路建设是以"五个联通"为抓手。其中基础设施互联互通是基础，产能合作和人文交流是支撑。中国西部基础设施建设及发展规划要与丝绸之路建设及发展规划相对接。例如，中巴经济走廊，中国东盟互联互通，中国与中亚互联互通等，产能合作与产业发展对接，都与中西部开发联系起来。其中，广西、云南、西藏、新疆、内蒙古、黑龙江等边境地区与国内外的通道互联互通建设要统筹规划。

目前，中缅油气管道已经修通，但铁路和公路还没有联通。抗日战争那么困难的时期，我们修建了滇缅公路（史迪威公路），说明滇缅通道具有重要战略意义。可惜抗日战争结束后，这条通道就被废弃和掩埋了，没有让这条通道继续发挥经济建设的作用，现在我们想修建滇缅铁路和公路都困难重重。无论如何打通滇缅通道对我国西南开放开发具有重要的战略价值。

东盟互联互通的新加坡与昆明的铁路规划还没有结果。新加坡到昆明的铁路联通是东盟互联互通规划中唯一一条与中国联通的道路。符合中国与东盟的发展利益。目前，中老铁路已经开工、中泰铁路已经立项，新马高铁也在规划之中。实现中南半岛经济走廊的中间突破应该是澜湄合作机制的重中之重。中线突破将降低缅甸讨价还价的能力。

中国与巴基斯坦经济走廊公路已经联通，但铁路还没有联通。目前，中国已经取得瓜德尔港经营权，中巴经济走廊中的高铁、高速公路、电力、通信等也都会大规模开工建设。中国同时也对巴基斯坦的电力、通信、高铁网路进行全面的基础建设与改造。但中巴经济走廊必须与喀什等南疆的开发建设紧密协调，这是事关西域安全的重大战略问题。

中国与俄国和中亚联通也在展开，目前中俄、中亚的油气管道已经修建，但铁路和公路还需要提升等级。目前，俄罗斯总统普京提出大欧亚经济伙伴关系，既是将俄罗斯主导的欧亚联盟与上海合作组织对接，实际上是与中国丝绸之路的对接，中国可以将建立中国—欧亚联盟自由贸易区谈判提上日程，确保中国北线能源供应以及市场环境的稳定。所以，丝绸之路经济带建设要与我国西部大开发战略相衔接，让西部地区成为贯通欧亚大陆的桥梁。

（3）丝绸之路产能合作规划，要与西部地区产业发展规划相衔接。"一带一路"倡议为西部地区内引外联，辐射周边地区创造了软硬环境，是西部地区成为推进"一带一路"和向西开放的核心区。东部企业要走向"一带一路"需要在西部地区建立生产基地，从西部直接出口更接近丝绸之路市场。我国东部企业在西部地区投资建立企业，构建区域生产网络和分工体系，既促进西部开发，又能为拓展外部市场建立生产基地。我国东西部农业生产条件差异巨大，可以形成区域分工体系，东部地区适宜发展水产养殖和蔬菜种植业，而西部地区则适宜发展畜牧与果品加工业。国家要顶层设计，规划发展，战略部署，东西部区域农业产业分工与市场交换，缩小地区差距。

我国西部地区畜牧业和特色水果等农牧业资源丰富，纺织业、皮革业、果品加工业、肉类加工业及乳品加工业都需要大力发展，以充分开发当地的农牧业资源。例如新疆盛产长绒棉，但新疆纺织业不是支柱产业。除内蒙古鄂尔多斯羊绒业比较知名外，其他地区毛纺业仍然是需要大力发展的产业。但广大西部地区缺资金和技术以及管理和营销经验。所以，我国东部的轻纺产业如何向西部地区转移是需要认真研究的课题。

西部地区矿产资源丰富，许多城市也因矿产开发而兴。比如玉门、克拉玛依、石河子等城市就因石油而兴，宁夏的金昌、白银等市因金属矿而兴，内蒙古的鄂尔多斯也因煤矿和其他稀有金属矿而兴。但这些城市亟须发展金属深加工的制造业，实现经济结构多元化。像西安、成都、重庆、兰州、绵阳、乌鲁木齐、昆明、南宁、柳州等制造业基础较好的城市，应大力发展装备制造业，为西北地区的加工工业提供更好的技术装备。新疆、青海的盐矿和稀有金属资源丰富，可以发展成为我国盐化工和新能源产业的重要基地。西部地区油气资源丰富以及进口的油气资源可以建设成为我国能源工业与石化工业的战略基地。

西部地区生态脆弱，需要搞好生态建设和水土保持，绿化生态环保产业也是亟须发展的产业，比如陕北神木县和延安地区的生态环境，在我国实行退耕还林、退耕还草的 20 多年间，荒山变成绿色，生态环境、生活环境大为改善。西藏和青海是我国江河发源地，生态环境保护是重中之重，可以在建立生态补偿机制的基础上发展生态产业，如生态旅游和绿色农牧业。

（4）将产业转移与西部开发和精准扶贫结合起来。精准扶贫、改善西部地区居民生产和生活条件，公共服务均等化、基础设施改善与产业扶贫是关键。西部许多地区是生存环境恶劣的地区，对于这些地区的农牧民需要采取搬迁扶贫。要让这些农牧民搬得出、稳得住、能致富，产业扶贫是关键。西北地区广大农牧区具有丰富的特色水果和畜牧业，西北地区是我国哈密瓜、葡萄、西瓜、西红柿、核桃、香梨、杏仁、枸杞等特色瓜果生产宝地。但种养、加工、储存、运输等生产和加工行销技术需要开发，提高经济效益。例如，水果运输需要保鲜技术，水果还可以制作果酱、果汁、果醋、果酒、果脯等特色食品。市场营销也需要加强，如果世界上多数五星级宾馆能吃到新疆的哈密瓜和西瓜，相信产能和产值都能成倍增长。

四、西部大开发要有新思路、新政策和新措施

我国在东西部协同发展，主要通过对口支援开发进行，即让东部发达地区定点支持西部落后地区。例如，2016 年福建企业向其对口支援地区甘肃定西投资 6 亿元人民币，帮助定西地区发展产业和教育。接下来是财政转移支付，提高西部地区政府改善基础设施和提供公共服务的能力。但如何发挥政策导向，引导国内外市场力量参与西部开发更为关键。西部大开发战略需要新思路和新政策。

第一，中央政府应将"一带一路"战略与西部大开发战略统筹考虑，优先考虑西部地区的发展问题。具体来说，就是互联互通规划，优先建设国内通向毗邻国家的基础设施。2014 年 10 月，国家发改委公布西部大开发九大重点领域，包括加快推进交通、水利等重点基础设施建设，启动实施新一轮退耕还林工程；推进特色绿色产业发展；发展科技文化和民生事业，不断提高群众生活条件。产能合作优先考虑我国西部地区产业发展需要，制定国内产业转移与区域分工体系。我国东部地区海宁的皮革业，绍兴、东莞、无锡、潍坊的轻纺工业非常发达，鼓励企业西进，构建产业分工体系。

第二，中央与地方政策设计要体现区域分工及产业转移需求。抓住全球产业重新布局和我国东部地区产业结构转型升级的机遇，推动内陆贸易、投资、技术创新协调发展。促进东部地区产业西进转移，创新加工贸易模式，形成有利于推动内陆产业集群发展的体制机制。产业转移要转变思路，东部沿海地区加工贸易因物流成本无法转移到西部地区，但可以将东部地区的资金、技术和营销经验与西部地区的优势资源相结合，培育面向当地市场和返销东部地区和丝路沿线国家市场的特色产业。产业发展要体现差异化的财税政策，对于投资于西部地区的企业，有以下优惠：土地取得（提供产业园），税收优惠（减免 5 年，或所得税按 15% 征收），提供搬迁成本补贴，实行特殊的人力资源开发政策，对企业从事异地培训、增加就

业的给予奖励，实现税收减免和直接进行财税补贴。但要避免优惠政策"撒胡椒面"现象。

第三，中央政府要推出更多的兴边富民政策，创新对外经济合作模式。扩大沿边地区对外开放步伐，应在沿边地区的重点口岸如珲春、绥芬河、满洲里、二连浩特、霍尔果斯、喀什、瑞丽、河口、东兴等城市设立自由贸易园区。允许沿边重点口岸、边境城市、经济合作区在人员往来、加工物流、旅游等方面实行特殊方式和通关、签证政策。支持内陆城市开辟航空港或陆港自由港，增开国际客货运航线，发展多式联运，形成横贯东中西、联结南北方对外经济走廊。推动内陆同沿海沿边通关协作，推广属地单证、口岸放行的通关模式，实现口岸管理相关部门信息互换、监管互认、执法互助。建立开发性金融机构，大力发展金融中介组织，为民间资本与开放型经济实体的对接搭建平台。

第四，喀什—兰州是丝绸之路经济带的生命线，建议将喀什经济特区打造成中巴经济走廊的关键节点和西域安全屏障。喀什是我国南疆重镇，也是我国西域安全屏障，是丝绸之路经济带与海上丝绸之路的结合部，中巴经济走廊的辐射中心。随着丝绸之路经济带战略以及中巴经济走廊建设的推进，喀什将会成为中国与西亚交流的枢纽，喀什的战略地位会日益上升。历史上，喀什是我国向西发展的最西端，喀什对我国西域安全的重要性历史上都会引起中央政府的高度关注。从汉代班超打通西域通道，到唐代的高仙芝、清代的左宗棠、民国时期的盛世才都以控制喀什为边疆军务的重中之重。喀什也是新疆的叛乱势力和西部战略势力向东渗透的重要据点。为了新疆的长治久安和西部边境的安宁，中央政府应将喀什市建制规划发展成为我国南疆地区政治、经济与文化中心，让其发展成为具有强大辐射能力的我国西部地区的一个中央直辖市。

第五，振兴"三线建设"时期形成西部战略生产项目。近代以来，国防动力系统改为机械力。清代左宗棠在1873年开设兰州制造局，为随后粉碎阿古柏叛乱和稳定新疆奠定了物质基础，1860年左宗棠再设兰州机器织呢局。新中国成立后，为了战略纵深和建立战略后方，在"一五"规划和后来的"三线"建设中将兰州、重庆、成都、贵州安顺、格尔木、克拉玛依等列入布局重镇，新中国成立之初奠定国家新工业基础的156个重点项目中就有近30个定址在兰州、青海原子城和格尔木、成都、昆明等地。今天在注重打造西部"生态环境友好型城市"的同时，切莫忽视这些"三线建设"基地在整个大后方安全稳定中所担负的战略保障功能；西部大开发在注重引进新兴产业、高新技术产业和循环经济的同时，不仅不能削弱，反而要强化在"三线建设"期间已形成的装备生产能力。

附表 1　2000~2015 年福建与海上丝绸之路沿线各国贸易数据

单位：万美元

国家和地区	2000 年			2010 年			2015 年		
	出口额	进口额	累计进出口额	出口额	进口额	累计进出口额	出口额	进口额	累计进出口额
国家和地区总额	1290875	831494	2122369	7151065	3729862	10880927	11402869	5661407	17064276
亚洲	598539	625335	1223873	2900431	2466398	5366829	5314333	3049375	8363708
孟加拉国	1967	51	2019	22396	319	22715	44242	1308	45550
印度	9031	6905	15936	133406	72731	206137	181989	97584	279573
马尔代夫	17	0	17	322	0	322	1096		1096
巴基斯坦	2703	265	2968	20080	3333	23412	86051	14658	100709
斯里兰卡	1845	52	1897	7449	906	8355	33787	1343	35130
东盟	94437	74422	168861	830991	488671	1319662	1700448	771765	2472213
文莱	77	0	77	1624	356	1981	7328	642	7970
缅甸	473	480	953	6710	291	7001	28954	6259	35212
柬埔寨	304	155	459	7159	45	7204	22309	2907	25216
印度尼西亚	17766	13172	30938	132359	127169	259527	171357	215835	387192
老挝	0	1	2	292	201	493	313	4870	5183
马来西亚	17160	28086	45246	194220	121198	315418	288380	146054	434434
菲律宾	13669	3934	17604	167714	38591	206305	491875	72055	563930
新加坡	33555	13641	47196	112419	50452	162871	173575	85558	259132
泰国	9247	14143	23391	93311	122731	216042	295742	157515	453258
越南	2186	810	2996	115000	27637	142637	220080	80071	300152
东帝汶	—	—	—	183	0	183	536	0	536
中东地区	37422	12186	49607	373403	74830	448233	832565	512550	1345115

续表

	2000 年			2010 年			2015 年		
	出口额	进口额	累计进出口额	出口额	进口额	累计进出口额	出口额	进口额	累计进出口额
沙特	9635	4945	14580	78249	28624	106873	134926	441055	575981
巴林	212	530	742	4843	620	5463	4339	589	4928
伊朗	823	81	904	49444	20423	69867	75107	24850	99956
伊拉克	379	0	379	24848	0	24848	67748	10	67757
以色列	6549	590	7139	34856	1617	36473	68360	2416	70776
约旦	1294	0	1294	11068	23	11091	62047	75	62122
科威特	1510	1194	2704	13293	5088	18381	41746	9390	51136
黎巴嫩	1539	15	1554	8113	94	8207	14497	17	14515
阿曼	170	14	183	2636	6085	8721	8743	9962	18705
巴勒斯坦	63	0	63	174	0	174	439	0	439
卡塔尔	78	999	1077	5367	6779	12147	11986	9622	21607
叙利亚	617	0	617	10696	245	10940	6361	6	6367
阿联酋	13849	3788	17637	121277	2256	123533	319882	14506	334388
也门	703	31	734	8539	2975	11515	16385	54	16438
土耳其	4623	224	4847	68971	47742	116713	84115	64589	148705
非洲总额	34285	4864	39148	310011	62091	372102	603758	249261	853018
摩洛哥	1254	528	1782	11803	163	11966	11001	780	11781
阿尔及利亚	1376	0	1376	19464	0	19464	47506	60	47565
突尼斯	321	0	321	3221	163	3384	3030	320	3351
利比亚	334	14	348	30093	263	30356	28021	0	28021
埃及	9643	731	10373	47808	10104	57912	100642	7935	108578

续表

	2000 年			2010 年			2015 年		
	出口额	进口额	累计进出口额	出口额	进口额	累计进出口额	出口额	进口额	累计进出口额
苏丹	434	0	434	6071	85	6156	16809	850	17658
吉布提	188	0	188	4113	0	4113	12308	0	12308
厄立特里亚	—	—	—	104	5	109	131	0	131
埃塞俄比亚	30	1	31	1137	132	1269	4883	502	5385
索马里	11	0	11	268	0	268	865	0	865
肯尼亚	262	0	262	8886	155	9040	21883	1608	23491
莫桑比克	191	28	219	2692	1043	3735	9388	2011	11399
坦桑尼亚	178	0	178	6088	63	6151	18635	8168	26802
南非	9094	2923	12016	69616	37212	106829	79752	184267	264019
毛里求斯	256	4	260	1636	88	1724	2890	110	3000
马达加斯加	332	20	352	5566	166	5732	11198	1380	12578
留尼汪岛	54	0	54	574	0	574	1163	1	1164
塞舌尔	8	1	9	81	0	81	250	0	250
东北非小计	23966	4250	28214	219221	49642	268863	370355	207992	578146
欧洲	243908	88734	332642	1646369	436122	2082491	2121379	772277	2893656
冰岛	191	186	377	165	308	473	299	1134	1433
挪威	1808	1422	3230	25255	18931	44186	28021	18172	46194
瑞士	2219	6064	8283	14736	8924	23660	10452	241888	252340
俄罗斯	4279	13897	18176	97453	36553	134006	131852	46222	178074
乌克兰	910	635	1545	27915	10948	38863	11530	49317	60847
欧盟（新）	234153	66108	300262	1473650	359841	1833491	1930343	412891	2343234

续表

	2000年			2010年			2015年		
	出口额	进口额	累计进出口额	出口额	进口额	累计进出口额	出口额	进口额	累计进出口额
比利时	15052	1134	16186	71832	15205	87037	90400	23846	114246
丹麦	3295	1632	4927	29591	4216	33807	31696	8880	40576
英国	32751	15857	48608	187985	37087	225072	365425	40899	406324
德国	50336	17143	67479	338772	121266	460038	376436	115053	491488
法国	17232	4959	22190	110859	26215	137074	131718	64029	195748
爱尔兰	1316	1218	2534	9306	3953	13259	11040	4297	15337
意大利	20560	9633	30193	125564	40641	166205	137113	41339	178452
卢森堡	1659	103	1761	189	1578	1767	136	610	746
荷兰	34566	1670	36236	237901	19277	257179	289914	23863	313777
希腊	3537	421	3958	18592	6927	25519	25435	5611	31045
葡萄牙	2567	265	2832	14268	5803	20070	14881	11294	26175
西班牙	16783	3157	19940	112033	31185	143217	126447	23191	149638
奥地利	1774	1573	3347	8290	4208	12498	7769	6832	14601
芬兰	2243	2277	4520	20707	10889	31596	15477	14230	29707
瑞典	4921	2963	7884	24664	9301	33965	41228	9047	50275
爱沙尼亚	57	2	59	2367	31	2398	3340	677	4016
拉脱维亚	206	12	217	2376	38	2414	6339	1109	7448
立陶宛	155	8	162	3456	14	3470	7176	503	7678
波兰	10155	405	10560	47872	12587	60459	106600	4067	110667
斯洛伐克	240	19	259	20942	363	21305	40680	1713	42393
斯洛文尼亚	489	62	550	7260	284	7544	11696	1241	12937

续表

	2000 年			2010 年			2015 年		
	出口额	进口额	累计进出口额	出口额	进口额	累计进出口额	出口额	进口额	累计进出口额
捷克共和国	4631	121	4752	16920	3137	20056	28704	5023	33726
马耳他	216	751	967	4442	510	4952	5959	227	6186
塞浦路斯	313	0	313	3155	12	3167	1657	15	1672
匈牙利	6945	306	7251	22824	2488	25312	25336	1735	27071
保加利亚	513	11	525	3235	1311	4546	4680	1613	6293
罗马尼亚	1392	408	1800	14358	1081	15439	15521	1229	16750
克罗地亚	251	0	251	13892	232	14124	7540	721	8261
东欧（少新欧盟成员）	**295**	**6**	**301**	**1488**	**172**	**1660**	**2620**	**1182**	**3802**
阿尔巴尼亚	2	0	2	1180	162	1342	2445	758	3203
南斯拉夫	255	6	261	—	—	—	—	—	—
前南马其顿	31	0	31	213	1	214	20	132	152
波黑	8	0	8	94	10	104	155	292	448
塞尔维亚	—	—	—	1395	1	1396	1000	174	1175
黑山	—	—	—	1043	0	1043	403	0	403
南美洲	**49355**	**14170**	**63525**	**554565**	**234885**	**789450**	**745121**	**370176**	**1115297**
墨西哥	8708	453	9161	151180	7497	158677	201422	14615	216037
危地马拉	839	0	839	6303	13	6317	11634	1648	13281
萨尔瓦多	206	0	207	3090	10	3101	3453	99	3552
尼加拉瓜	147	0	147	593	22	615	1368	126	1494
哥斯达黎加	539	19	558	3599	38731	42330	7259	2095	9353
巴拿马	9090	35	9126	62951	475	63426	62612	497	63109

续表

	2000年			2010年			2015年		
	出口额	进口额	累计进出口额	出口额	进口额	累计进出口额	出口额	进口额	累计进出口额
哥伦比亚	1028	3	1030	22547	1815	24362	39987	1952	41939
厄瓜多尔	514	0	514	8060	107	8167	11636	3291	14927
秘鲁	789	3993	4782	19220	22884	42105	32584	61000	93585
智利	6181	3091	9272	77434	47897	125331	111217	38710	149927
拉美P10	28041	7594	35636	354977	119451	474431	483172	124033	607204
北美洲	342559	86030	428589	1605726	422584	2028309	2401452	912711	3314163
加拿大	23586	6106	29692	118973	46831	165805	143219	159352	302570
美国	318973	79910	398883	1486715	375727	1862442	2258180	753359	3011540
大洋洲	22229	12342	34571	133964	107578	241542	216826	307349	524175
澳大利亚	19539	9636	29175	114200	85937	200136	177667	267983	445650
斐济	101	0	101	1525	1	1526	4570	913	5482
新喀里多尼	31	1	32	306	0	306	433	2246	2680
瓦努阿图	7	0	7	257	0	257	337	971	1309
新西兰	2349	2704	5053	12143	18960	31102	22936	32473	55409
巴布亚新几内亚	136	0	136	1952	2664	4616	6907	2745	9652

注："—"为未统计。

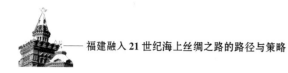

附表 2　福建省出口产品贸易竞争力指数排名（按照 2015 年 TC 指数排名）

进出口贸易金额单位：万美元

项目	2010 年出口	2010 年进口	2010 年TC 指数	2015 年出口	2015 年进口	2015 年TC 指数
旅行用品、手提包及类似品	192981	266	1.00	283515	295	1.00
服装及衣着附件	869783	1732	1.00	1639912	3089	1.00
制成废料	15300		1.00	34370	163	0.99
活动房屋、卫生、水道、供热及照明装置	59979	1629	0.95	292908	1710	0.99
鞋靴	724771	5599	0.98	1194311	7458	0.99
家具及其零件、褥垫及类似填充制品	268221	2903	0.98	370742	8321	0.96
软木及木制品（家具除外）	65278	590	0.98	108311	2517	0.95
未列名杂项制品	524770	30396	0.89	886172	36830	0.92
鱼、甲壳及软体类动物及其制品	264914	8278	0.94	548672	30608	0.89
非金属矿物制品	401494	36492	0.83	727443	40593	0.89
无机化学品	69541	3766	0.90	73201	6241	0.84
金属制品	183357	29448	0.72	307608	29987	0.82
医药品	25959	2564	0.82	21361	2345	0.80
烟草及其制品	2145	64	0.94	1512	182	0.79
纸及纸板；纸浆、纸及纸板制品	47806	20045	0.41	96115	12257	0.77
咖啡、茶、可可、调味料及其制品	12197	2037	0.71	24380	3272	0.76
电信及声音的录制及重放装置设备	744159	81723	0.80	838371	122226	0.75
蔬菜及水果	165117	10981	0.88	210376	30763	0.74
精油、香料及盥洗、光洁制品	22884	4227	0.69	31523	4705	0.74
纺纱、织物、制成品及有关产品	282851	71234	0.60	645430	97095	0.74
陆路车辆（包括气垫式）	147999	38517	0.59	208211	37230	0.70
通用工业机械设备及零件	210267	119513	0.28	338603	97772	0.55
糖、糖制品及蜂蜜	10683	1049	0.82	19434	6891	0.48
橡胶制品	67670	26524	0.44	71265	30603	0.40
杂项食品	12388	2382	0.68	19289	8926	0.37
动物油、脂	190	2356	−0.85	4288	2080	0.35
摄影器材、光学物品及钟表	102640	72822	0.17	153881	83901	0.29
其他动植物原料	9210	5417	0.26	17016	9887	0.26
动力机械及设备	110109	63665	0.27	176805	106190	0.25
纺织纤维（羊毛条除外）及其废料	2112	8342	−0.60	13152	7991	0.24
钢铁	60745	78804	−0.13	135685	83900	0.24
办公用机械及自动数据处理设备	208199	151123	0.16	193777	126265	0.21
有色金属	75223	95225	−0.12	80165	58740	0.15

续表

项目	2010年出口	2010年进口	2010年TC指数	2015年出口	2015年进口	2015年TC指数
电力机械、器具及其电气零件	467608	400344	0.08	596648	469849	0.12
特种工业专用机械	57327	146878	−0.44	130362	125403	0.02
非初级形状的塑料	16281	49303	−0.50	35699	36768	−0.01
专业、科学及控制用仪器和装置	338551	575275	−0.26	451185	489998	−0.04
染料、鞣料及着色料	3949	14920	−0.58	8424	10025	−0.09
其他运输设备	166705	75074	0.38	109024	136031	−0.11
金工机械	7441	27949	−0.58	13432	17006	−0.12
肉及肉制品	6648	1774	0.58	10370	17398	−0.25
已加工的动植物油、脂及动植物蜡	37	949	−0.92	845	1427	−0.26
其他化学原料及产品	19495	32229	−0.25	25523	46827	−0.29
皮革、皮革制品及已鞣毛皮	6037	29037	−0.66	10788	40847	−0.58
有机化学品	32115	152647	−0.65	39879	164388	−0.61
饮料	1122	6960	−0.72	4344	28957	−0.74
乳品及蛋品	1007	5045	−0.67	1480	13152	−0.80
初级形状的塑料	18904	255793	−0.86	25142	255106	−0.82
天然肥料及矿物（煤、石油及宝石除外）	8714	152323	−0.89	14315	193338	−0.86
饲料	4879	66477	−0.86	5272	103749	−0.90
软木及木材	2280	60281	−0.93	8116	148819	−0.90
谷物及其制品	3482	10945	−0.52	2584	158218	−0.97
生橡胶	1133	56506	−0.96	396	35739	−0.98
石油、石油产品及有关原料	20312	56052	−0.47	3659	470600	−0.98
植物油、脂	199	28278	−0.99	164	17603	−0.98
纸浆及废纸	230	75143	−0.99	367	123905	−0.99
金属矿砂及金属废料	677	153940	−0.99	1382	362923	−0.99
煤、焦炭及煤砖	10	91023	−1.00	375	123427	−0.99
活动物	5	113	−0.92	0	102	−1.00
生皮及生毛皮		12142	−1.00	16	46879	−1.00
油籽及含油果实	18	150830	−1.00	276	230630	−1.00
天然气及人造气		53957	−1.00	18	102110	−1.00

资料来源：根据历年福建省统计年鉴的统计数据整理计算而得。按照SITC两位数代码分类为按章分类。SITC采用经济分类标准，即按原料、半成品、制成品分类并反映商品的产业部门来源和加工程度。该标准目录使用5位数字表示，前两位数字表示章。

附表 3　2011-2015 年世界与海上丝绸之路沿线国家对福建的投资

单位：万美元

国家和地区	2011年 企业数(家)	2011年 合同外资	2011年 实际使用	2012年 企业数(家)	2012年 合同外资	2012年 实际使用	2013年 企业数(家)	2013年 合同外资	2013年 实际使用	2014年 企业数(家)	2014年 合同外资	2014年 实际使用	2015年 企业数(家)	2015年 合同外资	2015年 实际使用
总计	1082	918598	618866	964	868594	544436	862	813550	666325	1068	905062	739562	1743	1507700	813885
日本	25	9681	8342	18	4398	8016	12	2533	5923	7	11143	6710	21	4676	12343
韩国	12	1799	3508	6	4971	1432	5	-812	234	10	6203	2538	14	2812	0
蒙古	—	—	—	—	—	—	—	—	—	—	—	—	1	100	0
中国台湾	354	75592	27329	358	136196	22635	314	117022	42464	447	110092	36820	890	282112	55331
中国香港	407	610862	387789	317	530652	340445	328	472234	400923	382	561081	451525	468	765753	469850
中国澳门	14	18300	6278	17	7019	5407	8	19905	20444	13	5772	4624	19	8158	2649
东亚总计	812	716234	433246	716	683236	377935	667	610882	469988	859	694291	502217	1413	1063611	540173
文莱	2	-2029	1008	2	-139	518	3	-864	392	0	10	286	1	2541	50
缅甸	0	0	200	0	0	0	—	—	—	—	—	—	—	—	—
柬埔寨	0	0	0	0	0	72	1	8	0	0	0	2	0	47	0
印度尼西亚	3	-443	551	6	2084	991	5	2908	2756	1	-539	3213	10	462	1396
马来西亚	22	9919	3381	14	2780	9345	10	-545	4950	7	1750	679	14	6675	1443
菲律宾	8	3317	5630	7	1690	3507	3	-985	3097	9	1909	2701	7	-421	2518
新加坡	25	15262	18695	28	22210	12491	35	53792	22991	28	21212	51836	37	27949	28795
泰国	1	-11	254	0	-192	158	1	1998	467	0	-320	123	2	53	166
越南	—	—	—	—	—	—	0	0	0	1	5	0	1	164	0
东盟总计	61	26015	29719	57	28433	27082	58	56312	34653	46	24027	58840	72	37470	34368
印度	3	33	10	3	88	18	0	7	2	1	10	0	5	184	0
巴基斯坦	0	40	49	2	5515	0	0	0	4	2	54	0	3	71	10

续表

国家和地区	2011年			2012年			2013年			2014年			2015年		
	企业数（家）	合同外资	实际使用	企业数（家）	合同外资	实际使用	企业数（家）	合同外资	实际使用	企业数（家）	合同外资	实际使用	企业数（家）	合同外资	实际使用
斯里兰卡	0	-4	0	0	0	0	—	—	—	—	—	0	2	182	0
南亚总计	3	69	59	5	5603	18	0	7	6	3	64	0	10	437	10
伊朗	3	140	0	1	16	2	1	9	2	1	21	0	1	47	12
伊拉克	0	0	10	0	0	0	0	0	40	0	0	—	—	—	—
以色列	0	0	0	0	0	0	0	0	4	1	1	3	1	20	0
约旦	0	40	4	0	0	7	0	0	10	2	19	20	2	827	0
黎巴嫩	1	10	0	1	100	5	1	55	60	0	0	13	1	6	41
阿联酋	2	252	22	0	-102	223	0	-115	50	0	-20	—	0	0	0
也门共和国	1	47	0	0	0	38	0	0	10	0	0	—	—	—	—
沙特阿拉伯	0	0	0	0	1975	0	0	4817	4372	0	1028	2429	0	0	5796
叙利亚	0	0	21	1	6	0	2	24	0	2	116	0	0	2	10
土耳其	3	28	59	1	16	31	2	36	31	2	47	39	5	242	26
塞浦路斯	1	1000	301	0	0	60	0	0	30	0	0	80	0	0	125
卡塔尔	—	—	—	—	—	—	—	—	—	—	—	0	1	10	0
中东总计	11	1517	417	4	2029	366	6	4826	4609	8	1212	2584	11	1154	6010
阿塞拜疆	—	—	—	—	—	—	0	0	0	1	16	0	1	47	0
塔吉克	—	—	—	—	—	—	—	—	—	—	—	—	1	47	0
中亚总计	0	0	0	0	0	0	1	0	0	1	16	0	2	94	0
埃及	0	0	0	0	0	0	2	16	0	1	35	0	0	35	6
毛里求斯	5	-1400	2526	1	-421	8622	2	-1408	1048	1	165	5392	0	25	829

续表

国家和地区	2011年			2012年			2013年			2014年			2015年		
	企业数（家）	合同外资	实际使用	企业数（家）	合同外资	实际使用	企业数（家）	合同外资	实际使用	企业数（家）	合同外资	实际使用	企业数（家）	合同外资	实际使用
阿尔及利亚	1	2	0	0	0	0	—	—	—	—	—	—	0	6	0
塞舌尔	12	23824	3440	8	5032	3058	13	4963	1570	13	4921	1601	11	8759	1282
南非	0	—	168	0	-208	0	0	0	0	2	51	—	0	—	—
利比亚	—	—	—	—	—	—	—	—	—	—	—	—	1	0	0
埃塞俄比亚	—	—	—	—	—	—	—	—	—	—	—	—	1	49	0
摩洛哥	—	—	—	—	—	—	—	—	—	—	—	—	1	47	0
突尼斯	—	—	—	—	—	—	—	—	—	—	—	—	1	2	0
冈比亚	0	50	50	0	0	0	—	—	—	—	—	—	—	—	—
布基纳法索	0	2	0	0	0	0	—	—	—	—	—	—	—	—	—
加纳	0	0	0	0	0	42	—	—	—	—	—	—	1	13	0
尼日利亚	—	—	—	—	—	—	—	—	—	—	—	—	3	744	300
塞内加尔	—	—	—	—	—	—	—	—	—	—	—	—	2	1738	0
非洲总计	18	22478	6184	9	4403	11722	16	3571	2618	17	5172	6993	20	11418	2417
比利时	0	0	0	0	0	0	—	—	—	—	—	—	—	—	—
丹麦	2	-97	45	1	38	66	0	8	22	2	-6	0	0	0	11
英国	5	1378	1920	3	995	1330	7	539	352	3	750	403	13	3246	538
德国	7	995	262	4	1165	1199	4	907	2002	5	1201	170	11	1428	627
法国	3	-734	74	1	649	321	0	-28	29	0	-120	0	2	31	0
爱尔兰	1	10	0	0	0	0	0	150	4	0	0	—	—	—	—
意大利	4	361	100	8	611	124	2	-1232	254	3	212	493	8	360	52

续表

国家和地区	2011 年			2012 年			2013 年			2014 年			2015 年		
	企业数(家)	合同外资	实际使用	企业数(家)	合同外资	实际使用	企业数(家)	合同外资	实际使用	企业数(家)	合同外资	实际使用	企业数(家)	合同外资	实际使用
卢森堡	0	1773	61	0	1800	660	0	1877	918	0	0	450	1	39823	4258
荷兰	0	362	452	5	67	547	3	-491	24	1	6906	449	5	819	21410
希腊	0	0	0	1	79	0	—	—	—	—	—	0	1	245	0
葡萄牙	1	-114	0	0	0	0	0	0	0	0	-12	0	0	0	0
西班牙	1	-32	173	2	-982	118	0	0	30	2	204	30	4	110	7
波兰	0	0	11	0	6	0	0	0	5	0	0	0	3	-11	0
罗马尼亚	0	0	10	1	-100	107	0	-50	95	0	0	210	0	700	0
瑞典	1	527	556	1	-773	1240	0	-155	7	2	820	0	1	5	1003
捷克	0	-82	0	1	625	0	0	0	98	1	8	557	1	168	217
奥地利	0	50	131	2	1064	175	0	0	796	1	187	0	0	0	24
保加利亚	0	0	0	1	130	0	—	—	—	—	—	—	—	—	—
匈牙利	2	1316	149	0	-109	105	2	325	0	0	400	10	2	3039	176
斯洛伐克	0	0	0	0	50	0	—	—	—	—	—	—	—	—	—
挪威	1	302	128	0	216	234	0	330	247	1	520	330	0	0	500
冰岛	—	—	—	—	—	—	0	—	—	1	10	0	0	0	0
塞浦路斯	1	1000	301	0	0	60	0	0	30	0	0	80	0	0	125
俄罗斯	2	37	0	3	67	25	0	0	23	1	2	6	0	2	14
乌克兰	0	0	0	0	0	0	—	—	—	—	—	—	1	6	0
列支敦士登	—	—	—	—	—	—	—	—	—	—	—	—	—	—	—
欧洲总计	31	7052	4373	34	5598	6311	18	2180	4936	23	11082	3188	53	49969	28962

续表

国家和地区	2011 年			2012 年			2013 年			2014 年			2015 年		
	企业数（家）	合同外资	实际使用	企业数（家）	合同外资	实际使用	企业数（家）	合同外资	实际使用	企业数（家）	合同外资	实际使用	企业数（家）	合同外资	实际使用
智利	0	48	49	1	166	150	—	—	—	—	—	—	—	—	—
巴拿马	0	-200	0	0	0	0	—	—	—	—	—	0	2	147	0
墨西哥	—	—	—	—	—	—	0	0	0	1	17	0	0	0	0
秘鲁	—	—	—	—	—	—	0	-151	0	0	0	—	—	—	—
安圭拉	—	—	—	—	—	—	—	—	—	—	—	20	1	16	25
危地马拉	—	—	—	0	—	—	0	0	0	1	6	0	0	0	0
巴哈马	0	0	0	0	1975	0	0	4817	4372	0	1028	2429	0	0	3750
巴巴多斯	1	605	622	0	549	146	0	0	918	0	0	0	—	—	—
伯利兹	1	2595	180	0	0	353	1	76	513	1	324	60	0	0	50
玻利维亚	0	0	0	0	0	0	—	—	—	—	—	—	—	—	—
巴西	1	10	30	0	10	0	0	90	45	1	15	50	2	23	50
阿根廷	1	60	0	0	0	25	1	2038	38	0	0	0	—	—	—
开曼群岛	3	12287	9130	0	2042	6651	1	2677	5912	5	-1510	6819	1	-2862	5490
维尔京群岛	26	60364	55671	19	43962	47884	17	26206	58842	11	68000	73300	11	67663	64527
圣基茨—尼维斯	0	0	0	—	97	97	—	—	—	—	—	—	—	—	—
安提瓜和巴布达	—	—	—	—	—	—	—	—	—	—	—	—	1	163	0
巴拉圭	0	0	0	0	-20	0	—	—	—	0	0	0	0	3	0
拉美其他地区	0	-500	0	0	20	0	—	—	—	—	—	—	—	—	—
拉美总计	33	75269	65682	20	48801	55306	20	35753	70640	20	67880	82628	18	65153	73892
澳大利亚	13	5896	1123	12	13115	2855	7	3822	3134	8	82	276	27	73995	153

续表

国家和地区	2011年			2012年			2013年			2014年			2015年		
	企业数(家)	合同外资	实际使用	企业数(家)	合同外资	实际使用	企业数(家)	合同外资	实际使用	企业数(家)	合同外资	实际使用	企业数(家)	合同外资	实际使用
新西兰	2	107	456	5	571	643	1	452	59	3	108	106	2	165	0
瓦努阿图	0	0	80	0	66	69	—	—	—	—	—	—	—	—	—
汤加	0	0	0	0	-210	0	—	—	—	—	—	—	—	—	—
萨摩亚	20	15039	20739	26	15312	14294	22	32753	22914	9	9293	10827	16	23126	21221
马绍尔群岛共和国	0	160	25	0	0	0	1	1000	0	0	0	150	0	0	0
大洋洲其他	—	—	—	—	—	—	0	29	0	0	0	29	0	0	0
大洋洲总计	35	21202	22423	43	28854	17861	31	38056	26107	20	9483	11388	45	97286	21374
美国	33	5778	5388	29	12727	5151	25	5609	5734	31	2096	3758	52	28221	7117
加拿大	13	7125	1154	12	2971	795	7	2222	1036	14	1512	1714	10	2292	758
百慕大群岛	0	-4827	32933	0	-7622	2259	0	-3287	2331	0	2093	10186	0	1000	7900
北美洲总计	46	8076	39475	41	8076	8205	32	4544	9101	45	5701	15658	62	31513	15775
其他太平洋岛屿	0	0	0	1	15	0	0	0	15	0	0	0	—	—	—
其他	16	20343	8644	17	26773	19815	7	28656	21826	13	43178	28033	19	75003	45452
国别不详	0	100	100	0	0	0	—	—	—	—	—	—	—	—	—
投资性公司投资	16	20243	8544	17	26773	19815	7	28763	21826	13	42956	28033	18	74592	45452